POLEN – POUVOIRS, LETTRES, NORMES
sous la direction de Jean-Baptiste Amadieu et Bernard Ribémont
30

Sources hagiographiques et procès de canonisation

Actes du colloque « Procès de canonisation et hagiographie.
XVIe-XXe siècle » organisé les 8 et 9 décembre 2016
à l'université d'Orléans, publiés avec le soutien du laboratoire POLEN
(EA 4710), du LEM-CERCOR (UMR 8584), de l'université d'Orléans,
du conseil régional de la région Centre-Val de Loire
et du conseil général du Loiret

POLEN
POuvoirs LEttres Normes

UNIVERSITE D'ORLEANS

Sources hagiographiques et procès de canonisation

Les circulations textuelles autour du culte des saints (XVIe-XXe siècle)

Sous la direction de Philippe Castagnetti
et Christian Renoux

PARIS
CLASSIQUES GARNIER
2022

Philippe Castagnetti est ancien élève de l'ENS, agrégé d'histoire, maître de conférences en histoire moderne à l'université Jean-Monnet – Saint-Étienne et membre du LEM-CERCOR (UMR 8584). Il a notamment codirigé : *Baptiser : pratique sacramentelle, pratique sociale (XVIe-XXe siècle)* (Saint-Étienne, 2009) et *Culture et société au miroir des procès de canonisation, XVIe-XXe siècle* (Saint-Étienne, 2016).

Christian Renoux est ancien élève de l'ENS de Fontenay-Saint-Cloud, agrégé d'histoire, ancien membre de l'École française de Rome, maître de conférences d'histoire moderne à l'université d'Orléans et membre du laboratoire POLEN-CLARESS. Il a notamment codirigé *Culture et société au miroir des procès de canonisation, XVIe-XXe siècle* (Saint-Étienne, 2016) et *François d'Assise, un poète dans la cité* (Paris, 2019).

ISBN 978-2-406-13167-0 (livre broché)
ISBN 978-2-406-13168-7 (livre relié)
ISSN 2490-8460

INTRODUCTION

Si l'intertextualité est depuis longtemps un paradigme essentiel aux études littéraires, c'est plus récemment que ce concept est devenu également opératoire dans le champ historique[1], où l'on n'admet plus désormais l'idée d'univocité des discours d'autorité, politiques ou culturels, et partant, où l'on s'efforce de plus en plus de comprendre les jeux de miroirs (citations longues ou brèves, références bibliographiques, allusions directes ou indirectes, commentaires, apparat iconographique) qui s'établissent entre des sources hétérogènes portant sur un même sujet et se nourrissant les unes les autres[2]. Le culte des saints, officieux ou officiel, avant comme après la canonisation, a vu, après l'invention de l'imprimerie, se multiplier échanges et emprunts entre différentes sources textuelles, notamment lorsque, la procédure de canonisation s'étant précisée, entre la création de la Congrégation des Rites (1588) et les réformes d'Urbain VIII (1625, 1634), l'autorité canonique a dû s'interroger sur les conditions d'articulation entre le discours judiciaire des procès et le discours hagiographique qui précède et accompagne le procès, voire s'y intègre, avant que le procès lui-même ne devienne la source principale ou secondaire de multiples biographies. Étudier les circulations textuelles qui mettent en relations d'une part les discours savants ou populaires, à visée plus ou moins historique mais toujours édifiante, sur un saint ou un possible saint, et d'autre part ce continent archivistique que constituent les minutes des procès de canonisation,

1 Pour une initiation en langue française au concept d'intertextualité : Jean-Michel Adam, *Souvent textes varient. Génétique, intertextualité, édition et traduction*, Paris, Classiques Garnier, 2018 ; Anne-Claire Gignoux, *Initiation à l'intertextualité*, Paris, Ellipses, 2005 ; Louis Hébert et Lucie Guillemette (dir.), *Intertextualité, interdiscursivité et intermédialité*, Québec, Presses Université Laval, 2009 ; Nathalie Piégay-Gros, *Introduction à l'intertextualité*, Paris, Dunod, 2003 ; Sophie Rabeau, *L'Intertextualité*, Paris, Flammarion, 2002 ; Tiphaine Samoyault, *L'Intertextualité. Mémoire de la littérature*, Paris, Armand Colin, 2005.

2 Un exemple de regards croisés entre historiens et littéraires sur le phénomène des reprises, réinterprétations et réélaborations de sources : Sylvain Trousselard (dir.), *Les Circulations textuelles*, Chemins de Traverse, 2015.

permet d'approfondir la notion même d'hagiographie[3], à la fois polysémique et polyphonique.

La dimension polysémique de cette notion tient à la multiplicité des supports (livres reliés, brochures, placards, *santini*, papiers épars, manuscrits ou imprimés), des genres (monographies, notices biographiques, correspondances, documents de la pratique ou témoignages du for privé), des idiomes (latin ou langues vernaculaires), des styles (descriptif, narratif, oratoire, poétique, dévotionnel) et des centres d'intérêt (événements, écrits, vertus, miracles) que l'on privilégie pour proclamer et illustrer la sainteté d'un individu : l'explosion quantitative et qualitative des sources à l'époque moderne conduit à considérer l'hagiographie moins comme un genre proprement dit que comme un ensemble de genres. Irréductible par conséquent à la production livresque des *Vies de saints* ou aux entreprises érudites, parmi lesquelles Héribert Rosweyde, Jean Bolland et les *Acta Sanctorum* d'une part, Jean Mabillon et les mauristes d'autre part, brillent d'un éclat remarquable, l'hagiographie est un univers foisonnant d'idées et d'images que les magistères ecclésiastiques ou intellectuels ne parviennent qu'imparfaitement à contrôler.

Quant au caractère polyphonique des sources hagiographiques, l'analogie musicale s'impose du fait de la simultanéité des discours dont nous venons de relever la variété. Et si l'on file la métaphore en associant à l'harmonie la mélodie, c'est une écriture quasi contrapuntique qui se révèle à celui qui, pour une cause donnée, part à la recherche des discours ou fragments de discours communs au *corpus* hagiographique et au procès de canonisation : tel l'art de la fugue alternant sujet, réponse, contre-sujet et développement, les dépositions des témoins laissent apparaître des *topoi* issus de la littérature produite avant ou pendant le déroulement de la procédure ; les *animadversiones* du promoteur de la Foi et les *responsiones* du procureur reprennent et amendent ces mêmes *topoi* ; les *summaria* édités dans les *positiones* successives enfin les recomposent, jusqu'à ce que se cristallise le discours normatif sur la sainteté dont se feront l'écho la *vita breviata* insérée dans le décret de béatification ou la bulle de canonisation puis la biographie officielle publiée à l'occasion de l'un ou l'autre de ces événements, comme s'en feront aussi l'écho, dans l'ordre liturgique, les articles

3 Bien que daté, le manuel de René Aigrain sur la question reste fondamental : René Aigrain, *L'Hagiographie. Ses sources, ses méthodes, son histoire*, Paris, Bloud & Gay, 1953. Une réédition en 2000 dans la collection *Subsidia hagiographica*, n. 80, a été pourvue d'une ample mise à jour bibliographique.

des martyrologes et les lectures de l'office de matines dans les bréviaires[4]. Du milieu du XVIIe jusqu'au XIXe siècle, il n'est pas rare en outre qu'une biographie publiée dans la foulée de la béatification ou de la canonisation non seulement puise son information dans les *positiones* mais propose un découpage en chapitres calqué sur la nomenclature des vertus cardinales et théologales tirée de la *positio super virtutibus*[5].

Le formalisme renforcé de la procédure de canonisation après le concile de Trente et le caractère obligatoirement judiciaire de la voie à emprunter pour officialiser la sainteté sont en partie des leurres. Ni le discours des témoins, tous réunis par le procureur de la foi, défenseur de la sainteté du candidat aux autels, ni les pseudo-débats contradictoires qui ne sont qu'arguties juridiques ou théologiques sur l'absence de vices de forme et sur la conformité des témoignages à l'orthodoxie et à l'orthopraxie catholiques, ne sont orientés vers l'établissement d'une vérité historique telle que l'entend notre moderne critériologie scientifique. Si un esprit rapide et paresseux, impressionné par le juridisme de la Congrégation des Rites et par le labeur qu'elle est capable de déployer sur plusieurs générations en vue de l'avancement d'une cause, pourrait être tenté d'opposer des sources « plus fiables » (le procès) à des sources « moins fiables » (l'hétéroclite production hagiographique), il appert au contraire que les unes et les autres, interdépendantes, sont des modalités particulières d'une même entreprise apologétique. Dans la mise en lumière de cette interdépendance, l'historien des époques moderne et contemporaine pâtit de ce que l'hagiographie post-tridentine ne s'est vraiment constituée en objet heuristique que

4 Pour une approche comparative de l'écriture hagiographique dans les bréviaires, voir Philippe Castagnetti, « Un saint en partage. Le culte liturgique de saint Augustin dans les principaux ordres masculins soumis à sa règle (France, XVIIe-XVIIIe siècles) », dans Sylvain Excoffon, Daniel-Odon Hurel et Annick Peters-Custot (dir.), *Interactions, emprunts, confrontations chez les religieux (Antiquité tardive – fin du XIXe siècle)*, Saint-Étienne, Publications de l'Université de Saint-Étienne, 2015, p. 331-362.

5 Parmi les premières biographies du minime Nicolas Saggio de Longobardi, mort à Rome en 1709 et béatifié en 1786, se détache celle publiée en italien par le prêtre minime Benedetto Pane en 1791. L'ouvrage se divise en deux « livres » ; le premier suit le déroulement de la chronologie, tandis que le second, non sans une certaine sécheresse scolastique, traite des différentes vertus du bienheureux en se nourrissant des anecdotes de la *Positio super virtutibus* de 1761 (Philippe Castagnetti, « Définition et pratique de la vertu de religion à l'âge baroque : du procès de canonisation à la biographie édifiante ; le cas du bienheureux Nicolas Saggio, minime », dans Manuel de Souza, Annick Peters-Custot et François-Xavier Romanacce (dir.), *Le Sacré dans tous ses états. Catégories du vocabulaire religieux et sociétés de l'Antiquité à nos jours*, Saint-Étienne, Publications de l'Université de Saint-Étienne, 2012, p. 307-320).

depuis quelques décennies[6], quand son confrère médiéviste, lui, tire les fruits d'une longue tradition hagiologique[7]. Si l'histoire de la canonisation n'est pas l'histoire de la sainteté, puisque les procès dépendent avant tout des rapports mouvants entre l'Église et « le monde », l'ensemble des contraintes politiques, sociales, économiques et culturelles avec lesquelles l'Église, en deçà de sa réalité mystérique, est obligée de compter, comme l'avait montré en 2016 l'ouvrage collectif *Culture et société au miroir des procès de canonisation* (XVIe-XXe *siècle)*[8], dont le présent travail constitue la suite logique et annoncée, la réflexion épistémologique sur les modalités d'une utilisation scientifique des procès de canonisation qui avait été alors entamée se poursuit ici en privilégiant cette fois le regard *ad intra* sur le regard *ad extra*, la génétique du discours sur les conditions entourant son élaboration, le(s) texte(s) sur le contexte. Distinction qui n'a pas, bien sûr, valeur d'opposition et ne se justifie que par la nécessité d'ordonner le cadre de la pensée : en effet, de même que les écrits hagiographiques alimentent le procès et le constituent lui-même en producteur d'hagiographie, confirmant l'interaction entre dévotion populaire et disciplinement clérical[9], de même les circulations textuelles autour d'un culte de saint en construction sont facilitées ou entravées par les contingences toutes mondaines qui fixent, en

6 L'historiographie française de l'époque moderne depuis les années 1990 s'interroge de plus en plus sur la valeur historique du récit hagiographique, interrogation toutefois inégalement présente et poussée selon les travaux. Voir notamment Christian Renoux, « Une source de l'histoire de la mystique revisitée : les procès de canonisation », *Mélanges de l'École française de Rome, Italie et Méditerranée*, 105, 1993/1, p. 177-217 ; Jean-Michel Sallmann, *Naples et ses saints à l'âge baroque (1540-1750)*, Paris, Presses Universitaires de France, 1994 ; Éric Suire, *La Sainteté française de la Réforme catholique (XVIe-XVIIIe siècles) à travers les textes hagiographiques et les procès de canonisation*, Pessac, Presses Universitaires de Bordeaux, 2001 ; Albrecht Burkardt, *Les Clients des saints : maladie et quête du miracle à travers les procès de canonisation de la première moitié du XVIIe siècle en France*, Rome, École française de Rome, 2004 ; Éric Suire, *Sainteté et Lumières : hagiographie, spiritualité et propagande religieuse dans la France du XVIIIe siècle*, Paris, Honoré Champion, 2011.

7 Il suffit pour s'en convaincre de constater la place mineure occupée par les études portant sur la période des XVIe-XXe siècles dans les *Analecta Bollandiana* – articles sur l'histoire interne des bollandistes mis à part – ou dans la collection de référence *Hagiographica* chez Brepols.

8 Philippe Castagnetti et Christian Renoux (dir.), *Culture et société au miroir des procès de canonisation*, Saint-Étienne, Publications de l'Université de Saint-Étienne, 2016. On renvoie à cet ouvrage pour une présentation des modalités d'utilisation scientifique des procès de canonisation en histoire, ainsi que pour les grandes lignes de l'évolution de la procédure depuis 1588.

9 Sur les liens entre piété et édition savante dans le développement du culte des saints : Gennaro Luongo (dir.), *Erudizione e devozione. Le Raccolte di Vite di santi in età moderna e contemporanea*, Sacro/Santo 4, Rome, Viella, 2000.

un lieu et une époque déterminés, les conditions d'émission, de diffusion, de réception et de transformation du discours sur la sainteté.

Bien avant le concile de Trente, la Renaissance italienne, dès le XVe siècle, a institué de nouveaux rapports entre l'écrit et le culte des saints, dans une médiasphère bouleversée par l'apparition de l'imprimerie. Pris désormais comme en étau entre la tradition du manuscrit et la révolution de l'imprimé, le discours hagiographique après le milieu du *Quattrocento* recourt à ces deux supports. Le premier ne disparaît pas du fait de l'essor du second, et voit son utilité redéfinie « en restreignant son ancienne hégémonie à sept royaumes bien identifiés où les saints pourront particulièrement s'épanouir[10] » : le manuscrit à usage personnel, dans un contexte de renforcement des mémoires lignagères et de constitution de bibliothèques privées au sein du patriciat italien ; le manuscrit recensant anecdotes et miracles susceptibles d'appuyer une éventuelle procédure de canonisation, document interdit d'impression tant que la canonisation n'est pas effective ; le manuscrit œuvre d'art utilisé comme cadeau afin de consolider une relation de patronage ou des liens diplomatiques ; le manuscrit voué à circuler parmi un cercle d'amis réels ou potentiels dont l'avis est sollicité, parfois dans l'espoir d'une publication, comme c'est souvent le cas avec la poésie religieuse ; le manuscrit confidentiel, au contenu plus ou moins voilé, destiné à un lectorat partisan, souvent plus restreint numériquement que géographiquement ; le manuscrit conventuel, ne circulant pas hors d'un cadre claustral, dont la fréquence dans le monde des moniales commence à peine à être entrevue par une historiographie longtemps aveugle face à cet « archipel englouti[11] » ; enfin, une masse de copies manuscrites, soit d'autres manuscrits soit d'imprimés. La typologie proposée par Alison K. Frazier ne doit pas laisser croire que cette heptarchie bien ordonnée garantit à l'hagiographie manuscrite les conditions d'une survie autonome[12]. La publicité faite à une réputation de sainteté est plus avantageusement assurée par l'imprimé, produit rapidement, à un coût modéré et d'accès plus facile que le manuscrit. Mais l'utilité spécifique de ces deux outils médiatiques, associés à des logiques culturelles distinctes, a empêché les saints de « migrer en rangs serrés du

10 Alison K. Frazier, « Introduction. Spreading the News about Saints in Manuscript and Print », dans Alison K. Frazier (dir.), *The Saint between Manuscript and Print : Italy, 1400-1600*, Toronto, Centre for Reformation and Renaissance Studies Publications, 2015, p. 25.

11 *Ibid.*, p. 26.

12 *Ibid.*, p. 24-26.

manuscrit vers l'imprimé[13] », comme si quelque mouvement irrépressible induit par l'innovation technique s'était substitué au choix des individus ou des groupes. S'influençant mutuellement, les productions manuscrites et imprimées pourront par la suite être convoquées au même titre comme pièces justificatives dans les procès de canonisation, et les experts de la Congrégation des Rites se garderont de lier la crédibilité de l'information textuelle à la nature manuscrite ou imprimée de son support.

Passé le milieu du XVIIe siècle, en ce qui concerne les individus déjà béatifiés susceptibles d'être canonisés et plus encore pour les candidats aux autels relevant d'un *casus exceptus*, où il s'agit de démontrer l'ancienneté et la continuité du culte, à l'encontre de la démarche ordinaire, celle du procès *super non cultu* instauré par la constitution apostolique *Cælestis Hierusalem cives* d'Urbain VIII (1634), les monuments de l'érudition hagiographique imprimée que sont les *Acta Sanctorum* (1643-1925) deviennent une ressource précieuse lors des procès[14]. Les témoins y font quelquefois allusion, et plus encore les notaires et les juges, par exemple dans les résumés marginaux en latin qui complètent les transcriptions des témoignages dans les *positiones*. De fait, les articles des *Acta Sanctorum* contiennent souvent tout ou partie de maintes biographies connues auparavant sous forme seulement manuscrite. À partir d'Urbain VIII, lorsque se systématise l'édition de *positiones* au fil du franchissement des étapes dans la révision des procès successifs, ce sont presque toujours les sources éditées dans les *Acta* et non les manuscrits originaux, auxquels les cardinaux ponents ne jugent pas nécessaire de se reporter, qui font autorité. Le prestige ainsi accordé aux pièces publiées par les bollandistes n'est pourtant pas en soi indiscutable : le travail philologique est parfois insuffisant et surtout, certains documents peuvent être ignorés – moins, il est vrai, pour l'époque moderne que pour l'Antiquité et le haut Moyen Âge. Quelque critique que se veuille sa démarche, l'hagiographe bollandiste avant le XXe siècle reste d'abord le représentant militant d'une culture confessionnelle qu'il entend défendre et diffuser, comme l'est aussi son confrère mauriste. Bien qu'ils aient tendance, pour les premiers siècles de l'histoire de leur ordre, à s'annexer des moines, en particulier des ermites, dont le lien avec les bénédictins n'est pas évident, Luc d'Achery et Jean Mabillon dans les *Acta Sanctorum Ordinis Sancti Benedicti*, publiés

13 *Ibid.*, p. 28.

14 Pour une vision d'ensemble, se reporter à : Bernard Joassart, *Aspects de l'érudition hagiographique aux* XVIIe *et* XVIIIe *siècles*, Genève, Droz, 2011.

de 1668 à 1702, sont capables néanmoins d'un réel retour réflexif sur leur rapport aux documents anciens, effort plus collectif que celui qu'on trouve à l'origine du projet bollandiste, marqué par le caractère individualiste des démarches initiales de Roysweyde puis de Bolland. Au-delà de l'existence ou pas de références à telle ou telle source citée ou reproduite dans ces sommes érudites, il est clair, même si les études manquent encore sur le sujet, que les *positiones* sont émaillées de considérations théoriques sur les critères de fiabilité des sources hagiographiques qui doivent beaucoup à la réflexion des bollandistes et des mauristes, comme les minutes des procès, en retour, notamment certains passages des *animadversiones*, ont pu inspirer la méthode critique que l'hagiographie pré-scientifique en milieu religieux ne cesse alors de perfectionner. La magistrale synthèse sur la béatification et la canonisation réalisée par Prospero Lambertini de 1734 à 1738 doit ainsi être vue comme le point de rencontre des efforts conceptuels accomplis depuis un siècle et demi par les juristes de la Congrégation des Rites d'une part, par les experts de l'encyclopédisme hagiographique d'autre part[15].

Il est en revanche de grandes synthèses hagiographiques que les *positiones* semblent tenir à distance : ce sont celles qui, pour un œil romain, sont entachées d'un fort soupçon de gallicanisme ou de jansénisme (Adrien Baillet[16], Claude Chastelain[17], Jean Lebeuf[18]…). Il faut dire que le *Martyrologe universel*

15 Benoît XIV (Prospero Lambertini), *La Beatificazione dei servi di Dio e la canonizzazione dei Beati (De Servorum Dei beatificatione et Beatorum canonizatione)*, édition dirigée par Vincenzo Criscuolo, I/1, I/2, II/1, II/2, III/1, III/2, IV/1, Congregazione delle Cause dei Santi, Cité du Vatican, Libreria Editrice Vaticana, 2010, 2011, 2012, 2013, 2015, 2017 et 2018. Les index onomastiques que comportent les volumes de cet important chantier éditorial montrent à l'envi comment Lambertini s'est appuyé sur son expérience de promoteur de la Foi et sa connaissance des causes de canonisation pour synthétiser les critères de recevabilité judiciaire des écrits hagiographiques produits avant et pendant la procédure.

16 Pietro Stella, « Le *Vies des saints* di Adrien Baillet : diffusione e recezione in area italiana », dans Sofia Boesch Gajano (dir.), *Raccolte di Vite di Santi dal XIII al XVIII secolo. Strutture, messaggi, fruizioni*, Fasano di Brindisi, Schena, 1990, p. 215-234 ; Paolo Fontana, « *Manière d'écrire.* Agiografia e retorica in Adrien Baillet (1649-1706) », dans Sofia Boesch Gajano et Raimondo Michetti (dir.), *Europa sacra. Raccolte agiografiche e identità politiche in Europa fra Medioevo ed Età moderna*, Rome, Carocci, 2002, p. 377-390.

17 [Claude Chastelain], *Martyrologe universel, contenant le texte du Martyrologe romain traduit en françois ; et deux additions à chaque jour des saints qui ne s'y trouvent point ; l'une des saints de France, l'autre des saints des autres nations ; avec un catalogue des saints dont on ne trouve point le jour*, Paris, Frédéric Léonard, 1709. Des liens sont attestés entre Chastelain et les bollandistes (Bernard Joassart, *Aspects de l'érudition hagiographique…*, *op. cit.*, p. 152).

18 Bernard Joassart, *Érudition hagiographique au XVIIIe siècle. Jean Lebeuf et les Bollandistes. Correspondance*, Tabularium hagiographicum 3, Bruxelles, Société des Bollandistes, 2003.

de Chastelain, par exemple, se plaît à qualifier abusivement de « vénérable » ou même de « bienheureux » une foule de personnages – surtout français, mais pas seulement – morts en renom de sainteté, et ce au mépris de la législation d'Urbain VIII. Chef-d'œuvre de gallicanisme para-liturgique, il met en valeur plusieurs congrégations de droit diocésain apparues en France entre la fin du Moyen Âge et le XVIIIe siècle et célèbre leurs personnalités éminentes en les intégrant « sans autre forme de procès », si l'on peut dire, à la *turba sanctorum*. Chanoine honoraire de l'Église de Paris, Chastelain s'intéresse ainsi à la communauté suburbaine des ermites du Mont-Valérien, reconnue par l'archevêque Jean-François de Gondi en 1624, et y distingue pas moins de trois « vénérables[19] », en plus d'une recluse considérée comme leur devancière[20]. Ces qualifications non canoniques peuvent être d'autant plus facilement acceptées par le lecteur du *Martyrologe universel* qu'au cours du XVIIe siècle, plusieurs opuscules pieux sont venus assurer la réputation de la communauté, dont certains rédigés par des écrivains d'une réelle notoriété comme les poètes Guillaume et François Colletet[21]. La tradition hagiographique, bien que très localisée, apparaît ici assez forte pour autoriser Chastelain à ne pas tenir compte des normes urbaniennes.

Les martyrologes généraux bénéficient aux XVIIe-XVIIIe siècles d'une grande diffusion[22], contrairement aux martyrologes propres des ordres religieux, qui entretiennent souvent une même conception extensive de la sainteté, non limitée aux saints officiellement reconnus par l'autorité romaine, mais ne sortent pas des espaces conventuels[23]. En introdui-

19 [Claude Chastelain], *Martyrologe universel…*, *op. cit.*, p. 385 (3 août, Jean du Houssaye, vénéré, de façon très discutable, comme « fondateur »), 447 (5 septembre, Pierre de Bourbon) et 581 (15 novembre, Jean Le Comte).

20 *Ibid.*, p. 1127 (10 décembre, Guillemette Faussart).

21 René Benoist, *Brève exhortation faite au Mont-Valérien le jour saint Barnabé 1580 pour la consolation, confirmation et persévérance de frère Jean de Chaillot, anachorète, illecques reclus*, Paris, Nicolas Chesneau, 1580 ; Guillaume Colletet, *Le Bonheur de la vie solitaire, représenté dans la retraite des anciens ermites du Mont-Valérien*, Paris, 1647 ; François Colletet, *Apologie de la solitude sacrée […] ensemble les avis de Jean Gerson, l'abrégé de la vie des reclus du Mont-Valérien, et de Sénart, et autres choses curieuses concernant cette montagne*, Paris, François Preuveray, 1662.

22 Si les martyrologes officiels sont des sources que les procès de canonisation n'hésitent pas à citer comme pièces, le recours à la littérature infra-liturgique magnifiant les saints pris collectivement semble plus rare. Autour de cette question, voir Olivier Marin et Cécile Vincent-Cassy (dir.), *La Cour céleste. La commémoration collective des saints au Moyen Âge et à l'époque moderne*, Turnhout, Brepols, 2014.

23 Dans la littérature dominicaine par exemple, jusqu'à aujourd'hui, le Breton Alain de La Roche, fondateur de confréries du Rosaire au XVe siècle, se trouve indifféremment affublé ou pas du titre de « bienheureux » sans qu'aucune béatification formelle ne soit jamais intervenue.

sant un nombre considérable de saints antiques lors de sa révision du *Martyrologe romain*[24], Baronius a d'ailleurs opté pour une forme originale d'officialisation de la sainteté sans recourir à l'action judiciaire. Les ordres religieux quant à eux sont capables non seulement de commémorer au fil du calendrier une foule de bienheureux(-ses) et vénérables à la sainteté non officialisée[25], notamment des fondateurs de monastères, mais aussi de s'inventer une généalogie prestigieuse à partir de simples mentions dans des martyrologes anciens, en dépit de l'absence de preuves historiques ou de certifications canoniques. On connaît la querelle qui opposa le monde carmélitain aux bollandistes quant à l'origine supposément éliaque du Carmel. Pour prendre un exemple moins atypique, mais aussi moins éclatant, que celui du Thesbite promu fondateur d'ordre, la congrégation des hiéronymites d'Espagne, née au XIVe siècle, a favorisé, elle, le culte de saint Eusèbe de Crémone, inscrit au 14 août dans les additions au martyrologe d'Usuard, culte fragile dont une des fonctions était de contrebalancer le fait que la congrégation ne disposait d'aucun saint canonisé issu de ses rangs. La figure mal connue d'Eusèbe, successeur probable de saint Jérôme à la tête du monastère fondé par ce dernier à Bethléem, avait été obscurcie par des textes apocryphes médiévaux qui en grossissait l'importance intellectuelle et spirituelle[26]. Elle le fut plus encore par la thèse controuvée de la filiation eusébienne des hiéronymites espagnols, qui leur permettait d'affirmer la continuité sans failles, du Ve au XIVe siècle, de l'expérience monastique dont ils se voulaient les héritiers, et pouvait conforter les faveurs insignes dont ils jouissaient déjà auprès de la monarchie castillane. Reprise par José de Sigüenza[27], la thèse d'une implantation ibérique des moines disciples du Stridonien dès la fin de l'Antiquité se diffusa aussi dans la branche réformée de

24 Première édition en 1583, corrigée en 1586 puis 1589.

25 Ces commémorations consistent dans la lecture des notices des martyrologes propres et non dans la récitation d'offices, *de facto* non autorisés. Dans les milieux bénédictin et cistercien, peu intéressés, jusqu'à une période récente, à voir certains des leurs élevés sur les autels et d'une façon générale, peu enclins à développer le culte liturgique des saints, la lecture des martyrologes propres à l'ordre voire à tel ou tel monastère compense en partie le caractère peu étoffé du sanctoral.

26 Sur le dossier hagiographique tardif de saint Jérôme et la question des faux le concernant (en particulier la lettre apocryphe d'un pseudo-Eusèbe de Crémone, connue à partir du XIIIe siècle), voir Eugene F. Rice Jr., *Saint Jerome in the Renaissance*, Baltimore/Londres, The Johns Hopkins University Press, 1988, p. 23-48 (ch. 2, From History to Legend).

27 José de Sigüenza, *Historia de la Orden de San Jerónimo* [1595-1605], éd. (2e) par Juan Catalina Garcia, t. I, Madrid, Bailly-Baillère, 1907.

l'ordre, les hiéronymites de l'observance, dits de Lombardie lorsque cet ordre, dont les couvents espagnols furent réunis à la branche mère de la congrégation à la fin du XVIe siècle, ne posséda plus de maisons qu'en Italie[28]. Elle suscita une production hagiographique significative, dont l'ouvrage majeur, sous l'influence du courant observant, la *Vita sancti Eusebii Cremonensis* de Francesco Ferrario, parut en 1612 à Crémone – le lieu d'édition n'a rien d'anodin – et reçut l'honneur assez indu, si on s'en tient aux exigences de la critique historique, d'une publication dans les *Acta Sanctorum*[29]. Une certaine mauvaise conscience cependant habitait sans doute les hiéronymites puisqu'ils n'allèrent pas jusqu'à évoquer les prétendus liens d'Eusèbe de Crémone avec l'Espagne dans les textes de leur bréviaire propre[30].

Si les martyrologes de l'époque moderne font se côtoyer les personnages béatifiés ou canonisés au terme d'un procès (minoritaires) et les autres (très majoritaires, puisque le double principe de l'action judiciaire et de la réserve pontificale n'était devenu la règle qu'au milieu du Moyen Âge), le culte officiel dans l'Église catholique post-tridentine choisit de valoriser les premiers aux dépens des seconds, du moins dans la liturgie romaine, car les bréviaires néo-gallicans des XVIIe-XVIIIe siècles, prompts à élaguer les sanctoraux et confrontés au très petit nombre de saints français canonisés entre le concile de Trente et la Révolution[31], préfèrent exalter le souvenir de protomartyrs des Gaules, de moines et d'évêques mérovingiens propres à flatter l'orgueil religieux national. En marge de ces ouvrages disparates que l'uniformisation liturgique voulue par Pie IX allait progressivement faire disparaître au cours du XIXe siècle, l'insistance croissante des autorités romaines sur les saints ayant fait l'objet d'un procès de canonisation stimule la réflexion sur le statut du discours hagiographique. Cette réflexion mûrit en plusieurs étapes :

28 *Hieronymianæ familiæ vetera monumenta, ad amplissimum Dominum D. Angelum Mar. Quirinum*, Plaisance, Aloysius Bernardus Salvoni, 1754, p. XIII-XIV.

29 *Acta Sanctorum martii*, I, Anvers, Jacobus Meursius, 1668, p. 369-385. Le chapitre 8 de la biographie de Ferrario rattache à Eusèbe de Crémone le monastère hiéronymite Notre-Dame de Guadalupe.

30 *Proprium sanctorum Ordinis sancti Hieronymi in Hispania*, Madrid, Typographia Regiæ Societatis, 1828, p. 12 (office de saint Eusèbe de Crémone, 5 mars).

31 Trois canonisations (Jean-François Régis et Vincent de Paul en 1737, Jeanne de Chantal en 1767) et, en laissant de côté les groupes de martyrs dans lesquels des Français peuvent se trouver, trois béatifications ou reconnaissances de culte (Colette de Corbie en 1604, Jeanne de Valois en 1742 et Barbe Acarie / Marie de l'Incarnation en 1791).

les décrets d'Urbain VIII sur les conditions d'ouverture et de déroulement d'une procédure[32], les précisions apportées par Innocent XI[33], la parution du traité de Lambertini sur la béatification et la canonisation puis au XXe siècle, après une longue période dépourvue d'évolutions majeures, la promulgation du code de droit canonique de 1917. Préparés par le décret *Cum in agendis* de 1912, les canons 1999-1241 du code de 1917 relatifs aux canonisations sont approfondis par Pie XI, dont le motu proprio *Già da qualche tempo* (6 février 1930) explicite la manière d'aborder les *causæ antiquæ* et de sélectionner les preuves de sainteté jugées historiquement valables. L'ouverture aux sciences humaines et sociales, complétant l'approche théologique, trouve enfin son aboutissement en 1983 avec le double événement que constituèrent la publication du nouveau code de droit canonique appelé par Vatican II et l'adoption de la constitution apostolique *Divinus perfectionis Magister* (25 janvier 1983) organisant le *modus operandi* de la Congrégation pour les Causes des Saints, créée en 1969.

Au terme de cette longue maturation, que dit aujourd'hui le Saint-Siège de la place à donner à l'hagiographie dans la matière judiciaire des procès ? Il convient d'abord de remarquer que les mots « hagiographie » et « biographie » ne font pas partie du vocabulaire des canonistes, qui ne connaissent que le concept juridique de « preuve » (*probatio*), notion à la fois statique et dynamique[34]. Dans sa dimension statique, la preuve est un instrument réglé par les normes procédurales canoniques, pertinent pour obtenir la certitude morale quant à la véracité d'une affirmation portant sur l'existence d'un fait controversé[35]. Si dans le droit civil l'idée de controverse renvoie à un fait admis par l'une des parties et refusé par l'autre, il n'en va pas ainsi dans le droit de la canonisation où par essence, la demande de reconnaissance de la sainteté conserve tout au long de la procédure un caractère de fait controversé. Dans sa dimension dynamique, la preuve consiste dans l'ensemble des actions probatoires conformes

32 Décret du Saint-Office du 13 mars 1625, encyclique *De processibus rite conficiendis* (12 mars 1631) et constitution apostolique *Cælestis Hierusalem cives* (5 juillet 1634).

33 Décret *De processibus aliisque* (15 octobre 1678).

34 Henrik Misztal, *Le Cause di canonizzazione. Storia e procedura*, coll. Congregazione delle Cause dei Santi. Sussidio per lo studio delle cause dei santi, Cité du Vatican, Libreria Editrice Vaticana, 2005, p. 245.

35 Antoni Stankiewicz, « Le caratteristiche del sistema probatorio canonico », dans Piero Antonio Bonnet et Carlo Gullo (dir.), *Il Processo matrimoniale canonico*, Studi giuridici 29, Cité du Vatican, Libreria Editrice Vaticana, 1994, p. 567.

aux normes procédurales visant à vérifier l'affirmation relative au fait controversé[36]. Henrik Misztal commente ces définitions en remarquant que l'objet de la preuve dans les causes de canonisation est toujours la vie même du serviteur ou de la servante de Dieu. Sur ce dernier point, s'il n'existe pas de normes juridiques strictes, le postulateur de la cause n'en a pas moins le devoir primordial de diligenter l'enquête sur la vie en question d'une manière telle que l'ordinaire diocésain finisse par disposer des éléments nécessaires pour discerner si la cause peut être introduite[37]. La vie dans son ensemble comme chacun des faits la constituant étant objet de preuve, la biographie d'une part, l'inventaire des miracles d'autre part, font fonction de moyens probatoires essentiels. Par conséquent, une cause peut s'interrompre par manque de preuves sur certains faits biographiques. Même pour un martyr dont la mise à mort en haine de la foi est démontrée, le défaut de preuves sur certains aspects de sa vie peut convaincre la Congrégation pour les Causes des Saints d'arrêter la procédure[38]. En outre, les modalités de la preuve varient selon que l'on a affaire à une *causa antica* ou à une *causa recens*. Si pour la seconde les dépositions des témoins sur la pratique héroïque des vertus sont capitales, mais non plus aujourd'hui primordiales par rapport aux autres sources, les *causæ anticæ* s'appuient d'abord voire exclusivement sur des *documenta*. C'est ce fonds documentaire qui doit permettre de préparer la *positio* historique sur la vie et les vertus du candidat aux autels[39].

Le code de droit canonique de 1983 accorde aux *documenta* un crédit supérieur à celui des dépositions des témoins. Les *documenta* peuvent être des documents civils ou ecclésiastiques, privés ou publics, ces derniers étant gratifiés d'un préjugé de plus grande crédibilité ; des documents originaux ou des copies authentiques ; des documents vrais ou faux, défectueux ou conservés dans leur intégrité[40]. Le droit canon n'énonce aucune restriction quant au nombre, à la nature et à la forme des pièces composant le fonds documentaire, pas plus qu'il n'interroge le genre littéraire des textes contenant des informations biographiques. Aussi les juges de la Congrégation pour les Causes des Saints se sont-ils résolus

36 *Ibid.*, p. 568.

37 [Congrégation pour les Causes des Saints], *Normæ servandæ in inquisitionibus ab Episcopis faciendis in Causis Sanctorum*, 1983 (*Acta Apostolicæ Sedis* 75, 1983, pars I, p. 396-403).

38 Henrik Misztal, *Le Cause di canonizzazione*, *op. cit.*, p. 250.

39 *Ibid.*, p. 251.

40 *Codex Iuris Canonici, Acta Apostolicæ Sedis* 75, 1983, pars II, can. 1543-1544.

aujourd'hui à toujours demander à des *periti storici* la réponse aux trois questions suivantes : les documents sont-ils authentiques ? Présentent-ils un intérêt historique ? Sont-ils suffisants pour trancher la question débattue[41] ? « Hagiographie » : le mot et la chose sont ignorés des canonistes et des théologiens amenés à se prononcer sur la sainteté d'un individu, et pour ainsi dire sous-traités à d'autres. Sous la surveillance de la commission historique créée sous Pie XI, la collecte des documents hagiographiques désignés sous le vocable de « preuves documentaires » (*prove documentali*), prioritaires par rapport aux témoignages, échappe au postulateur de la cause et se voit confier à des professionnels des sciences humaines, historiens et archivistes[42]. Rassemblés dans la catégorie des *testes ex officio*, ceux-ci sont appelés à travailler de conserve, contrairement aux *censores theologi*, qui eux se prononcent indépendamment les uns des autres. À charge donc pour les commissions diocésaines non seulement de rassembler les dépositions des témoins (*prove testificali*) mais aussi de veiller à la confection du rapport (*relazione*) des historiens-archivistes sur les *prove documentali*, puis d'envoyer l'ensemble à la Congrégation pour les Causes des Saints. Dans l'approche des sources hagiographiques et la détermination des conditions de leur utilisation comme pièces judiciaires, le spectre d'une interférence potentiellement conflictuelle entre la perspective historique et la perspective théologique s'éloigne de plus en plus.

La place et le rôle de l'écrit hagiographique avant, pendant et après le procès de canonisation tel que la Congrégation des Rites puis la Congrégation pour les Causes des Saints en ont fixé la structure varient dès lors selon les causes. Dans certains *casus excepti*, une biographie parfois assez étique peut revêtir une importance considérable. Ainsi lorsque, soutenue par son puissant protecteur, le cardinal Casanate, la Congrégation des ermites de saint Jérôme de Pierre (Gambacorta) de Pise s'active dans la deuxième moitié du XVIIe siècle pour voir confirmer le culte de son fondateur, mort en 1435, elle ne dispose à son sujet que de transcriptions de brefs récits manuscrits[43]. Si un *corpus* documentaire plus large lui permet de reconstituer l'historique des fondations conventuelles de Pietro Gambacorta et d'attester la continuité d'un culte depuis le XVe siècle, elle est en revanche

41 Henrik Misztal, *Le Cause di canonizzazione…*, *op. cit.*, p. 254-256.

42 Vincenzo Criscuolo, Daniel Ols et Robert J. Sarno (dir.), *Le Cause dei santi. Sussidio per lo studium*, Cité du Vatican, Libreria Editrice Vaticana, 2012, p. 271-272.

43 *Vitæ compendium ex latino codice Veteri Neapoli edito et ex italica Bernardini Puccii illustrato*, reproduite dans *Acta Sanctorum iunii*, III, p. 533-541.

incapable d'établir une biographie détaillée ; la situation de Pietro au sein du lignage pisan des Gambacorta, pourtant des plus fameux, n'est pas claire, tandis qu'à l'autre extrémité de sa vie, on ignore le lieu de sa sépulture, une église vénitienne pour laquelle diverses hypothèses sont soutenables. Ces évidentes carences n'empêchèrent pas toutefois la béatification par reconnaissance de culte en 1693. Cependant, la parution d'une biographie, quelle que soit sa qualité, la publicité qui lui est faite ou la notoriété du personnage célébré, ne facilite pas *ipso facto* l'introduction ou la progression de la cause. Et la bonne volonté ne fait pas forcément la bonne hagiographie : si le procès du cardinal Pierre de Bérulle échoua en raison surtout de l'absence d'une authentique réputation de sainteté, il n'en est pas moins vrai que les ratages littéraires que furent les vies du fondateur de l'Oratoire de France écrites par Germain Habert et par Louis Doni d'Attichy eurent leur part dans cette déconvenue[44].

Bérulle par ailleurs était engagé dans les conflits politico-religieux de la France de Louis XIII. Or, l'usage judiciaire de l'hagiographie apparaît d'une complexité particulière lorsque le possible saint possède une épaisseur historique qui excède le domaine ecclésiastique. C'est le cas notamment pour les laïcs ayant exercé une fonction de pouvoir, princes et hommes politiques au premier chef. Dans la catégorie des « saints d'État », le martyr Thomas More, étudié par Cédric Michon, a vu sa canonisation (1935) retardée par les relations délicates entre l'Angleterre anglicane et le Saint-Siège mais aussi par la gigantesque masse documentaire relative à un personnage polymorphe (humaniste, chancelier, père de famille, traqueur d'hérétiques...) qui a lui-même contribué par sa correspondance à l'édification de sa légende[45]. Pourtant, les réécritures hagiographiques le concernant sont précoces : trois biographies d'esprit catholique paraissent entre 1557 et 1588, dont l'une est due à son gendre[46]. Elles vont jouer un rôle important comme pièces du procès de canonisation. Alors que dans les générations suivantes la polémique anglicane diffuse une image négative de More et qu'Urbain VIII échoue à faire fonctionner une commission capable d'attester de sa *fama sanctitatis*, il faut attendre le tournant des XVIIe et XVIIIe siècles pour

44 Éric Suire, *La Sainteté française de la Réforme catholique*, *op. cit.*, p. 389-390.

45 Cédric Michon, « Thomas More, saint ou chancelier ? », dans Florence Buttay et Axelle Guillausseau (dir.), *Des saints d'État ? Politique et sainteté au temps du concile de Trente*, Paris, Presses de l'Université Paris-Sorbonne, 2012, p. 153-169.

46 *Ibid.*, p. 156.

que l'auteur de l'*Utopie* apparaisse, sous la plume de Gilbert Burnet comme un pré-réformateur[47], devenant ainsi plus acceptable à l'opinion anglaise dominante, puis le XIXe siècle pour assister, dans un contexte de pleine réintégration des catholiques dans le corps social britannique, à une explosion bibliographique qui voit un glissement des ouvrages privilégiant l'étude du rapport entre politique et religion vers d'autres s'efforçant de contextualiser la singularité du parcours du prétendu « courtisan malgré lui ». Dans les années qui suivent la béatification (1886), l'ouvrage du Père Bridgett[48] fait autorité, mais va être partiellement remis en cause par les nombreuses biographies qui suivent la canonisation. Les biographies postérieures à 1935 tendent en effet à sortir du domaine hagiographique, même si la question de la « fabrique du saint » n'y est jamais absente, voire à remettre en question certains *topoi* de l'apologétique catholique en partie construits par More lui-même[49].

La progression de la cause de canonisation s'appuie souvent sur une ou plusieurs biographies-phares, dont les auteurs peuvent aussi être cités comme témoins au procès. Étudiant la « fabrique » de saint Benoît-Joseph Labre dans la Rome pré-révolutionnaire, Marina Caffiero explicite la fonction primordiale de trois biographies, aux accents similaires ou complémentaires. Parues peu de temps après la mort du « pouilleux de Dieu » (1783), elles ont pour auteurs respectifs le prêtre italien Giuseppe Loreto Marconi, l'avocat Giovanni Battista Alegiani et le prêtre français François Rovira Bonet. Marconi et Rovira Bonet attestent de la croissance immédiate, rapide et continue de la *fama sanctitatis* de Labre[50]. Proche du monde jésuite et adepte d'une ecclésiologie de type curialiste, Marconi, constatant l'apparente contradiction entre la vie obscure de l'ermite-pèlerin et l'effervescence populaire spontanée au moment de sa mort, y voit la marque d'un « projet providentiel[51] ». Alegiani le rejoint sur ce point, et corrobore l'interprétation

47 *Ibid.*, p. 159.

48 Thomas Edward Bridgett, *Life and Writings of Blessed Thomas More, Lord Chancellor of England and Martyr under Henry VIII*, Londres, Burns & Oates, 1891.

49 Cédric Michon ose le terme « révisionniste » pour qualifier la vision de Thomas More proposée par Richard Marius (*Thomas More*, Londres, Phenix Giant, 1984) et relève, outre l'idéalisation de la vie familiale, plusieurs réinterprétations iconoclastes : relations réelles mais assez distantes avec Érasme, appétit sexuel mal assumé, recherche de l'admiration, haine de l'hérésie manifestant une violence constitutive de la personnalité (Cédric Michon, « Thomas More, saint ou chancelier ? », *op. cit.*, p. 162).

50 Marina Caffiero, *La Fabrique d'un saint à l'époque des Lumières*, Paris, Éditions de l'École des Hautes Études en Sciences Sociales, 2006, p. 13.

51 *Ibid.*, p. 22.

providentialiste en affirmant que la réputation de sainteté ne résultait pas de l'activisme de quelque « parti [ou] groupe de pression[52] ». Désamorçant les potentialités subversives d'une vie solitaire à l'ascétisme extrême – véritable défi pour les mœurs policées des Lumières et pour le contrôle social que l'Église et l'État, dans leur sphère d'action respective, entendaient renforcer –, Alegiani voit en Labre « un portrait approprié de la pauvreté », dépourvu de la moindre tentation de se singulariser au regard des normes et des règles de l'autorité ecclésiastique[53]. Rovira Bonet quant à lui, désireux de revigorer certains usages pénitentiels dont Labre est présenté comme le praticien-modèle, est aussi le témoin engagé de l'affrontement des trois églises du quartier romain des Monti qui prétendent à l'honneur de recueillir la dépouille du « saint[54] ». Devenu une figure tutélaire de la contre-révolution, Benoît-Joseph Labre se voit attribuer des visions et des prophéties relatives à la Révolution, s'inscrivant par là dans le vaste courant prophétique qui frappa l'Italie affrontée au jacobinisme[55] ; prophéties apparues sur le tard, absentes de la biographie écrite par Marconi en 1783, mais mentionnées par ce dernier en 1795 et présentes dans le procès apostolique romain[56]. Construit comme un symbole des anti-Lumières, objet dévotionnel à destination principale des femmes et des gens du peuple, le cas Labre illustre l'interaction permanente mais évolutive entre biographies et procès, au service de la réaffirmation d'un *ordo christianus* auquel le catholicisme intransigeant du XIXe siècle pourra se référer.

L'autobiographie du candidat aux autels peut aussi être considérée comme une forme spécifique de littérature hagiographique. En fonction de son importance quantitative ou qualitative mais aussi des débats intra-ecclésiaux sur l'opportunité de sa publication, elle peut devenir ou pas une pièce majeure du procès de canonisation. Dans la cause de la mystique capucine Veronica Giuliani, morte à Città di Castello (Ombrie) en 1727, canonisée en 1839, le long *Diario* qu'elle rédigea sur les instances de son confesseur à partir de 1693, quoique fournissant une information au jour le jour sur ses grâces d'oraison et sur le contexte conventuel dans lequel elle évoluait, fut jugé si déconcertant que ses

52 *Ibid.*, p. 23.
53 *Ibid.*, p. 83.
54 *Ibid.*, p. 149-150, 159-166.
55 Marina Caffiero, *La Nuova era. Miti e profezie dell'Italia in Rivoluzione*, Gênes, Marietti, 1991.
56 Marina Caffiero, *La Fabrique d'un saint…*, *op. cit.*, p. 194-197.

dévots, à commencer par ses consœurs capucines, préférèrent, sans l'occulter pour autant, s'appuyer sur les biographies amples ou brèves qui fleurirent dès les lendemains de sa mort et sur les témoignages directs des contemporains pour promouvoir la reconnaissance de sa sainteté. Une première biographie de 1728, maintes fois rééditée, servit de base à l'information judiciaire[57], bien plus sûrement que le *Diario*, dont la première publication, partielle, ne date que de 1883[58], et l'édition intégrale seulement de 1928[59]. Dans un contexte culturel où la condamnation du quiétisme molinosiste en 1687 avait rendu toute théologie mystique suspecte, la réticence des capucines de Città di Castello à divulguer des milliers de pages manuscrites relatant un déluge continu d'expériences extraordinaires, qu'elles percevaient pourtant comme un authentique trésor spirituel, a profité lors du procès aux témoignages sur les vertus et les actions de la *Madre*, dont les expériences mystiques certes n'étaient pas tues, mais ne risquaient pas de faire système ni, a fortiori, doctrine.

Il est d'autres cas, à l'inverse, où c'est l'autobiographie lue et diffusée, plus que la *fama sanctitatis* au moment du décès, qui constitue la matière principale du procès. Thérèse de Lisieux existerait-elle en tant que sainte sans l'*Histoire d'une âme*, dont l'histoire complexe de la réception à partir de la première publication en 1898 interfère avec celle de la cause ? Claude Langlois montre l'importance de l'expertise de l'ouvrage réalisée au cours du procès ordinaire de 1910-1911 par le carme Élie de la Mère de Miséricorde, qui n'avait aucune connaissance préalable de Thérèse Martin mais était le lecteur passionné d'une édition de 1907 de l'*Histoire d'une âme* offerte par le carmel de Lisieux, édition comportant déjà la mention d'une série de miracles de guérison[60]. Ce Père carme contribue à la mise en forme théorique de la voie d'enfance, comme le fait un autre témoin capital, le prémontré Godefroid Madelaine, préfacier du livre[61]. Claude Langlois

57 [Girolamo Longino o.f.m.conv.], *Brieve ristretto della vita della Madre suor Veronica Giuliani*, Sienne, 1728. D'autres éditions parurent à Sienne en 1730, et à Venise en 1730, 1734 et 1764. Une soixantaine de biographies consacrées à Veronica Giuliani sont répertoriées entre 1728 et 1973, date de parution de la synthèse du P. Francesco Maria da San Marino, o.f.m.cap., *Santa Veronica Giuliani*, Mercatello sul Metauro, 1973.

58 *Scritti di Santa Veronica Giuliani…* I, éd. par Beniamino Dausse, Città di Castello, 1883.

59 *Un tesoro nascosto, ossia Diario di S. Veronica Giuliani, religiosa cappuccina in Città di Castello, scritto da lei medesima*, édité et annoté par Pietro Pizzicaria, Prato-Città di Castello, Giachetti-Orfanelli S. Cuore, 1895-1928, 10 vol.

60 Claude Langlois, *Les Premiers thérésiens. De l'*Histoire d'une âme *(1898) à la canonisation de Thérèse de l'Enfant-Jésus (1925)*, Paris, Honoré Champion, 2015, p. 189.

61 *Ibid.*, p. 196-204.

distingue ces deux premiers témoins, qui cherchent à démontrer la cohérence et la pertinence d'un nouveau chemin de sanctification, d'une série d'autres experts plus soucieux d'intégrer l'œuvre thérésienne dans le paysage théologique contemporain marqué par la crise moderniste (déposition du jésuite Jules Auriault) voire d'articuler véracité de la doctrine spirituelle et récits d'apparitions[62]. Les phases finales de la procédure de béatification et de canonisation révèlent cependant que l'extraordinaire popularité de Thérèse de Lisieux dans l'opinion catholique ne rend pas caduques certaines réserves des consulteurs de la Congrégation des Rites quant au statut de l'*Histoire d'une âme*, autobiographie à valeur d'autojustification[63]. Ainsi, comme le relève Claude Langlois, Ange Mariani, l'un des consulteurs les moins thérésiens, « avait jusqu'au bout critiqué l'argument selon lequel le prodigieux succès de l'*Histoire d'une âme*, même si les carmélites y avaient joué un rôle certain, était providentiel. Pour lui, s'exprimer ainsi revenait à avancer un propos hasardeux, qui permettait seulement d'esquiver une question de fond[64]. » Il fallut en fait recourir à l'argument des fruits spirituels exceptionnels de la lecture de l'*Histoire d'une âme* pour dépasser l'*animadversio* de Mariani et ériger définitivement la réussite d'édition en manifestation glorieuse de la Providence[65]. Que les écrits soient biographiques ou autobiographiques, très militants ou plus circonspects, fondamentaux ou secondaires dans le cadre de la procédure, c'est bien cette ambiguïté dérangeante mais féconde des liens unissant les discours littéraire, théologique et judiciaire que les études suivantes, à travers une variété de causes s'étalant de la fin du Moyen Âge au XXe siècle, se proposent d'interroger et de mettre à jour.

Philippe Castagnetti
Université de Lyon,
Université Jean Monnet
(Saint-Étienne)
LEM-CERCOR UMR 8584

62 *Ibid.*, p. 207-227.
63 *Ibid.*, p. 367.
64 *Ibid.*, p. 368.
65 *Ibid.*

PREMIÈRE PARTIE

CANONISATION, ART ET HAGIOGRAPHIE

DU MOYEN ÂGE AUX TEMPS MODERNES

VESCOVI E SANTI PRELATI TRA ARTE E AGIOGRAFIA

La cappella di San Oleguer nella cattedrale di Barcelona

Il fedele che entra oggi nella cattedrale di Barcellona dalla facciata principale trova sulla destra un'enorme cappella che non ha uguali per le sue dimensioni[1]. Il sacello è presieduto dal Santo Cristo di Lepanto, un crocifisso di grande devozione nella capitale catalana. Ai suoi piedi si trova un grande sarcofago barocco coperto da un'immagine giacente di linguaggio gotico (fig. 1). Spostando lo sguardo tra le varie parti dell'altare e la volta, anch'essa gotica, ci si accorge quindi che lo spazio è una sorta di collage di stili, epoche e culti diversi.

Come si spiega tanta disparità? Per rispondere a tale domanda ripercorreremo la storia della cappella e dei culti che ospita, servendoci come fonte principale dell'agiografia e dei documenti relativi ai processi di canonizzazione, soffermandoci in modo particolare sul primo dedicatario dello spazio: San Oleguer. Analizzare questa figura di santo significa fare un viaggio tra le devozioni della Catalogna, partendo dal medioevo, passando per l'età moderna e arrivando quasi ai nostri giorni.

---

1 Il presente articolo è stato scritto e redatto a quattro mani: le pagine 1-7 sono di Ramon Dilla Martí e le pagine 7-16 di Sara Caredda. D'altro canto, lo studio forma parte delle attività di ricerca del progetto *Arte y Cultura en la Barcelona Moderna (s.* XVII-XVIII*). Relaciones e influencias en el ámbito del Mediterráneo Occidental*, diretto dalla Prof.ssa Sílvia Canalda i Llobet dell'Universitat de Barcelona. Codice PGC2018-093424-B-100 (Ministerio de Ciencia, Innovación y Universidades, 2019-2022).

FIG. 1 – Cappella di San Oleguer. Cattedrale di Barcellona (© Sara Caredda – Ramon Dilla Martì).

LA PROMOZIONE DELLA SANTITÀ NELLA CATALOGNA POSTRIDENTINA

Nel 1589 il celebre giurista Dionís Jeroni de Jorba pubblicava la sua celebre *Descripción de las excelencias de la muy insigne ciudad de Barcelona*, destinata a elogiare i principali tesori e le ricchezze della città. Jorba, insigne dottore dell'Università di Barcellona e collaboratore del vescovo Dimes Lloris, dichiarava nel suo prologo al lettore che aveva fatto un'opera eminentemente dedicata « ... *a la patria, cuyo amor mucha fuerça tiene*[2] ». Per questo motivo, dedicava il libro ai *Consellers*, governanti municipali della città, ma anche all'influente cardinale Rodrigo de Castro, arcivescovo di Siviglia e consigliere reale, che aveva conosciuto alcuni anni prima.

L'opera segue in certo senso il genere delle *laudes urbium* rinascimentali, con una forte impronta controriformistica che unisce allo stesso tempo la storia patria e quella religiosa. Il santorale, quindi, diventa un aspetto fondamentale della stessa immagine della città, la dota di coerenza e ne consolida l'identità[3]. Così, prima di riferirsi alla nobiltà delle istituzioni di governo, o alla magnificenza degli edifici, Jorba si preoccupa di descrivere i santi venerati e le chiese, cominciando dalla cattedrale, dove menziona come principali tesori i corpi incorrotti della padrona Santa Eulalia e dei vescovi Sever e Oleguer. Poco dopo cita anche gli altri protettori dei barcellonesi: il vescovo Pacià, il martire Cugat « *de Arabia* » e il domenicano Raimondo di Pennafort. Bisogna sottolineare che tutti questi santi erano venerati da lungo tempo a Barcellona, ma nessuno aveva ottenuto una canonizzazione pontificia, anche se esistevano alcuni processi canonici aperti da secoli[4].

2 « ...alla patria, a cui sono legato da un grande affetto ». Dionis Hieronim Jorba, *Descripción de las excelencias de la muy insigne ciudad de Barcelona*, Barcelone, Gotard, 1589; Mariàngela Vilallonga, « Els primers historiadors de la ciutat: Jeroni Pau i Dionís Jeroni Jorba », *Barcelona Quaderns d'Història*, 9, 2003, p. 149-160.

3 Sulla questione: Xavier Torres, « La ciutat dels sants: Barcelona i la historiografia de la Contrareforma », in Ramon Grau i Fernández (ed.), *Recurs al passat i modalitats historiogràfiques a Barcelona. Barcelona Quaderns d'Història*, Barcelona, Ajuntament de Barcelona, 2014, p. 77-104; Adrian Hastings, *The Construction of Nationhood. Ethnicity, Religion and Nationalism*, Cambridge, Cambrige University Press, 1997, p. 397-402; Sofia Boesch Gajano, Raimondo Michetti (ed.), *Europa Sacra. Raccolte agiografiche e identità politiche in Europa fra Medioevo ed Età moderna*, Roma, Carocci editore, 2002.

4 Questo è il caso di Raimondo di Pennafort e di Oleguer, le cui cause erano state presentate formalmente ai pontefici durante il regno di Pietro II, rispettivamente nel 1279 e nel 1281,

D'altra parte va anche sottolineato che, nonostante i santi lodati da Jorba avessero un culto vivo e radicato, la realtà era che il numero dei santi barcelonesi del XVI secolo era piuttosto scarso in confronto ad altre città iberiche come Siviglia, Cordoba, Toledo o Saragozza[5]. Come segnalato dallo studioso Xavier Torras, di fronte a questa situazione il vescovo di Barcellona Joan Dimes Lloris (1576-1598) decise di avviare un'operazione destinata ad ampliare il pantheon celestiale dei catalani[6].

Il lungo vescovado di Lloris è caratterizzato dalla fondazione del primo Seminario Conciliare (1593), dall'arrivo in città di nuove istituzioni religiose (carmelitani scalzi, minimi, cappuccini) e soprattutto dall'energica adozione dei decreti del Concilio di Trento. L'aspetto artistico più visibile di questo rinnovo fu la stessa Cattedrale, dove si iniziarono importanti lavori di restauro delle pareti e delle volte e di modifica dell'arredo interno, che dovevano culminare con il, mai eseguito, trasloco del coro dietro al presbitero e l'inaugurazione di un nuovo altare maggiore, che fu consacrato nel settembre 1599.

Parallelamente a tutte queste attività costruttive, il presule iniziò un'ambiziosa campagna di promozione del santorale catalano che si avvalse dell'agiografia come strumento principale, usato con un triplo fine: riscoprire i santi martiri, confessori o vergini; rispolverare la memoria dei santi più tradizionali; e infine riaprire i processi di canonizzazione medievali, specialmente quello di San Raimondo di Pennafort.

Con l'appoggio dell'arcivescovo di Tarragona Joan Terès (1587-1603), degli ordini religiosi – soprattutto dei gesuiti e dei domenicani – e delle istituzioni di governo locale – il *Consell de Cent* della città di Barcellona e la *Diputació del General* della Catalogna –, Lloris promosse la stesura di

---

ma senza successo. Le ragioni del fallimento della politica di promozione della santità catalana in età medievale sarebbero numerose e complesse, ma tra di esse bisogna ricordare le tensioni tra il papato e i sovrani della Corona d'Aragona dopo l'annessione del Regno di Sicilia nel 1282, che ebbe come conseguenza l'immediata scomunica del re Pietro II. Victor Balaguer, *Historia de Cataluña y de la Corona de Aragón*, Barcelona, Librería de Salvador Manero, 1861, II, p. 529; André Vauchez, *La Sainteté en occident aux derniers siècles du Moyen Âge, d'après les procès de canonisation et les documents hagiographiques*, Roma, École Française de Rome, 1988, p. 78.

5 A conferma di questa situazione basta un'occhiata alla coeva *Historia Eclesiastica de todos los santos de España*, redatta dal domenicano Juan de Marieta e pubblicata a Cuenca nel 1594. L'opera presenta una raccolta di tutti i santi venerati in Spagna, organizzati secondo il calendario in cui veniva celebrata la loro festa.

6 Xavier Torres, *op. cit.*, p. 77-104. Sulla questione del santorale catalano barocco, vedasi anche: Juan Luís Betrán Moya, « Culto y devoción en la Cataluña barroca », *Jerónimo Zurita*, 85, 2010, p. 95-132.

numerose agiografie. Tra di esse va ricordata la *Vides de sants de Cathalunya*, scritta dal gesuita Pere Gil (1551-1622), uomo di grande erudizione e stretto collaboratore di Lloris, che si proponeva di compilare un'opera seguendo la linea del *Martirologio Romano* di Baronio, con il fine di sradicare le leggende apocrife dei santi catalani[7]. Purtroppo le vite di Gil rimassero manoscritte e non ebbero una gran diffusione, al contrario di quel che accadde con la *Historia general de los Santos y Varones ilustres en santidad del Principado de Cataluña*[8], del domenicano Antoni Vicenç Domenec, considerata l'opera magna del santorale catalano di età moderna.

Pubblicato a Barcellona nel 1602, il testo riuniva per la prima volta le biografie dei santi relativi al Principato. Come spiegato nel prologo, l'autore aveva raccolto per anni documenti negli archivi delle principali diocesi catalane ma, allo stesso tempo, si dichiarava erede della tradizione agiografica in senso lato e di autori come Cesare Baronio, Lorenzo Surio, Luigi Lippomano, Alonso de Villegas Selvago e Pedro de Ribadeneyra, la cui prima edizione del *Flos Sanctorum* era stata recentemente pubblicata a Madrid[9].

Un altro dato che Domenec chiarisce nel prologo della sua opera è che tratterà di tre tipi di santi: quelli nati in Catalogna, cioè nel territorio esteso da Perpignano fino a Valencia, che all'epoca costituiva una parte della Corona d'Aragona; quelli che, pur non essendo tecnicamente catalani, sono considerati tali perché sepolti in Catalogna; e quelli di cui in Catalogna esiste una particolare devozione, anche se chiarisce che in questa categoria include solo gli esempi che ha trovato nel *Flos Sanctorum* di Ribadeneyra. Tutte queste agiografie sono organizzate in due libri: nel primo vanno i santi riconosciuti dal martirologio romano, o il cui culto era stato approvato dai vescovi locali;

---

7 Cesare Baronio aveva pubblicato il suo *Martyrologium Romanum* a Roma nel 1583. Il manoscritto dell'opera di Pere Gil si trova oggi alla Biblioteca del Seminari Conciliar de Barcelona. Àngel Fàbrega Grau, « El P. Pedro Gil, SJ. († 1622), y su colección de vidas de santos », *Analecta Sacra Tarraconensia*, XXI, 1958, p. 5-25.

8 Antoni Vicenç Domenec, *Historia General de los Santos, y varones illustres en santidad del Principado de Cataluña*, Barcelona, en la Emprenta de Gabriel Graells y Giraldo Dotil, 1602, II, p. 24-34.

9 Cesare Baronio, *Martyrologium Romanum ad novam Kalendarii rationem et ecclesiasticae históricе veritatem restitutum, Gregorii XIII Pont. Max. iussu editum*, Roma, 1583; Laurentius Surius, *De probatis Sanctorum historiis ab Al. Lipomano olim conscriptis nunc primum a Laur. Surio emendatis et auctis*, Cologne, 1570-1575; Alonso de Villegas Selvago, *Flos sanctorum nuevo y historia general de la vida y hechos de Jesu Christo y de todos los santos de que reza y haze fiesta la Iglesia Catholica*, Zaragoza, Domingo de Protonariis, 1580; Pedro de Ribadeneyra, *Flos sanctorum de las vidas de los santos, escrito por el padre Pedro de Ribadeneyra de la compañía de Jesús*, Madrid, Luís Sánchez, 1599.

il secondo, invece, è riservato ai morti in odore di santità che, pur avendo una speciale venerazione, non godono di un riconoscimento ufficiale.

La *Historia de los Santos de Cataluña* divenne presto un'autorità a livello locale e fu presa a modello da tutti coloro che nel corso del Seicento scrissero e pubblicarono agiografie in Catalogna. Visto lo straordinario successo, nel 1630 fu stampata a Girona una seconda edizione postuma che ampliava il numero dei santi catalani fino 84 e includeva la biografia dello stesso autore, morto anch'egli in odore di santità nel 1607.

Un'analisi dell'opera ci fa capire subito dove si incentrano gli interessi di Domenec: alcune delle biografie più lunghe corrispondono, infatti, alle devozioni che proprio nel corso del Seicento ottennero un riconoscimento ufficiale dalla Santa Sede, come san Pietro Nolasco, san Raimondo Nonnato o santa Maria di Cervelló. Tra di esse, la più lunga – e non poteva essere altrimenti – è quella dedicata a san Raimondo di Pennafort, che era stato canonizzato da papa Clemente VIII nell'anno 1601, cioè solo un anno prima della pubblicazione dell'opera.

La *Historia General de los Santos de Cataluña* fu pubblicata durante il mandato episcopale di Alonso Coloma Sáa (1599-1603), un deciso continuatore della politica agiografica del suo predecessore. Ma, lungi dall'imitare passivamente le decisioni di Lloris, Coloma portò avanti la sua propria politica della santità, incentrata specialmente sull'ascesa alla gloria degli altari del vescovo Oleguer, di cui fece dipingere un ritratto nel 1601 per includerlo nella galleria dei prelati barcellonesi che decorava il palazzo vescovile della città.

LE VITE DI SAN OLEGUER TRA MEDIOEVO ED ETÀ MODERNA

Oleguer era stato un importante vescovo di Barcellona ed arcivescovo di Tarragona vissuto nel dodicesimo secolo. Il personaggio era conosciuto grazie alla *Vita sancti Ollegarii* scritta da Renall, canonico della sede barcellonese a lui coevo[10]. Questo testo fu poi arricchito notevolmente dalle

10 Renall era stato canonico di Barcellona, ma quando scrisse l'opera era membro del capitolo di Girona. Il suo manoscritto originale è scomparso, ma lo conosciamo poiché fu

agiografie di età moderna. Così sappiamo che Oleguer era figlio di un cortigiano dei conti di Barcellona, che lo fece studiare nella cattedrale, dove diventò canonico e posteriormente abate del monastero di Saint Ruf di Avignon. Eletto vescovo di Barcellona nel 1116, portò avanti numerose imprese diplomatiche a servizio del conte Ramon Berenguer III, una delle quali lo fece viaggiare fino alla curia avignonese, dove il papa Gelasio II lo nominò arcivescovo tarraconense[11]. In quel tempo la città era appena stata riconquistata ai musulmani ma era praticamente in rovina. Il compito dell'arcivescovo Oleguer era, quindi, quello di restituirle l'antico splendore attraverso la restaurazione dei vecchi edifici ecclesiastici.

Come devoto pellegrino, Oleguer viaggiò in Terra Santa prima di ritornare in Catalogna, dove si dedicò ad impiantare fervorosamente la riforma gregoriana, convocando numerosi sinodi. Negli ultimi anni della sua vita il prelato praticò un'intensa attività pastorale, combinata con il suo ruolo di consigliere del giovane conte Ramon Berenguer IV, che assunse il trono dopo la morte del padre nel 1131. Infatti, le fonti scritte attribuiscono a Oleguer l'idea di unire i territori del conte di Barcellona con il vicino regno di Aragona attraverso il matrimonio di Ramon Berenguer IV con la principessa Petronilla, che finalmente fu accordato lo stesso anno della morte del prelato. Da quella unione nacque la Corona d'Aragona.

Il 6 marzo 1137 la morte di Oleguer fu accompagnata da solenne esequie. Il corpo del prelato fu vestito degli ornamenti pontificali e sepolto nel chiostro della cattedrale, in un posto dove ben presto cominciarono ad accadere inspiegabili miracoli. Probabilmente la biografia scritta da Renall fu commissionata dal capitolo barcellonese con il chiaro obiettivo di lasciare costanza della santa vita del prelato. Nonostante ciò, dobbiamo aspettare fino al 1281 per trovare i movimenti iniziali per la canonizzazione. In quell'anno il re Pietro II spedì due lettere indirizzate al pontefice Martino IV e inviò a Roma il procuratore Bernat d'Olorda, accompagnato da un riassunto della vita virtuosa del vescovo Oleguer e varie testimonianze dei suoi miracoli[12].

---

trascritto in un altro codice che nel 1360 fu donato alla cattedrale di Barcellona, dove ancora è custodito presso l'archivio capitolare. La vita è stata recentemente tradotta dal latino in catalano e trascritta in: Josep Maria Martí Bonet, *Oleguer, servent de les esglésies de Barcelona i Tarragona*, Barcelona, Claret, 2003, p. 19, 317-338.

11 Dai primi tempi del cristianesimo, tutte le diocesi catalane erano sotto l'autorità dell'arcidiocesi di Tarragona, che era la capitale dell'antica provincia romana.

12 Le lettere sono datate 1 marzo e 16 dicembre. La documentazione si trova nei processi di canonizzazione: Archivio Apostolico Vaticano, *Congr. Riti*, *Processus*, vol. 210-212.

Come già sottolineato, la causa del prelato non ebbe più progressi fino all'arrivo del vescovo Alonso Coloma a Barcellona, che:

> … no solamente no se escandalizó de ver llamado con renombre de Santo, y venerado como tal, al Bienaventurado Arçobispo Olaguer, antes bien avivó la devocion en todos; y con la que el mostro tenerle, como tan Religioso, y pio, pegó fuego en los coraçones más helados[13].

Per ottenere la canonizzazione di Oleguer, il vescovo Coloma si rese conto di due grandi necessità: l'attualizzazione della sua biografia e il coinvolgimento delle autorità politiche locali (di Barcellona e della Catalogna). Tutte e due passavano attraverso la promozione di una nuova agiografia, che fu commissionata al canonico Antoni Joan Garcia de Caralps. Intitolato *De canonizatione Sanctorum*, il testo forniva una vita sommaria in latino, che fu inviata a Clemente VIII con l'intenzione di aprire un nuovo processo canonico per Oleguer[14].

L'opera fu pubblicata quasi vent'anni dopo, ma dovette circolare tra i suoi contemporanei, come dimostrano le vite di Oleguer comprese nell'opera magna di Antoni Vicenç Domenec e, soprattutto, i quasi venti capitoli dedicati al santo vescovo all'interno della storia dei conti di Barcellona elaborata dal cronista domenicano Francisco Diago[15].

Nel 1601, un anno dopo, Barcellona ricevette la notizia della felice canonizzazione di san Raimondo di Pennafort, per cui furono organizzati fastosi festeggiamenti che durarono più di tre mesi alla solenne presenza del vescovo Coloma. Raimondo, terzo santo canonizzato dopo il Concilio di Trento, rappresentava un modello di come un santo medievale poteva essere perfettamente elevato agli onori degli altari in età moderna. Il suo

---

13 « Non solo non si scandalizzò a vedere il Beato Arcivescovo Oleguer chiamato con l'appellativo di santo e venerato come tale, bensì rafforzò la devozione; e dimostrò una fede tale, come religioso e uomo pio, da infiammare i cuori più gelidi ». Jaume Rebullosa, *Vida y milagros del divino Olaguer, Obispo de Barcelona y Arçobispo de Tarragona*, Barcelona, Lucas Sanchez, 1609, p. 345.

14 Il testo fu pubblicato alcuni anni dopo nella biografia dello stesso canonico Caralps: Antonio Juan Garcia de Caralps, *Historia de S. Oleguer, arçobispo de Tarragona y obispo de Barcelona: escrivense en ella su vida, milagros y excellencias, muchos loores de Cathaluña, con las historias de importancia que acaecieron en su tiempo. Dirigida a nuestros Señores los Reyes y Príncipes de España. Compuesta por D. Antonio Iuan Garcia de Caralps, canónigo penitencier en la S. Iglesia de Barcelona, Subcollector Apostolico. Tratase de canonizar al antiquissimo san Oleguer*, Barcelona, Sebastian Matevad, 1617, p. 132.

15 Francisco Diago, *Historia de los victoriosisimos condes de Barcelona*, Barcelona, Sebastian de Cormellas, 1603, f. 127v-217v.

caso ben presto incoraggiò il prelato a ripetere una simile operazione con Oleguer. L'11 gennaio del 1602 il capitolo della cattedrale di Barcellona nominò il canonico Miquel Joan Boldó come procuratore della causa e, insieme ai canonici Joan Safont e Rafael Riera, portò avanti la raccolta di testimonianze di nuovi miracoli.

Una volta informato il Vaticano, mancava la realizzazione di una nuova vita del santo, più estesa e completa, che fu affidata al domenicano Jaume Rebullosa, che era stato il cronista ufficiale delle feste di canonizzazione di San Raimondo e ormai si proponeva di presentare Oleguer come « *un Santo en todas sus obras Santo*[16] ». Per adattarlo ai nuovi tempi, l'autore ebbe come necessità primordiale la trasformazione del vescovo medievale in un santo che rispondesse alle regole del cattolicesimo postridentino. Oleguer era quindi descritto come:

> ... *cuchillo contra Hereges, y scismaticos, dechado de perfeccion Evangelica, exemplo del desprecio de honras mundanas, espejo de Religisoso, prodigio de santidad... y ser con sus oraciones y consejos tan gran perseguidor de los infieles, que tenian tiranizada y profanada nuestra España*[17].

Queste parole paragonavano idealmente la Spagna della *Reconquista*, in lotta contro gli infedeli, con quella che contemporaneamente difendeva il cattolicesimo dalla Riforma Protestante, che si espandeva in diversi stati europei. Allo stesso tempo Oleguer appariva come il perfetto prelato agli occhi tridentini, energico propulsore de la riforma gregoriana, organizzatore di numerosi sinodi e concili, e con un'intensa attività pastorale[18].

Ma l'aspetto più noto dell'agiografia di Rebullosa è senza dubbio il forte legame tra la biografia del santo e la storia patria. L'autore chiariva, infatti, nel prologo che il suo obiettivo era quello di scrivere: « *por servir a la Ciudad de Barcelona, que possee, y reverencia con summo honor sus Santas*

16 « un Santo in tutte le sue opere santo ».

17 « ...coltello contro gli Eretici e gli Scismatici, sorgente di perfezione Evangelica, esempio del disprezzo degli onori mondani, specchio di Religioso, prodigio di santita...ed essere con le sue preghiere e i suoi consigli un grande perseguitore degli infedeli che tiranneggiavano e profanavano la nostra Spagna ». La *Vida y Milagros del Divino Olaguer* non fu pubblicata fino all'anno 1609, con l'autorizzazione del vescovo Rafael de Rovirola (1604– 1609). Jaume Rebullosa, *op. cit.*, p. 3.

18 Efettivamente Oleguer fu un vescovo e arcivescovo molto attivo in questo senso. La sua presenza è documentata in numerosi concili, come quegli di Tolosa (1119), Reims (1131), Laterano I (1123) oppure Roma (1126).

Reliquias: y se confiessa, con razon, mas rica por ellas[19] ». Per questo motivo, l'ultima parte del discorso mirava a cercare l'appoggio diplomatico ed economico delle oligarchie politiche e religiose di Barcellona e della Catalogna, a cui si rivolgeva in questi termini:

> *... siendo la patria aquella Barcelona, que por tener que gastar, no reparando en Millones de ducados, quando la ocasión de honor lo pide, dexe de ofrescer la centessima parte de uno, que acompanyada de su diligencia, dize la Fama, que sobraria para concluir en breves dias la canonizacion de su Santo Hijo, Padre, Obispo, Patron, Protector, y amado de Dios, y de las gentes, San Olaguer*[20].

Quest'uso dell'agiografia per sollecitare il favore dei potenti è ancora più esplicito nella *Historia de S. Oleguer Arçobispo de Tarragona, y obispo de Barcelona*, pubblicata nel 1617. Si trattava di un adattamento, tradotto in spagnolo e ampliato, dell'agiografia scritta in latino da Antonio Joan Garcia de Caralps diciassette anni prima. La Vita diventava così un notevole volume dedicato in primis « *a nuestros señores Reyes y Príncipes de España*[21] » (nel frontispizio), ma anche alla Cattedrale di Barcellona, ai *Consellers*, ai *Diputats* e ad altri due nobili: il conte di Lemos, che era stato recentemente a Barcellona nel viaggio di ritorno del suo periodo come Viceré di Napoli, e Galcerán Albanell, catalano che all'epoca era precettore del principe[22].

Dopo una lunga *laudatio*, il canonico Caralps richiede ad ognuno dei dedicatari l'appoggio alla causa di Oleguer, rivolgendosi in particolar modo ai *Diputats* della Catalogna, chiarendo l'importanza di un generoso contributo economico:

> *Quien piensan Vvs. Señorias que ha pagado el gasto de tantos Santos padres religiosos canonizados, a instancia y peticion destas Religiones, despues de los Prelados, sinó los Reyes, Duques, Marqueses, Condes, y Magnates? Reynos y Provincias, Diputados, Conselleres, y Iurados, cada qual en su districto? Claro está que los Religiosos son pobres. Exemplo lo tenemos en la canonizacion de nuestro san Ramon de Peñafort,*

19 « per servire la città di Barcellona, che possiede e venera con sommo onore le sue Sante Reliquie: e si considera, giustamente, più ricca grazie a loro ».

20 « ...essendo la patria quella Barcellona che, senza badare a spese di Milioni di ducati quando le circostanze onorevoli lo richiedono, offra almeno la centesima parte di un milione, che, insieme al suo impegno e dedizione, dice la Fama, basterà per concludere in pochi giorni la canonizzazione del suo Santo Figlio, Padre, Vescovo, Patrono, Protettore, e amato da Dio, e dai fedeli, San Oleguer ». Jaume Rebullosa, *op. cit.*, p. 345.

21 « ai nostri signori Re e Principi di Spagna ».

22 Antonio Juan Garcia de Caralps, *op. cit.*

> *que el Rey nuestro Señor, el Principado, y esta Ciudad de Barcelona, han llevado el peso de los gastos que se hizieron*[23].

Come aveva fatto Rebullosa alcuni anni prima, anche Caralps includeva una lunga descrizione della Catalogna e delle tradizioni dei catalani, lodandone la posizione geografica, il magnifico governo, la devozione degli abitanti, la sapienza delle istituzioni e anche aspetti più prosaici come la perfezione nella lavorazione del vetro o le bellissime navi che si costruivano nei cantieri barcellonesi.

L'opera era evidentemente destinata a una *captatio benevolentiæ*, e faceva parte di una nuova campagna propagandistica diretta dal vescovo Lluís Sans (1612–1620) per rilanciare la causa di canonizzazione di Oleguer, la cui storia era ampiamente riepilogata. Nel testo si includeva pure un nuovo episodio in cui gli unici due santi canonizzati della Corona d'Aragona presentavano prove relative alla santità di Oleguer: secondo Caralps, Vicenzo Ferreri lo aveva nominato santo in un sermone, e Raimondo di Pennafort aveva fatto istanza al papa Gregorio IX affinché fosse riconosciuto come santo. Questi capitoli, sospettosamente, erano presenti nella precedente agiografia di Rebullosa, ma di loro non c'era traccia nella biografia medievale di Renall[24].

Gli sforzi dei prelati barcellonesi ebbero il loro primo successo nel 1630, quando la Sacra Congregazione dei Riti emise un decreto che permetteva ufficialmente l'apertura di un processo canonico, ed inviava a Barcellona le lettere *remissoriales* e *compulsoriales*[25]. I documenti furono ricevuti con grandi festeggiamenti: ci furono spari di artiglieria, musica e si organizzò una solenne processione con i principali cavalieri della città, presieduta da Jeroni de Navel, che all'epoca era il *Conseller en cap*, cioè il massimo responsabile della municipalità[26].

---

23 « Chi credete, Onorevoli, che ha pagato le spese di tanti Santi religiosi canonizzati su richiesta di queste Religioni, oltre ai Prelati, se non i Re, i Duchi, i Marchesi, i Conti e i Magnati? Regni, Province, Deputati, Consiglieri e Giurati, ognuno nel suo territorio? É chiaro che i Religiosi sono poveri. Ne abbiamo un esempio nella canonizzazione del nostro san Raimondo di Pennafort, per cui il Re, nostro Signore, il Principato e questa città di Barcellona si sono fatti carico degli oneri ». *Ibid.*, Prologo, s.p.

24 *Ibid.*, p. 85.

25 « *Referente Card. Virili processum auctoritate ordinaria fabricatum super sanctitate… Olegarii, sacra Rituum Congregatio concessit remisoriales in forma die 8 iunii 1630* ». AAV, *Congr. Riti, Reg. Serv. Dei an. 1592-1654*, f. 461.

26 *Relacion verdadera de las fiestas que se hizieron en la … ciudad de Barcelona a los 18 de Setiembre deste año de 1630 que fue el dia que se presentò el rotulo de nuestro santissimo Padre Vrbano VIII*

Di conseguenza, il 13 settembre 1630 il vescovo Joan Sentís (1620-1632) formò il tribunale e tra il 26 settembre e il 18 febbraio di 1632 vennero raccolte le testimonianze di 34 testimoni[27].

La documentazione fu inviata a Roma però la causa fu interrotta da una parte dai rigorosi decreti sul riconoscimento della santità emanati da papa Urbano VIII, e dall'altra dalla peste del 1632, che uccise il vescovo Sentís e la metà dei giudici del tribunale formato a Barcellona[28]. Di conseguenza ci fu bisogno di un nuovo processo, allestito tra 1653 e 1659, questa volta promosso dal vescovo García Gil Manrique (1633-1655) e continuato da Ramon de Sentmenat (1655-1663), che inviò la nuova documentazione a Roma il 5 aprile 1663[29].

Il processo di canonizzazione di Oleguer fu riaperto il 19 di novembre 1674, quando il vescovo Ildefonso de Sotomayor (1664-1682) convocò un nuovo tribunale a Barcellona, il quale terminò la raccolta di testimonianze sui nuovi miracoli del santo il 7 di dicembre dello stesso anno. Clemente X promulgò la bolla di canonizzazione di Oleguer il 25 di maggio del 1675, con gran soddisfazione dei postulanti della causa, che erano il re Carlo II, l'arcivescovo di Tarragona, il vescovo e città di Barcellona e i *diputats* del Principato della Catalogna.

para que se fulmine y se haga con autoridad apostolica processo autentico de la vida y milagros de San Olaguer, obispo que fue de dicha ciudad, y desta manera pueda legitimamente procederse a la canonizacion del santo / hecha por vn deuoto suyo, Barcelona, Sebastian i Iayme Matevad, 1630.

27 Il capitolo delegò i canonici Joan Boldó e Galceran de Sentmenat come procuratori, mentre i giudici furono nominati dalla Congregazione dei Riti: il vescovo Joan Sentís, l'ardiaca maggiore Ramon de Sentmenat e i canonici Maties Amell e Joan Ramon. Come notai furono nominati Antoni Fita e Pere Comes.

28 Josep Rius i Serra, « Los procesos de canonización de San Olegario », *Analecta Sacra Tarraconensia*, XXXI, 1958, p. 37-63.

29 A quanto pare, il prelato aveva dimenticato di aggiungere la sua propria sentenza o pronunciamento sulla santità di San Oleguer, un documento imprescindibile che fece arenare la causa una volta in più.

L'EVOLUZIONE ARTISTICA DELLA CAPPELLA DI SAN OLEGUER

Pur nella loro diversità documentale, tutti i processi canonici e le biografie di San Oleguer scritti in età moderna includono sempre due elementi fondamentali: la ricognizione del corpo e la descrizione della sua cappella funeraria. Entrambi erano imprescindibili per dimostrare la propria esistenza del santo e, soprattutto, la venerazione *ab antico tempore* delle sue spoglie e la devozione sempre viva.

Nel caso di Oleguer bisogna sottolineare che le reliquie erano particolarmente importanti, in quanto si trattava dell'unico corpo miracolosamente incorrotto posseduto dalla cattedrale[30]. La più antica descrizione che possediamo è quella relativa alla ricognizione eseguita nel 1602 dal vescovo Alonso Coloma, che approfittò dell'occasione per coprire il santo con nuove vesti pontificali: « *Quedó su rostro tan Hermoso, desde que murio, que solamnte mirarle causava devocion muy regalada; y que con averlo visto morir, no dava lugar el contento de su bendito rostro, a que pareciesse de difunto*[31] ». Le successive cerimonie di ricognizione del corpo furono vissute con una grande emozione dai barcellonesi, che diedero una dimostrazione straordinaria della loro pietà, con la partecipazione solenne di tutti gli strati sociali, a cominciare dalle istituzioni di governo cittadine e dello stesso viceré[32].

Non meno importati erano le descrizioni della cappella funeraria, dove accadevano continui miracoli. Dal nostro punto di vista questi racconti,

30 Il corpo di San Oleguer rimase incorrotto fino alla guerra civile spagnola (1936-1939), quando il sepolcro venne parzialmente rovinato da una bomba che fece un buco nella parete della cappella in cui si trovava lo scolo dell'acqua piovana. Nel 1970 l'opera fu restaurata e vi si sistemò di nuovo il corpo santo, coperto di nuove vesti pontificali e con una maschera di argento e cera sul viso.

31 « Il suo viso rimasse così bello, dopo la morte, che solo guardarlo causava grande devozione; e, pur avendolo visto morire, la contentezza del suo volto benedetto non sembrava corrispondere a un defunto ». Jaume Rebullosa, *op. cit.*, p. 247.

32 Di alcune di queste cerimonie possediamo preziose relazioni, come quella del 1617 presieduta dal vescovo Lluís Sans: Martin Sierra, *Relacion de la fiesta y solemnidad con que el cuerpo del glorioso San Oleguer fue visitado y reconocido por monseñor Luys Sans obispo de Barcelona*, Barcelona, Estevan Liberos, 1617; A. I. Garcia, *Los Comisarios de la canonizacion de San Oleguer dan razón del estado en que tienen el proceso de la visita que haze Monseñor Reverendissimo don Luis Sans Obispo de Barcelona*, Barcelona, Gabriel Graells, 1618.

che indugiano spesso sui dettagli della decorazione, rappresentano un preziosissimo strumento per ricostruire l'aspetto di questo spazio. Li useremo, quindi, per ripercorrere idealmente l'evoluzione artistica della cappella di Oleguer dal medioevo fino ai nostri giorni, servendoci in particolare delle biografie di Rebullosa e Caralps, che offrono interessantissimi dati relativi alla sepoltura del santo con lo scopo di dimostrare la continuità della venerazione.

Dopo la morte avvenuta nel 1137 il corpo di Oleguer venne sotterrato nel chiostro della cattedrale. Tuttavia, a metà del XII secolo si decise di trasferirlo all'interno, in un sepolcro di marmo elevato e situato « *en lugar eminente cerca de la Puerta del Capitulo*[33] », cioè presso la facciata principale. Tali notizie sono confermate dalle iscrizioni presenti in diverse lampade votive e da un documento (attualmente irreperibile) datato 24 aprile 1149 in cui il nobile Bertran de Castellet fece una donazione di due schiavi « *para la fabrica de San Olaguer*[34] ». Secondo Rebullosa i lavori si conclusero in un breve spazio di tempo e in occasione della traslazione del corpo si scoprì che possedeva « *una incorruptibilidad maravillosa, y muy parescida a la que los cuerpos Bienaventurados poseen en el Cielo*[35] ».

Nel 1298 iniziò la trasformazione della cattedrale romanica di Barcellona nell'attuale edificio gotico. I lavori cominciarono dall'abside e continuarono per più di 150 anni, per cui la parte vicina alla facciata, dove si trovava il sepolcro di Oleguer, non fu modificata fino alla fine del XIV secolo.

Il 5 novembre 1380, un secolo dopo la prima petizione di canonizzazione patrocinata dal re Pietro II, il vescovo Pere de Planelles (1371–1385) fece la seconda traslazione del corpo, che fu portato in processione per tutta la città e deposto in una nuova cappella della già rinnovata struttura gotica. Questo spazio si deve identificare con la terza cappella del lato dell'epistola, che oggi è intitolata a san

33 « in un luogo elevato vicino alla Porta del Capitolo ». L'ubicazione è pure confermata da Francisco Diago, *op. cit.*, f. 201.

34 « per la fabbrica de San Olaguer ». Si citano anche altre lampade votive appartenenti al vescovo Guillem de Torroja (1144-1171) e ai nobili Berenguer de Llobregat e Pere de Sentmenat. Jaume Rebullosa, *op. cit.*, p. 250-251. Francisco Diago, *op. cit.*, f. 207v.

35 « un'incorruttibilità meravigliosa, e molto simile a quella che i corpi santi possiedono in cielo » (Jaume Rebullosa, *op. cit.*, p. 251).

Josep Oriol e dove ancora si può apprezzare nella chiave di volta la raffigurazione di sant'Agostino e san Oleguer. Secondo Rebullosa, in questo momento l'antico sepolcro romanico fu sostituito da: « ... *un sumtuosissimo sepulcro de marmol, muy exquisitamente labrador; con muchas figuras de Santos, esculpidas al rededor*[36] ».

Questo sepolcro, oggi non più esistente, era stato commissionato da i *Consellers* di Barcellona nell'anno 1372 e consisteva di un sarcofago decorato su tre lati e un quarto lato – il retro – chiuso da una grata in ferro che poteva essere aperta in occasioni speciali per esporre il corpo alla venerazione dei fedeli[37]. Sul fronte la cassa era decorata da sette nicchie con immagini di santi scolpite a bassorilievo su fondo oro e vetri azzurri[38]. Questi dettagli ci permettono di fare dei confronti con alcune opere scultoree praticamente coeve, come la tomba del vescovo Ramon d'Escales, commissionata nel 1409 a Antoni Canet per la stessa Cattedrale di Barcellona; ma pure con le sepolture di altri santi catalani, come quella di Sant Daniel, realizzata intorno al 1345-1346 dal maestro Aloi de Montbrai, e specialmente quella di Sant Narcís che si trova nella chiesa di Sant Feliu di Girona (fig. 2). Quest'ultimo sepolcro, scolpito da Jean de Tournai intorno al 1326-1328, conserva ancora la decorazione esterna su tre lati, con le figure su fondo di vetro azzurro sul fronte. Quindi, mantiene una disposizione con il lato retrostante chiuso da una cancellata apribile, che probabilmente è molto simile a quella che doveva avere il sepolcro di Oleguer.

---

36 « ... un fastosissimo sepolcro di marmo, squisitamente lavorato, con molte figure di Santi scolpite intorno » (Jaume Rebullosa, *op. cit.*, p. 84).

37 Rosa Maria Manote, « Aportacions documentals sobre els escultors Pere Sanglada i Llorenç Reixac », *Butlletí del Museu Nacional d'Art de Catalunya*, 4, 2001, p. 13-18; Maria Rosa Terés i Tomàs, « Pere Sanglada i l'arribada del gòtic internacional a Barcelona », *L'Art Gòtic a Catalunya. Escultura II*, Barcelona, Enciclopèdia Catalana, 2007, p. 36-56.

38 Ai lati c'erano san Pietro e san Paolo, accanto ai quali si distinguevano due santi vescovi, probabilmente da identificare con san Sever e san Pacià; e al centro c'erano tre sante vergini: santa Eulalia, sant'Agnese e santa Caterina, tutte e tre identificabili dagli strumenti del martirio.

FIG. 2 – Jean de Tournai, Sepolcro di San Narcís. 1326-1328.
Girona, chiesa di San Feliu (©Sara Caredda – Ramon Dilla Martì).

All'inizio del XV secolo il sepolcro fu notevolmente arricchito. Nel 1402, lo scultore Pere Sanglada ricevete l'incarico di realizzare un baldacchino o tabernacolo, di cui non abbiamo più notizie. In ogni caso, Caralps segnala che: « ... *para adorno del sepulcro, ofrecio en ella el Rey don Martin de Aragón, un rico dosel de color verde, y otro no menos rico la Ciudad de Barcelona, de color negro*[39] ». Tenendo conto del fatto che il re Martino l'Umano morì nel 1410 ci sembra verosimile che la sua donazione venisse eseguita prima di tale data. Queste notizie ci portano a considerare due diverse ipotesi: che il tessuto servisse per decorare il baldacchino di Pere Sanglada; oppure che quest'ultimo non fosse mai stato realizzato, per cui fu sostituito da una struttura più semplice[40].

39 « ... per adornare il sepolcro offrì il Re Martino d'Aragona un sontuoso baldacchino di color verde, e un altro non meno sontuoso lo offrì la Città di Barcellona, di colore nero ». Antonio Juan Garcia de Caralps, *op. cit.*, p. 311.

40 Seguire in maniera specifica tutte le successive modifiche della cappella si rivela particolarmente arduo a causa della frammentarietà delle fonti. Sappiamo, però, che nel 1421 il vescovo Francesc Climent Sapera (1420-1429) realizzò una visita pastorale nella quale il baldacchino non è menzionato e si parla, invece, di un oratorio dedicato a sant'Onofrio. Nella successiva visita pastorale del vescovo Joan Dimas Lloris, eseguita nel 1578, si cita una pala d'altare dipinta su tavola e presieduta dalle figure di

Secondo Caralps la parte più bella del sepolcro era la lauda sepolcrale con l'immagine giacente di Oleguer, che serviva a chiudere il sepolcro:

> *... se vee una losa...de marmol finissimo, tan blanco y Hermoso, que parece alabastro precioso, y en ella està esculpida muy artifiosamente, la figura de San Oleguer... vestido de pontifical, como si estava para dezir missa con casulla, mitra, y baculo... Cada cosa de por si, parece lo que representa...la frisa de la casulla dorada, con sus colores, parece obra salida de las manos del brodador. De la misma manera, la Mitra tiene sus frisas hechas de oro y seda, de varios colores, con sus piedras engastadas, que parecen verdaderes... Y siendo como es, una sola losa de marmol de una pieça, parece que milagrosamente Dios tuvo las manos del artifice...El rostro tan al vivo del muerto, que sus ojos, boca, nariz y frente, mas parecen lo que representan. Las venas de sangre en el rostro, parece que le dan sentido y siendo figura de muerto, no causa espanto, sinó mucha alegria, devocion, y consuelo a todos lo que le miran*[41].

Il giacente, vero capolavoro della scultura gotica catalana, esiste ancora oggi e segue un'elegante verismo contenuto che denota l'influenza della scultura di Claus Slutter e i suoi seguaci (fig. 3). L'autore fu nuovamente lo scultore Pere Sanglada, a cui il capitolo della cattedrale lo commissionò nel 1405 con l'obiettivo di coprire il sarcofago eseguito trent'anni prima. Il testo testimonia che l'opera, che attualmente appare bianca, era originariamente policromata, e fornisce preziosi dettagli che ci aiutano a comprendere com'era stata concepita nello spazio: il sarcofago era collocato in posizione elevata sopra un altare che aveva due porte laterali attraverso cui i devoti potevano accedere alla parte posteriore e contemplare il corpo incorrotto di Oleguer.

---

sant'Agostino e sant'Onofrio che, insieme a san Oleguer, erano i titolari della cappella. Rosa Maria Manote, *op. cit.*, p. 15.

41 « ...si vede una lastra di marmo finissimo, così bianco e bello che sembra alabastro prezioso, su cui è scolpita la figura di San Oleguer... in vesti episcopali, come se stesse per celebrare la messa, con pianeta, mitra e pastorale... ogni dettaglio sembra vero... la decorazione il tessuto dorata della pianeta, con i suoi colori, sembra appena uscita dalle mani del ricamatore. Allo stesso modo, la Mitra è decorata in oro e seta, di diversi colori, con pietre incastonate che sembrano vere...e trattandosi di una lastra di marmo scolpita in un solo pezzo sembra che Dio abbia guidato miracolosamente le mani dell'artefice...il viso del morto è così vivo che gli occhi, la bocca, il naso e la fronte sembrano veri. Le vene di sangue sembrano dar senso al volto e, nonostante si tratti della figura di un morto, non fa paura, ma risveglia allegria, devozione e consolazione in tutti coloro che la guardano ». Antonio Juan Garcia de Caralps, *op. cit.*, p. 126-127.

Le notizie fornite da Caralps, che vide la cappella di Oleguer nei primissimi anni del Seicento, si possono integrare con la descrizione effettuata il 3 febbraio 1657 per il processo di canonizzazione da inviare a Roma, in cui quattro architetti della città di Barcellona dichiararono davanti a pubblico notaio di aver esaminato la cappella[42]. Il documento chiarisce che il sarcofago, che era sempre quello medievale, era elevato su quattro colonne, al centro della cappella, che conservava anche delle grandi immagini dipinte di santi rivolte verso la tomba. Il sepolcro aveva una copertura a capanna che nella parte non scolpita sosteneva un grande Crocefisso ligneo. Infine, per quanto riguarda il coronamento, esisteva un baldacchino di tessuto con le insegne reali e lo stemma della città di Barcellona, che probabilmente era lo stesso che, secondo Caralps, era stato donato dal re Martino d'Aragona circa 250 anni prima. Ma la descrizione fornita dai notai indugia soprattutto sull'interno del sepolcro, dove la profusione di gioielli ed ex voto offerti dai devoti testimoniavano i meriti di Oleguer e la sua viva venerazione che aspettava di essere formalmente riconosciuta dal Vaticano.

Nel 1675 giunse finalmente la desiderata canonizzazione, che fu accolta con enorme allegria dal vescovo Ildefonso de Sotomayor (1664-1682). Il capitolo barcellonese, con il beneplacito del presule, cominciò ad accarezzare l'ipotesi di innalzare una nuova cappella per onorare il suo novello santo. Alla fine di quello stesso anno, quindi, l'architetto carmelitano scalzo fra Josep de la Concepció fu incaricato di progettare un grandioso cappellone all'inizio della navata, vicino alla facciata principale, nello stesso spazio precedentemente occupato dalla sala capitolare e due cappelle laterali (quelle dedicate a san Iu e san Sever). La nuova cappella era la più grande e maestosa che la cattedrale avesse mai avuto e permetteva di costruire un mausoleo monumentale per onorare Oleguer. Per evidenziare l'antichità del culto e l'unitarietà della chiesa si decise di adottare un linguaggio gotico in perfetta consonanza con il resto del tempio, e soprattutto con la magnifica volta gotica dell'antica sala capitolare disegnata dal celebre architetto Arnau Bargués († 1413).

Nell'aprile 1676, conclusi i lavori di costruzione, il *Consell de Cent* della città di Barcellona convocò un concorso per la decorazione,

42 Gli architetti sono Pau Ferrer, Joan Boxo, Jaume Mauri e Benet Perez e la descrizione si trova a: AAV, *Congr. Riti*, *Processus*, vol. 212.

che fu ripetuto due anni dopo. Bisogna sottolineare che, come nel caso della cappella precedente, il sepolcro doveva essere collocato in posizione elevata davanti all'altare dove si celebravano le messe, e allo stesso tempo permettere la venerazione del corpo santo nella parte posteriore[43]. Secondo lo studioso Joan Bosch, probabilmente il responsabile del disegno di tutta la complessa macchina d'altare fu lo stesso architetto fra Josep de la Concepció, mentre la parte scultorea fu incaricata a Francesc Grau e Domènec Rovira II, che firmarono un contratto per l'esecuzione della nuova tomba del santo[44]. Questa si compone di un sarcofago e una pedana, dove si sviluppa un complesso programma iconografico composto di figure di virtù, identificabili attraverso distinti attributi, e di cinque medaglioni con emblemi, due dei quali si trovano sui lati e attualmente non sono visibili, mentre gli altri tre, collocati sulla parte frontale, sono stati analizzati e interpretati da Míriam Flò, Josep Maria Martí Bonet e José Antonio Ortiz[45] (fig. 3).

43 Sebbene i governanti municipali si comprometessero a pagare le spese derivate della decorazione, il Capitolo della cattedrale assumeva i costi della struttura. Sul compreso funerario di san Oleguer: Agustí Duran i Sanpere, « El sepulcre de Sant Oleguer », *Vida Cristiana*, 1931; Joan Ramon Triadó, « La imagen de los santos obispos en la catedral de Barcelona », *La Catedral guía mental y espiritual de la Europa Barroca católica*, Murcia, Servicio de Publicaciones de la Universidad de Murcia, 2010, p. 570-588; Aurora Pérez Santamaría, « La catedral de Barcelona: nueva capilla de San Olegario y transformación barroca (finales XVII-XVIII) », in Germán Antonio Ramallo (ed.), *El Comportamiento de las catedrales españolas: del Barroco a los Historicismos*, Murcia, Universidad de Murcia, 2003, p. 287-296.

44 Joan Bosch, *Els Tallers d'escultura al Bages del Segle XVII*, Manresa, Caixa de Manresa, 1990, p. 220-224.

45 Míriam Flò, *El Conjunt funerari de sant Oleguer a la catedral de Barcelona*, tesi di laurea, Universitat de Barcelona, Departament d'Història de l'Art, 1999; Josep Maria Martí Bonet, *Oleguer, servent de les esglésies de Barcelona i Tarragona*, Barcelona, Arxiu Diocesà de Barcelona, 2003, José Antonio Ortiz, *Art, devoció i rituals funeraris a la Catalunya del Barroc*, tesi di dottorato, Universitat de Barcelona. Departament d'Història de l'Art, 2015, p. 368-370; José Antonio Ortiz, « Emblemática santa en sepulcros barrocos. Lenguaje simbólico en cuatro urnas-relicario de santos medievales catalanes », *Imago*, 7, 2015, p. 113-121.

FIG. 3 – Pere Sanglada. Lastra tombale di San Oleguer, 1405;
Francesc Grau e Domènec Rovira II. Sarcofago di San Oleguer, 1679
(© Sara Caredda – Ramon Dilla Martì).

Il primo dei rilievi (fig. 4) presenta una città murata dove sono in corso lavori di restauro, come indicano chiaramente le gru, nella quale spicca al centro un grande tempio circolare coperto da una cupola sostentata da colonne. Al di sopra troviamo l'iscrizione « *Edifficavit Praesidia muniens ea Turribus excelsis et munivit Montem Templi*[46] ». Come segnala Ortiz, nel passaggio si parla della costruzione del mausoleo edificato da Simone per onorare i genitori e i fratelli, che corrisponderebbe con il tempio circolare al centro della composizione. Così, per analogia, l'urna con il corpo santo di Oleguer diventa un mausoleo della memoria del santo all'interno dello spazio della stessa cattedrale. Allo stesso tempo però, vogliamo proporre una nuova lettura alla luce dell'agiografia del santo. Le parole selezionate fanno riferimento alla ricostruzione delle pareti e le torri di Giudea portata avanti da Simone, per cui questo emblema permette di presentare Oleguer come nuovo Simone che fece restaurare la città, le mura, e la Sede arcivescovile di Tarragona, che era stata distrutta durante l'occupazione musulmana della Spagna.

Il secondo medaglione (fig. 5) rappresenta sullo sfondo la pioggia della Manna e in primo piano l'arca dell'alleanza, che tradizionalmente la conteneva senza che si deteriorasse. Il motto, che in questo caso è « *Non comparavit neque vermis inventus est positque illud in Tabernacula servandum*[47] », fa riferimento all'urna di Oleguer che preserva il corpo del santo incorrotto come l'Arca proteggeva la manna divina. Allo stesso tempo però, non possiamo dimenticare la lettura in chiave episcopale di questo emblema: il vescovo cattolico deve essere un bastione incorruttibile ed esemplare della fede.

46 « ...Costruì le difese fortificandole con alte torri e fortificò il monte del tempio ». L'iscrizione fa riferimento al primo Libro dei Maccabei: 1 M 13, 33.

47 « ...Non putrì e non fu trovato nessun verme, e fu riposto nei Tabernacoli per essere serbato ». Si tratta di una citazione dal libro dell'Esodo: Ex 16, 24-34.

FIG. 4 – Francesc Grau e Domènec Rovira II. Sarcofago di San Oleguer, medaglione 1 (© Sara Caredda – Ramon Dilla Martì).

FIG. 5 – Francesc Grau e Domènec Rovira II. Sarcofago di San Oleguer, medaglione 2 (© Sara Caredda – Ramon Dilla Martì).

Il terzo rilievo (fig. 6) presenta un braccio che esce dalle nuvole e che sostiene un grande stendardo con gli attributi episcopali della mitra e il pastorale, con l'iscrizione « *Unusquisque Secundum linguam et familias in nationibus suis*[48] ». Il passaggio fa riferimento al lavoro pastorale del vescovo come proclamatore della fede a tutte le nazioni attraverso la lingua propria del territorio, una funzione sottolineata dal Concilio di Trento che, lo ricordiamo, stabilì l'obbligo di risidenza nella diocesi assegnata.

Nel 1679 l'urna e il suo piedistallo erano stati conclusi. Un anno dopo, il pittore Llàtzer Tramullas II ricevette l'incarico di realizzare la decorazione scultorea in legno dorato del camerino ubicato dietro l'altare, dov'era esposto il corpo santo di Oleguer. Si tratta di un corridoio concavo con due ingressi attraverso cui i devoti entravano da una parte, adoravano il corpo e uscivano dall'altra parte. Il soffitto di Llàtzer Tramullas II è adornato con lo stemma di Barcellona circondato dalle virtù teologali e cardinali accompagnate del Pudore, la Castità, la Penitenza e l'Astinenza, tutti attributi lodati dalle agiografie del santo prelato. Mancava ancora la decorazione delle pareti laterali, costituita da dipinti ovali su tavola, che fu conclusa quasi un secolo dopo, il primo marzo del 1759. Anche se la paternità di queste opere è stata discussa, secondo Miriam Flò e Ana Trepat l'autore sarebbe da identificare in Manuel Tramullas, che per il ciclo si ispirò probabilmente ai modelli e le composizioni usate dal suo maestro, Antoni Viladomat, considerato il pittore di riferimento del barocco in Catalogna, morto nel 1755[49].

Il ciclo pittorico si deve leggere cominciando dalla parete sinistra, ed include sei episodi della vita del santo e due miracoli *post mortem*. La narrazione comincia con Oleguer davanti a papa Gelasio, il pellegrinaggio in Terra Santa, la liberazione di due schiavi cristiani, il riscatto di due sacerdoti fatti prigionieri dai saraceni, la ricostruzione della Sede di Tarragona e la morte del prelato. Invece, le ultime due scene sono riservate a due dei miracoli di più antica tradizione, che fanno parte della vitta medievale di Renall e furono approvati ufficialmente dalla bolla di canonizzazione: la resurrezione della nobildonna del Penedès, e il salvataggio dalle navi dei corsari.

48 « ...ciascuno secondo la propria lingua e la propria famiglia e in base alla propria nazione ». Si tratta di un'altra citazione bíblica, nello specifico del libro della Genesi: Gn 10, 5.

49 Míriam Flò, *op. cit.;* Anna Trepat Céspedes, *Manuel i Francesc Tramullas. Estat de la qüestió: del s. XVIII a l'actualitat*, treball final de Màster, Universitat de Barcelona, Màster en Estudis Avançats en Història de l'Art, 2013.

FIG. 6 – Francesc Grau e Domènec Rovira II. Sarcofago di San Oleguer, medaglione 3 (© Sara Caredda – Ramon Dilla Martì).

Nel 1701 ci fu la solenne traslazione del corpo di san Oleguer alla nuova cappella, in presenza del re Filippo V. Dell'antico sacello medievale si decise di conservare solo l'antica lauda sepolcrale eseguita da Pere Sanglada con l'immagine giacente del defunto, che fu utilizzata per chiudere il nuovo sarcofago barocco[50]. Come già sottolineato, la decorazione della cappella non era ancora stata conclusa: il camerino non era ancora finito, ma soprattutto mancava gran parte dell'altare, che era stato completato soltanto fino al basamento. Sebbene fossero stati presentati diversi progetti, nessuno era stato eseguito e nel 1788 Antonio Ponz scriveva: « ... *solo hay hasta ahora el basamento; y harán bien en no seguirlo, si no ha de ser mejor que lo que de tal basamento se puede concebir*[51] ». Queste parole sono un'eloquente testimonianza di quanto i lavori si dilungarono, a causa della loro complessità e, forse, della mancanza di fondi; ma soprattutto ci parlano di quanto risultasse sgradevole la monumentale struttura barocca seicentesca, piena di volumi e giochi chiaroscurali, agli occhi degli illustrati di fine Settecento. Questo cambio di gusto probabilmente contribuì a dilatare ulteriormente la conclusione dei lavori. Finalmente, l'incarico di realizzare l'altare attuale fu affidato nel 1864 al maestro Domènec Talarn. Il suo progetto prevedeva un gran calvario sotto una grande cornice architettonica superiore. Probabilmente questa soluzione era già prevista in alcuni dei progetti precedenti, giacché ricordava il gran crocefisso sotto il baldacchino, oggi non più esistente, che coronava la parte superiore della primitiva cappella di san Oleguer.

Del progetto di Talarn fu realizzata la cornice architettonica, ma il calvario non fu mai completato. Le poche immagini eseguite, inoltre, furono sostituite nel 1932 dal famoso Santo Cristo di Lepanto e da una copia della Dolorosa dello scultore Ramon Amadeu. Secondo la tradizione, questo crocifisso ligneo aveva combattuto nella battaglia di Lepanto il 7 ottobre 1571 nella nave di don Giovanni d'Austria, fratellastro di Filippo II, che posteriormente lo avrebbe offerto in dono alla città di Barcellona. Il simulacro era prima venerato nella cappella centrale del

50 Josep Romaguera, *Panegírico de la magestuosa traslación del admirable cuerpo de San Oleguer*, Barcelona, Rafael Figueró, 1700.

51 « ... finora c'è solo il basamento; ed è meglio che non continuino con i lavori, se l'opera definitiva non sarà migliore del basamento ». Antonio Ponz, *Viage de España: en que se da noticia de las cosas mas apreciables y dignas de saberse que hay en ella*, Madrid, por la Viuda de Ibarra, Hijos y Compañía, 1788, XIV, carta I-30, p. 13-14. Cfr Míriam Flò, *op. cit.* Su i diversi progetti presentati per finire l'altare: Joan Bosch, *op. cit.*, p. 220; Joan Ramon Triadó, *op. cit.*, p. 572.

deambulatorio della cattedrale. La devozione è attestata almeno da metà Seicento, quando fu creata una confraternita a lui dedicata, ma all'inizio del XX secolo era specialmente popolare tra i barcellonesi il Venerdì Santo, quando era portato in processione per la città[52].

Lo spostamento del Cristo dalla cappella collocata dietro l'altare maggiore a quella di San Oleguer rappresentò un cambiamento sostanziale nelle priorità devozionali della cattedrale: da una parte questo culto si « impadroniva » della cappella più grande e spaziosa del tempio; e dall'altra relegava in secondo piano la venerazione verso san Oleguer. Perché, dunque, si promosse questo spostamento, « spodestando » di fatto un santo che aveva rappresentato il simbolo dell'identità catalana, l'unico corpo incorrotto posseduto della cattedrale e il virtuoso predecessore dei vescovi barcellonesi?

Per trovare risposte a tale quesito bisogna ricordare, prima di tutto, il contesto politico e sociale del momento. La II Repubblica di Spagna (1931-1939) causò da subito forti tensioni tra la Chiesa e il governo presieduto da Manuel Azaña. La Costituzione del 1931 stabilì che la Spagna era uno stato laico, provocando le ire di gran parte dei vescovi. La situazione si deteriorò ulteriormente con le leggi di soppressione dei gesuiti e di autorizzazione del divorzio, approvate nei mesi di gennaio e febbraio del 1932. A livello sociale, poi, il contesto non era meno complicato: tra il 10 e il 13 maggio del 1931 la violenza anticlericale colpì Madrid e la metà sud della Spagna e numerosi conventi furono bruciati dalle milizie anarchiche più radicali[53].

Nel 1932 la sede episcopale barcellonese era occupata da Manuel Irurita (1930-1936), di origine navarra, che è stato qualificato recentemente dagli storici come ultraconservatore e profondamente anticatalanista[54]. Davanti agli oltraggi nei confronti dei religiosi che si

52 Fortià Solà i Moreta, *El Sant Crist de Lepant. Prodigiosa imatge venerada a la Catedral de Barcelona. Monografia històrica*, Barcelona, M. Monserrat Borrat Edit., 1950.

53 Barcellona non fu colpita in quest'occasione, ma nel 1934 e nel corso di tutta la Guerra Civile (1936-1939) furono estremamente numerose le chiese e i conventi dati in pasto alle fiamme. Josep Maria Martí Bonet, *El Martiri dels temples a la diòcesi de Barcelona (1936-1939)*, Barcelona, Museu Diocesà de Barcelona, 2008.

54 Vicente Cárcel Ortí, « El obispo Irurita y la persecución religiosa en las cartas de Font, Torrent y Vidal i Barraquer », *Analecta sacra tarraconensia: Revista de ciències historicoeclesiàstiques*, 86, 2013, p. 733-956; Paul Preston, *El Holocausto español: odio y exterminio en la Guerra Civil y después*, Barcelona, Penguin Random House, 2011; Mercè Vallejo, David Escamila, *La Barcelona del viento*, Barcelona, Ediciones Robinbook, 2007, p. 134.

stavano portando avanti in tutta la penisola, non è strano che il prelato considerasse conveniente riavvivare la fiamma della fede verso un culto militare e militante come quello del Cristo di Lepanto, reintitolandogli la cappella più grande e capiente di tutta la cattedrale. Effettuato il trasferimento, il 31 marzo 1933 il prelato proclamò l'inizio di una « Quincena de Oración y desagravio al Santo Cristo de Lepanto », cioè quindici giorni in cui le preghiere dei barcellonesi ai piedi del Cristo avrebbero espiato i reati che il governo e i rivoluzionari repubblicani commettevano contro la Chiesa. Il giornale barcellonese La Vanguardia annunciava l'atto con queste parole:

> *... una cruzada de actos de oración, amor y desagravio al Divino Salvador, en reparación el sin número de pecados así públicos como privados, que vienen cometiéndose en nuestra desgraciada Patria, con el incendio y profanación de templos, de las sagradas imágenes de la Santísima Virgen y de los Santos, mutilación de cruces de término, y toda clase de actos de violencia, sin excluir a las leyes de opresión para la Santa Iglesia, entre la que destaca la llamada de Confesiones y Congregaciones religiosas, cuya discusión y aprobación prosigue en las Cortes Constituyentes de la República y también la desenfrenada inmoralidad creciente para perversión y corrupción de la juventud*[55]*...*

L'articolo è una magnifica testimonianza dell'atmosfera che impregnava la cattedrale di Barcellona all'epoca e di come nella preghiera al Cristo si concentravano le principali preoccupazioni dei chierici: la violenza contro gli edifici religiosi, la liberalità della gioventù e soprattutto la *Ley de Confesiones e Congregaciones religiosas*. Quest'ultima, che si stava discutendo in quei giorni in Parlamento e che finalmente fu approvata nel maggio del 1933, stabiliva un cambio radicale nelle relazioni tra Stato e Chiesa. Tra le principali novità c'era la nazionalizzazione di una parte dei beni ecclesiali, la soppressione dei sussidi ufficiali per il culto e il diritto di veto su alcune nomine religiose. Bisogna ricordare che la sua approvazione fu oggetto dell'enciclica *Dilectissima Nobis*, nella quale papa Pio XI criticava apertamente la legge e chiamava i cattolici alla

---

55 « ...una crociata di atti di preghiera, amore ed espiazione degli innumerevoli peccati pubblici e privati che si stanno commettendo nella nostra infelice Patria, come incendi e profanazioni di chiese e delle sacre immagini della Santissima Vergine Maria e dei Santi, mutilazioni di croci monumentali, e ogni sorta di atti di violenza, senza escludere le leggi di oppressione della Santa Chiesa, tra cui spicca la cosiddetta "delle Confessioni e Congregazioni religiose", il cui iter di approvazione prosegue presso il Parlamento della Repubblica, nonché la sfrenata immoralità crescente in quanto a corruzione e perversione della gioventù... » (*La Vanguardia*, 28 di marzo 1933, p. 11).

difesa della fede[56]. Al centro della controversia, il vescovo Irurita aveva posizionato il santo Cristo di Lepanto come divino protettore contro le minacce al cattolicesimo.

Il 18 luglio 1936 cominciò l'insurrezione armata che portò alla Guerra Civile Spagnola. In una Barcellona in preda al caos, il vescovo Irurita fu presumibilmente ucciso dalle milizie anarchiche, anche se la sua morte è stata molto controversa[57]. In ogni caso, le sue presunte spoglie riposano oggi nella cappella del Santo Cristo di Lepanto, il cui culto aveva abbracciato così fervorosamente.

Il 20 maggio 1939, dopo una grandiosa sfilata militare per le strade di Madrid, il generale Franco celebrava la sua vittoria sui repubblicani, ed era protagonista di una pomposa cerimonia religiosa nella chiesa di Santa Barbara, nella quale ringraziava per l'aiuto divino e simbolicamente offriva la sua spada al Santo Cristo di Lepanto[58]. Questo era stato portato temporaneamente a Madrid da Barcellona, uno dei principali bastioni di resistenza, e permetteva di completare una effettiva analogia agli occhi degli assistenti: il Crocefisso che aveva vinto gli infedeli a Lepanto nel 1571 aveva schiacciato di nuovo i nemici del cattolicesimo; e, come se si trattasse di un'incoronazione, Franco si autoproclamava come *miles christi* e legittimo governante « por la gracia de Dios ».

In conclusione, vogliamo sottolineare che l'analisi della documentazione dei processi di canonizzazione e dell'agiografia ci ha permesso di fare un viaggio attraverso l'evoluzione artistica della cappella di San Oleguer e di ricostruire ciò che le circostanze storiche ci hanno portato via. Quel che rende più utile il lavoro con queste fonti non è soltanto l'aspetto archeologico di « ricostruzione » del passato perduto, ma soprattutto la possibilità di comprendere il vero significato e il contesto che rese possibile ognuno dei movimenti artistici intorno al sepolcro di Oleguer, nei quali furono sempre coinvolti i principali protagonisti della scena artistica catalana dell'epoca.

56 « Ante la amenaza de daños tan enormes, recomendamos de nuevo y vivamente a todos los católicos de España, que, dejando a un lado lamentos y recriminaciones, y subordinando al bien común de la patria y de la religión todo otro ideal, se unan todos disciplinados para la defensa de la fe y para alejar los peligros que amenazan a la misma sociedad civil » (Pio XI, Enciclica *Dilectissima Nobis*, 3 giugno 1933).

57 Ponç Feliu, Miquel Mir, *El Misteri de l'assassinat del bisbe de Barcelona*, Barcelona, Pòrtic, 2012.

58 José Manuel Sabín, *La Dictadura franquista (1936-1975). Textos y documentos*, Madrid, Akal, 1997; Gonzalo Redondo, *Historia de la Iglesia en España*, Madrid, Rialp, 1993, II, p. 625.

Il recupero della memoria del vescovo Oleguer fece parte di un'operazione promossa dai prelati Barcellonesi tra la fine del XVI secolo e i primi decenni del XVII per ampliare il santorale catalano ed elevare alla gloria degli altari il loro virtuoso predecessore. Quest'operazione, naturalmente, poteva essere portata avanti solo con l'appoggio unanime della Corona e le istituzioni di governo locali: il Consell de Cent di Barcellona e la Diputació del General di Catalogna. L'agiografia ebbe un ruolo assolutamente fondamentale in questo processo: da una parte permise la fusione intima tra la patria e i suoi santi, per cui la canonizzazione divenne una vera e propria questione di stato che coinvolse necessariamente tutte le autorità non solo religiose, ma anche politiche; d'altra parte, autori come Domènec, Rebullosa o Caralps furono capaci di trasformare la figura di Oleguer e la sua breve biografia medievale in un grande racconto patriottico, in cui il vescovo divenne un modello che rispecchiava gli interessi dei nuovi tempi e soprattutto della chiesa postridentina.

Che ruolo ebbero le arti nel camino verso la santità di Oleguer? Si può concludere che accompagnarono in ogni momento le offensive diplomatiche come strumento parallelo e ugualmente efficace. Gli interventi artistici sul sepolcro, dall'elevazione medievale del corpo, alla creazione di una cappella dedicata e alle progressive trasformazioni di questo mausoleo in uno spazio sempre più sontuoso ed ambizioso, volto a « sedurre » il fedele e rafforzare il culto, vennero realizzate mentre si portava avanti il processo di canonizzazione, allo scopo di perorare la causa e ottenere uno spazio più degno per una devozione che aspettava ancora il suo riconoscimento ufficiale.

Il climax fu senza dubbio l'anno 1675, quando fu eretta la cappella più grande e spettacolare della Cattedrale di Barcellona con l'obiettivo di celebrare il trionfo del nuovo santo e, di riflesso, della mitra barcellonese, alleata con le istituzioni di Governo e con lo stesso sovrano, che assistette alla solenne traslazione del corpo nel 1701. Posteriormente, invece, il culto conobbe una lenta e progressiva discesa. Lo dimostra il fatto che la decorazione del camerino non fu portata a termine fino al 1759 e l'altare non fu completato fino alla seconda metà de l'Ottocento, quando si progettò il Calvario di Domènec Talarn, che non fu mai istallato.

Ripercorrendo l'evoluzione della cappella, quindi, ci rendiamo conto del suo bilancio irregolare, che si concluse nel 1932 con la reintitolazione al Santo Cristo di Lepanto e l'appartamento di Oleguer, il cui sepolcro è utilizzato oggi come mera pedana di un altro culto. Sembrerebbe, in un certo senso, il fallimento della devozione verso il santo vescovo, anche se probabilmente si tratta più semplicemente di una sostituzione di culti dovuta alle circostanze storiche del momento. I tempi delle alleanze tra il potere politico e quello ecclesiastico erano ormai tramontati, per trasformarsi in un contesto di vera propria lotta Stato-Chiesa, che sfociò in una guerra civile. Di fronte a una situazione così estrema la figura del vescovo locale, che aveva risposto così bene alle necessità della Chiesa postridentina, appariva ormai superata. Un Cristo « guerriero », invece, che aveva lottato con le truppe di Filippo II, rappresentava l'immagine perfetta per difendere con la spada gli interessi della Chiesa e posteriormente quelli del nazionalismo promosso dal generale Franco.

Sara Caredda
et Ramon Dilla Martì
Universitat de Barcelona

LA SAINTETÉ DE LOUIS IX AU TEMPS DE LA MONARCHIE ABSOLUE DE DROIT DIVIN

Hagiographie et État souverain

« Il ne suffist pas que les Princes soient autorisez du Ciel ; il faut que leurs subjects le croyent[1] ». Peu de formules illustrent mieux la subtilité du passage de la monarchie capétienne sacrée à la Monarchie Bourbon de droit divin.

Lors de ce changement d'époque aux ressorts d'une insondable complexité, le retour, après une longue éclipse, à l'exploitation de la figure du « bon roi saint Louis » a été largement constaté[2]. Il repose sur des écrits innombrables, mais aussi sur des actes comme le fait que Henri IV, réputé hérétique et relaps, cousin de son prédécesseur seulement au 22e degré, exhume le prénom Louis, négligé depuis longtemps dans la généalogie des rois, pour rappeler le souvenir de son ancêtre commun avec la dynastie Valois. Le sang de saint Louis irrigue bien cette nouvelle branche. Le roi rappelle aussi les jésuites, qui créent un lien particulier avec la mémoire de Louis IX, en même temps qu'avec la royauté au XVIIe siècle[3]. Et l'une de ses principales fondations, le collège de la Flèche auquel il donne son nom dédie son église à la mémoire de son ancêtre[4].

Plus avant, à côté de l'exploitation du mythe héroïque, épique et chevaleresque développé par exemple par Jean Bertaut dans son *Hymne du roi S. Louis, et de la roiale maison de Bourbon* vers 1599 ou dans les romans comme

1 Formule de François de Colomby, proche de Richelieu en 1631, citée par Arlette Jouanna, *Le Prince absolu. Apogée et déclin de l'imaginaire monarchique*, Paris, Gallimard, 2014, p. 13.

2 Voir notamment Colette Beaune, *Naissance de la nation France*, Paris, Gallimard, 1985.

3 Géraldine Lavieille, « Les Jésuites et la dévotion à saint Louis au XVIIe siècle : la célébration du Roi très chrétien », *Les Cahiers de Framespa*, 11, 2012, http://framespa.revues.org/2025 (Consulté le 8-1-2018).

4 Jacques Salbert, « La Chapelle Saint-Louis du collège des Jésuites de La Flèche en Anjou », *Annales de Bretagne*, 68, 1961, p. 163-187.

celui en 1641 de Jean-Pierre Camus, *Caritée ou le Pourtrait de la vraye charité*, situé au temps de saint Louis[5], il s'opère une véritable restauration du culte.

Une perspective diachronique paraît féconde entre le siècle de la *Légende dorée* de Jacques de Voragine et le « siècle de saints », entre la sainteté médiévale merveilleuse et la sainteté plus accessible de François de Sales, en somme entre le « siècle de saint Louis » et celui de Louis XIV. La religiosité ambiante est favorable à un vrai renouveau de l'hagiographie[6] qui s'illustre, de toute évidence, dans les innombrables panégyriques prononcés en faveur de saint Louis[7]. Mais l'exploitation du motif peut aussi être interrogée, sous le même angle de l'éloge de la mémoire du roi saint, dans les écrits à nature plus expressément politique[8], tels ceux de Bossuet ou de Richelieu, ainsi que dans des écrits plus érudits à visée historique comme la *Vie de saint Louis* de Le Nain de Tillemont. À ce dernier titre d'ailleurs, les évènements ne sont pas toujours favorables, puisque la seule copie subsistant du procès de canonisation de Louis IX et qu'avait utilisée et fait conserver Guillaume de Saint-Pathus, a malheureusement brûlé en 1580 et les contemporains, comme l'historien de nos jours, en dépit de la belle restauration de Louis Carolus-Barré[9], ont dû se contenter pour l'essentiel des écrits de Jean de Joinville[10] et de Geoffroy de Beaulieu.

5 *Cf.* Nathan Edelman, *Attitudes of Seventeenth-Century France toward the Middle Ages*, New York, King's Crown Press, 1946, respectivement p. 236-245 et p. 166.

6 *Cf.* Éric Suire, *Pouvoir et religion en Europe, XVIe-XVIIIe siècle*, Paris, Armand Colin, 2013, p. 136-150.

7 *Cf.* notamment Pierre Naudin, « Une politique de la sainteté : saint Louis d'après ses panégyristes de l'âge classique », dans Jean Dagen, Marc Escola et Martin Rueff (dir.), *Morales et politique, Actes du colloque international organisé par le Groupe d'Étude des Moralistes*, Paris, Honoré Champion, 2005, p. 87-97.

8 *Cf.* notamment Françoise Laurent, Laurence Mathey-Maill et Michelle Szkilnik (dir.), *Des saints et des rois. L'hagiographie au service de l'histoire*, Paris, Honoré Champion, 2014 et le compte-rendu de cet ouvrage par Karin Uelstchi, *Cahiers de recherches médiévales et humanistes*, 2014, http://journals.openedition.org/crm/13266 (consulté le 8 janvier 2018). « L'objectif est de montrer que l'hagiographie médiévale est plus qu'un simple instrument pastoral au service de la christianisation, plus qu'une galerie de portraits édifiants et légendaires : l'hagiographie s'inscrit dans le temps réel, possède une dimension historiographique, et met en évidence le lien fondamental, dans une société théocratique, entre pouvoir politique et épiscopat, entre nécessités séculières et aspirations eschatologiques. L'hagiographie comme "genre historiographique", voilà une problématique des plus intéressantes dont les enjeux dépassent largement le cloisonnement disciplinaire habituel ».

9 Louis Carolus-Barré, *Le Procès de canonisation de saint Louis, 1272-1297*, Rome, École française de Rome, 1994.

10 *Cf.* notamment Jean Dufourne et Laurence Harf (dir.), *Le Prince et son historien : la Vie de saint Louis de Joinville*, Paris, Honoré Champion, 1997 ; Élisabeth Gaucher-Remond, « Louis IX au regard de Joinville : un saint, un monarque, un ami », dans Françoise

Contre toute attente, car Grégoire X en était convaincu dès la mort du roi, la canonisation de saint Louis n'avait été acquise que près de trente ans après sa mort, et l'hagiographie l'a donc devancée et favorisée avec une confiance inébranlable[11]. Le délai tient d'ailleurs plus aux circonstances[12] qu'aux doutes soulevés par la cause. Mais un autre discours hagiographique ressuscite alors après plusieurs siècles avec une tout autre ambition politique. La sainteté et la canonisation sont des rituels qui marquent une liminarité, une transition, un changement d'état et il ne surprend guère que la résurgence de l'hagiographie ludovicienne s'opère à l'époque d'un changement d'état du régime politique royal.

Toutefois, cette hagiographie du XVIIe siècle n'est pas si monolithique qu'il apparaîtrait au premier abord. L'édification par le modèle saint fait toujours courir le risque de virer à la critique dissimulée. Elle peut donc se percevoir en quelque sorte double, voire contradictoire. Elle sert tout d'abord de support à la mutation du régime au sortir des guerres de religion, vers une dimension plus autoritaire, étayée par la rhétorique du droit divin (I.). Mais dans un discours plus inattendu et en creux, le changement d'état politique soulève aussi des inquiétudes, voire un blâme contre certaines évolutions modernes dans les conceptions et mentalités politiques (II.).

L'HAGIOGRAPHIE POUR LA CANONISATION DE LA MONARCHIE

Il convient de ne revenir que sommairement sur le culte de Louis IX et ses illustrations les plus marquantes pour promouvoir le modèle du roi saint[13]. Il importe davantage d'insister sur l'évolution de la

---

Laurent, Laurence Mathey-Maill et Michelle Szkilnik (dir.), *Des saints et des rois*, *op. cit.*, p. 209-221 ; L. Moulinier et P. Boucheron (dir.), *Hommes de pouvoir. Individu et politique au temps de saint Louis*, *Médiévales*, 34, 1998, p. 7-11.

11 *Cf.* notamment Marie Dejoux, *Gouverner par l'enquête au XIIIe siècle. Les restitutions de Louis IX (1247-1270)*, thèse Paris I, 2012, p. 55 et s.

12 La nécessité d'élire successivement pas moins de dix papes, ainsi que de longs interrègnes, *cf.* l'introduction de Louis Carolus-Barré, *op. cit.*

13 Le sujet a en effet déjà été traité, *cf.* notamment Éric Suire, *Sainteté et Lumière. Hagiographie, spiritualité et propagande religieuse dans la France du XVIIIe siècle*, Paris, Champion, 2011, p. 276 et s. ; Jean-Marie Le Gall, « Vieux saint et grande noblesse à l'époque moderne :

conception politique qui découle notamment de sa mise en place, à savoir la monarchie absolue de droit divin.

LE RENOUVEAU DU CULTE DE SAINT LOUIS

Avant le règne personnel de Louis XIII, seulement des indices épars devancent la restauration du culte voué à la mémoire de saint Louis, notamment au tout début du règne du premier Bourbon. Il s'agit d'un placard montrant un arbre sortant des entrailles de saint Louis et portant deux branches dont les fruits sont Henri III d'une part et Henri IV de l'autre ; puis, dans le même ordre d'idées, d'une généalogie complète des Bourbons depuis saint Louis en annexe d'une nouvelle édition du livre de Jean de Joinville. La régence de Marie de Médicis accélère le processus. Aux États-Généraux de 1614, elle est assimilée à Blanche de Castille. Puis après le grand conflit avec son fils, c'est une image de saint Louis en or, enrichie de diamants et de perles qu'elle lui offre en gage de réconciliation en 1622.

Mais entretemps, la restauration solennelle coïncide avec la prise de pouvoir du jeune roi. Le 25 août 1618 est célébrée une messe, en présence des princes de sang et du roi, qui officialise le culte. Le Père Arnoux, confesseur jésuite du roi depuis le mois de mai, en est l'artisan selon le témoignage de Pierre Matthieu, qui offre la même année son récit du processus en même temps qu'une *Histoire de Sainct Louys.* Il a fallu alors l'intercession de l'archevêque de Lyon, ambassadeur à Rome, mais les démarches auprès du Pape furent rapidement couronnées de succès, puisque Paul V ordonne dès le 5 juillet dans un bref que « la feste du susdit glorieux saint soit d'ores en avant gardée de commandement en tout le Royaume de France et l'office d'iceluy célébré ». Il s'agit d'un « tribut d'honneur payé si tard » selon Matthieu, avis partagé par Étienne Molinier, autre artisan majeur du culte et qui est l'auteur de l'un des premiers panégyriques[14].

Saint Denis, les Montmorency et les Guise », *Revue d'histoire moderne et contemporaine*, 50-3, 2003/3, p. 7-33 ; Alain Boureau, « Les enseignements absolutistes de saint Louis (1610-1630) », dans François Laplanche et Chantal Grell (dir.), *La Monarchie absolutiste et l'histoire en France*, Paris, Presses de l'Université Paris-Sorbonne, 1987, p. 79-97 ; Robert folz, « La sainteté de Louis IX d'après les textes liturgiques de sa fête », *RHEF*, 57, 1971, p. 31-45 ; Pierre Morel, « Le culte de saint Louis », *Itinéraires*, 147, 1970, p. 127-151. Voir aussi Anne-Hélène Allirot, *Filiae regis Francorum : princesses royales, mémoire de saint Louis et conscience dynastique (de 1270 à la fin du XIVe siècle)*, thèse Université Paris X-Nanterre, 2007.

14 Étienne Molinier, *Panégyrique du Roy Sainct Louis sur le subject de la célébration de sa feste, ordonnée par nostre saint Père, à la requeste du Roy, très-chrétien Louys XIII à présent régnant avec une oraison en vers au Roy Sainct Louis pour la prospérité du Roy*, Paris, 1618.

Mais surtout, le culte se libère tout à fait de cette « autorisation » pontificale initiale pour devenir un culte d'État, en particulier vers 1630 et l'installation définitive de Richelieu après une période en quelque sorte de maturation de la figure complexe de saint Louis pour la faire correspondre avec les vues de la monarchie absolue.

Une dimension plus institutionnelle et politique que purement religieuse se développe ensuite sous le règne de Louis XIV. C'est l'époque de nombreuses fondations en l'honneur de Saint Louis : l'église Saint-Louis des Invalides (1674), la maison royale de Saint-Cyr (1686)[15], etc. Au Sénégal en 1659 est fondée la ville de Saint-Louis, en l'honneur du roi régnant au travers de son illustre ancêtre. Puis en 1677, l'abbé Dupont, fondateur de la chapelle du Louvre, offrit aux académiciens français une messe pour prononcer l'éloge du saint. L'usage est adopté tous les ans au 25 août et tous les deux ans, on récompense les meilleurs orateurs. Les Panégyristes s'essaient à démontrer que les descendants de Louis IX sont les parfaits successeurs du souverain idéal.

Ces nombreux discours n'ont pas *a priori* de valeur politique, ce sont des éloges, des instruments d'édification, en somme des discours hagiographiques. Mais ils portent sur un saint particulier : un roi saint. La préface du recueil de ces panégyriques publié aux premiers temps de la Restauration en 1814 voit en eux un vrai « manuel des rois ». Et saint Louis y est dépeint comme le précurseur de la monarchie absolue, à la fois le premier exemple et le modèle ayant atteint sa perfection même. « Jamais souverain ne fut plus absolu que lui » selon l'abbé Anselme en 1681[16]. Tous signalent à quel point il est admirable de concilier royauté et sainteté. « Or, saint Louis réalise ce prodige [...], d'aucuns diront ce miracle, de réunir en sa personne les qualités d'un grand saint et les vertus d'un grand roi, la splendeur de la pourpre et l'humilité du pénitent » selon l'abbé Séguy en 1729[17]. Le jurisconsulte et historien Jean Doujat fait un parallèle entre les *Vies* de saint Louis et Louis XIV : enfances difficiles mais avec des vertus héroïques précoces, croisade d'un

15 Bruno Neveu, « Du culte de Saint Louis à la glorification de Louis XIV : la maison royale de Saint-Cyr », *Journal des savants*, 3-4, 1988, p. 277-290. Sur ces fondations *cf.* Géraldine Lavieille, *op. cit.*

16 Antoine Anselme, « Panégyrique de Saint Louis Roy de France, prononcé à l'Académie françoise le 25 août 1681 », dans *Panégyriques des saints*, Paris, P.-F. Giffart, t. II, 1718, p. 509.

17 Cités par Pierre Naudin, *op. cit.*, p. 90 et 92.

côté et lutte contre les pirates de l'autre, lutte contre les hérétiques, etc. Mais il note qu'en définitive, la tranquillité et le fait d'être maître de soi, voilà ce qui fait la « véritable grandeur[18] ».

Enfin, à propos de ce culte, il faut citer la volonté d'employer l'histoire et l'hagiographie pour l'éducation des princes. Bossuet, en tant que précepteur du dauphin, est à l'initiative d'un travail de commande confié à M. de Sacy. « Monseigneur le Dauphin attend de votre main le modèle d'un grand, d'un sage, d'un juste d'un brave et d'un pieux prince ; vous entendez bien que c'est de la vie de saint Louis dont j'entens parler[19] ». L. de Sacy délègue le travail à Le Nain de Tillemont qui prend la chose très au sérieux. Mais la mort du premier en 1684 entrave l'aboutissement de l'ouvrage dont les notes ne seront reprises pour édition qu'au XIXe siècle. Après une érudite et étayée biographie, les dernières pages reprennent alors les qualités essentielles du bon monarque sans apporter davantage à l'analyse que des propos bienveillants et édifiants, tout à fait dans les canons de l'hagiographie[20]. De plus Le Nain de Tillemont avait déjà confié ses notes à N. Filleau de la Chaise et la *Vie de saint Louis* qui en résulte fut un succès d'édition[21].

La rhétorique de l'*exemplum* est omniprésente dans les discours politiques de Bossuet et quand il évoque saint Louis, il s'agit plutôt de l'ériger en modèle, d'inciter à l'imitation. Il écrit ainsi :

---

18 *Les Panégyriques du roi prononcés dans l'Académie française (1671-1689)*, texte établi et présenté par Pierre Zoberman, Paris, Presses de l'Université Paris-Sorbonne, 1991, p. 180.

19 Lettre du 13 janvier 1673 cité par Bruno Neveu, *Un historien à l'École de Port-Royal : Sébastien Le Nain de Tillemont (1637-1698)*, La Haye, M. Nijhoff, 1966, p. 146 et s. Voir aussi Bruno Neveu, « Le Nain de Tillemont et la Vie de Saint Louis », dans L. Carollus-Barré (dir.), *Septième centenaire de la mort de Saint Louis*, Paris, Les Belles Lettres, 1976, p. 316-329.

20 Louis-Sébastien Le Nain de Tillemont, *Vie de saint Louis roi de France*, (6 vol.), éd. Jules Renouard, Paris, 1847-1851, t. VI, p. 210, « Des miracles de saint Louis avant sa canonisation » ; p. 324, « *Pieté de saint Louis – ses qualités humaines et naturelles* » ; p. 330, « *Piété de saint Louis dans ses premières années* » ; p. 334, « *Austéritez de saint Louis* » ; p. 347, « *Amour de saint Louis pour la pureté* » ; p. 349, « *Dévotion de saint Louis pour l'office public de l'Église* » ; p. 356, « *Respect de saint Louis pour les saints et pour leurs reliques* » ; p. 359, « *Quelques dévotions particulières de saint Louis. Il guérit les écrouelles. Ses communions* » ; p. 368, « *De l'humilité de saint Louis* » ; p. 371, « *Modestie de saint Louis dans ses habits, dans ses paroles, dans tout son extérieur* » ; p. 387, « *Bonté de saint Louis pour ses officiers* » ; p. 390, « *Courage de saint Louis* » ; p. 392, « *Saint Louis libéral et magnifique sans prodigalité* » ; p. 398, « *Sagesse de saint Louis. Il maintient son autorité* » ; p. 402, « *Heureux estat de la France sous saint Louis* » ; p. 412, « *Bonté de saint Louis pour tout le monde* » ; p. 417, « *Zèle de saint Louis pour la conversion des âmes* » ; p. 419-446, « *Saint Louis rend justice à son peuple* ».

21 Nicolas Filleau de la Chaise, *Histoire de Saint Louis*, Paris, J.-B. Coignard, 1688.

> Puisqu'il paroît par cet abrégé de notre histoire que la plus grande gloire des rois de France leur vient de leur foi, et de la protection constante qu'ils ont donnée à l'Église, ils ne laisseront pas affoiblir cette gloire : et la race régnante la fera passer à la postérité jusqu'à la fin des siècles. Elle a produit saint Louis, le plus saint roi qu'on ait vu parmi les chrétiens. Tout ce qui reste aujourd'hui de princes de France, est sorti de lui. Et comme Jésus-Christ disoit aux Juifs : « Si vous êtes enfans d'Abraham, faites les œuvres d'Abraham ; » il ne me reste qu'à dire à nos princes : Si vous êtes enfans de saint Louis, faites les œuvres de saint Louis[22].

Il ne s'agit pas en somme d'une propagande au sens moderne et péjoratif d'un dispositif visant à tromper, car les rois sont les premiers destinataires du discours religieux. « Ce n'est point un trône qui lui appartienne, c'est sur le trône de Dieu que le roi sont assis » dit le père de Neuville et le roi doit être « parfaitement soumis à Dieu » selon le père Anselme[23]. Mais il s'agit bien de procédés rhétoriques visant à convaincre de la vérité d'une doctrine pour assurer son succès sur la scène politique et au-delà. En cela peut-on y voir un culte d'État et même plus avant, alors qu'avait eu lieu la récupération de la sainteté par l'Église au Moyen Âge, la récupération par la royauté de son exploitation dans un but bien précis. Le roi, si bien inspiré par son ancêtre, doit pouvoir imposer sa conduite comme modèle universel pour son peuple et partant, contraindre au nécessaire respect de son autorité absolue.

LA MONARCHIE ABSOLUE DE DROIT DIVIN ET LE RITE DE CANONISATION

Après le XIIIe siècle, l'importance de l'origine divine dans l'idéologie du pouvoir ne fait que progresser par trois aspects[24]. Tout d'abord le sacre car même s'il n'est plus constitutif, il est notable de constater qu'il ne tombe pas en désuétude, bien au contraire, et que le rite se poursuit. Ensuite il faut évoquer la rhétorique du roi dit « très chrétien[25] » par

---

22 Jacques Bénigne Bossuet, *Politique tirée des propres paroles de l'Écriture sainte*, Paris, Dalloz, 2003, VII, VI, 14, p. 273.

23 Cité par Pierre Naudin, *op. cit.*, p. 90.

24 François Saint-Bonnet, Yves Sassier, *Histoire des institutions avant 1789*, Paris, L.G.D.J., 2011, p. 277-279.

25 Pierre Dubois est l'un des premiers à employer ce terme couramment, dans les temps même de la canonisation de Louis IX, *cf.* Pierre Dubois, *De la reconquête de la Terre Sainte* et *De l'abrègement des guerres et procès du royaume des francs*, introduction, édition et traduction Marianne Saghy, Alexis Leonas et Pierre-Anne Forcadet, Les Belles Lettres, Paris, 2019.

un monopole auto-attribué à la France « fille aînée de l'Église », avec l'accord tacite des autres gouvernants et du clergé[26]. Et enfin il faut citer la conception, moins manifeste mais tout aussi cruciale, d'un roi élu par le peuple : saint Paul *via* saint Thomas impose l'idée que tout pouvoir vient de Dieu, mais par le peuple. Dans le cadre de ce dernier phénomène, il semble qu'il faille ajouter la canonisation, en tant que distinction effective et supplémentaire accordée par la population, par le biais de la *fama*[27], même si cela doit s'officialiser dans un procès pontifical.

La canonisation peut être considérée comme un phénomène rituel au sens de l'anthropologie, un rite de passage, en particulier de liminarité[28]. La mort du roi serait le premier stade, celui de la séparation. La mortalité, la voie de toute chair, réduit le roi à sa condition humaine[29]. Or, « La *communitas* s'introduit par les interstices de la structure, dans la liminarité [...]. On la tient presque partout pour sacrée ou sainte[30] ». La canonisation en l'autre sens marque en effet le processus d'intégration dans un nouveau statut[31]. Boniface VIII dans son sermon pour la

---

Voir Pierre-Anne Forcadet, « Pierre Dubois : conseiller de Philippe le Bel en matière politique et militaire », dans José Javier de Los Mozos Touya et István Szászdi León-Borja (dir.), *L'Armée, la paix, la guerre. Journées de la Société d'histoire du droit (Valladolid-Segovia 2006)*, Valladolid, Université de Valladolid, 2009, p. 209-228.

26 Et l'on pourrait y associer une réflexion sur la nation, *cf.* Jean-Marie Le Gall, « Denis, George, Jacques, Antoine, André, Patrick et les autres. Identité nationale et culte des saints (XVe-XVIIIe siècle) », dans Gilbert Buti et Anne Carol (dir.), *Comportements, croyances et mémoires. Europe méridionale XVe-XXe siècle*, Aix-en-Provence, PUP, 2007, p. 146-170 et Lydwine Scordia, « L'amour du roi est-il une composante politique de la "nation France" au XIIIe siècle », dans *Nations et nations au Moyen Âge, XLIVe congrès de la SHMESP*, Paris, Publications de la Sorbonne, 2014, p. 217-229.

27 André Vauchez note l'importance de la *fama* dans la formalisation du procès de canonisation et l'inquisition, mais aussi sur le crucial phénomène de l'enquête au XIIIe (« Conclusion », dans Gábor Klaniczay (dir.), *Procès de canonisation au Moyen Âge. Aspects juridiques et religieux*, Rome, École française de Rome, 2004, p. 356-363). Tant pour contrôler les abus de son administration que pour mettre sa justice au service des justiciables, saint Louis est l'initiateur de ce mouvement. *Cf.* M. Dejoux, *Les Enquêtes de saint Louis. Gouverner et sauver son âme*, Paris, 2014 et Pierre-Anne Forcadet, *Conquestus fuit domino Regi. Étude sur le recours au roi de France d'après les arrêts du Parlement (1223-1285)*, Paris, De Boccard, 2018.

28 Arnold Van Gennep, *Les Rites de passage*, Paris, Picard, 1981. *Cf.* Robert Deliège, *Une histoire de l'anthropologie. Écoles, auteurs, théories*, Paris, Seuil, 2006, p. 368.

29 Victor W. Turner, *Le Phénomène rituel, structure et contre-structure*, Paris, PUF, 1990, p. 98, « la liminarité donne à penser que celui qui est grand ne pourrait pas être grand sans l'existence des petits, et il faut que celui qui est grand fasse l'expérience de ce que c'est que d'être petit ».

30 *Ibid.*, p. 125.

31 Sur le prestige et la cérémonie, *cf.* Martine Boiteux, « Rituel romain de canonisation et ses représentations à l'époque moderne », dans Gábor Klaniczay (dir.), *op. cit.*, p. 327-355,

canonisation qualifiait saint Louis de « *superhomo* », qui s'élève au-dessus de la sainteté ordinaire comme le pape s'élève au-dessus des évêques. Le roi saint est devenu un « super-saint » dont le règne est comme un « avant-goût du règne de Dieu[32] ». Or, André Vauchez suggère l'existence d'une conception vicariale de la sainteté à propos d'un type d'hagiographie qui présente le saint comme un être surnaturel et lui délègue la tâche d'établir une relation entre l'au-delà et les fidèles, au lieu d'ailleurs de porter ces derniers vers la perfection chrétienne[33]. Ce rôle crée *de facto* un autre lien direct très fort entre le roi et son peuple. Lien que Richelieu a fort bien ressenti quand il écrit : « la puissance des princes doit consister en la possession du cœur de leurs sujets[34] », une quête que saint Louis a accomplie mieux que quiconque, mais que les monarques du XVIIe siècle tentent donc de raviver. L'hagiographie qui s'illustre dans le renouveau du culte porté à saint Louis au XVIIe siècle participe donc de la continuité de la société à travers le temps, une *communitas* élargie[35], qui plus est, sur un modèle organiciste.

Avec la rhétorique de sang royal, le schéma père/fils est en effet présent en filigrane. Or, si « la paternité divine est au cœur de l'anthropologie chrétienne médiévale et en constitue l'horizon ultime[36] », la reprise de modèle, qui caractérise le phénomène d'individuation à la fin du Moyen Âge[37],

---

p. 355, « L'efficacité du rituel repose sur la relation dialectique entre donner à voir et donner à croire ». De même pour Bossuet, il s'agit par l'*exemplum* de « faire mieux voir », *cf.* Anne Régent-Susini, *Bossuet et la rhétorique de l'autorité*, Paris, Honoré Champion, 2011, p. 220.

32 Esther Dehoux, « Prétentions et revendications du roi capétien. Saint Michel, le prince et la loi (XIIe-XIIIe siècles) », dans Silvère Menegaldo, Bernard Ribémont (dir.), *Le Roi fontaine de justice, pouvoir justicier et pouvoir royal au Moyen Âge et à la Renaissance*, Paris, Klincksieck, 2012, p. 102-127, p. 121.

33 Cité par Éric Suire, *Sainteté et Lumière*, *op. cit.*, p. 312.

34 *Testament Politique de Richelieu*, éd. Françoise Hildesheimer, Paris, Société de l'histoire de France, 1995, p. 369, « sous les roys de la 1re, 2e et 3e race, jusqu'à Philippe le Bel, le trésor des cœurs a esté le seul bien public qui se conservoit en ce royaume ».

35 Les saints catholiques et en particulier les rois peuvent être comparés aux « morts intégrés » dans la société Edo (sud du Nigeria) observée par Robert Bradbury et donc au culte de l'esprit des ancêtres (Robert Bradbury, Clifford Geertz, Melford Spiro, Victor Turner et Edgard Winter, *Essais d'anthropologie religieuse*, Paris, Gallimard, 1972, p. 157).

36 Aude-Marie Certin, « Écriture autobiographique et relation fils-père dans la *Vita* de Charles IV et la chronique familiale d'Albrecht Dürer », dans Cécile Becchia, Marion Chaigne-Legouy et Laëtitia Tabard (dir.), *Ambedeus. Une forme de la relation à l'autre au Moyen Âge*, Paris, Presses de l'Université Paris-Sorbonne, 2016, p. 187-199, p. 198.

37 Sans pour autant valoir singularisation *cf.* Jean-Claude Schmitt, « Individuation et saisie du monde », dans Patrick Boucheron (dir.), *Histoire du monde au XVe siècle*, Paris, Fayard, 2009, p. 769-790 et Pierre-Anne Forcadet, « Les sources judiciaires médiévales à l'aune

s'inscrit plutôt désormais dans la valorisation de la paternité terrestre, le *paterfamilias*, figure d'autorité plus directe. Le culte hagiographique semble participer de cette évolution dans le lien qu'il suppose entre le roi et les croyants. Qui plus est, si l'on a pu observer qu'un saint est mieux qu'un ange, parce que lui, il a l'expérience terrestre pour l'intercession qu'il peut accomplir en faveur des dévots auprès de Dieu[38], la royauté sanctifiée de son côté œuvre quotidiennement et concrètement pour le bien de ses sujets. Il faut d'ailleurs se rappeler, dans cet ordre d'idées, que c'est le Tiers État en 1614 qui réclame que le droit divin du roi accède au rang de loi fondamentale[39].

Bossuet a certes pour projet que le roi à la fois s'inspire de la vie du saint et à son tour inspire par son modèle ses sujets, tout comme le cardinal de Richelieu dans son *Testament politique* qui, sans le citer expressément, évoquait déjà la conduite exemplaire de saint Louis, par une mise en abime, le roi doit l'imiter, mais précisément en ce que déjà il incitait ses sujets à suivre son propre modèle. Et ce, car

> Rien n'est plus utile à un establissement que la bonne vie des princes, laquelle est une loy parlante et obligeante avec plus d'efficacité que toutes celles qu'ils pourroient faire pour contraindre au bien qu'ils veulent procurer. (…) La pureté d'un prince chaste bannira plus d'impureté de son royaume que toutes les ordonnances qu'il sçauroit faire à cette fin[40].

Mais Bossuet comme Richelieu sont par excellence et surtout des moralistes de l'autorité[41]. Il faut se plier aux volontés du roi, car il est un surhomme, un descendant de saint, et lui refuser l'obéissance rend coupable de lèse-majesté divine.

Il en découle, en accord avec les vues des « Politiques », qui répondent aux monarchomaques pour qui l'État découle des volontés humaines,

des sciences sociales : subjectivation, agentivité et individuation », *Revue historique de droit français et étranger*, 3, 2020, p. 287-314. Voir aussi Patrick Henriet, « Mystique, autobiographie et hagiographie au Moyen Âge », dans Marie-Christine Gomez-Giraud et Jean-René Valettem (dir.), *Le Discours mystique entre Moyen Âge et première modernité.* II. *Le sujet en transformation*, Paris, Honoré Champion, 2019, p. 336-356.

38 Delphine Rabier, « Dévot et saint patron : leur relation dans la peinture des anciens Pays-Bas (XVe siècle) », dans Cécile Becchia, Marion Chaigne-Legouy et Laëtitia Tabard (dir.), *Ambedeus*, *op. cit.*, p. 161-185.

39 La proposition ne reçoit un accueil mitigé que parce que Marie de Médicis et son entourage craignent de s'aliéner le clergé et la papauté. Et l'argumentaire n'est finalement repris par Bossuet, puis dans la *Déclaration des quatre articles* qu'en 1682.

40 *Testament Politique de Richelieu*, *op. cit.*, p. 242.

41 *Cf.* Anne Régent-Susini, *Bossuet et la rhétorique de l'autorité*, *op. cit.*

que « l'État n'est pas dans la religion mais la religion dans l'État ». Paradoxalement, la mission du roi n'est alors plus tant de conduire au salut, que de mener l'État, même si ce dernier est en quelque sorte divinisé[42].

En somme, par un basculement étonnant ou une sorte d'enchaînement, l'hagiographie de saint Louis, qui est facteur de continuité politique, participe en quelque sorte de la canonisation de la royauté dans une monarchie absolue désormais non plus seulement sacrée, mais sanctifiée et donc de droit divin. Or, par un étrange paradoxe, l'hagiographie élève certes à un nouveau statut mais elle peut se faire véritable procès et aussi, d'une certaine manière, critiquer cette évolution qu'elle contribue à consacrer.

L'HAGIOGRAPHIE CONTRE LA DÉPERSONNALISATION DE LA ROYAUTÉ

Tout le discours hagiographique des XVIIe et XVIIIe siècles est tributaire des anciens miroirs, donnant à voir le prince idéal. Or, il y a loin du modèle aux héritiers ; les auteurs ont cruellement conscience que la conduite de saint Louis est unique et totalement hors de portée – ce qui fait d'ailleurs s'interroger notamment Jacques Le Goff : « saint Louis a-t-il vraiment existé[43] ? » Quoi qu'il en soit et en dépit du culte officiel, le modèle du passé peut devenir une dénonciation du présent qui en est par trop éloigné. Et tous les panégyriques ou presque regrettent avec nostalgie un âge d'or[44], un temps où la pureté des sentiments et le désintéressement dominaient, en blâmant en réponse le relâchement des siècles. Ils dénoncent surtout le rationalisme et le retrait de la morale et de la piété dans le gouvernement des rois qui caractérisent la modernité.

42 François Saint-Bonnet, *op. cit.*, p. 289, « Le roi ne participe plus au divin mais il est de droit divin ».

43 Il pose la question dans un chapitre et telle est même la conclusion de sa biographie magistrale : *Saint Louis*, Paris, 1996, p. 317-499 et p. 897.

44 Nathan Edelman, *op. cit.*, p. 98, « *Both scholars and laymen regretted, wistfully or with bitternes, what they called the good old days* ». *Cf.* Pierre Matthieu, *Histoire de Sainct Louys*, Paris, 1618, p. 349, « qui recherchera exactement en quel temps la France a eu les mœurs moins depravees, les coustumes plus innocentes, treuvera que ç'a esté sous ce regne, et que iamais la vertu ne fust ny plus hardie ny plus prisée ».

LA CRITIQUE CONTRE LA PERSONNE IMPARFAITE DU ROI

Dans l'arrêt du Conseil du 2 novembre 1626, Louis XIII défend à tous ses sujets : « de quelque profession, qualité et condition qu'ilz feussent, de composer, traicter, ni disputer de l'affirmative ou négative des propositions concernant le pouvoir et l'auctorité souveraine de sa Majesté et des autres Roys et souverains[45] ». Le roi est la seule personne publique. Les panégyriques restent peut-être alors le meilleur moyen de critiquer discrètement le roi[46], en creux, d'une certaine manière.

Le roi saint Louis est présenté comme humble et charitable, ouvert et à l'écoute de son peuple. Il se mortifiait. Il était parfaitement continent dans sa chambre et frugal à sa table. Les derniers chapitres de Le Nain insistent sur ces points[47]. Déjà Pierre Matthieu en 1618 faisait la comparaison directe avec Louis XI chez qui il trouvait « point de Clemence, trop de Severeité, peu de Conscience, beaucoup de ruses et de deffiances[48] », mais plus tard l'observation de l'époque n'autorise que davantage à comparer et blâmer. L'évêque Massillon évoque en particulier l'« oisive indolence » des rois qui oublient le modèle de leur ancêtre[49]. Selon l'abbé Pleuvri, prêtre du diocèse de Rouen :

> Quelle était, en effet cette cour de Louis ? Ce n'était point une cour où l'impérieuse volupté, réunissant tous les objets dont chaque région s'amuse, les passe-tems, les folies des hommes, enchaînât au pied du trône les jeux, les plaisirs. (…) Ce n'était point une cour où la politique fût la principale étude, l'artifice tout le moyen des opérations, et la gloire ou l'opulence l'unique fin des travaux[50].

Le pouvoir semble par nature, dans leurs esprits, appeler au dérèglement des mœurs et partant à l'immoralité.

Il y a en somme une ambigüité dans la figure de saint Louis, qui explique peut-être d'ailleurs son emploi intermittent et que le culte officiel ne parvient pas à tout à fait gommer. D'une part, il n'a pas

45 Cité par Arlette Jouanna, *Le Prince absolu*, *op. cit.*, p. 25.

46 Tout au moins à l'intérieur du royaume. Pour l'étranger *cf.* Charles-Édouard Levillain, *Le Procès de Louis XIV. Une guerre psychologique*, Paris, Tallandier, 2015.

47 Louis-Sébastien Le Nain de Tillemont, *Vie de saint Louis roi de France*, *op. cit.*, t. VI, p. 343-349.

48 L'*advertissement* en préface de l'*Histoire de sainct Louys*, cité par Nathan Edelman, *op. cit.*, p. 237.

49 Jean-Baptiste Massillon, *Œuvres*, Paris, 1810, t. VIII, p. 266.

50 Jacques-Olivier Pleuvri, *Panégyrique de saint Louis, roi de France*, Rouen, 1772.

une image très marquée politiquement, il aurait d'ailleurs envisagé se retirer dans les ordres à la fin de son règne. Mais surtout, il est à la fois un roi centralisateur et aussi attentif à réprimer tous les abus de son administration, à la fois un roi pieux mais en aucun cas servile vis-à-vis de la Papauté ou de son clergé, à la fois un roi de justice personnelle[51] et celui qui met effectivement en place le Parlement comme institution. Ce n'est d'ailleurs guère un hasard si lors de la Fronde, l'insurrection parlementaire se cristallise dans la « Chambre saint Louis », simple salle à l'origine, mais qui devient institution regroupant les quatre cours souveraines. Le cardinal de Retz rapporte qu'Omer Talon s'agenouillait et invoquait la mémoire de saint Louis pour la sauvegarde de la France. Et il développe combien saint Louis, lui, aurait respecté les Parlements :

> Il y a plus de douze cents ans que la France a des rois : mais ces rois n'ont pas tous été absolus au point qu'ils le sont. Leur autorité n'a jamais été réglée comme celles des rois d'Angleterre et d'Arragon, par des lois écrites. Elle a été seulement tempérée par des coutumes reçues et comme prises en dépôt, au commencement dans les États-Généraux, et depuis dans celles des Parlements. Les enregistrements des traités faits entre les couronnes et les vérifications des édits pour les levées d'argent, sont des images presque effacées de ce sage milieu que nos pères avoient trouvé entre la licence des rois et le libertinage des peuples. Ce milieu a été considéré par les bons et sages princes comme un assaisonnement de leur pouvoir, très utile pour le faire goûter aux sujets… L'histoire du sire de Joinville nous fait voir clairement que saint Louis l'a connu et estimé[52].

Les panégyriques critiquent donc par-dessus tout, les « politiques du siècle », les « mondains » et les libertins. Une note révélée par Pierre Naudin[53] sur les écrits de l'abbé Guyot cite nommément Machiavel. Monarchie de droit divin si le prince est Dieu sur terre, très bien, mais laïcisation de la politique, raison d'État et institution surpassant le corps sacré du roi, voilà l'ennemi. Le roi s'il n'est pas visé directement alors, l'est au moins par son inaction contre cette évolution.

---

51 *Cf.* Marie Dejoux, « Le chêne de Vincennes. Retour sur une image emblématique de la justice française », *Revue hsitorique de droit français et étranger*, 2, 2020, p. 315-328.

52 *Mémoires du cardinal de Retz, édition collationnée sur les manuscrits authentiques de la Bibliothèque royale*, Paris, Heuguet, t. 1, 1842, p. 59-60. Sur Omer Talon, *cf.* Joël Cornette, *La Mélancolie du pouvoir. Omer Talon et le procès de la raison d'État*, Paris, Fayard, 1998.

53 *Op. cit.*, p. 90.

LA CRITIQUE CONTRE L'ÉTAT SOUVERAIN

L'ambigüité du discours hagiographique est donc tout à fait symbolique de l'ambigüité de la notion même de monarchie absolue de droit divin. Le roi, représentant direct de Dieu sur terre, sans l'intermédiaire de son clergé ou de la Papauté[54], n'a de compte à rendre à personne, tout au moins de son vivant. Et encore devant Dieu devra-t-il rendre des comptes davantage quant à ses compétences que sur sa moralité. En réponse, en quelque sorte aux remarques des panégyriques, une doctrine de la faillibilité du roi est même élaborée. « Si (les souverains) sont vicieux, c'est pour eux, ils sont tousjours Roys et Princes pour nous » selon le jésuite Hubert Mugnier en 1647[55]. Cela fait penser à la Théodicée de Leibniz. Si Dieu autorise le mal sur terre, c'est que nous ne voyons qu'un détail du tableau que lui seul connaît dans son ensemble. Mais si les voies du Seigneur peuvent se permettre d'être impénétrables, il en est plus difficilement de même de la politique générale du royaume.

Fénelon reconnaît que les « bons rois sont très rares[56] », mais la spiritualité du prince reste selon lui le préalable à toute expérience gouvernementale, et partant, le pouvoir ne peut être dépersonnalisé. Il s'érige donc contre les promoteurs de la raison d'État qui permettrait de s'affranchir de la morale. Il interroge ainsi le duc de Bourgogne :

> quelque lâche et corrompu flatteur ne vous a-t-il point dit, et n'avez-vous point été bien aise de croire, que les rois ont besoin de se gouverner, pour leurs États, par certaines maximes de hauteur, de dureté, de dissimulation, en s'élevant au-dessus des règles communes de la justice et de l'humanité[57] ?

54 Voir à ce sujet Jean-Louis Gazzaniga, « La pragmatique sanction attribuée à saint Louis (1268) dans le débat gallican XVIe-XIXe siècle », dans Éric Bousmar, Philippe Desmette et Nicolas Simon (dir.), *Légiférer, gouverner et juger. Mélanges d'histoire du droit et des institutions offerts à Jean-Marie Cauchies*, Bruxelles, Presses de l'Université Saint-Louis, 2016, p. 197-210 ; Marie-France Renoux-Zagamé, « Théologie sacerdotale contre théologie séculière : la question du droit divin des Rois », dans Jean-Louis Thireau (dir.), *Le Droit entre sacralisation et néo-sacralisation*, Paris, PUF, 1997, p. 143-186 et Karol Górski, « Le roi-saint : un problème d'idéologie féodale », *Annales ESC*, 24, 2, 1969, p. 370-379.

55 Cité par Arlette Jouanna, *Le Prince absolu*, *op. cit.*, p. 35.

56 Fénelon, *Les Aventures de Télémaque*, Paris, 1699, liv. 14, III, 113.

57 Cité par Lucien Jaume, « Fénelon critique de la déraison d'État », dans Yves Charles Zarka (dir.), *Raison et déraison d'État : théoriciens et théories de la raison d'État aux XVIe et XVIIe siècles*, Paris, PUF, 1994, p. 395-422, p. 408.

En cohérence avec ces évolutions, un recul de la place de la personne physique même du roi est observable. Bossuet lui-même y contribue en quelque sorte en théorisant la continuité de la fonction royale, d'ailleurs notamment par la chaîne d'édification des modèles. L'hagiographie canonise la royauté et non le roi régnant. L'institution royale est plus renforcée que le roi en tant qu'individu. Ainsi que le constate François Saint-Bonnet : « le roi de France s'est libéré de la suprématie de l'empereur et du pape à la fin du Moyen Âge pour en découvrir une autre, celle d'une personne abstraite déifiée, l'État. Dès lors se confirme un renversement propre à la modernité politique : le roi existe par l'État et non l'État par le roi[58] ». Beaucoup d'iconographies sur l'image noire de Louis XIV illustrent d'ailleurs la « désacralisation du corps du roi[59] ». N'en déplaise à ceux qui continuent de préférer un bon roi à de bonnes lois, la formule fameuse prêtée à Louis XIV : « L'État c'est moi » n'est pas seulement apocryphe, elle correspond tout à fait à l'inverse de la réalité.

Or, si la sainteté, accordée à un laïc qui plus est, élargissait la *communitas*, la théorie du droit divin d'un État reconstruit au contraire une structure et donc l'affaiblit, distend le lien entre les personnes. Si l'hagiographie publique marque une nécessité plus ou moins consciente de faire resurgir la *communitas*, le rite a perdu son sens profond par cette instrumentalisation au service de la raison d'État et du pouvoir. L'âge de la communauté universelle chrétienne n'est plus. Et « en transférant sur une abstraction la dévotion réservée jusqu'alors à une personne sacrée, une porte s'ouvre pour concevoir l'État indépendamment de la lignée royale qui a permis de l'édifier[60] ». Le triomphe de l'État impersonnel et limité que par lui-même et la mort de la royauté se concrétisent encore davantage quand Louis XVI monte sur l'échafaud et quand le prêtre qui l'accompagne lui dit ou qu'on lui fait dire pertinemment : « Fils de saint Louis, montez au ciel[61] ! ».

La circularité qui a été observée revêt finalement une tout autre dimension. L'hagiographie de saint Louis a précédé et favorisé sa canonisation.

58 *Op. cit.*, p. 257.

59 Joël Cornette, *Affirmation de l'État absolu. 1492-1652*, Paris, Hachette, 2016⁹, p. 10. *Cf.* Isaure Boitel, *L'Image noire de Louis XIV : Provinces-Unies, Angleterre (1668-1715)*, Ceyzérieu, Champ Vallon, 2016.

60 François Saint-Bonnet, *op. cit.*, p. 289. Voir aussi Éric Suire, *Pouvoir et religion en Europe, XVIe-XVIIIe siècle*, Paris, Armand Colin, 2013, p. 223-229 et Marie-Pauline Deswarte, *La République organique en France*, Paris, Via Romana, 2015, *passim*.

61 Alain Boureau, « Les enseignements absolutistes de saint Louis (1610-1630) », art. cité, p. 97.

Puis elle a ressurgi pour ensuite servir la sanctification de la monarchie absolue même, à défaut de profiter au prince. Comme on ne peut plus diviniser le roi, il a fallu diviniser la royauté. Et paradoxalement ainsi est apparu l'État souverain moderne. Mais une institution ne peut pas complètement remplacer un corps, ni permettre une incarnation, *a fortiori* une fois que la laïcité de l'État s'impose et que la légitimité du pouvoir est révolutionnée par le suffrage. Telle est l'aporie que nos démocraties n'ont d'ailleurs toujours pas tout à fait résolue depuis ces deux derniers siècles[62].

Pierre-Anne FORCADET
Université d'Orléans
POLEN-CESFIMA

62 En dépit du rationalisme supposé de la politique moderne, les hommes forts sont toujours autant prisés par les électeurs (*cf.* notamment les enquêtes annuelles « Fractures françaises » menées par Ipsos pour *Le Monde*, plus de 80 % des sondés estiment depuis plusieurs années avoir « besoin d'un vrai chef pour remettre la France en ordre ». Les mêmes électeurs croient par ailleurs plus que jamais à la protection nécessaire de l'État dit « providence ». D'autre part, les saints fascinent toujours autant, même des auteurs non confessionnels, *cf.* Aude Bonord, *Les « Hagiographes de la main gauche ». Variations de la vie de saints au* XX*e siècle*, Paris, Classiques Garnier, 2011.

LE RECOURS AUX OUVRAGES HISTORIQUES ET BIOGRAPHIQUES DANS LE PROCÈS DE CANONISATION DE MARGUERITE DE CORTONE

La problématique de l'insertion de la littérature historico-biographique dans un procès de canonisation occupe une place très inégale selon les causes. D'une façon générale, ce type d'ouvrages a tendance à prendre d'autant plus d'importance que le délai entre la mort du serviteur/de la servante de Dieu et l'ouverture du procès est long. Cette importance s'accroît également lorsque la procédure se déploie sur une période étendue au cours de laquelle la structure canonique du procès ou les institutions en charge de sa confection se transforment. Sous ces deux aspects, les causes qui enjambent les périodes médiévale et moderne se révèlent riches d'enseignements, à l'exemple de celle de la tertiaire franciscaine Marguerite de Cortone, qui, s'étalant du XIVe au XVIIIe siècle, voit s'établir à un certain stade de la procédure un bilan détaillé de l'ample littérature suscitée depuis sa mort par la candidate aux autels.

Plusieurs raisons peuvent conduire à mettre en avant la figure hagio-judiciaire de Marguerite de Cortone comme exemple significatif de mobilisation d'un vaste *corpus* de sources manuscrites ou imprimées élevées à la dignité de pièces justificatives lors du procès. La première tient à sa personnalité même : Marguerite de Cortone est très tôt célèbre du fait de sa vie mouvementée, propre à engendrer jusqu'au XXe siècle une littérature variée et colorée, historique et/ou dévotionnelle[1]. Se constitue ainsi dès la fin du Moyen Âge une *legenda* qui restera inchangée, sorte de récit fondateur dont il convient de rappeler les séquences principales. Marguerite naît en Toscane en 1247, dans une famille de notables ruraux. C'est une

1 Aux marges de la biographie et du roman, la littérature française contemporaine garde en particulier le souvenir de la *Sainte Marguerite de Cortone* de François Mauriac, publiée chez Flammarion en 1945.

jeune fille très belle, pieuse par ailleurs, dont la vie bascule lorsque son père devenu veuf se remarie avec une femme qui la prend en haine. Pour échapper à sa marâtre, Marguerite séduit un jeune noble qui lui promet le mariage, et s'enfuit avec lui. Le mariage promis n'aura jamais lieu, et Marguerite s'installe pendant neuf ans dans une relation adultère d'où naît un garçon. Le meurtre de son amant, dont elle découvre inopinément le cadavre, provoque cependant un jour sa conversion : elle fait une pénitence publique et, ne pouvant rentrer chez ses parents qui la repoussent, se met sous la direction des frères mineurs en qualité de tertiaire, fonde un couvent et mène dès lors une vie traversée de mortifications extrêmes et de grâces mystiques, jusqu'à sa mort en 1297. Elle est canonisée en 1728. Édifiante s'il en est, cette histoire de grande pécheresse convertie, qui fait de Marguerite de Cortone la Marie-Madeleine du XIIIe siècle, comme la sensibilité baroque se plaira à la désigner, se prête particulièrement bien à des développements hagiographiques et homilétiques, plus en tout cas que celle d'aucune pieuse jeune fille entrée précocement au couvent qui n'aurait finalement connu d'autres aventures que celles de sa vie intérieure. La valeur pédagogique de cette conversion spectaculaire, surtout à l'endroit des laïcs, est en effet une source intarissable de considérations souvent plus moralisantes que mystiques, accentuant le contrôle social exercé par l'Église sur des jeunes femmes incitées à éviter le double écueil du déshonneur social et du péché mortel.

CASUS EXCEPTUS ET MODALITÉS D'ENQUÊTE

L'étude du cas de Marguerite de Cortone tire profit de ce que son procès est aujourd'hui bien connu. L'historiographie italienne à ce sujet est très riche. Le septième centenaire de la mort de la sainte, en 1997, a suscité notamment exposition et colloque[2]. Ainsi le procès a-t-il fait l'objet d'une synthèse très suggestive de la part de Manuela Belardini[3]. L'histoire

---

2 Laura Corti et Riccardo Spinelli (dir.), *Margherita da Cortona. Una storia emblematica di devozione narrata per testi e immagini*, Milan, Electa, 1998. Inventaire complet des sources et ouvrages publiés sur Marguerite de Cortone (période 1550-1998), p. 295-309.

3 Manuela Belardini, « Sviluppo e affermazione di un culto : Margherita nel catalogo dei santi », dans Laura Corti et Riccardo Spinelli (dir.), *op. cit.*, p. 47-63.

des phases du procès n'étant plus à faire, on peut donc se concentrer sur la question spécifique du statut des textes historiques portés au nombre des pièces judiciaires. Un autre élément qui fait l'intérêt spécifique de la présente cause est lié à la nature même du procès, un *casus exceptus*, et à sa place dans l'histoire de la canonisation à l'âge baroque. La dévotion, fondée sur la thaumaturgie, précède de longtemps la canonisation et apparaît inséparable du développement de l'autonomie communale de Cortone à la fin du Moyen Âge. Cependant, l'envoi d'une délégation de prélats italiens à Avignon en 1318 pour demander l'ouverture de la cause échoue. En 1325, la commune de Cortone autorise néanmoins la commémoration annuelle de Marguerite à la date du 22 février, et atteste ainsi de la construction d'un *culto civico*[4]. En 1516, un indult de Léon X autorise la célébration de la fête, avec messe et office propres, dans tout le diocèse de Cortone. L'existence de cette fête est confirmée en 1542 lorsque Côme le Grand fait réécrire les statuts municipaux de Cortone[5]. La procédure pouvant conduire à la canonisation ne commence pourtant que dans les années 1620 et ne s'achèvera qu'un siècle plus tard. En 1623, la messe et l'office de Marguerite de Cortone sont étendus à l'ensemble de l'ordre franciscain.

Cette décision incite les habitants de Cortone à redoubler d'efforts en vue de l'ouverture de la cause de canonisation. En 1627, la Congrégation des Rites se fait envoyer une documentation lui permettant de juger de la pertinence de la demande. Le jugement, favorable, aboutit en 1629 au lancement du procès apostolique de Cortone, qui va prendre en compte principalement la *Vita* écrite par le confesseur de Marguerite, et les textes magistériels ayant déjà autorisé un culte partiel[6]. Ce procès arrive à terme en 1640, mais la cause connaît bientôt un coup d'arrêt, imputable aux mauvaises relations entre la Toscane et le Saint-Siège pendant la guerre de Castro. C'est un ancien membre de la Congrégation des Rites, Innocent X, élu pape en 1644, qui relance le procès en reconnaissant en Marguerite de Cortone une *antica beata* entrant dans la catégorie des *casus excepti a decretis Urbani VIII*[7]. En conséquence, avant même de juger de la qualité du matériau judiciaire déjà parvenu à la Congrégation des Rites, il faut démontrer la légitimité du culte précédemment accordé. Démonstration validée en 1653, ce qui rend possible *de jure* l'ouverture

4 *Ibid.*, p. 48.
5 *Ibid.*, p. 49.
6 *Ibid.*, p. 50.
7 *Ibid.*, p. 51.

du procès rémissorial qui s'était conclu *de facto* treize ans plus tôt. En 1658 se déroulent les congrégations antépréparatoire, préparatoire et générale sur la validité des phases précédentes du procès. L'avis positif conduit à l'examen par les auditeurs de la Rote[8].

Là survient un événement capital pour notre sujet : l'abbé et avocat cortonais Giovanni Battista Mancini, qui suit l'affaire en cour de Rome, décide d'écrire à la commune de Cortone pour que lui soient envoyés tous les livres écrits sur Marguerite, ainsi que toutes les *Historiæ* qui parlent d'elle. Il prétend en effet que beaucoup de ces ouvrages sont introuvables à Rome et pense pouvoir y découvrir tous les arguments nécessaires pour contrer les objections éventuelles du promoteur de la Foi. Cela lui permet, conformément à la législation urbanienne, d'adresser en 1665 un *Memoriale* à la Congrégation des Rites[9]. Grâce à ce document, la procédure s'accélère, si bien que l'année suivante paraît la *Positio super dubio […] de virtutibus*[10].

Nous arrêtons là cet historique de la cause, car c'est précisément la *Positio* de 1666, nourrie par le *Memoriale* de 1665, qui contient un texte fondamental quant aux relations entre la production hagiographique et les minutes du procès : il s'agit d'un petit essai de neuf pages sur le statut judiciaire des écrits dits historiques[11]. Là réside l'originalité essentielle de cette source : en plus des parties habituelles dans une *positio* (*informatio super dubio, tabella testium, summarium, animadversiones, responsiones…*), nous trouvons, entre le *summarium* et les *animadversiones*, une sorte d'appendice sur les conditions d'utilisation d'un écrit historique pour appuyer une cause de canonisation. L'argumentation témoigne d'un effort poussé de conceptualisation des critères d'historicité des écrits relatifs à un présumé saint. Elle dépasse le cadre étroit de la cause de Marguerite de Cortone et s'efforce d'élaborer une véritable méthodologie valable pour tout procès de canonisation[12]. Ces développements à l'intérieur de la *Positio* paraissent

8 *Ibid.*, p. 52.

9 *Ibid.*

10 *Congregatione Sacrorum Rituum, sive Eminentissimo, ac Reverendissimo D. Card. ab Ilcio Cortonen. Canonizationis Beatæ Margaritæ de Cortona Tertii Ordinis Sancti Francisci, positio super dubio an constet de virtutibus theologalibus, Fide, Spe, et Charitate, in casu, etc.*, Rome, Typographia Reverendæ Cameræ Apostolicæ, 1666. Référence désormais abrégée en : *Positio de virtutibus.*

11 *Nota authorum, qui de Beata Margarita de Cortona scripserunt* et *Cortonensis Canonizationis Beatæ Margaritæ de Cortona Tertii Ordinis Sancti Francisci, de fide historiarum*, in *Positio de virtutibus*, p. 125-133.

12 Si le titre en tête du document semble ne référer le propos qu'au cas de Marguerite de Cortone, la teneur de celui-ci se révèle beaucoup plus ambitieuse et ne concerne pas spécifiquement la présente cause.

même assez autonomes, puisqu'ils n'entrent pas dans le cadre du débat *animadversiones versus responsiones* ; ils portent d'ailleurs la signature du seul promoteur de la Foi, Pietro Francesco de Rossi, qui occupe cette charge de 1642 à 1673. Autre caractère remarquable : le document présente d'une part un volet théorique, une réflexion générale sur la confiance à accorder aux ouvrages historiques *(De fide historiarum)*, et d'autre part un volet pratique, sous la forme d'une *Nota authorum*, consistant en une liste des ouvrages finalement retenus comme pièces judiciaires pour le procès de Marguerite de Cortone[13]. Ces deux aspects vont être successivement examinés.

LA VALEUR DU DISCOURS HISTORIQUE POUR L'INFORMATION JUDICIAIRE

Le document s'ouvre sur l'étude critique des conditions de recevabilité des ouvrages historiques *(De fide historiarum)*. Mais qu'appelle-t-on ici « ouvrage historique » ? Pour le(s) rédacteur(s), ces écrits peuvent relever soit de la *chronica*, soit de l'*historia*. Bien que les deux termes ne soient pas définis précisément, on comprend à la lecture de la *Positio* que le premier désigne l'histoire générale, suivant l'ordre chronologique, d'un diocèse, d'un ordre religieux, d'une province ou d'un couvent ; le deuxième, lui, renvoie à une biographie ou à un ensemble de biographies – une collection de *Vies* de saints ou de personnages illustres par exemple.

Cette distinction faite, aucun ouvrage historique ne saurait de soi être tenu pour une source crédible, s'il ne s'appuie sur de fermes étais. Huit conditions doivent être remplies pour qu'un ouvrage historique soit considéré comme une pièce judiciairement recevable :

- Il ne doit pas s'appuyer sur des remarques ou écrits du for privé qui n'auraient été préalablement mis en lumière.
- On ne doit pas tenir les propos des témoins assermentés cités par un chroniqueur ou un historien pour fiables *de jure*. La seule certitude en soi est celle de l'énonciation par le rédacteur, non celle de l'énoncé rapporté.

13 Matériellement, la *Nota authorum* précède dans la *Positio* la dissertation *De fide historiarum*. Les deux éléments sont de fait inséparables et s'éclairent l'un l'autre.

- L'ouvrage doit accorder plus de crédit aux témoignages oraux des contemporains qu'aux simples traditions écrites. De même que les paroles prononcées hors du cadre judiciaire sans prestation de serment ne sont pas recevables comme preuves, la transcription de ces paroles dans un ouvrage historique n'est pas une preuve en soi.
- Aucun genre littéraire ne peut être considéré comme plus digne de foi qu'un écrit de chroniqueur ou d'historien. Une lettre, une homélie ou un poème évoquant le personnage dont la cause a été introduite ont une moindre autorité.
- Conformément à une idée développée entre autres par le juriste allemand Johannes Gryphiander, on ne peut tenir pour certain un fait attesté par une longue tradition alors même que l'origine de ce fait est confuse voire qu'on n'en connaît pas du tout l'origine.
- Un écrit public qui n'a pas été retenu comme recevable lors de la préparation du procès ne peut, au cours de celui-ci, être invoqué pour infirmer un autre écrit dûment agréé. Autrement dit, le fait qu'un texte historique soit tenu pour véridique lors du procès ne peut être remis en cause parce qu'on aurait connaissance d'un autre texte le contredisant mais non admis au nombre des pièces judiciaires.
- La véracité du propos historique doit s'appuyer sur une tradition constante et continue.
- Enfin, tout ouvrage historique contenant habituellement des erreurs, des mensonges et des assertions fausses, en raison sinon toujours de la malhonnêteté du moins de la fragilité humaine, son auteur ne doit rien tenir dans ses développements pour absolument indubitable sinon les données de l'Histoire Sainte. L'*Historia sanctorum* ne jouit pas de l'infaillibilité dont jouit l'*Historia sacra*, et ne doit jamais y prétendre[14].

Les considérations suivantes portent sur la manière dont les juges doivent évaluer la qualité des ouvrages historiques qui semblent a priori pouvoir briguer le statut de source (*historia probata*). Il convient en premier lieu de séparer le bon grain de l'ivraie. Aussi les juges sont-ils invités à annoter tous les textes qui leur sont soumis. Ils pourront ainsi rejeter les

14 *Cortonensis Canonizationis Beatæ Margaritæ de Cortona [...] de fide historiarum*, *op. cit.*, p. 125-126.

livres anciens insuffisamment étayés ; dans ce cas, on peut supposer que l'expression *libros antiquos*, très vague, renvoie à des ouvrages n'ayant pas fait l'objet d'une véritable critique philologique. Les juges doivent aussi écarter les ouvrages dont le contenu porte atteinte à la morale publique et privée (*incivile et impium*), ceux dont les assertions paraissent gratuites faute de preuves, ceux qui donnent plus de poids aux écrits privés qu'aux chroniques authentiques, ceux qui ne font mémoire des hommes du passé qu'à travers leur réputation, sans produire de documents ou en se contentant d'écrits subjectifs dénués de fondements.

Ce travail effectué, il faut ensuite classer les ouvrages retenus selon un ordre décroissant de crédibilité. Le document distingue et hiérarchise cinq catégories d'écrits. En tête de liste figure l'Écriture Sainte, considérée comme une source historique à part entière, sans prise en compte aucune de la variété des genres littéraires présents dans la Bible. Puis viennent les œuvres des jurisconsultes, en particulier ceux qui, pour trancher les querelles de droit, excipent de l'autorité des Anciens. La *Positio* cite, à titre d'exemples et en vrac, Cicéron, Aristote, Hippocrate et Virgile ; une importance particulière est donnée en outre au Code Justinien. En troisième position – seulement, est-on tenté de dire – apparaissent les canons conciliaires, les actes pontificaux et l'histoire ecclésiastique, ces trois types de documents étant mis sur le même plan. La quatrième catégorie est constituée par les écrits historiques « les plus dignes de foi », c'est-à-dire étayés par des documents d'archives (*ubi fides adhibetur libris censualibus antiquis*). La dernière catégorie enfin rassemble les autres écrits historiques de valeur, c'est-à-dire référençant leurs affirmations (*peritis in arte, cum ipsi tales sint in referendis rebus gestis*[15]).

Afin de déterminer la valeur de cette cinquième catégorie d'ouvrages, il faut examiner la fréquence et la qualité des sources auxquelles chacun renvoie. Les références faisant autorité sont énumérées : les œuvres des jurisconsultes, les canons de l'Église, les textes magistériels (*in consiliis, tractatibus et decisionibus*, avec pour chacun de ces trois types de discours d'autorité des précisions sur les particularités des aires italienne, allemande, espagnole et française) ; enfin les décisions de la Rote. Vient ensuite la liste des ouvrages normatifs qui doivent guider les juges dans leur présentation des actions des serviteurs de Dieu :

15 *Ibid.*, p. 127.

- Jacobus Castellanus (Giacomo Castellani da Fara, chanoine du Latran), *Tractatus novus de canonizatione sanctorum*, Rome, 1521.
- Felix Contelorius (Felice Contelori, avocat curial), *Tractatus et praxis de canonizatione sanctorum*, Lyon, 1634.
- Fortunatus Scacchus (Fortunato Scacchi, augustin), *De cultu et veneratione Servorum Dei*, Rome, 1639.
- Onuphrius Panvinius (Onofrio Panvinio), le grand historien augustin du XVIe siècle, spécialiste de l'Antiquité, cité ici en tant qu'auteur d'une *Relatio sancti Bonaventurae* [canonisé en 1482[16]] considérée comme paradigmatique.

On peut s'étonner de l'absence de plusieurs grands traités classiques sur la canonisation, qui auraient pu figurer dans la liste au même titre que les quatre ouvrages retenus, en particulier le *De canonizatione sanctorum commentarius* d'Angelo Rocca, publié à Rome en 1610.

Les références données visent en tout cas à homogénéiser les schèmes narratifs relatifs aux épisodes de la vie des candidats aux autels dans les différents procès. Ils visent aussi, à l'intérieur d'un même procès, à assurer dans les transcriptions l'unité de style entre les propos des témoins immédiats et ceux des témoins *ex auditu* qui se contentent de rapporter des traditions appuyées parfois sur les seuls ouvrages dits historiques, qu'il en soit fait ou pas une mention explicite. Pour illustrer ces considérations théoriques, la *Positio* propose des exemples concrets et plutôt récents – pas antérieurs à la fin du XVe siècle – à partir des *relationes* de la Rote. Les causes ainsi mises en évidence sont celles des saints Léopold d'Autriche (canonisé en 1484), Hyacinthe de Cracovie (1594), Raymond de Peñafort (1601), Françoise Romaine (1608), Ignace de Loyola, François Xavier et Isidore le laboureur (1622 ; étrangement, nous n'avons aucune allusion aux deux autres canonisés de la fournée de 1622, Thérèse d'Avila et Philippe Neri), André Corsini (1629), Élisabeth de Portugal (1625), auxquels s'ajoutent deux bienheureux, Philippe Benizi (béatifié en 1645, qui sera canonisé en 1671) et Jacques de La Marche (béatifié en 1624, canonisé en 1726)[17].

L'essai se poursuit par de longs extraits de différents auteurs sur les critères de véracité des récits prétendument historiques, accompagnés

16 *Ibid.*, p. 128-129.
17 *Ibid.*, p. 129.

des développements et commentaires des rédacteurs de la *Positio*. Nous avons d'abord un passage de Scacchi sur les signes recognitifs de la sainteté (section 11, chapitre 6). Ce passage insiste sur la nécessité de recourir aux ouvrages contemporains du personnage examiné, ou du moins s'approchant le plus possible de la période à laquelle il vécut. Il demande d'accorder l'importance la plus grande aux phénomènes et événements attestés par deux voire trois témoins, et de ne pas considérer comme crédibles les travaux historiques ultérieurs qui ne pourraient s'appuyer sur de tels témoignages ; à charge pour les juges d'établir si les conditions requises sont réunies et de pondérer en conséquence la valeur des récits historiques. La deuxième citation est extraite du chapitre quatre du *Methodus ad facilem historiarum cognitionem* de Jean Bodin, édité à Paris en 1566. C'est un appel à écarter tout texte qui ne chercherait que le plaisir du lecteur (*singulari delectu opus*), privilégiant la beauté de la forme ou le détail insolite, sans souci de véracité. Même s'il contient des éléments avérés, un ouvrage qui suscite ne serait-ce qu'en partie l'incrédulité doit être tenu pour tout à fait dépourvu de crédit[18].

Le propos se termine par une sorte de petit manuel sur la façon dont les juges doivent procéder dans l'examen des ouvrages historiques, maintenant que les critères de recevabilité leur sont connus. Huit conseils pratiques leur sont donnés :

- Ne pas se laisser impressionner par le désir des masses de voir la cause aboutir, ni par le consensus apparent autour des faits rapportés ; laisser de côté les écrits privés jamais édités au profit des écrits publiés et dûment approuvés par la censure. Les documents notariés relevant du for privé peuvent cependant être considérés comme des écrits publics. L'argumentation est renforcée par une référence au récent traité de Ludovicus Githausen, *Arbor judiciaria sive processus absolutissimus tam civilis quam criminalis*, paru à Francfort en 1662.
- Faire confiance aux ouvrages éprouvés des historiens certifiés (*scriptoribus historiarum suæ professionis lege)*, parce que rien de mensonger ne s'y trouve et parce que les autres écrits de ces mêmes auteurs ne contiennent rien de falsifié, quand bien même ils ne renverraient à aucun témoignage fait sous serment. Dans le même ordre d'idées, quelques paragraphes plus loin, la *Positio* déclare que l'absence au

18 *Ibid.*, p. 130.

procès de témoins directs parce que la cause a été introduite trop longtemps après le décès peut être compensée, si le consensus sur la sainteté a été général et continu, par des témoignages indirects qu'on peut, dans ces conditions, considérer comme *de certa scientia.*

- Écarter les écrits rédigés pour le seul usage privé conservés dans les bibliothèques ou parmi les papiers domestiques, sauf s'ils ont fait l'objet d'une publication autorisée en qualité de chroniques ou d'histoires.
- Vérifier la conformité du contenu des ouvrages avec les lois et les coutumes locales.
- S'assurer de la constante crédibilité des ouvrages, depuis l'époque de leur rédaction jusqu'au temps de la procédure.
- S'assurer de l'existence depuis l'origine d'un large consensus de l'opinion *(communis assensus)* quant à la valeur historique des ouvrages.
- S'assurer que rien dans les ouvrages ne puisse induire un soupçon de falsification.
- Enfin, distinguer dans chaque ouvrage le vrai du faux et se prononcer prudemment sur la gravité des erreurs commises, en n'oubliant pas que si l'auteur divague sur quelque point *(hallucinatus in aliquo)*, ce n'est pas pour autant que l'ensemble de l'ouvrage perd toute valeur. Pour illustrer cette idée, la *Positio* recourt à une métaphore plaisante – non dépourvue d'une certaine résonance eucharistique – tirée de la préface de l'*Histoire de France* de Pierre Matthieu, éditée en deux volumes à Paris en 1631 : « le vin ne cesse pas d'être du vin parce qu'on y ajoute quelques gouttes d'eau[19]... ».

QUAND LE JUGE SE FAIT BIBLIOGRAPHE

En fonction des critères précédemment énoncés, une liste de vingt-cinq ouvrages numerotés (*Nota authorum*) est dressée, liste assez elliptique, où les noms d'auteurs et les titres, outre une certaine fantaisie orthographique, sont souvent flous, sans doute parce qu'on les considère comme suffisamment connus des juges-lecteurs[20]. Cette *Nota* se présente de la manière suivante :

19 *Ibid.*, p. 131.
20 *Nota autorum*, *op. cit.*, p. 125.

Document : *Nota authorum, qui de Beata Margarita de Cortona scripserunt.*
1. *Fr. Iuncta Beatæ Confessarius illius vitam scripsit.*
2. *Fr. Marianus Ordinis Minorum vitam illius scripsit.*
3. *Arturus in Martyrologio.*
4. *Uvadingus in Annalibus Minorum.*
5. *Aroldus in Epitome supra scriptorum Annalium.*
6. *Bollandus in actis Sanctorum.*
7. *Tussignanus in historia Seraphicæ Religionis.*
8. *Zazzara della nobilità d'Italia.*
9. *Philippus Ferrarius in Catalogo Sanctorum Italiæ, et in Catalogo Generali Sanctorum.*
10. *Silvanus Razzius nelle vite delle Donne illustri.*
11. *Buchius in libro Conformitatum Beati Francisci.*
12. *Spondanus in Annalibus.*
13. *Antonius de Sillis in Regula Tertii Ordinis.*
14. *Bzovius in Annalibus.*
15. *Barezza nelle Croniche dell'Ordine de Frati Minori.*
16. *Marcus ab Ulisipone nelle Croniche de Frati Minori.*
17. *Alexius Segala nell'opere Spirituali.*
18. *Fasti Mariani.*
19. *Vangelista Moringo nel Diario Quadragesimale.*
20. *Caesar Alexius in Elogiis Civium Perusinorum.*
21. *Alphonsus Villiega nel Perfetto leggendario.*
22. *Valerius Venetus Cappuccinus nel Prato fiorito.*
23. *Gaspar Bombaccius in eius vita.*
24. *Nicolaus Barbierus in eius vita.*
25. *Il Padre Franceschi minore Conventuale ne i suoi panegirici.*

Malgré l'indistinction entre manuscrits et imprimés, l'imprécision fréquente des intitulés et l'absence, pour les imprimés, de lieu et de date de publication, omission fâcheuse quand on sait que beaucoup de ces ouvrages donnèrent lieu à plusieurs éditions et traductions, ces vingt-cinq références, certaines fameuses car relevant de la science ecclésiastique la plus reconnue, débordant largement le simple cas de Marguerite de Cortone, d'autres plus confidentielles en raison au contraire de leur strict caractère monographique, sont bien identifiables :

1. La liste ne pouvait manquer de commencer par la biographie la plus fameuse de Marguerite de Cortone, due à son confesseur : le manuscrit latin de Giunta Bevignati, *Legenda de vita et miraculis beatæ Margaritæ de Cortona*, rédigé à la demande de l'inquisiteur Giovanni da Castiglione et reconnu authentique en 1308 par le cardinal Napoleone Orsini, légat pontifical. Cette *legenda* est la matrice de toutes les *Vies* de la sainte publiées ultérieurement.

2. Le franciscain Mariano de Florence, auteur des *Fasciculi Chronicarum Ordinis Minorum* en cinq livres, aujourd'hui perdus. Compilation manuscrite réalisée à la fin du XVe siècle, c'est une source bien connue de tous les historiens du franciscanisme.

3. Le récollet français Arthur du Monstier, auteur du *Martyrologium franciscanum…* édité pour la première fois à Paris en 1638 et réédité en 1653.

4. Le franciscain irlandais Luke Wadding, auteur des *Annales Minorum*, en huit volumes parus à Rome entre 1625 et 1654.

5. Une suite de l'œuvre de Wadding par un autre religieux irlandais, de Limerick : Franciscus Haroldus, auteur d'*Epitome Annalium Ordinis Minorum…*, paru à Rome en 1662.

6. Le troisième volume des *Acta Sanctorum* de février, publié par les bollandistes à Anvers en 1658. L'article sur celle qui n'est encore à cette date que la bienheureuse Marguerite de Cortone se trouve au 22 février, et consiste pour l'essentiel (cinquante-six pages sur cinquante-neuf) dans la reproduction intégrale de la biographie de Bevignati.

7. Pier Ridolfi de Tossignano, *Historia seraphicæ religionis*, Venise, 1586.

8. Francesco Zazzera, *Della nobiltà dell'Italia*, Naples, 1615[-1628].

9. Filippo Ferrari, *Catalogus sanctorum Italiæ in menses duodecim distributus*, Milan, 1613.

10. Silvano Razzi, camaldule, *Vite delle donne illustri per santità*, Florence, 1606.

11. Bartolomeo da Pisa, *Liber aureus inscriptus, liber conformitatum vitæ beati ac seraphici Patris Francisci ad vitam Domini Jesu Christi*, édité une première fois par Francesco Zenone à Milan en 1510 ; la *Nota* préfère toutefois évoquer la réédition revue et corrigée de l'ouvrage par Geremia Bucchio à Bologne en 1590.

12. Henri de Sponde, continuateur de Baronius, *Annales ecclesiastici Cæsaris Baronii in Epitomen redacti*, Paris, 1612.

13. Antonio Silli, de Bergame, *Studia, originem, provectum atque complementum Tertii Ordinis de Pœnitentia S. Francisci concernentia*, Naples, 1619.

14. Le dominicain polonais Abraham Bzowski, continuateur de Baronius, *Annales ecclesiastici*, Cologne, 1625-1630.

15. Le libraire-imprimeur vénitien Barezzo Barezzi, natif de Crémone, éditeur-commentateur en 1621 des *Croniche dell'Ordine de' Frati Minori...* du mineur observant Bartolomeo Cimarelli, originaire des Marches. Il a en outre complété l'œuvre de Cimarelli en publiant en 1608 un appendice à l'œuvre de Marc de Lisbonne sous le titre *Parte quarta raccolta con ogni fedeltà e diligenza da vari ed approvati scrittori della lingua italiana da Barezzo Barezzi.*

16. Marc de Lisbonne est justement l'objet de la seizième notice. Son œuvre, à l'origine en portugais, a été traduite en italien par Orazio Diola sous le titre *Delle croniche de' Frati Minori*; imprimée une première fois à Venise en 1582, cette version italienne fut rééditée à maintes reprises.

17. Le capucin Alessio Segala, de Salò, prédicateur et écrivain prolixe, est évoqué à travers un recueil de ses écrits, *Opere spirituali [...] divise in quattro parti*, paru à Venise en 1623 et réédité par la suite.

18. L'œuvre fameuse du jésuite autrichien Andreas Brunner, *Fasti mariani cum illustrium divorum imaginibus et elogiis [prope DC.] in singulos anni menses diesque SS. natales distributis...* (Munich, 1630, pour ne rien dire des nombreuses autres éditions).

19. Le prédicateur Domenico Traversari, en religion Evangelista da Momigno, personnage considérable de l'ordre des frères mineurs observants, provincial, définiteur général, auteur d'un *Diario quadragesimale* dont seul le premier volume parut à Venise en 1650 et fut réédité en 1654. Il vécut assez longtemps au couvent de Giaccherino, près de Pistoia, où il eut pour secrétaire le frère Grégoire de Cortone, auprès duquel il a peut-être nourri sa dévotion à l'égard de Marguerite.

20. Cesare Alessi, *Elogia civium Perusinorum, qui patriam [...] illustrarunt, centuria prima*, Foligno, 1635.

21. L'Espagnol Alfonso de Villegas Selvago, auteur d'une *Flos sanctorum* publiée à Tolède à partir de 1578 (première partie) et traduite de l'espagnol en italien par le camaldule Timothée de Bagno (mort en 1619) sous le titre *Il perfetto leggendario della vita, e fatti di N. S. Gesù Cristo, e di tutti i Santi, de' quali celebra la festa [...] la S. Chiesa cattolica.* À la date de rédaction de la *Positio*, on en connaît notamment trois éditions vénitiennes de 1637, 1651 et 1659.

22. Le capucin Valerio de Venise, *Prato fiorito di varii esempi, [parte prima divisa in cinque libri,] ne' quali si tratta delle virtù christiane, e religiose perfettioni...*, Venise, 1605.

23. Gaspare Bombaci, *La Scena de' sacri e de' profani amori, overo le vite di tre donne illustri per santità, S. Venefreda d'Inghilterra, [...] B. Lucia da Stifonte, [...] B. Margherita da Cortona*, Bologne, 1638.

24. Nicolà Barbieri, *La Prodiga figliuola*, Pérouse, 1660.

25. Girolamo Franceschi de Montepulciano, franciscain conventuel, *La Penitente di Cortona*, Florence, 1652.

Que conclure de cette volonté de la Congrégation des Rites de doubler les témoignages individuels recueillis lors du procès par des références livresques soi-disant historiques susceptibles de démontrer la sainteté de la candidate aux autels ? Trois décennies après la législation d'Urbain VIII sur le procès *super non cultu*, la cause de Marguerite de Cortone est un des premiers exemples de *casus exceptus* que la Congrégation ait eu à examiner. Sans doute est-ce la principale explication du fait que le promoteur de la Foi a cru bon d'insérer dans la *Positio de virtutibus* de 1666 une dissertation particulière sur la légitimité des ouvrages historiques dans le cadre d'une information judiciaire. Cette réflexion théorique prépare le grand travail de synthèse que réalisera au siècle suivant Lambertini avec son traité sur la béatification et la canonisation[21]. Elle montre que les procès de canonisation, à côté des savantes recherches des bollandistes ou des mauristes, jouent leur rôle dans l'élaboration au XVIIe siècle de la méthode historique. Force est pourtant de constater que les catégories de discours identifiés dans cette dissertation restent tributaires de la tradition médiévale. Aucun terme utilisé en effet ne peut être rapproché de ce que nous appelons aujourd'hui « hagiographie » ou même « biographie » ; le terme *vita* n'apparaît pas davantage. Tout discours sur le passé se trouve subsumé sous l'expression *historiæ et chronicæ*, ces deux notions, quoique distinctes, n'étant jamais clairement définies.

L'originalité foncière de notre source réside aussi dans l'adjonction à cette dissertation générale d'une *Nota authorum* sur la littérature concernant Marguerite de Cortone, liste d'auteurs et d'ouvrages qui n'existerait pas s'il n'y avait eu en 1665 l'envoi à la Congrégation des Rites du *Memoriale* de Mancini. Derrière un semblant de rigueur, cette liste, qui ne s'embarrasse

---

21 Prospero Lambertini, *De Servorum Dei beatificatione et Beatorum canonizatione*, Bologne, formis Longhi, 4 vol., 1734-1738.

pas de distinguer sources et bibliographie selon notre moderne critériologie scientifique, n'échappe pas à l'équivoque. Les ouvrages s'y succèdent dans un ordre qui n'est que vaguement chronologique et leur intérêt très inégal au vu de la question débattue ne semble pas un problème. Certaines références importantes, données pourtant dans l'article des bollandistes de 1658, tels le *De origine seraphicæ religionis* de François Gonzague ou les *Annales ecclesiasticæ* d'Odoric Raynald, sont absentes[22].

Surtout, peut-on déduire de la simple existence de cette liste que les vingt-cinq ouvrages mentionnés constituent un *corpus* d'ouvrages réellement utilisés au cours du procès ? La lecture du *Summarium* incline à penser que non. En écho à une *pia memoria* que les milieux conventuels franciscains ont veillé à entretenir, les témoins en effet se contentent le plus souvent de ressasser les faits rapportés dans la *Legenda* de Giunta Bevignati, source unique de toutes les biographies ultérieures, qui n'en sont que des décalques, de même que les chroniques franciscaines ne contiennent guère que des résumés de la *Legenda*. Les marges du *Summarium* indiquent que, sauf en ce qui concerne le culte déjà rendu à Marguerite, les témoignages sont *de auditu* et s'appuient presque exclusivement sur Bevignati, les autres ouvrages de la liste n'étant quasiment pas cités. Il convient donc de ne pas exagérer le caractère pré-scientifique de cette énumération de documents : tout se passe comme si l'insertion de la *Nota authorum* servait d'abord à donner de la densité à un *casus exceptus* en atténuant une dépendance excessive du matériau informatif par rapport à une source principale sinon unique. Si le XVIIe siècle voit sans conteste s'affirmer une tendance rationalisante dans l'approche des sources de la sainteté, on est toutefois encore très loin de la neutralité axiologique que la section historique de la Congrégation des Rites, mise en place par Pie XI en 1930, s'efforcera de promouvoir.

Philippe CASTAGNETTI
Université de Lyon,
Université Jean Monnet
(Saint Étienne),
LEM-CERCOR UMR 8584

22 *Acta Sanctorum februarii*, III, Anvers, 1658, p. 298-299.

HAGIOGRAPHIE ET CANONISATION

Quand Jeanne d'Arc dit « je »

À quelques années de l'anniversaire du centenaire de la canonisation de Jeanne d'Arc, dont on ne saurait encore trop supputer dans quel contexte politique et religieux français cela sera commémoré, célébré ou escamoté, on a cru bon de revenir quelque peu sur l'utilisation de certaines expressions de l'hagiographie johannique après que fut mis en route et poursuivi le processus de postulation de la cause relative à la béatification de la Pucelle, c'est à dire après 1874 et avant le 27 janvier 1894, quand la proclamation de l'ouverture réelle du procès et la reconnaissance de la vénérabilité ouvrit réellement la démarche de la béatification (18 avril 1909) et de la canonisation (16 mai 1920)[1]. Nous n'allons, certes pas, refaire ici la communication de Christian Renoux lors des commémorations orléanaises de 2009 (« Faut-il canoniser Jeanne d'Arc ? »), à laquelle et pour sa qualité et pour sa bibliographie nous renvoyons les gens intéressés[2].

Que Jeanne eut été appelée sainte avant 1920 et même avant 1894 est une évidence et cela a sans doute joué plus contre sa cause à Rome que cela ne l'a servie. Je rappellerai simplement, le mot « nous sommes perdus nous avons brûlé une sainte » que Pierre Cusquel attribua en 1456, à Jean Tessart, secrétaire du roi Henri VI[3]. Bien plus tard, dans son malheureux poème de *La Pucelle*, au XVIIe siècle, Chapelain l'a qualifiée, dans l'ensemble de ses désignations, une fois sur deux de « sainte » ou « céleste[4] » ; le terme de « sainte fille » ou « sainte héroïne » venait tout

1 Edmond Séjourné, *La Canonisation de Jeanne d'Arc. État actuel de la cause*, Orléans, G. Séjourné, 1887.

2 Christian Renoux, « Faut-il canoniser Jeanne d'Arc ? Les chemins de la béatification de la Pucelle d'Orléans (1429-189) », *Bulletin de la Société Archéologique et Historique de l'Orléanais*, n. s., XX, 165, 2011, p. 5-66 et la bibliographie des notes 3 à 6, et n. 486, p. 65.

3 Pierre Duparc, *Procès en nullité de la condamnation de Jeanne d'Arc*, Paris, Klincksieck (SHF et Fondation du département des Vosges), 1977, t. 1, p. 220 (9 mai 1456) [ensuite *Nullité*].

4 Françoise Michaud-Fréjaville, « Personne, personnage. Jeanne d'Arc en France au XVIIe siècle », *Une ville, une destinée. Recherches sur Orléans et Jeanne d'Arc, Cahiers de Recherches Médiévales*, 12, 2005, p. 246.

naturellement sous la plume de la plupart des auteurs du XIXe siècle. Dans son panégyrique de 1869, Félix Dupanloup s'exclama « Ô Jeanne, ô sainte enfant, sainte guerrière, sainte martyre[5] ». D'une sainte, on peut écrire la *Vie* et en faire un modèle, mais le genre hagiographique chrétien trouva en Jeanne d'Arc un sujet, tout à la fois « en or » et fort complexe. Sa « vie », selon ses témoins et – ou – ses propre « dires », présentait presque toutes les caractéristiques nécessaires : une naissance annoncée chant du coq[6] ; juste ce qu'il fallait de jeux d'enfance, vite tempérés par un sérieux précoce ; une conduite rustique pieuse, modeste et généreuse, en un mot, vertueuse ; une opposition aux parents, rapidement pardonnée ; des actions étonnantes, dénuées de craintes physiques en raison d'une confiance inébranlable en Dieu ; une capacité prophétique ; une prescience de la mort proche et une résignation confiante en Jésus lors d'un supplice héroïque. Mais en contrepoint, bien des choses dérangeaient : le port d'un costume de l'autre sexe, la présence aux combats et le sang versé, la fréquentation d'un milieu dont la jeune paysanne n'était pas originaire, et aussi la gêne que pouvaient ressentir certains fidèles mis en présence d'une hiérarchie ecclésiastique frappée de l'opprobre d'un jugement qui dut être annulé.

Une littérature abondante, de fait trop riche, fut sans doute l'un des écueils où se brisèrent longtemps de véritables réflexions sur l'étrange cas de la « Pucelle d'Orléans ». Les argumentaires en sa faveur perdirent parfois le personnage de vue et en firent des portraits finalement biaisés, destinés à conforter des jeux politiques où s'affrontèrent, au prétexte de Jeanne d'Arc, de puissantes oppositions. Ce fut particulièrement le cas après la guerre de 1870 entre des républicains attisant un patriotisme « dit populaire », militant pour la « fête [laïque] de Jeanne d'Arc, la Lorraine », et un regain de religiosité autour de cette même si pieuse Jeanne, renforcé par une franche répulsion en face de ceux qui voulaient « renverser la plus pure des patries, la France catholique[7] ! », de préférence royaliste. Les péripéties de ces querelles ont fait l'objet de nombreuses études, en particulier celle de Gerd Krumeich[8], et ne sont pas non plus directement de ce propos.

Dans ce climat français particulièrement agité en ce qui touche à la libératrice d'Orléans, deux ouvrages furent proposés aux Français[es] à

---

5 Félix Dupanloup, *Panégyrique du 8 mai 1869*, Orléans, p. 63.

6 *Gallus*, le coq, ne l'oublions pas, devenu un emblème de la France.

7 Sermon de l'évêque de Saint-Dié, Domrémy, 10 juillet 1878.

8 Gerd Krumeich, *Jeanne d'Arc à travers l'histoire*, Paris, Albin Michel, 1993 [éd. allemande, 1987], en part. le chapitre V.

peu près en même temps et, oserait-on dire, presqu'en parallèle, avant l'ouverture officielle du procès de canonisation. L'un des plus ardents prêtres thuriféraires de l'héroïne, le breton Albert Léon Marie Le Nordez a publié en 1888 une série de conférences sous le titre *Les Septante paroles de Jeanne d'Arc*[9]. L'agnostique républicain aveyronnais, député puis sénateur, Joseph Amant Fabre, promoteur dès 1883 d'une fête nationale de Jeanne d'Arc qui se tiendrait au mois de mai, proposa en 1892 le *Mois de Jeanne d'Arc*[10]. L'une des caractéristiques de ces deux ouvrages est de vouloir s'appuyer presque exclusivement sur des paroles prononcées par la jeune femme et rapportées par ses procès et ses historiens. Que lui fait-on dire et comment interpréter les choix opérés par les deux auteurs, tel est l'effort de cet essai, dont les conclusions montrent aussi, entre autres me semble-t-il, que notre regard a fort évolué en un siècle. À dire vrai, les deux parutions faisaient suite à un opuscule (1886) du père jésuite Jean-Baptiste Ayrolles, *Le Mois de Marie, mois de Jeanne d'Arc*[11], réponse négative à la proposition du 30 juin 1884 de Fabre au Parlement par un tout aussi fervent johanniste que les deux autres.

DEUX AUTEURS, DEUX PARCOURS, UNE MÊME CULTURE JOHANNIQUE ?

Joseph Fabre (1841-1916), agrégé de philosophie, député de l'Aveyron (1881-1885) puis sénateur (1894-1903), était un républicain du parti radical qui a mené, à côté de sa vie publique et parlementaire, une importante activité d'écrivain des idées politiques et religieuses. Lecteur de Michelet et d'Henri Martin, il était plein de respect pour l'audace

9 Albert Le Nordez, *Les Septante paroles de Jeanne d'Arc, recueillies et commentées*, Paris, Pillu-Vuillaume, René Haton, 1888, gr. in-8°, VII-182 p. Une troisième édition (chez Lelarge, 1894, petit in-8°, 277 p., en format « missel ») a repris les illustrations du même éditeur pour le *Missel de Jeanne d'Arc* (1894).

10 Joseph Fabre, *Le Mois de Jeanne d'Arc*, Paris, Armand Colin, 1892, in-18, 344 p. L'ouvrage reçut en 1893 le prix Guizot de l'Académie Française (*cf.* Pierre Lanéry d'Arc, *Le Livre d'or de Jeanne d'Arc. Bibliographie raisonnée et analytique des ouvrages relatifs à Jeanne d'Arc* [...], Paris, Techener, 1894, n° 268).

11 Jean-Baptiste Ayrolles, *Le Mois de Marie, de Jeanne d'Arc*, [Paris, 1886, in-10, 12 p.], extrait *du Messager du cœur de Jésus*, mai 1886, p. 541-552.

et la sagesse de l'« humble fille » qui résista avec intrépidité aux tribunaux de Poitiers et Rouen. Insatisfait des traductions données, à partir de l'édition des *Procès* par Quicherat (qui cependant présentait en bas de page la version française des « minutes de Guillaume Manchon », le manuscrit dit d'Urfé du procès de condamnation[12]), suivie presque simultanément des versions de Vallet de Viriville (1867)[13] et d'O'Reilly (1868)[14], Fabre édita en 1884 « son » propre *Procès de condamnation*[15] *et en 1888, un Procès de réhabilitation*[16]. Le premier se présente comme une pièce de théâtre, le second vise à donner de Jeanne une image, ressemblante, naturelle et vivante, en faisant entendre les témoins et en commentant leurs dépositions. Ce dernier procédé plus littéraire que scientifique, fut repris par la suite et jusque très récemment par nombre d'auteurs, voire de chartistes[17]. En même temps, se déroulait la difficile campagne pour l'établissement d'une fête[18] qui, on le sait, n'aboutit point, ce qui remplit d'amertume l'ancien parlementaire[19].

Albert Le Nordez (1844-1922), originaire de Montebourg (Manche), prêtre en 1868, après avoir dirigé le Petit séminaire de Coutances était devenu, en 1877, chanoine de Notre-Dame de Paris et de Sainte-Geneviève, il était un grand admirateur de Jeanne d'Arc. Il devint célèbre pour des conférences prononcées en diverses églises de Paris pour les dames des « Conférences de Sainte-Geneviève », qu'il éditait ensuite dans la *Revue*

12 Jules Quicherat, *Procès de condamnation et de réhabilitation de Jeanne d'Arc, dite la Pucelle*, Paris, Renouard (SHF), t. I, 1841, p. 95 et suivantes [ensuite *Procès*]. Le « manuscrit d'Orléans », qui commence le 19 février, n'avait pas été utilisé par Jules Quicherat, mais fut ensuite en partie repris par les éditeurs du XXe siècle.

13 Auguste Vallet de Viriville, *Procès de condamnation de Jeanne d'Arc, dite la Pucelle*, Paris, Didot, 1867 (Pierre Lanéry d'Arc, *op. cit.*, n° 1217).

14 Eugène O'Reilly, *Les Deux Procès de Jeanne d'Arc, les enquêtes et la sentence de réhabilitation* [...], Paris, Plon, 1868 (Pierre Lanéry d'Arc, *op. cit.*, n° 1219).

15 Joseph Fabre, *Le Procès de condamnation d'après les textes authentiques, traduction avec éclaircissements*, Paris, Ch. Delagrave, 1884 (Pierre Lanéry d'Arc, *op. cit.*, n° 1223) ; il est fort possible que l'auteur ait consulté le manuscrit dit de l'Assemblée nationale, alors dit de la Chambre des députés (Ms N 1119).

16 Joseph Fabre, *Le Procès de réhabilitation de Jeanne d'Arc, raconté et traduit d'après les textes latins officiels*, Paris, Ch. Delagrave, 1888, 2 vol., in-12, 332 et 392 p. (Pierre Lanéry d'Arc, *op. cit.*, n° 1242).

17 Ne citons, en exemples, que Raymond Oursel (1953) ou Régine Pernoud (1953) pour les chartistes, et récemment le juriste Jacques Trémolet de Villers (2016).

18 Rosemonde Sanson, « La "Fête de Jeanne d'Arc" en 1894. Controverse et célébration », *Revue d'Histoire Moderne et Contemporaine*, 20, 1973, p. 444-463.

19 Joseph Fabre, *Les Bourreaux de Jeanne d'Arc et sa fête nationale. Notice sur les personnages du Procès de condamnation. Document sur la fête du patriotisme*, Paris, Hachette, 1910.

Fénelon[20]. Il prononça en 1887 une série de causeries autour des paroles « de notre héroïne », qui selon ses propres dires firent une « profonde impression[21] ». Elles furent réunies en un volume, d'abord fort simple, sous le titre des *Septante paroles de Jeanne d'Arc* (1888), puis en 1891 avec des hors-textes de l'auteur[22] et, enfin, peu après 1898, chez l'éditeur H. Lelarge, avec le format et la présentation des pages d'un *Missel de Jeanne d'Arc* qui avait accompagné la proclamation de la vénérabilité[23]. L'abbé Le Nordez ayant entre-temps été évêque coadjuteur de Verdun, puis sacré évêque de Dijon (19 février 1899), sa nouvelle fonction figurant sur la page de titre permet de donner une date *postquam* à cette troisième édition[24].

Les deux publications sont nourries d'une réelle connaissance des sources judiciaires accusatoires qui mettaient en présence l'héroïne et ses juges de Rouen, et d'autre part de ce qui avait été recueilli entre 1450 et 1456 comme témoignages et attestations en vue de l'annulation de la condamnation, et que l'on nommait plutôt à l'époque le procès en « réhabilitation », c'est-à-dire l'édition des cinq volumes de Quicherat. Le caractère commun de ces deux livrets de la dernière décennie du XIXe siècle, est aussi de doter les épisodes de commentaires apologétiques pour Jeanne et voulus pédagogiques pour les lecteurs, ou plutôt les lectrices.

Le plus précis est sans aucun doute Fabre, dont le souci fut de trouver pour chaque jour du mois de mai un fait, un témoignage au service de l'histoire de son personnage, il dut donc s'appuyer sur une chronologie quotidienne précise du 1er au 31 mai. Mais celle-ci se trouve bouleversée par le besoin de raconter, également dans l'ordre, le déroulement de l'histoire depuis Domrémy jusqu'à Rouen. En s'appuyant, dit-il, « sur deux documents qui sont loin d'être aussi connus qu'ils devraient l'être, et dont l'authenticité ne peut être contestée[25] »,

---

20 Édité par *L'Œuvre populaire de Jeanne d'Arc*, au 23 quai Voltaire à Paris. Il y a un certain humour à cette localisation.

21 Et lui valurent, disait-on, le surnom de prédicateur des « gentilles ».

22 [Albert Le Nordez], *Le Berceau de Jeanne d'Arc, Domrémy et Vaucouleurs* [Paris, À la croix de Lorraine, 1889], in-12 oblong, 22 f. Ce recueil de hors textes et de poésies « naïves » (Pierre Lanéry d'Arc, *op. cit.*, n° 801) servit à illustrer la seconde édition des *Septante paroles*.

23 *Jeanne dans les marges. Missel 1890-1920*, Catalogue de l'Exposition du Centre Jeanne d'Arc d'Orléans, 2002, cat. 1, p. 15 et p. 34, cat. 17. La Librairie Lelarge avait un magasin *À la gloire de Jeanne d'Arc* au 41 rue de Rennes à Paris.

24 La suite de la carrière de Mgr Le Nordez, et ses nombreux rebondissements, n'est point de notre propos.

25 Joseph Fabre, *Le Mois de Jeanne d'Arc*, *op. cit.*, p. 28.

> dans l'un les ennemis de Jeanne sont ses premiers apologistes. En machinant ses procès-verbaux contresignés par eux, ils méditaient un monument de leur vengeance et ils ont édifié le monument de sa gloire. [...] Dans l'autre, on apprend l'histoire et les propos de la bergère, de la guerrière, de la martyre, de la bouche même des témoins de sa vie,

il a donc dû organiser son travail un peu en équilibriste. Un récit linéaire commence au chapitre Ier, le 21 mai 1425, date dont nous n'avons nulle attestation johannique[26], par le pèlerinage d'un des samedis de l'adolescente à la chapelle de Notre-Dame de Bermont, à une lieue de Domremy, jusqu'au chapitre XXIX, 30 mai 1431, où Jeanne meurt sur le bûcher. Mais il en ajoute un XXXe pour fustiger l'information posthume du 31 mai 1431, et un XXXIe, dénonçant ce 20 mai 1436 où Claude des Armoises, la fausse Pucelle dont certains se réclament encore[27], se présenta à Metz et fit des dupes. Il établissait ainsi une « éphéméride » pour chacun des trente-et-un jours de mai en sautant les années, revenant en arrière, et repartant en fonction des sources utilisées. Cela rendait nécessaire en fin d'ouvrage un « Tableau des éphémérides pour chaque jour de mai », avec parfois des jours où l'on commémorait (et devait méditer) deux événements distincts. Ainsi, au 4 mai 1429 (prise de la bastille Saint-Loup à l'est d'Orléans) est joint le 4 mai 1455 (date de la déposition de Frère Pasquerel, son confesseur, pour le Procès en annulation), ou encore, le 25 mai 1429 (lettre de Perceval de Boulainvilliers, qui fait part des « récits populaires » sur la naissance de Jeanne) est doublé du 25 mai 1430 (le duc de Bourgogne, vient voir Jeanne prisonnière de Jean de Luxembourg). Ce sont des rapprochements parfaitement artificiels. Le calendrier terminal, de plus, ne correspond pas toujours au chapitre qui portait le même numéro[28]. Ce système évacuait, bien sûr, le sacre de Reims, un peu difficile à insérer, sans doute, pour un républicain, et bien d'autres épisodes. Ni livre d'histoire, ni vraie démarche religieuse – et pour cause –, les pages de Fabre où, au détour, « les voix »

---

26 Le 21 avril 1425 était le samedi veille de Quasimodo, premier dimanche après Pâques.

27 Commentaire de Fabre : « Oh les misérables bulles de savon avec lesquelles on prétend démolir un édifice de granit » (Joseph Fabre, *Le Mois de Jeanne d'Arc*, *op. cit.*, p. 318). On pourrait reprendre cette phrase pour bien des ouvrages postérieurs dans la bibliographie johannique.

28 Ainsi, le chapitre XXV correspond-il à la date du 19 mai 1431, à laquelle 50 docteurs et maitres de Rouen se déclarèrent d'accord avec la sentence de l'Université de Paris (Joseph Fabre, *op. cit.*, 241-249).

sont évoquée pour pousser la « voyante » à l'action, où les litanies de la Vierge sont reprises pour le compte de la jeune fille[29], paraissent parfois compromettre la solidité de l'usage des sources, même si l'on peut, sans grand peine, en retrouver l'origine. Une origine qui ne s'appuie jamais sur une référence éditoriale, ce qui semble attester de la part de Joseph Fabre une modestie d'auteur certaine.

Il y a encore moins de références chez Le Nordez. Les « septante » paroles, à l'origine l'écho, sans doute, du désir d'une « Bible johannique », étaient aussi un souvenir des soixante-dix articles du libelle des promoteurs, présentés à Jeanne par Jean d'Estivet le mardi 27 mars et le mercredi 28 mars 1431[30]. Le propos du prédicateur était sans détour : faire passer dans la culture religieuse d'un auditoire féminin les paroles mêmes d'une héroïne française qui avait placé Dieu au centre de son histoire personnelle et de celle de sa patrie. La structure de l'ouvrage est claire : soixante-dix chapitres, soixante-dix citations (en fait, parfois deux par chapitre[31]), soixante-dix commentaires. Le commentaire n'était pas destiné à mieux faire connaître l'histoire même de Jeanne, à la différence de Fabre, mais à adapter les paroles à elle attribuées à une pédagogie de l'éducation des femmes de la bonne société parisienne (et par l'édition, de la semblable société provinciale). La recherche des références précises demandait, et encore à l'heure actuelle, une fort bonne connaissance des sources et du temps pour les trouver, que ne pouvaient avoir les auditrices ou les lectrices des années 1880, surtout avec les éditions des traductions en français de l'époque, qui ne renvoyaient en rien aux trois volumes des *Procès* publiés par Quicherat[32].

Et, néanmoins, les deux auteurs firent abondamment « parler » Jeanne.

---

29 Joseph Fabre, *Le Mois de Jeanne d'Arc*, *op. cit.*, p. 27-28, « [...] *Vierge prudente*... elle allia la finesse à la candeur, le bon sens à l'enthousiasme [...] *Vierge puissante*... elle écrasa sous son talon le léopard anglais et rendit la France aux Français [...] *Étoile du matin* ... Elle brille radieuse sur notre France moderne, comme l'aurore du beau jour où partout le sang de France sera maître. » (Lanéry d'Arc, inséra ces pages dans sa notice, *op. cit.*, n° 268, p. 176-177).

30 Pierre Tisset, *Procès de condamnation de Jeanne d'Arc*, Paris, Klincksieck (SHF et Fondation du département des Vosges), 1960, t. I, p. 192-285 (Jules Quicherat, *op. cit.*, t. I, p. 205-323) [ensuite *Condamnation*].

31 Il y a six « paroles » qui sont, en fait composées de deux membres de phrase ne relevant pas du même discours d'origine (les 2, 20, 22, 56, 68, 70).

32 Il faut noter que les première éditions de la *Jeanne d'Arc* de Henri Wallon comportent les références précises aux publications de Quicherat (Henri Wallon, *Jeanne d'Arc*, Paris, Hachette, 1860, in-8, 2 vol., six éditions jusqu'en 1882), que les éditions illustrées ont abandonnées.

QUAND JEANNE DIT « JE »
Le théâtre de Joseph Fabre

Faire parler les héros, reconstituer les discours des tribuns, distiller les sentences tombées des lèvres des saints, est une pratique fort ancienne qui rend la lecture plus directe et l'assimilation aux personnages (ou leur détestation) plus aisées. Au besoin, on déduit ou l'on invente. Des travaux assez récents ont étudié les formes anciennes et plus contemporaines de ces réécritures[33] pour des usages dont les personnages auxquels on donne la parole n'avaient aucune idée. La Jeanne d'Arc de nos deux auteurs en est une des remarquables illustrations, avec des méthodes assez différentes pour chacun des écrivains.

Fabre, raconte, tel qu'il pouvait imaginer qu'un bon homme, un vétéran de l'armée royale, le ferait dans des veillées au coin du feu : on dresse le cadre de chaque jour, et les personnages entrent et sortent, comme au théâtre. La toute première parole de Jeanne qu'il cite (au chapitre III : JEANNE FAIT DES CONFIDENCES À LAXART, lequel est aussi, ensuite, classé « onzième éphéméride »), se présente ainsi, au 11 mai 1428, avec les citations latines *in texto*[34] :

> – Mon oncle ; je voudrais vous dire une chose dont je n'ai parlé à quiconque, ni à ma mère, ni à mon père, ni au curé (*celavit curato, patri et matri et cuicumque*). – Parle petite. – N'a-t-il pas été dit que la France serait perdue par une femme et puis sauvée par une femme ? – On l'a dit. – N'a-t-il pas été dit que cette femme serait une pucelle des marches de Lorraine ?

Un entretien avec Jeanne a en effet été rapporté par l'oncle Durant Laxart dans son témoignage du 31 janvier 1456 (n. st.) nous y reviendrons

33 Brenda Dunn-Lardeau, *Le Saint fictif. L'hagiographie médiévale dans la littérature contemporaine*, Paris, H. Champion, 1999 (Éssais sur le Moyen Âge) ; Monique Goullet, *Écritures et réécritures hagiographiques. Essai sur les réécritures des Vies de saints dans l'occident latin médiéval*, Turnhout, Brepols (Coll. Hagiologie), 2005.

34 Bertrand de Poulengy, l'un des accompagnateurs de Jeanne vers Chinon en février 1429, donne la période des fêtes de l'Ascension de 1428 (13 mai) pour le premier séjour à Vaucouleurs (Pierre Duparc, *Nullité*, t. I, p. 305).

(et l'on peut, je crains, mettre en question les guillemets de l'édition de Duparc[35]). Mais Fabre ajoute un échange rapide :

> – Cette pucelle, c'est moi – Qu'est-ce qui te le fais croire ? – Mes voix ? – Que veux-tu dire ?

Et alors Fabre enchaîne :

> – J'avais treize ans quand j'ouïs une voix de Dieu pour l'aider à bien me conduire. Et la première fois j'eus grand peur[36].

Il s'agit là maintenant, bien sûr, du récit de l'interrogatoire du jeudi 22 février 1431 à Rouen, rapporté comme suit en latin :

> *confessa fuit quod, dum esset aetatis XII annorum, ipsa habuit vocem a Deo pro se juvando ad gubernandum. Et prima vice habuit magnum timorem*[37],

ce que la version médiévale du procès, transmet ainsi :

> Et si dist que, dez l'aage de traize ans, elle eust revelacion de nostre Seigneur par une voix qui l'enseigna a soy gouverner. Et pour la première foys elle avoit eu grand paour.

Les sources ne contiennent aucunement la mention de Durant Laxart comme premier confident de ce mystère des voix de Jeanne.

Ensuite, *Le Mois de Jeanne*, fait immédiatement identifier par la jeune fille cette première voix à saint Michel (« je reconnus que c'était la voix d'un ange, de l'ange saint Michel »), ce qu'elle ne fit apparemment qu'à Rouen, le 27 février 1431[38].

Cette construction théâtrale réécrite à la première personne est, certes, efficace, mais elle amène Fabre à opérer un véritable gauchissement de l'histoire car dans le témoignage que les enquêteurs nous ont conservé de Durant Laxart celui-ci n'a absolument pas parlé des voix (et d'ailleurs on ne l'a pas interrogé sur le sujet). Fabre conclut donc sa troisième éphéméride ainsi :

---

35 Pierre Duparc, *Nullité*, t. I, p. 296 : *ispa dicebat eidem testi quod volebat ire ad Franciam* [...], *dicendo : « nonne alias dictum fuit quod Francia per mulierem desolaretur, et postea per virginem restaurari debebat ? »*.

36 Joseph Fabre, *Le Mois de Jeanne d'Arc*, *op. cit.*, p. 43.

37 Pierre Tisset, *Condamnation*, t. I, p. 47 (Jules Quicherat, *Procès*, t. I, p. 52, sans le texte de la minute d'Orléans) ; ici, la citation en latin n'est pas dans Fabre.

38 Pierre Tisset, *Condamnation*, p. 73 (*cf.* Jules Quicherat, *Procès*, t. I, p. 73).

> Mais, sachant combien elle était sensée en toutes choses, bonne et pieuse, il pensa qu'elle pourrait bien être inspirée de Dieu : « – Eh bien Jeanne ! dit-il, on ira à Vaucouleurs. »
> Qu'il soit béni cet humble paysan qui le premier eut foi en la mission de Jeanne et mit tout en œuvre pour doter la France de sa libératrice[39].

La vérité doit être précisée : en 1456, Laxart n'a pas prétendu avoir fait cette proposition de voyage, qu'il attribue, au discours indirect puis direct, à sa jeune parente, et en introduisant une fameuse prédiction :

> Et elle disait audit témoin qu'elle voulait aller en France, vers le Dauphin, afin de le faire couronner, disant : « N'a-t-il pas été dit quelque part que la France serait perdue par une femme et puis sauvée par une femme ? ». Et elle dit audit témoin qu'elle irait vers le dit Robert de Baudricourt, qui la ferait conduire à l'endroit où était le seigneur dauphin[40].

Ces mêmes mutations du « elle » au « Je » peuvent être relevées à chacune des séquences chronologiques. Pour être honnête, il faut reconnaître que Fabre a parfois dû ressentir une sorte de gêne et suggéré, par une astuce typographique, son travail de réécriture que la confrontation avec le texte primaire permet de savourer. Dans son témoignage du 14 mai 1456 (ici, chapitre v : JEANNE À CHINON et quatorzième Éphéméride – 14 mai 1429. – Le grand docteur Jean Gerson publie un mémoire [...]. 14 mai 1456. – frère Seguin, un des examinateurs de Jeanne à Poitiers, dépose ce qu'il sait d'elle), Seguin a rapporté que l'on demanda à Jeanne :

> – Pourquoi êtes-vous venue ? Le roi veut savoir quel mobile vous a poussée à aller le trouver ? Elle répondit de grande manière : « comme je gardais les animaux, une voix m'apparut (*Qædam vox sibi apparuit*). Cette voix me dit : "Dieu a grande pitié du peuple de France[41] [...]" ».

C'est la belle formule qui, après la défaite de 1870, faisait encore trembler d'émotion même les républicains agnostiques. Dans tout ce chapitre, étrangement, Jeanne ne parle qu'au second plan, c'est frère Seguin que nous devons entendre nous dire « J'ai vu Jeanne [...]. Moi qui parle je demandai à Jeanne [...] » et qui donne les réponses

39 Joseph Fabre, *Le Mois de Jeanne d'Arc*, *op. cit.*, p. 44.
40 Pierre Duparc, *Nullité*, t. I, p. 298.
41 *Ibid.*, t. I, p. 471 : *et ipsa respondit magno modo quod, ipsa custodiente animalia, quedam vox sibi apparuit, que sibi dixit quod Deus habeat magnam pietatem de apopulo Francie.*

que fit la jeune fille à Poitiers, tantôt avec des guillemets, tantôt à la troisième personne[42].

Le procès de Rouen comportait bien quelques échanges serrés entre l'accusée et ses juges mais, là encore, Fabre joue quelque peu avec les textes, moins en les réécrivant qu'en les sabrant. Au chapitre XXII : 2 mai 1431. – Jeanne admonestée par l'archidiacre Châtillon (deuxième Éphéméride[43]), il condense la fort dure séance en quelques brefs échanges d'où l'admonition est escamotée et qui ne comporte que quatorze réponses, toutes à la première personne, sur les vingt-cinq de la séance (soit dix-sept commençant par « Je » et huit rapportées à la troisième personne) ; ces réponses, pour la plupart nettement reprises du manuscrit français dit d'Orléans, abordent la question de la soumission au pape et au concile, et en viennent à « l'habit d'homme ».

Là, il fallait, à la fin du XIXe siècle, avancer avec grande précaution ! Fabre avait précédemment évoqué la nécessité pour Jeanne et ses compagnons de voyager discrètement et sûrement vers Chinon :

> Interrogée par Jean de Metz si elle voulait faire chemin avec ses vêtements de femme, Jeanne répondit :
> – Puisque je vais avec les gens de guerre, je m'habillerai comme eux[44].

Cela, Jean de Metz l'avait rapporté, bien sûr, au discours indirect lors de son témoignage :

> *Et petiit sibi idem testis iterato si cum suis vestibus vellet ire ; que respondit quos libenter haberet vestes hominis*[45].

Il n'était nullement question alors de vêtements de « gens de guerre », mais de vêtements « d'homme » à la place des « siens » (sous-entendu, féminins).

42 Joseph Fabre, *Le Mois de Jeanne d'Arc*, *op. cit.*, p. 60-65.

43 *Ibid.*, p. 187-194 et « Tableau des Éphémérides », p. 330 : 2 mai 1429. – Jeanne à cheval, explore les positions des Anglais autour d'Orléans, et tout le monde admire son allure guerrière [c'est le chap. VI, p. 67-70] ; 2 mai 1431. – Jeanne, prisonnière à Rouen, subit une admonition publique qui lui est adressée par Jean Châtillon, archidiacre d'Évreux, sous la présidence de l'évêque de Beauvais et du vicaire inquisiteur, assistés de soixante-trois hommes d'Église. Elle fait de fermes réponses et se montre inébranlable [chap. XXII, p. 187-194).

44 *Ibid.*, p. 53 : « Le menu peuple se cotisa pour son équipement, grand gilet dit justaucorps, longues chausses liées jusqu'au justaucorps par des aiguillettes, tunique allant aux genoux, chaperon, guêtres, éperons, lance (*sic*) et haubert (*resic*) ».

45 Pierre Duparc, *Nullité*, t. I, p. 290.

Nous glisserons donc sur la description purement imaginaire par Fabre d'un harnachement qui aurait fait arrêter Jeanne au premier péage, tout en comportant pudiquement une « tunique allant aux genoux », telle la Jeanne en prière de Marie d'Orléans… et sans un mot sur la chevelure coupée.

Quand réapparaît l'habit d'homme, maître Châtillon (soit ici Fabre) introduit ce qu'il n'a pu dire dans les admonestations, toutes supprimées pour ne pas utiliser trop de pages : « Maintenant, Jeanne, comment se fait-il que, contre toute honnêteté, vous ayez la tenue des gens de guerre et portiez même les cheveux taillés en rond ? Vous déciderez-vous à prendre l'habit de femme[46] ? ». La coiffure à la mode des cours de France et de Bourgogne, découvrant la nuque et les oreilles, était encore inadmissible, même et surtout pour une vierge que l'on voulait porter aux autels : en feuilletant les trois cent quatre-vingt-seize pages et trois cent quatre-vingt-deux images de la *Jeanne d'Arc racontée par l'image* de Mgr Le Nordez (Hachette, 1898), l'on ne trouve guère qu'une demi douzaine de représentations où l'on perçoit tout juste un menu fragment de l'oreille de la Pucelle[47] !

La séquence sans doute la plus tragique, celle du 28 mai 1431 (Chapitre XXVII : LA RELAPSE FIDÈLE À SON HONNEUR ET À SES VOIX[48], et vingt-huitième Éphéméride, 27 et 28 mai 1431), a été totalement mise en dialogue par Fabre afin de rendre encore plus abrupte la confrontation de ce jour entre l'évêque de Beauvais et la prisonnière, devenue relapse en ayant remis son habit d'homme. Le texte original du procès de Rouen ne précise pas qui était celui des trois juges qui interrogea Jeanne, en présence de huit clercs, mais Fabre fait parler le seul évêque Cauchon. Comme le moment est grave, l'auteur a tenu à préciser, avant de livrer le dialogue à ses lecteurs, que moins que la question du vêtement, c'est sur :

> sa mission et ses voix qu'elle se montra intraitable. C'est cette obstination de la voyante, affirmant la sainteté de ses voix et opposant aux consignes ecclésiastiques l'intime témoignage de son âme […] que sera fondée la sentence[49].

46 Joseph Fabre, *Le Mois de Jeanne d'Arc*, *op. cit.*, p. 192, Ce que le texte latin résumait : *que sibi dicebantur de habitu*, et que le manuscrit français rendait plus brièvement encore : « Item, de l'habit etc. » (Pierre Tisset, *Condamnation*, t. I, p. 343).

47 Soit 0,01 %, sans commentaire.

48 Joseph Fabre, *Le Mois de Jeanne d'Arc*, *op. cit.*, p. 265-279.

49 *Ibid.*, p. 272-273.

Ensuite arrive la confrontation, entre « l'évêque » et « Jeanne » : dix-sept constatations et questions du prélat et seize réponses de Jeanne, toutes à la première personne :

> c'est d'hier que j'ai repris [...] Je l'ai repris de mon plein gré [...] Je n'ai oncques fait serment [...] Je l'ai repris pour cette raison que [...] J'aime mieux mourir que d'être dans les fers [...] Je les [les voix] ai ouïes [...] Dieu m'a mandé par sainte Catherine [...] Mes voix me dirent [...] Non, c'était un faux prêcheur [...] Si je disais que Dieu ne m'a pas envoyée [...] Les voix m'ont dit [...]Oui, c'est seulement par peur du feu que j'ai dit ce que j'ai dit [...] J'aime mieux faire ma pénitence en une seule fois, c'est à savoir mourir [...] Jamais je n'ai voulu faire chose contre Dieu ou la foi [...] Si c'est le vouloir de mes juges, je reprendrai l'habit de femme. Pour le reste, je n'en ferai autre chose[50].

En réalité, la tradition des textes, tant en latin qu'en français, fournit des réponses de la Pucelle sur dix-neuf ou vingt phrases, introduites par *Respondit quod* ou « Item dist que », et une seule directe en français : « Respond : De tout je vous en ay dit la vérité eu procès le mieulx que j'ai sceu », qui est la même en latin : *Ego de omnibus dixi vobis inde veritatem in processu, quentum melius ego scivi*[51]. Enfin, la toute dernière phrase du *Procès de condamnation* n'est pas un verbatim : *Item dixit quod, si judices velint, ipsa recipiet habitum muliebrem ; et de residuo nichil aliud faciet* (« Item dit que, se les juges le veulent, elle reprendra l'habit de femme ; du résidu elle n'en fera autre chose »), mais elle sonne si bref et désespéré que Fabre, dans sa version, donne le dernier mot à l'évêque :

> Eh bien nous n'avons plus qu'à procéder comme de droit et de raison.
> Jeanne était perdue[52].

En reprenant, si l'on ose, 1 Cor. 15, 55 (« La Mort a été engloutie dans la victoire, Mort, où est ta victoire, Mort, où est ton aiguillon ? »), la mémoire de Jeanne a été dépassée par l'usage qui en fut fait, et si Fabre n'échappe pas à une sorte de récupération patriotique réductrice de la foi de Jeanne, laquelle, de fait, eut été risquée pour le propos d'une hagiographie ce qui n'était pas son propos, le chanoine Le Nordez fit d'elle, en revanche, un fer de lance de la tradition catholique.

---

50 *Ibid.*, p. 273-279.

51 Pierre Tisset, *Condamnation*, t. I, p. 397-398.

52 Joseph Fabre, *Le Mois* de Jeanne d'Arc, *op. cit.*, p. 279.

QUAND LE « JE » DE JEANNE VEUT ASSAGIR LES AUDITRICES DE Mgr LE NORDEZ

Les dames qui venaient écouter les causeries du chanoine Le Nordez n'avaient peut-être pas toutes chez elles les cinq volumes de Quicherat, ni les traductions d'O'Reilly, de Vallet de Viriville ou, encore moins, de Fabre. Elles entendaient un discours qui ne se rattachait pas à un déroulement historique, une succession de faits, mais elles devaient suivre une suite de causeries, bâties selon le modèle utilisé depuis les temps médiévaux par les homélies chrétiennes. Après une citation, une explication, puis une application morale à méditer.

Notre première difficulté avec ces « paroles », vient de ce que, données sans aucun repère chronologique, ni l'ombre d'une référence, on devait prendre pour argent comptant l'exactitude rigoureuse de chaque phrase. Or il nous faut constater que nous sommes assez loin du compte. Le « je » originel ne représente en fait que 35 % des sentences et, par suite, les « elle a dit que » en fournissent 65 %, ce sont donc, tout comme chez Fabre, des réécritures, mais ici fort modestes dans l'ensemble du texte car elles n'occupent que les quelques lignes liminaires de chaque réflexion. En outre, elles sont à 88 % issues du procès de condamnation[53]. Ces vraies et ces non complètement fausses citations sont, parfois, rassemblées en une même séquence : la XXIIe parole, par exemple, se présente ainsi :

> – Vous n'aurez pas encore cela de moi ; je n'ai pas congé de Dieu. – Vous n'aurez pas encore cela de moi. C'est un dicton parmi les petits enfants que quelquefois on est pendu pour avoir dit la vérité.

Ces deux phrases se rapportent à la séance du samedi 24 février 1431[54], à Rouen. La première sentence est bien à la première personne dans les textes et elle répondait à une question sur la simultanéité des visions et des voix (*si cum vocibus videret aliam rem*), mais si la seconde avait bien été relevée le même jour, ce fut un peu plus tard et en réponse à une

53 Il y a une citation apocryphe : « Vive labeur », et une du début du XVIe siècle concernant la traîtrise de Compiègne (sur cette dernière : Françoise Michaud-Fréjaville, « La Jeanne d'Arc de Wingfield », dans Jean-Patrice Boudet et Xavier Hélary (dir.), *Jeanne d'Arc : Histoire et mythes*, Rennes, PUR, 2014, p. 229-238).

54 Pierre Tisset, *Condamnation*, t. I, p. 62 : *Ego non dicam vobis totum.*

autre question qui était celle de savoir si la voix dont elle demandait les conseils avait des yeux. Cette seconde réponse est alors scindée en deux par notre orateur, et seul le premier membre était à la première personne : « elle répondit : vous n'aurez rien là-dessus ; et elle dit que le dicton des petits enfants est que parfois des gens sont pendus pour avoir dit la vérité ». Cette dernière formule fut une autre fois relevée par les notaires de Rouen, le jeudi 15 mars, avec un sous-entendu différent, et toujours au discours indirect : « parce qu'elle a dit que pour avoir dit la vérité quelque fois on est pendu, aurait-elle connaissance de quelque crime ou faute pour lesquels elle devrait mourir[55] [...] ».

Que pouvait faire de cela le conférencier de la fin du XIXe siècle ? Demander à ses auditrices du « beau sexe » d'être économe de leurs paroles, à l'image de la réserve que Jeanne « étendait aux plus petites choses », en citant l'épitre de saint Jacques (I, 19 et III, 2) et en rappelant « combien de paroles inconsidérées sont dites pour le dommage de ceux qui en sont l'objet et celui non moins grand des personnes qui les font entendre[56] ! ». Donc, le propos serait, à la limite, de moraliser les bavardages lors des thés mondains.

Les conférences du chanoine, à dire vrai, ne s'appuyaient pas sur les seules paroles de Jeanne : l'ensemble des commentaires se conforte de cinquante-une citations, issues de vingt-quatre sources (dont quatorze du Nouveau Testament, huit de l'Ancien, dix de Bossuet, cinq de Pascal, et même une de Montaigne).

Le modèle de la sainteté de Jeanne, selon cette série de prônes serait ceci : une bonne chrétienne, élevée par sa mère dans les prières et le respect des rites, dans la confiance en Dieu et n'obéissant qu'à lui. Le Nordez en tire l'absolue nécessité d'une grande participation de la mère à l'éducation des filles, même si celle-ci « a besoin d'un bras plus ferme, d'un cœur moins tendre et plus détaché qui la seconde » (parole LV : « Je n'ai appris ma créance d'autre que de ma mère »), soit donc du renfort de la solidité masculine, or Jeanne n'a pas parlé de sa mère dans ce contexte[57]. L'exemple johannique est aussi la faculté de

55 *Ibid.*, p. 164.

56 Albert Le Nordez, *Les Septante paroles*, *op. cit.*, p. 88.

57 L'origine de la citation LV est l'interrogatoire du 27 mars 1431 ; *cf.* Pierre Tisset, *Condamnation*, t. I, p. 196 : « et quant à son instruction, elle a aprins sa créance et esté enseignée bien et duement, comme ung bon enfant doit faire. ». Dans cette version française, pas plus que dans la latine, il n'est pas cité de « je » ni, plus grave pour Mgr Le Nordez, il n'est pas question de la mère de la Pucelle.

reconnaître la voix de Dieu et le chemin qu'Il demande de suivre, la capacité d'appliquer le « congé » qu'Il donne (parole XX : *Si je voyais la porte ouverte* [...] *je reconnaîtrais là mon congé et que Dieu m'envoie secours*), et alors, Le Nordez a prononcé et écrit certaines formules désormais étranges à nos oreilles : « l'ingénuité » de Jeanne, sa « naïveté », ses formules « vives et pittoresques », qui arrachent au prédicateur ce cri du cœur : « Quelle admirable nature que notre Jeanne, quel fruit pur de notre esprit français, fait de bons sens et de foi chrétienne[58] ».

Œuvre de combat pour l'introduction de la cause de Jeanne, *Les Septante paroles* sont un choix, on dirait un tri dans l'histoire de l'héroïne : il ne faut rien qui puisse choquer ou servir de mauvais exemple, quitte à retourner de façon presque désinvolte les transgressions de la Pucelle. Le costume d'homme et les cheveux très courts sont encore plus totalement ignorés que par Fabre, éléments qui n'étaient peut-être pas vraiment relevés par les auditrices qui n'avaient pas encore vu de représentation de la jeune fille en cheveux courts « en rond ». La première représentation où l'on voit le bout de l'oreille de Jeanne date, en effet, de 1892 : c'est la statue de Barrias à Rouen, mais la sage coupe dite à la Jeanne d'Arc (frange, cheveux au ras du cou) était déjà une folle audace[59]. Donc, il n'est surtout pas question de vêtement, ni de cheveux dans *Les Septante paroles.*

Pas question non plus de suggérer, à travers la gloire d'une « naïve », même si elle est une pure créature obéissant à Dieu, l'idée aux femmes de négliger leurs véritables devoirs. La Parole LI : « *J'ai appris à coudre le linge et à filer. – Pour filer et pour coudre, je ne crains personne*[60] », bien sûr passée ici au discours direct, permet au conférencier de gloser sur un Âge d'or en s'exclamant « voilà toute la science de cette admirable enfant [...] que voulez-vous, nous n'avions pas encore le grand bienfait et la grande découverte de nos programmes modernes à l'usage de l'éducation des jeunes filles. On se prit à sourire en la voyant si ingénue[61] ». Et Le

58 Albert Le Nordez, *Les Septante paroles*, *op. cit.*, p. 82.

59 Il a fallu attendre 1956 pour que Josette Hébert-Coëffin ose, pour la Monnaie de Paris, une médaille enfin conforme à la mode masculine des années 1430, et ce n'est qu'en 1957 qu'Otto Preminger imposa, non sans mal, Jean Seberg et une coupe garçonnière, à dire vrai assez peu médiévale.

60 Albert Le Nordez, *Les Septante paroles*, *op. cit.*, p. 178, référence, jeudi 22 février 1431 ; Pierre Tisset, *Condamnation*, t. I, p. 46, à la question de savoir si elle avait appris art ou métier : *dixit quod, sic, ad suendum pannos lineos et nendum ; nec timebat mulierem Rothomagensem de nendo et suendo.*

61 *Sic...*

Nordez enchaine sur le regret du temps des rouets, et sur la perte de prestige de l'aiguille. Et conclut sur un paragraphe qui, peut-être, ne nous fait plus « sourire » aussi franchement qu'il y a quelques années :

> Les femmes qui savent « coudre le linge et filer » se font très rares. En retour, nous sommes encombrés de précieuses pour lesquelles le diplôme de parchemin a remplacé les tissus de lin et pour qui l'aiguille a fait place à la plume de demi-savante. Priez Dieu pour nous, Ô Jeanne ! [...] « Faites requête à Dieu et puis de son commandement », puissiez-vous ramener parmi les femmes de France le goût de ces travaux des mains qui les occupait jadis, dont elles ne se trouvaient pas mal et dont tout le monde se trouvait bien dans leurs familles.

La péroraison du futur auxiliaire de l'évêque de Verdun (le 25 juin 1896) et évêque « titulaire d'Arca[62] » est un plaidoyer pour une double mission des Français. Il faut, certes, porter les armes et « remplir le devoir sacré du patriotisme », mais ceux qui ne les portent pas (le clergé, les littérateurs, les médecins, les magistrats) n'en sont pas moins aussi capables de « vivifier les sources du patriotisme ». Jeanne, du fond de sa prison, ne cessait d'aimer son pays, et elle en devint d'autant plus remarquable : « à partir de ce jour, au contraire, Jeanne devint admirable et ses épreuves, si noblement supportées, la placent infiniment plus haut que ses victoires[63] ». Et c'est là, dans l'enfermement, qu'elle devient un exemple pour les femmes, paradoxalement fort loin à nos yeux de son exemple personnel fondé sur l'action :

> Non le patriotisme ne vous est pas étranger, ni interdit [...] Vous le donnez à vos fils, vous le donnez à l'adolescent [...] À vos époux les luttes publiques si souvent stériles, à eux les querelles du forum [...] À vous Mesdames l'amour de la Patrie [...] à vous la sérénité qui domine les partis, et qui loin des agitations du dehors, ne voit que France[64] [...].

Au-delà même, *Les Septante paroles*, se concluent réellement par une sentence de Jeanne : « Guerroyer contre la France, c'est guerroyer contre Jésus-Christ ». Cette conclusion en forme de « parole », ne fut pas, en fait, prononcée devant un destinataire mais est un fragment arrangé de la lettre de la Pucelle au duc de Bourgogne pour l'engager à faire la paix (Reims, 17 juillet 1429, jour du sacre de Charles VII) :

---

62 C'est bien le nom qui fut attribué à l'évêché fictif de Mgr A. Le Nordez lors de sa nomination, marque de sa dévotion à l'héroïne.

63 Albert Le Nordez, *Les Septante paroles*, *op. cit.*, p. 263-264.

64 *Ibid.*, p. 265-266.

> Et vous faict savoir de par le Roy du ciel, mon droicturier et souverain seigneur, pour vostre bien et pour vostre honneur et sur voz vie, que vous n'y gaignerez point bataille à l'encontre des loyaux François, et que tous ceulx qui guerroient oudit saint royaume de France, guerroient contre le roy Jhesus, roy du ciel et de tout le monde, mon droicturier et souverain seigneur[65].

Le public du chanoine, une société mondaine, celle des salons et des cercles, du Bazar de la Charité, c'est-à-dire des femmes qui pouvaient laisser la maison aux domestiques et les tout jeunes enfants à « Mademoiselle », et user d'un peu de leur temps à guider la main de leurs fillettes en broderies et enseigner l'engagement pour la Patrie à leurs fils, car

> Au pays de fournir des armes et des bataillons. Aux mères de [...] donner les héros qui font valoir ces armes et vaincre ces bataillons[66],

ce public n'était donc pas vraiment celui de Fabre qui rêvait d'éclairer dans les écoles, par l'usage de son éphéméride, la justification d'une fête « nationale » de Jeanne d'Arc. Les deux publicistes avaient néanmoins en commun de vouloir faire entendre la voix de Jeanne d'Arc, ils se sont emparés de celle-ci pour leur propre combat, comme bien d'autres avant – et après – eux, tous deux en la faisant entendre sous le masque de la citation, citation proche de la parole *verbatim*, mais trop rarement exacte et dans son contexte, et toujours au service de leur propre cause. À un moment politique aussi tendu entre les « deux France », ces entreprises, accueillies avec faveur par chaque bord[67] mais en vérité souvent divergentes, ne pouvaient pas vraiment contribuer à faire progresser les démarches du procès en canonisation de la Pucelle d'Orléans, lequel avait pris également comme base de travail les deux Procès de Rouen.

Françoise MICHAUD-FRÉJAVILLE
Université d'Orléans,
POLEN-CESFIMA

65 Jules Quicherat, *Procès*, t. V, p. 127 ; la *Lettre de la Pucelle au duc de Bourgogne* avait déjà été publiée en 1780 (elle se trouve aux arch. dép. Nord, B 300/23602a).

66 Albert Le Nordez, *Les Septante paroles*, *op. cit.*, p. 267.

67 Joseph Fabre fut utilisé, en tant qu'historien de Jeanne d'Arc, dans le chapitre consacré à l'héroïne d'un *Livre de lectures courantes* [...] *à l'usage des écoles primaires et des classes élémentaires de l'enseignement secondaire* de Guillaume Joste et Albert Cahen (Paris, Hachette, 1896, p. 307-323).

DEUXIÈME PARTIE

CANONISATION, HAGIOGRAPHIE ET APOLOGÉTIQUE TRIDENTINES

LA SAINTETÉ ESPAGNOLE DU SIÈCLE D'OR

UN SAINT POUR LA CAUSE

La canonisation de Diego de Alcalá, entre exigences procédurales et tradition hagiographique

Après les circonstances bien connues de la guérison de l'infant don Carlos en mai 1562, et de la supposée intercession du bienheureux Diego de Alcalá, que tous les témoins sur place et les ambassadeurs à Madrid qualifièrent de « miraculeuse », plusieurs demandes arrivèrent à Rome pour sa canonisation et, parmi elles, celle du roi d'Espagne Philippe II, en février 1563. Après maints retardements romains et impatiences espagnoles, Diego fut promu aux honneurs de l'autel le 2 juillet 1588. Pour les besoins du procès, le procureur Ambrosio de Morales, antiquaire de confiance du roi, dressa une rapide *Vie* du bienheureux, puis l'enquête permit la collection de près de quatre-vingts témoignages qui étoffèrent ceux déjà rassemblés après la mort de Diego en 1463, ces derniers ayant constitué la base des hagiographies publiées au moment de la canonisation et après. L'état des connaissances n'a pas connu, du moins dans les premiers temps, d'amplification, bien au contraire. Les éléments donnés par Ambrosio de Morales et développés dans la bulle de Sixte Quint étaient bien en deçà de toute la matière fournie par l'enquête de 1463-1467. En revanche, après la canonisation, les hagiographes Pietro Galesini et Francisco Peña ont enrichi l'existant mais ce furent surtout Melchor de Cetina et Antonio Rojo qui donnèrent toute son ampleur à l'hagiographie didacienne. L'abondante documentation[1] produite par les enquêtes et valorisée par l'écriture hagiographique, pour composer un récit exemplaire de signes et de preuves de la sainteté de Diego, permet de cerner les différents critères qui ont pu faire de lui un saint, certes ancien, mais un saint de la Réforme catholique.

1 Alejandro Recio Veganzones, « Ensayo biobibliográfico sobre san Diego de Alcalá », *Archivo ibero-americano*, 60, 2000, p. 259-305.

VIE, VERTUS ET MIRACLES D'UN SAINT
Une synthèse hagiographique

LA TRAME

Spontanément vénéré comme un saint local, Diego fut rapidement considéré comme bienheureux mais, entre la date de sa mort en 1463 et la guérison de l'infant Carlos en mai 1562, aucune *Vie* de Diego ne fut écrite. Marcos de Lisboa, auteur d'une histoire des saints franciscains, dont le premier volume remonte à 1557, ne mentionne pas Diego dans les premières éditions de son ouvrage[2]. Il faut attendre la canonisation et les éditions postérieures à 1588 pour trouver une *Vita* de Diego[3]. Le tout premier récit, très court, fut donc celui de Ambrosio de Morales, nommé procureur pour l'instruction en 1567[4]. Suivent, ensuite, la *Vita* exposée dans la bulle[5] de Sixte Quint en juillet 1588 et les hagiographies établies par Pietro Galesini[6] (protonotaire apostolique) en 1588, Francisco Peña[7] (canoniste et auditeur de la Rote) quelques mois après la canonisation en 1589, le frère mineur Gabriel de Mata[8] pour relater la fête de la canonisation à Alcalá, en avril 1589, Melchor

2 Marcos de Lisboa, *Primeira [-segunda] parte das chroniquas da ordem dos frades Menores do seraphico padre sam Francisco...*, Lisbonne, em casa de Ioannes Blauio, 1557-1562.

3 Marcos de Lisboa, *Las Tres partes de las chroniquas antiguas de la orden de los frayles menores de nuestro serpahico Padre san Francisco, del R.S.D.F. Marcos Obispo del Puerto en dos tomos : dispuesta y ordenadas en el convento de S. Antonio de Santiago, en la Regular Observancia. Dedicadas a la Serenissima Señora Infanta Sor Margarita de la Cruz, Religiosa de su Real Convento Descalças Franciscas de Madrid*, Salamanque, Antonio Ramirez, 1626, p. 319-344.

4 *Ambrosii Morales Opuscula Historica, quorum exemplaria in R. D. Laurentii Bibliotheca Vulgo del Escorial [...] collectore, annotatoreque F. Francisco Valerio Cifontano ejusdem Regalis Monasterii Bibliothec. atque Hebraicae Linguae Cathedr.*, Tomus III, Madrid, 1793, p. 206-210.

5 *Magnum Bullarium romanum a B. Leone Magno usque ad S. D. N. Innocentium X [...], Editio novissima, tomus primus*, Lyon, Borde, Arnaud et Rigaud, 1655.

6 Pietro Galesini, *Sancti Didaci Complutensis Canonizatio*, Rome, Typographia Vaticana, 1588.

7 Francisco Peña, *De vita miraculis et actis canonizationis sancti Didaci. Libri tres a Francisco Pegña sacri palatii apostolici auditore descripti ad Philippum II Hispaniarum Regem Catholicum*, Rome, in Ædibus Populi Romani, 1589.

8 Gabriel de Mata, *Vida, muerte y milagro de S. Diego de Alcala en octava rima por fray Gabriel de Mata, frayle Menor de la provincia de Cantabria. Con las hieroglyphicas y versos que en alabança del sancto se hizieron en Alcala para su procession y fiesta. Dirigida al Rey nuestro señor don Philippe II.*, Alcalá de Henares, Juan Gracián, 1589.

de Cetina[9] en 1609 (franciscain, gardien du monastère d'Esperanza la Real à Ocaña) et Antonio Rojo[10] en 1663 (gardien du monastère de Santa María de Jesús).

Ces hagiographies de Diego de Alcalá procèdent en insistant d'abord sur la vie du saint et les marques d'élection divine de son vivant puis en faisant l'inventaire de ses miracles. Comportant trois à quatre parties, nombre de ses hagiographies se terminent par l'exposition de certaines pièces du procès ou le récit des longues années de procédure. Morales a exposé, le premier, et en neuf points, les caractères remarquables de la vie et de la sainteté de Diego en quelques lignes seulement : 1°) La naissance et la vie d'ermite ; 2°) Le choix de l'Ordre franciscain ; 3°) Ses premières vertus (foi, obéissance et humilité) comme frère lai ; 4°) Son zèle à évangéliser sur l'île de Fuerteventura ; 5°) Sa charité et son rêve de martyre ; 6°) Diego guérisseur à Rome ; 7°) Le séjour au monastère d'Alcalá jusqu'à sa mort, comme confirmation de sa sainteté ; 8°) Ses qualités d'esprit alors qu'il n'avait pas fait d'études ; 9°) L'incorruptibilité de son corps et les miracles. Cette trame fut abondamment développée en reprenant la documentation du procès, à commencer par la bulle datant du 9 juillet 1588 (sept jours après la cérémonie de canonisation), également assez courte dans sa forme, et qui traite, en trente-trois paragraphes, de la vie, des vertus et des miracles de saint Diego dans un ordre qui suit à peu près la chronologie du saint. Les hagiographies suivantes furent beaucoup plus longues : Galesini et un in-4° en latin de cent quinze pages, Peña et un in-4° en latin de deux cents quarante-deux pages, Cetina et un in-4° en espagnol de sept cent cinquante pages, enfin Rojo, un in-4° en espagnol de quatre cent trente pages.

Comme ce fut l'usage chez tous les hagiographes jusqu'à Rojo, les vertus ne font pas l'objet d'un inventaire séparé mais de développements isolés qui sont parfois des réflexions d'ordre théologique et, le

9 Melchor de Cetina, *Discursos sobre la vida y milagros del glorioso padre san Diego, de la Orden del Serafico padre S. Francisco. Compuesto por el P. Fray Melchor de Cetina, Guardian del convento de Esperança la Real de Ocaña. Dirigido a la Reyna nuestra Señora doña Margarita de Austria*, Madrid, Luis Sánchez, 1609.

10 Antonio Rojo, *Historia de San Diego de Alcala. Fundacion, y frutos de santidad, que ha produzido su convento de Santa Maria de Jesus, de la orden de N.P.S. Francisco de la Observancia de la santa provincia de Castilla. Al Rey nuestro Señor don Phelipe Quarto que Dios guarde. Escrivela Fray Antonio Rojo, natural de Pinto, lector jubilado, calificador del Santo Oficio de la Inquisicion, Examinador sinodal del Arçobispado de Toledo, y Guardian del mismo convento.*, Madrid, Imprenta real, 1663.

plus souvent, en rapport avec des événements précis de la vie auxquels ses vertus semblent présider. Aussi la bulle classe-t-elle les éléments biographiques selon les vertus du saint : un actif (exercices spirituels et corporels), obéissant (choix de l'Ordre franciscain), vigilant contre Satan, pénitent mortifiant sa chair, d'une science divinement inspirée, priant tout particulièrement la Vierge et le Christ… – autant de vertus qui lui furent utiles aux Canaries, où il fit la démonstration de sa charité et de sa quête du martyre. Sa foi, son zèle et toutes ses excellences dans la pratique en firent un « ange », pour la confusion des incrédules et le salut des hommes par l'accomplissement de miracles. Puis ce furent la mort et le corps à la chair impassible, admirée des fidèles de plus en plus nombreux à bénéficier des pouvoirs thaumaturgiques du saint.

LES QUALITÉS

Parmi les éléments factuels propres à bâtir la sainteté de Diego, les conditions de sa naissance ont pu contribuer à fixer une ligne hagiographique : celle de l'humilité du saint, qui prendrait racine dans la modestie de son origine. Diego n'était ni noble, contrairement à sainte Léocadie de Tolède, ni extrait d'un lignage saint comme les enfants Just et Pasteur d'Alcalá de Henares. Il fut même difficile de prouver qu'il était bien né à San Nicolás del Puerto lors de la première enquête de 1565, tant les archives comme la mémoire des lignages n'en avaient retenu aucune trace. La modestie de sa naissance, toujours soulignée, ne suscita aucun commentaire de la part d'Ambrosio de Morales tandis que les premiers hagiographes de la canonisation et ceux d'après insistèrent sur la simplicité qui rend noble. Selon Galesini, la pauvreté des parents était une vertu anticipant toutes les autres chez Diego. Or, la vertu étant la source de la véritable noblesse, selon un adage ancien présent dans les satires romaines de Juvénal et repris par certains clercs au bas Moyen Âge[11], Diego apparaissait ainsi de condition noble pour Cetina. Pour ce dernier, les parents de Diego étaient nobles car la vraie noblesse vient de la vertu et riches car la vraie richesse ne provient que de la pauvreté[12]. La condition de cette noblesse étant la simplicité qui prédispose à la vertu de piété, les hagiographes ont tous souligné l'éducation pieuse et

11 André Vauchez, *La Sainteté en Occident aux derniers siècles du Moyen Âge d'après les procès de canonisation et les documents hagiographiques*, Rome, École Française de Rome, 1981, p. 204.

12 Melchior de Cetina, *op. cit.*, f. 5.

chrétienne que les parents avaient veillé à lui donner. Antonio Rojo, le plus tardif des hagiographes, ayant écrit pour le deuxième centenaire de la mort du moine convers, tenta cependant de le relier vaguement à quelques hidalgos mais sans pour autant dévier de la ligne fixée par la bulle de canonisation, selon laquelle la modestie de la naissance de Diego n'avait rendu ses vertus que plus crédibles[13].

Le second fait notable fut le départ de Diego pour un ermitage situé non loin de son village d'enfance, sur le flanc d'une colline. Un vieil ermite, que les hagiographes dépeignent comme un saint homme, fut le mentor spirituel de Diego. Si l'âge ne fut jamais précisé avec exactitude, Morales et ses successeurs les plus proches situèrent toutefois le départ à l'adolescence, « *adolescens eremiticam vitam ducens*[14] », ce qui demeure assez vague. En revanche, les hagiographes du XVIIe siècle, tels que Cetina et Rojo, en firent un *santo niño*[15], ajoutant ainsi une preuve à l'élection divine de Diego, choisie dans son âge tendre pour se perfectionner en vertus, ainsi éveillé à l'entendement à peine entré dans le monde, tel Samuel, placé par ses parents auprès d'un ermite. La période de l'ermitage fut donc comme un apprentissage de ses mérites à venir, faisant de Diego un « nouveau soldat du Christ » – *nouus Christi miles*[16]. Il s'exerça à la charité en portant secours aux pauvres, étant pauvre lui-même, distribuant les aumônes qu'il recevait lors de ses passages dans le village, et les nourrissant avec les récoltes de la terre qu'il cultiva dès son arrivée. Il connut aussi l'abstinence, les travaux journaliers, les exercices spirituels et la contemplation au cours de cette vie solitaire. Quelques principes vertueux forts de la vie de Diego furent dès lors posés et une anecdote vient clore cet épisode. Alors que Diego avait pris sa décision de rejoindre l'Ordre franciscain, il trouva, sur le chemin de l'ermitage, une bourse bien remplie. Il se dépêcha de la rapporter au village et retrouva son propriétaire, ayant ainsi résisté à la tentation de déroger à son vœu de pauvreté. Cette anecdote apparaît dans un témoignage du procès et est

13 *Magnum Bullarium romanum*, *op. cit.*, p. 635 : « *Nimirum quemadmodum ex pauperibus & contemptis plerumque hominibus humili & obscuro loco natis, nullis artibus, nulla eloquentia instructis, nullo denique humanae potentiae praesidio communitis, tamquam ex abiectis & reprobatis lapidibus, tanta fiat moles, tam pulchra, tam ornata, tam fortis, tam stabilis, in tantam demum confurgat altitudinem, ut ipsae inferorum portae, eius tobur ac firmamentum, nec perhorrescant.* »

14 *Ambrosii Morales Opuscula*, *op. cit.*, p. 206.

15 Antonio Rojo, *op. cit.*, p. 63.

16 *Magnum Bullarium romanum*, *op. cit.*, p. 636, col. A.

reprise par le frère franciscain Gabriel de Mata qui fut chargé de faire le récit de la fête de la canonisation de saint Diego, donnée à Alcalá de Henares en 1589. Chez Mata, la tentation démoniaque est un fait récurrent. La main du Diable est omniprésente mais échoue toujours.

Le choix d'une vie d'ascèse fut ensuite la confirmation de son élection puisqu'il manifesta l'ardent désir d'imiter saint François, selon Peña. Son entrée dans l'ordre, au monastère d'Arizafa, près de Cordoue, fut aussi marquée par la simplicité puisqu'il demanda l'habit de moine convers. Il ne ménagea pas sa peine, ni en cuisine, ni au potager, et toujours il travaillait sans relâche, obéissant et accomplissant ainsi son noviciat, non par orgueil (*superbia*) mais avec humilité. Il fut ensuite accueilli dans l'ordre par ses frères et le récit de sa vie insiste sur son exemplarité. Celle-ci consistait, pour les hagiographes, dans un premier temps, en prières et dévotions, toutes particulières à l'endroit de l'Eucharistie, à l'imitation de la vie du Christ et de sa Passion, ainsi que de la Sainte Vierge. De là apparaissent les deux attributs du saint : la croix en roseau et le rosaire.

PREMIERS PRODIGES

Apprécié et considéré par ses frères, il fut décidé de l'envoyer au monastère de San Francisco à Séville, l'un des plus prestigieux de l'Ordre. De nouveau, il accomplit, avec zèle et obéissance, les tâches de sa condition de frère lai. Les premiers prodiges remontent à cette époque où le jeune frère s'était mis à vénérer une ancienne image de la Sainte Vierge, *Nuestra Señora de la Antigua*, et venait quotidiennement prier dans sa chapelle où il commença à faire porter les pauvres malades en attente de secours en les soignant avec l'huile des lampes : ce fait miraculeux fut rapporté dans la bulle de canonisation (« *mirabiliter sanabat* »). Un autre miracle fut également précocement admis pour le procès de canonisation et figure dans la bulle : Diego sauva un jeune enfant des flammes – les récits divergent fortement sur l'âge et le caractère de l'enfant ainsi que sur les circonstances du drame –, par l'intercession de l'image de la Vierge. Cette anecdote fut une pièce importante du procès en révélant l'existence d'un miracle du vivant du saint et pas seulement après sa mort, confirmant ainsi son caractère d'élu.

Un autre signe de la dignité supérieure de Diego vient de ce que dès la canonisation, puisque cela apparaît avec la bulle et non avec la première hagiographie dressée par Morales, Diego s'était montré très attaché aux pénitences et aux mortifications pour mieux imiter les souffrances du Christ mais aussi pour fuir les tentations diaboliques. Aussi certains hagiographes évoquent-ils les souffrances du cilice, de la discipline et du jeûne dès l'entrée au monastère d'Arizafa. Sans préciser le lieu mais en insistant bien sur le combat contre Satan, la bulle évoque donc rapidement les pratiques du saint[17].

Le caractère de sainteté suivant fut celui du martyre, très présent dans la bulle de Sixte Quint. Toujours obéissant, le frère lai Diego avait accompagné le frère Juan de Santorcaz à Fuerteventura, une des îles Canaries où les Franciscains avaient fondé un monastère. Il reçut alors l'insigne distinction d'en être le Gardien. D'après le témoignage de Santorcaz, son séjour fut l'occasion d'un prodige – alors que l'accès au clocher était fermé, la cloche que le sacristain avait oublié de faire sonner pour prier la Vierge, sonna –, et surtout d'évangéliser, ce qui n'était pas dans ses attributs au regard de son peu de science en la matière. Or, les hagiographes s'appuient sur les témoignages de certains franciscains et professeurs d'Alcalá de Henares ayant connu Diego pour démontrer qu'il était capable d'enseigner la doctrine, de discuter des points de théologie en vertu d'une science céleste. Diego, l'élu, était donc divinement inspiré[18]. Ce fut encore aux îles Canaries que Diego s'illustra dans la poursuite de sa vocation en recherchant, selon les tout premiers hagiographes, la palme du martyre. Décidé à rejoindre la Grande Canarie pour y répandre la parole du Christ au sein d'une population « idolâtre », récemment conquise et jugée barbare, il voulut se rendre sur l'île mais les marins refusèrent d'accoster pour épargner la vie de Diego et en furent même empêchés par une subite tempête.

Il retourna donc à Séville mais pour peu de temps seulement car il fut envoyé à Rome pour le jubilé et la canonisation de saint Bernardin de Sienne. Avant de partir, cependant, un autre miracle se produisit de son vivant : sur la route menant de Séville à Sanlúcar de Barrameda, en

17 *Ibid.*, p. 635, col. B, & 7 : « *Corpus igitur & carnem suam illecebram peccati labore, ieiuniis fere continuis & flagellis castigabat, & in seruitutem redigebat.* »

18 *Ibid.*, p. 635, col. B, & 8 : « *In ea igitur schola diuinitus eruditus vir alioqui plane rudis, & literarum minime sciens, admirandum in modum de rebus diuinis loquebatur, sensusque mirificos porferebat, ita ut viri eruditissimi, qui in sacrae Theologiae studiis aetatem contriuerant, summopere obstupescerent ; illudque memoriae traditum est, & graui testomonio comprobatum, doctos & pios viros cum abstrusas & perdifficiles quaestiones, ad res diuinas, animarumque salutem pertinentes cum eo familiariter communicarent, id ab homine literarum experte cumulate didicisse quod in celeberrimis Academiis a magnis Doctoribus addiscere nequiuerant.* »

compagnie du frère Esteban de Sanlúcar, qui témoigna lui aussi, les deux frères ne se virent offrir aucun remède à leur soif et à leur faim, et devant la grande faiblesse de son frère, Diego l'exhorta à avoir confiance en Dieu, conseil immédiatement suivi de la présence miraculeuse d'un panier de victuailles posé au bord du chemin. À cette époque, Diego bénéficiait déjà d'une réputation de saint homme. Il fit encore la démonstration de son obéissance et de son dévouement à Rome où se trouvaient plus de trois mille franciscains venus pour la canonisation du frère Bernardin de Sienne, décédé en 1444. Il y eut alors une épidémie et Diego soigna ses congénères dans le monastère franciscain de l'Araceli (comportement de moine guérisseur, prémices de sa thaumaturgie).

De retour de Rome, Diego exerça de nouveau ses talents de jardinier pendant un certain temps et dans des lieux sur lesquels les hagiographes ne s'attardent pas, n'ayant rien à produire de probant et d'inédit. L'ordre de l'archevêque de Tolède, Alfonso Carrillo, donné à Diego de rejoindre le tout nouveau monastère de Santa María de Jesús à Alcalá de Henares, fut, en revanche, une preuve de la considération dans laquelle le tenait le prélat puisque ce lieu ne devait être réservé qu'aux franciscains les plus remarquables. Diego, âgé d'une cinquantaine d'années, n'avait plus la force alors d'entretenir les jardins et fut nommé portier, dont l'une des attributions était de répartir les aumônes aux pauvres. Mais les nécessités étaient telles que le frère détourna une partie des provisions de la cuisine, fut dénoncé par le cuisinier et au moment d'être confondu par son supérieur, les pains qu'il portait dans sa tunique apparurent transformés en rose. Ce fut dans le même monastère, après avoir souffert dans sa chair – un abcès au bras – que le moine s'éteignit le 12 novembre 1563. Son corps présenta alors des signes de sainteté, demeurant frais, flexible et dégageant une odeur suave.

Déjà apprécié de son vivant en raison du secours continuel qu'il apportait aux pauvres en leur distribuant du pain, la présomption de sa sainteté s'affirma davantage encore du temps de son agonie et après sa mort. L'odeur suave et l'incorruptibilité de son corps en témoignèrent. À la fin de sa vie, le moine avait souffert d'une douloureuse tumeur suppurante au bras gauche dont fut tirée une quantité importante de matière et surtout de sang « *che non puzzaua, come suole, ma pareua che piu hauesse un buono, e soaue odore*[19] » / « *suauissimum odorem contra naturæ*

19 Pietro Galesini, *op. cit.*, VI, p. 79 : « qui ne puait pas, comme c'est souvent le cas, mais semblait plutôt avoir une odeur bonne et douce. »

ordinem efflabat[20] ». Les premiers hagiographes, cités auparavant, ont insisté également sur l'absence de raideur cadavérique. Après le décès, le corps de Diego fut d'abord enterré dans le cimetière puis, quatre jours plus tard, déterré et placé dans l'église. L'archevêque de Tolède, Alfonso Carrillo, constata alors que le corps était demeuré souple, la chair pâle, le visage beau – « *nunca pareció su rostro mas hermoso*[21] » –, les membres « merveilleusement » flexibles :

> *Il suo corpo che s'era fatto nero per il digiuno, per l'astinenza, e per il mancamento del cibo, dopò la morte diuenne bianco, la faccia non pareua d'un morto, ma d'un huomo viuo, le commissure delle membra, delle dita, et delle mani, erano cosi flessibili, che si moueuano, douunque fossero voltare, ne parte alcuna di quel corpo resto indurita di freddo, come suol fare il corpo humano, poi ch'è priuo del suo calore*[22].

A posteriori, la chair impassible de Diego faisait écho à la corporéité *post mortem* de saint Hilarion, saint également thaumaturge auquel Diego fut associé par ses hagiographes, car, selon saint Jérôme, hagiographe de saint Hilarion, le corps du saint palestinien serait resté intact plusieurs mois après son décès, dégageant une odeur suave. Peña évoque également, quant à lui, une comparaison possible avec l'évêque de Cantorbéry, saint Edme, dont le corps était resté plusieurs jours sans sépulture, frais, rose, sans mauvaise odeur et sans raideur. Fait digne de mémoire, selon Galesini, que celui de cette chambre mortuaire qui embaumait d'une odeur agréable dont la suavité signifiait une vie sainte contraire à une vie de péché puisque « *si trouorono nelle immonditie de i peccati, non puotero participar di quella soauità, se non dopò, che se ne furono confessati*[23] ».

20 Francisco Peña, *op. cit.*, p. 33 : « odeur douce contre-nature ».

21 Antonio Rojo, *op. cit.*, p. 133 : « Jamais son visage ne parut plus beau ».

22 Pietro Galesini, *op. cit.*, p. 96 : « Son corps, noirci par le jeûne, l'abstinence et le manque de nourriture, devint blanc avec la mort, le visage ne ressemblait pas à celui d'un mort, mais à celui d'un homme vivant, les articulations des membres, des doigts et des mains étaient si flexibles qu'elles bougeaient, peu importe où elles étaient tournées, et aucune partie de ce corps ne restait durcie par le froid, comme le fait habituellement le corps humain lorsqu'il est privé de sa chaleur. »

23 *Ibid.* : « ce qui est souillé de péchés ne peut prétendre à cette suavité sauf à se confesser. »

MORT D'UN SAINT HOMME ET CAUSE D'UN BIENHEUREUX

PREMIERS INDICES DE SAINTETÉ ET MATIÈRE HAGIOGRAPHIQUE

En raison des nombreuses démonstrations de piété à l'égard du frère mineur et de ses miracles qui firent affluer une foule nombreuse à Alcalá – « *un gran tumulto de gente en la dicha yglesia*[24] » – mais aussi en mémoire de sa vie exemplaire au service de l'Ordre et des pauvres, une information fut rapidement entamée dès le 16 novembre 1463 (quatre jours après la mort du frère) par le notaire apostolique et secrétaire de la chambre du roi, Juan Diaz. Cette information ou *ynquisicion* s'est poursuivie jusqu'en 1467 et il en est demeuré le récit « certifié » de cent trente miracles ainsi que de nombreux témoignages de frères franciscains et d'autres sur la vie de Diego. Toute la matière de l'hagiographie de Diego se trouve dans cette information dont l'original a été perdu. Les documents originaux du dossier, clos en 1467, furent sans doute conservés dans le palais archiépiscopal d'Alcalá de Henares où se trouvait également une partie des archives d'État depuis 1858. Après l'incendie de 1939, qui affecta le bâtiment et sans doute une partie des fonds, le fameux dossier aurait disparu[25]. Une copie, réalisée au XVIe siècle, demeure toutefois dans le fonds des manuscrits castillans de la Bibliothèque royale de San Lorenzo de El Escorial, sous la cote &-II-14. Cette copie se présente sous la forme d'un livre relié en parchemins de cent quatre folios, en lettres semi-gothiques et enluminées, et a été réalisée au début de l'instruction du dossier du procès de canonisation, sur la demande du prince Carlos, au moins entre 1563 et 1567[26]. Ces témoignages furent essentiels lors du procès de canonisation, permettant ainsi de fournir des éléments

24 « Un grand tumulte de personnes dans ladite église ». Voir Biblioteca Real de San Lorenzo de El Escorial [BRE], &-II-14, *Este es un traslado bien y fielmente sacado de ciertas scripturas originales en que se contienne la muy sancta Vida y milagros del bien aventurado Sancto fari Diego de Sant Nicolas de la Horden de señor sant Francisco signadas de muchos notarios apostolicos y publicos. El quel dicho traslado se hizo sacar por mandado del muy alto y muy poderoso Princepe Don Carlos nuestro señor suthenor del qual es este que se sigue.* (f. 2v).

25 L. J. Andrew Villalon, « San Diego de Alcalá and the Politics of Saint-Making in Counter-Reformation Europe », *The Catholical Historical Review*, 83, 4 (oct. 1997), p. 692.

26 BRE, & II-4, *op. cit.*

de la sainteté tangibles, au regard de l'Église, et contemporains de la mort de Diego.

Il s'ensuit que le moine Diego, sans instruction et de condition modeste, était décédé le 12 novembre 1463 au monastère de Santa María de Jesús à Alcalá de Henares, où, en dépit de sa modeste fonction de portier, il avait été appelé en raison de sa réputation de saint homme par l'archevêque de Tolède, Alonso Carrillo. Tenu en haute estime par ses frères et responsable de quelques miracles de son vivant, il fut surtout connu des habitants d'Alcalá de Henares et de ses environs pour tous les secours apportés aux pauvres et aux malades. À tel point que l'annonce de sa mort ne laissa pas indifférente une foule de gens venue lui rendre un dernier hommage, le considérant déjà comme un saint homme, comme le prouvait d'ailleurs l'indice merveilleux de l'impassibilité de sa chair. Juan Diaz, notaire apostolique, fut témoin de l'exhumation et, comme d'autres témoins, dont le seigneur don Gomez Manrique, *mayordomo mayor* de l'archevêque, le maître ès arts Pedro Lopez et le noble chevalier Juan de Loyasa, il put constater le très bon état de conservation du corps :

> *el dicho notario ve ya e todos lo que eran pressentes el qual dicho cuerpo del dicho san Diego bien aventurado estava sin olor [...] olia de muy suave y buen olor y su cabeça y miembros bracos manos y todos y piernas y pies se podian menear como los el dicho señor gomes manrrique meneava y asimismo verdaderamente se pueden menear los miembros de ome bivo [...] parecia ser maravillosa cosa*[27].

Ce premier indice fut le véritable déclencheur de l'information et, sur la demande de Carrillo, l'authentification des témoignages commença. Le tout premier fut celui de Juana, l'épouse de Manrique Mendoza. Également présente les premiers jours de l'exposition, Juana de Manrique avait entendu parler des mérites de Diego et décida de s'en remettre à son intercession pour se guérir d'un mauvais rhume et de fortes fièvres qui ne la quittaient pas depuis deux mois. Elle se rendit donc dans la chapelle, s'agenouilla devant le corps exposé du frère et pria avec ferveur et dévotion. Alors qu'elle se relevait, « *le quitó el frio*[28] ». Dès les premiers

27 *Ibid.*, f. 2r : « Ledit notaire vit alors, ainsi que tous ceux qui étaient présents, que ledit corps dudit saint Diego bienheureux était sans odeur [...], sentait une odeur douce et bonne et sa tête ainsi que ses membres – bras, mains, jambes et pieds – pouvaient être bougés ainsi que le fit ledit seigneur Gomez Manrique, comme peuvent vraiment être remués les membres d'un homme en vie [...] ce qui parut une chose merveilleuse ».

28 *Ibid.*, f. 2v : « elle cessa d'avoir froid ».

jours, la tombe de Diego devint un lieu de miracles et les témoignages suivants en montrent d'emblée la diversité. Alvaro de Gaa, grand écuyer de l'archevêque, avait un fils malade qui demanda à voir Diego pour être soigné, sans savoir que le frère venait de mourir. Une fois porté dans la chapelle, l'enfant fut témoin de l'apparition de Diego, une croix sur la poitrine. Le même Alvaro de Gaa témoigna aussi de la résurrection de la fille de l'une de ses servantes qui avait porté son enfant mort dans la chapelle et avait imploré le saint. Il y eut aussi un prodige raconté par le frère Pedro, cuisinier du monastère, lequel, alors qu'il était chargé d'allumer les cierges dans la chapelle où se trouvait Diego, vit, ainsi que d'autres ensuite avec lui, « *un gran resplendor que parescia nuve mas Clara que el sol*[29] ». Dans les hagiographies produites après la canonisation, ce prodige fut dit avoir été aussi repéré dans le ciel de Medinaceli et de Cuenca. Enfin, un habitant d'Alcalá, subitement pris d'une grande douleur à la jambe, se rendit dans la chapelle, pria pour les mérites de Diego et ressentit dès lors une grande chaleur dans la jambe. Et ce fut sur la base de bien d'autres miracles et de témoignages portant sur la vie exemplaire de Diego que naquit sa réputation de bienheureux et que se développa son culte.

L'exposé de ces miracles, parfois courts d'un paragraphe ou longs de plus d'une page, donne toujours l'identité du notaire apostolique qui reçoit le témoignage (le plus souvent Juan Diaz, mais parfois aussi devant d'autres notaires apostoliques tels que le chanoine de l'église de Sigüenza Juan Gutierrez et Diego Alvarez de Molina), la personne qui se présente (son nom et sa provenance), le mal dont elle souffre, en renseignant assez rarement sa temporalité, et les circonstances de sa guérison. À l'issue du récit, les témoins devaient prêter serment : « *juramento* [...] *sobre la señal de la cruz y palabras de los sanctos y vangelios y lo cargo del pregunte si era verdad que* [...][30]. » L'examen se terminait ensuite par la certification du témoignage par divers témoins. Or, Juan de Loaysa est celui qui a le plus souvent confirmé un témoignage, mais aussi le Dr. Pedro Diaz, *oidor* du roi, Lopes de Huepte, Pedro Sánchez, etc. Dans le cas d'un témoignage indirect, le notaire pouvait exiger d'entendre

29 *Ibid.*, f. 3v : « un grand rayonnement qui ressemblait à un nuage plus brillant que le soleil ».

30 *Ibid. :* « [le témoin a prêté] serment [...] sur le signe de la croix et les paroles des saints et des évangiles et a été chargé de répondre à la question de savoir s'il était vrai que [...] ». Cette formule revient à chaque témoignage.

directement la personne ce qui fut le cas lorsque Juan Diaz demanda à voir le jeune fils du grand écuyer de l'archevêque :

> *y yo el dicho juan dias notario apostolico por mayor verificacion de lo susodicho dixe al dicho alvaro de gaa que me mostrase al dicho niño hijo suyo para que queria hablar con el e oyr lo que el me diria cerca de lo quel dicho Alvaro me ha dicho y notificado y luego*[31].

Enfin, concernant les témoignages sur la vie de Diego, les personnes interrogées occupaient des fonctions importantes dans les différentes institutions de la ville, de l'Ordre, ou étaient de simples religieux franciscains ayant connu Diego. Le 7 mai 1465, le bachelier Martin Gonçales, juge et vicaire en la cour et *audiencia* de l'archevêché d'Alcalá, se présenta pour dire que dix-huit ou dix-neuf ans plus tôt, il avait connu le frère Diego et témoigna qu'il avait été un franciscain « *con muy gan fee e humildad e perfecion e buena vida e tanto perfeto en la fee y obedencia y caridad y humildad y perfeta pobreza*[32] ». Bien d'autres témoignages ont aussi permis d'accréditer certains miracles arrivés du vivant du frère (voir ci-dessous). En plus des éléments biographiques et des miracles signifiant l'élection divine de Diego, il convenait aussi de prendre la mesure des dévotions, non seulement celles consistant à aller pieusement prier mais aussi les multiples signes de gratitude pour rappeler la promesse des miraculés à prier toujours le saint homme, en venant déposer des ex-votos, le plus souvent en cire, pouvant représenter un bras ou une jambe, comme cela fut attesté pour la fille du roi de Castille Henri IV selon le récit qui suit.

DES PROMOTEURS INFLUENTS

Diego, après avoir passé une vie exemplaire à soulager les pauvres et les infirmes, devint un thaumaturge. De nombreux témoignages de guérison furent recueillis, entre 1463 et 1467, suite à l'évidence supposément irréfutable du pouvoir guérisseur du moine défunt et des nombreux prodiges survenus après sa mort. Quelques soutiens de poids

31 *Ibid.*, f. 3v : « et moi, ledit Juan Dias, notaire apostolique, pour attester grandement de ce qui a été dit auparavant, dis audit Alvaro de Gaa qu'il me montre son dit petit garçon afin de parler avec lui et entendre ce qu'il a à me dire au sujet de ce que ledit Alvaro m'a dit et notifié. »

32 *Ibid.*, f. 10r : « d'une grande foi, humilité, perfection, bonne vie et parfait dans la foi, en obéissance, charité, humilité et parfaite pauvreté. »

furent cependant nécessaires pour appuyer la cause de Diego ou tout du moins initier le fondement de son culte. Dans un premier temps, deux semaines après la mort de Diego, le roi Henri IV de Castille, ayant eu connaissance des prodiges, se rendit à Alcalá de Henares dans l'espoir d'être guéri d'une douleur au bras par l'intercession du moine. Devant le corps exposé dans la grande chapelle, le roi trouva admirable l'état de conservation du corps, sa souplesse et son odeur, affirmant être témoin d'un signe divin[33].

À l'instar de Sixte Quint dans sa bulle de canonisation, qui précise d'emblée le rôle précurseur d'Henri IV dans l'émergence du culte, Melchor de Cetina, hagiographe tardif (1609), est celui qui a le plus insisté sur le caractère politique de la promotion de Diego de Alcalá, en développant, dans l'épître de ses *Discursos sobre la vida y milagros de... san Diego*, les faits entourant la dévotion d'Henri IV. Celui-ci, devenu fort dévot à l'endroit de cette sainte dépouille, et ayant fait de Diego son avocat après le soulagement de son mal, ordonna l'aménagement d'une chapelle, près de la porte de l'église, pour la conservation « décente » et « plus sûre », dans une châsse « *muy preciosa* » et barrée de fer, et pour le culte de la dépouille de Diego, « *donde comodamente fuesse visitado de los muchos peregrinos que de todas partes le venian a visitar*[34] ». Quelque temps plus tard, Juana, la fille du roi, souffrant d'un mal persistant à la tête et à la gorge, fit le déplacement à Alcalá de Henares avec son père qui la recommanda à Diego. Devant l'admiration de tous, selon Cetina et les premiers hagiographes, la prière de l'infante fut suivie de sa guérison. Le roi rendit grâce ensuite au saint en faisant placer dans la chapelle une petite statue, un ex-voto représentant Juana.

L'autre promoteur d'importance fut Alfonso Carrillo, archevêque de Tolède de 1446 à 1482. Fondateur du monastère de Santa María de Jesús, que Diego intégra dès la fondation en 1453 ou dès l'achèvement en 1456, le prélat avait été non seulement un homme de cour ambitieux, mêlé à ses intrigues, mais aussi un ardent défenseur de la foi qui pensait pouvoir la restaurer avec ce monastère, appelant à lui tous les frères de l'Ordre séraphique dignes de sagesse et de sainteté. Or, Diego, bien que

33 Francisco Peña, *op. cit.*, p. 39 : « *Quamobrem Henricus Castellæ Rex cum ad venerandum beatum vitum (ut suo loco dicemus) accessit, odoris iucundissimi præstantiam, qui ex eius corpore fluebat, admiratus, non esse illum visitatum aut vulgarem, sed plane diuinum affirmauit.* »

34 Melchior de Cetina, *op. cit.*, épître : « où il fut commodément visité par les nombreux pèlerins qui venaient de toutes parts pour le voir ».

simple moine convers, s'était illustré dans les Canaries et à Rome, et sa réputation de saint homme étant parvenu à l'archevêque, il aurait reçu l'ordre de quitter Notre-Dame de la Salceda pour rejoindre le monastère d'Alcalá. Attentif à la vie du saint, l'archevêque fut l'un des témoins de la conservation contre-nature du cadavre de Diego et l'initiateur de la première information, rassemblant cent trente prodiges.

LA NATURE DES MIRACLES

Il n'était pas question alors de faire du miracle un préalable à sa canonisation comme l'imposa plus tard Paul V mais de le reconnaître, à l'instar des vertus exemplaires, comme une grâce divine donnée au peuple chrétien et en particulier à ceux de la région de Tolède et d'Alcalá pour autoriser le culte et les pèlerinages sur la tombe de Diego. Ces miracles soigneusement recensés eurent valeur de preuves pour la confusion des sceptiques qui, selon Galesini, ont besoin de voir pour croire, en apportant la démonstration publique de leur authenticité attestée et consignée :

> *con le voci di quasi tutta la Spagna publicamente manifestati : confermati con publiche scritture sigillate : celebrati da ragionamenti de i grandissimi huomini, et stabiliti da molto tempo in qua col consenso quasi di tutti, et specialmente de i cittadini d'Alcalá, et di Toledo*[35].

Et ces mêmes miracles furent « *approuati dall'autorita della sacrosanta Sedia Apostolica*[36] » après 1563 dans le cadre de la procédure, si bien qu'un certain nombre d'entre eux figurent dans la bulle de canonisation.

En vertu des trois sortes de miracles admis, furent accomplis par intervention divine au moyen de l'intercession du bienheureux Diego, des miracles surnaturels tels que guérisons et résurrections, des prodiges contre-nature comme l'incorruptibilité de la chair, ainsi que, pour finir, des effets divins tels que mutation de la matière et apparition. Certains furent même établis du vivant de Diego : à Séville, l'enfant pris au piège dans les flammes du four où il s'était caché pour échapper à sa mère et

35 Pietro Galesini, *op. cit.*, p. 94 : « avec les voix rendues publiques de quasiment toute l'Espagne : confirmées par des écrits publics scellés : célébrées par les réflexions des plus grands hommes et établies, depuis longtemps, avec le consentement de presque tous, et surtout des citoyens d'Alcalá et de Tolède. »

36 *Ibid.* : « approuvés par l'autorité du Très-Saint-Siège apostolique ».

dont la chair fut préservée de la morsure du feu par la prière de Diego à la Vierge ; ou encore l'apparition de Diego, déjà évoquée plus haut, au jeune fils du grand écuyer. L'avènement d'un tel miracle fut alors répandu dans toute la ville. Enfin, ce prêtre incrédule, tenant dans sa main un bout de la tunique du moine, fut confondu par la transformation de la matière, imprégnée subitement d'eau comme une transpiration. Toutefois, les miracles les plus nombreux advinrent après la mort de Diego et les premiers hagiographes n'en retinrent qu'un échantillon sur les cent trente collectionnés. Pietro Galesini en expose environ soixante-dix qui renvoient tous au caractère thaumaturgique du saint. Les miraculés appartiennent à toutes les catégories sociales, depuis le roi Henri IV, un chevalier de Saint-Jacques, jusqu'à de modestes enfants, et donc indépendamment de l'âge et du sexe. Donc, ces enfants, ces femmes, ces hommes et vieillards, habitant Alcalá de Henares, ses environs, voire plus loin, jusqu'à Tolède, ont pour point commun une maladie grave leur infligeant des douleurs paralysantes ou déformantes. Ces souffrances sont le plus souvent récentes, de quelques jours à quelques mois, de même que la privation d'un sens qui n'apparaît jamais de naissance. Mais le paroxysme des douleurs évoquées, affectant profondément leur équilibre naturel au point de les faire passer pour mort ou privés de leur esprit, et les recours aux médecins et remèdes de bonnes femmes ayant été épuisés, apportant ainsi la preuve du miracle sur la nature, ces malades finissent par réclamer l'intercession de Diego dont ils ont ouï dire qu'il faisait des miracles.

C'est, dans un second temps, la rumeur qui guide ces désespérés vers l'autel, entamant parfois au péril de leur vie le déplacement jusqu'à la chapelle du faiseur de miracles. La chapelle, et donc la sépulture de Diego, sont les cadres principaux de la troisième étape du miracle, la presque totalité des cas ayant nécessité le contact avec le lieu, voire avec la châsse. Enfin, le quatrième temps est celui de la prière invoquant Dieu, la Vierge ou encore le Christ par l'intermédiaire de Diego puis, pour finir, le temps de la guérison, immédiat, retardé à la nuit suivante ou à l'issue de la neuvaine. L'échantillon retenu par Pietro Galesini permet d'établir la liste suivante, conforme à celle qui pourrait être tirée de l'information de 1463-1467, par ordre décroissant d'importance, des maladies miraculeusement guéries par l'invocation à Diego dans les quelques années qui suivirent son décès : les plus fréquentes furent les fièvres et un mal de tout le corps et de l'esprit au point de ne pouvoir quitter le lit, viennent ensuite les paralysies, totales ou partielles (celle d'une jambe le plus souvent), parfois liées à des troubles cardiaques, la privation d'un sens (cécité et surdité), un membre douloureux comme la jambe, les mains, un bras, le dos, le ventre et la tête, puis la lèpre, une déformation physique, des résurrections et des cas de démence démoniaque. Voici donc brossé à grands traits le matériau hagiographique revitalisé au temps de la guérison de l'infant don Carlos et ensuite pour le procès.

PROCESSUS HAGIOGRAPHIQUE ET CANONISATION

UN AUTRE MIRACLE ROYAL

D'après la seconde moitié du manuscrit de la Bibliothèque laurentine, de nouveaux miracles furent attestés, contemporains de la guérison de l'infant, signifiant ainsi la pérennité de l'action du saint. La bulle de Sixte Quint mentionne en particulier l'histoire de María de Peñuela, en 1555, à laquelle le manuscrit susmentionné consacre trente folios sur cent neuf, miracle notoire s'il en est par son caractère récent. Francisco Peña, en auditeur de la Rote soucieux d'apporter la preuve, lui accorde plus tard un long développement[37]. Le cas de María de Peñuela, qui fit l'objet de plusieurs examens pour en vérifier l'authenticité, est celui d'une jeune femme, une *virgina* selon la bulle, originaire d'Alcalá de Henares et fille de Pedro Hernandez de Peñuela, homme noble et aisé, laquelle avait assisté à l'âge de dix-huit ans, en 1554, à l'agonie de son amie María Osorio. Après cette expérience douloureuse, elle ne fut plus qu'un corps souffrant, souvent prise de convulsions, de crises d'épilepsie et de violents maux de tête. Pendant dix à douze jours de ce paroxysme, plusieurs remèdes furent envisagés par les médecins : purgations, saignées, onctions, médication, etc., mais son corps fut encore plus la proie de grands tourments au point de détraquer tous ses nerfs et de paralyser la moitié gauche de son corps après chaque crise. Les onze mois que durèrent ses souffrances ne connurent aucun répit et les reliques utilisées furent de peu de secours. Puis, ayant

37 Francisco Peña, *De vita miraculis…*, *op. cit.*, p. 95-103.

eu connaissance des miracles de Diego qu'elle tenait en grande dévotion, elle pria ardemment son intercession. Le 14 mai 1555, à neuf heures du soir, ses parents la firent porter dans la chapelle et elle implora le saint homme d'écouter sa prière. Elle fut prise alors de nouvelles convulsions qui durèrent une heure puis, progressivement, elle retrouva son équilibre devant tous les présents, stupéfaits. Elle demanda alors à être plus proche de la sépulture et pria. Après cela, elle se leva et couvrit l'arche de ses bras. Elle se rendit ensuite à genoux à l'autel pour rendre grâce au Seigneur et à la Vierge. Les cloches sonnèrent et la population d'Alcalá accourut pour constater le miracle. Cependant le miracle se prolongea et Diego s'adressa à la jeune femme, lui disant qu'il avait bien entendu ses prières et ses dévotions et comme elle avait reçu l'Eucharistie, il la délivrait de ses maux. Après cela, la jeune femme se fit religieuse et entra au couvent de San Juan de la Penitencia.

En plus d'autres miracles récents, le manuscrit « *escurialense* » ne dit rien cependant du miracle royal. Il faut attendre les premières hagiographies pour prendre la mesure du récit officiel de la guérison du prince. Une documentation parallèle – rapports des médecins et correspondances diplomatiques – se joignant à la documentation publique des hagiographies, il est possible de reconstituer les événements de la guérison miraculeuse comme suit[38]. Tout d'abord, l'infant don Carlos, fils unique du roi d'Espagne, né en 1545, se trouvait à Alcalá de Henares pour y poursuivre ses études, bien trop souvent négligées, en compagnie de son oncle don Juan d'Autriche et d'Alexandre Farnèse. Logeant au palais archiépiscopal, lequel servait à l'occasion de résidence royale, Carlos se blessa gravement à l'arrière de la tête en tombant dans un escalier, le 19 avril 1562. Souffrant d'une plaie ouverte au niveau de l'os occipital, le mal empira sous l'effet d'une infection qui gagna tout le visage et le cou. Les médecins, en particulier ceux du roi, dont le célèbre Vésale, inspectèrent et nettoyèrent la plaie, mais en vain[39]. La fièvre n'ayant pas quitté le prince, qui se trouvait à ses dernières extrémités, les médecins suggérèrent, le 2 mai, de lui donner les

38 Sylvène Édouard, « La relique de Diego de Alcalá, une relique de roi », dans Albrecht Burkardt et Jérôme Grévy (dir.), *Reliques politiques*, Rennes, Presses Universitaires de Rennes, 2020, p. 121-132, et L. J. Andrew Villalon, art. cité.

39 Ces opérations sont bien connues grâce aux rapports laissés par les médecins Chacón et Olivares : D. Daza Chacón, « Relación verdadera de la herida de cabeza del Serenísimo Príncipe D. Carlos nuestro Señor, de gloriosa memoria, la cual se acabó en fin de Julio del año de 1562 », *Colección de Documentos Inéditos para la Historia de España* [CODOIN], 18, p. 537-563 et S. D. Olivares, « Relación de la enfermedad del

derniers sacrements. Mais don Carlos, qui avait entendu parler des mérites de Diego et tenait ce « saint » en grande dévotion, comme il fut dit plus tard dans les pièces du procès, chargea son oncle d'aller le prier pour lui dans la chapelle du monastère de Santa María de Jesús. Le 9 mai, le prince étant tombé dans un extrême état de léthargie, don Juan d'Autriche et le duc d'Albe prirent l'initiative d'aller de nouveau invoquer Diego dans sa chapelle mais aussi celle d'obtenir la permission de déplacer le corps du bienheureux Diego jusque dans la chambre du prince. Il y eut donc ouverture du cercueil puis de la caisse, devant le notaire Juan de Antequera et des témoins, lesquels constatèrent le bon état de conservation du visage, qui leur parut sain[40]. Le corps de Diego fut ensuite déposé sur une litière, porté en grande cérémonie jusque dans la chambre puis déposé sur le lit du prince, à ses côtés. Les prières furent alors très nombreuses à Alcalá et jusqu'à Madrid comme purent en témoigner les ambassadeurs qui se trouvaient dans la capitale. Entre la ferveur des oraisons et le contact avec la relique, l'état du prince fut comme apaisé et celui-ci s'endormit profondément. Dans son sommeil, Diego lui apparut, en habit franciscain et une croix en roseau dans la main. Le prince crut d'abord voir saint François mais, en l'absence de stigmates et se souvenant de Diego, il finit par l'identifier. Dès le lendemain matin, après prières, contact et vision, le prince entra en convalescence. La nouvelle parvint rapidement à Madrid où le roi se trouvait en prières au monastère de San Jeronimo et tous d'admettre alors le miracle, y compris Chaloner, ambassadeur de la reine d'Angleterre. Le 13 mai, le cercueil fut de nouveau ouvert en présence, cette fois, de franciscains éminents, de courtisans, de professeurs de l'université et des échevins de la ville. Le Père général de l'Ordre préleva quelques fils de la couture du linceul et fit remettre ces reliques à la famille royale. Le 16 mai, Tiepolo, ambassadeur de Venise, écrivit au Doge que le prince avait la ferme intention de faire canoniser Diego. Le même jour, et ce jusqu'au 9 juillet, les médecins avaient repris leurs soins, en drainant le pus et en nettoyant encore la plaie. Une semaine après, le prince se sentait prêt à retourner à Madrid mais déjà les demandes de la canonisation de Diego arrivaient à Rome, envoyées par la ville le 20 mai, par le ministre provincial de l'Ordre, le recteur de l'Université, l'archevêché et enfin le roi et le prince, le 20 février 1563. Pie IV nomma alors une

Príncipe D. Carlos en Alcalá por el Doctor Olivares médico de su cámara », *CODOIN*, 15, p. 554-574.

40 Biblioteca nacional de España [BnE], ms 5734, f. 1r-9r.

commission de cinq cardinaux pour examiner les preuves et instruire la vie de Diego sur la base de l'enquête confiée localement, en décembre 1564, à trois évêques – Diego de Covarrubias, évêque de Ségovie, Pedro de la Gasca, évêque de Sigüenza et Bernardo de Fresnada, évêque de Cuenca et confesseur du roi – qui rendirent leur rapport en janvier 1565. La mort de Pie IV interrompit la procédure, qui reprit assez vite sous le pontificat de Pie V, dont l'élection avait été soutenue par Philippe II, et les trois évêques furent alors chargés de préparer un questionnaire en octobre 1566. Le roi d'Espagne obtint par lettre rémissoriale de faire nommer procureur Ambrosio de Morales et le procès put ainsi vraiment reprendre en février 1567.

AMBROSIO DE MORALES, PROCUREUR DE LA CAUSE ET LES PIÈCES DU PROCÈS

En décembre 1566, le *Comendador mayor* de Castille écrivit à l'infant Carlos de choisir un homme *buen latino*, un lettré en somme versé dans les lettres latines, capable de mener à bien l'écriture de la *Vie* du bienheureux Diego de Alcalá[41], qu'il conseille de joindre à l'envoi du procès. Luis de Zúñiga y Requeséns, qui avait été le page de l'infant et futur Philippe II, était le principal agent du roi à Rome pour cette cause. Quelques semaines plus tard, le 9 puis le 10 février 1567, Philippe II et son fils Carlos nommèrent successivement Ambrosio de Morales procureur pour ouvrir la cause de Diego de San Nicolás del Puerto[42]. L'affaire fut donc suivie par le plus illustre des antiquaires de la cour de Philippe II, avec l'aide de Pedro de la Gasca, évêque de Sigüenza, Bernardo de Fresneda, évêque de Cuenca et Diego de Covarrubias y Leiva, évêque de Ségovie, ce dernier ayant été un ami très proche de Morales et président du Conseil royal. Morales, illustre antiquaire du roi, était alors non seulement un fin connaisseur des antiquités d'Espagne, continuateur de la grande histoire d'Espagne, mais aussi un expert en matière de reliques, souvent consulté à ce titre par le roi alors désireux de rassembler une collection pour son futur palais de l'Escurial. La contribution de celui-ci à la mise en place du dossier pour le procès témoigne de la confiance du roi et de l'importance de l'affaire.

41 *Opúsculos castellanos de Ambrosio de Morales* par Francisco Valerio Cifuentes, Madrid, Cano, 1793, vol. 3, p. 201.

42 *Enrique Redel, Ambrosio de Morales. Estudio biográfico*, Córdoba, 1909, p. 158.

Les Archives Apostoliques Vaticanes ne conservant plus l'original du procès de saint Diego[43], la source la plus importante demeure une copie établie par l'hagiographe de Diego, Francisco Peña, juriste aragonais, auditeur de la Rote, qui légua à la Bibliothèque du Vatican, à sa mort en 1612, ses livres et ses manuscrits[44]. La bibliothèque royale de San Lorenzo de l'Escurial conserve également une copie partielle (&-II-15) qui fut imprimée à Madrid en 1793 par son bibliothécaire d'alors, le P. Cifuentes, également éditeur des autres œuvres de Morales. Une copie de ce manuscrit, qui n'est cependant qu'un résumé du manuscrit latin de la Bibliothèque vaticane, se trouve également à la Bibliothèque nationale d'Espagne, sous la cote ms 5734, dans sa version espagnole. Cette documentation permet de suivre la mise en place des commissions successives, à commencer par les nominations, par le roi, don Carlos et la Curie romaine, d'Ambrosio de Morales et des trois prélats espagnols cités plus haut qui se réunirent à Alcalá de Henares dès le 11 février 1567, plus exactement dans la chapelle du monastère de San Bernardo. Ayant pris connaissance des lettres rémissoriales rédigées et signées le 30 octobre de l'année précédente par les cardinaux juges de la cause du bienheureux Diego, le procureur, les commissaires et juges nommés purent dès lors choisir les témoins de la cause afin que, sur la demande de Morales, du roi et de l'infant, fussent rassemblés tous les éléments informant la sainteté de Diego et les dévotions à lui rendues, ainsi que divers documents, tel celui qui servit de base aux écritures hagiographiques, à savoir le livre relié conservé dans les papiers du monastère de Santa María de Jesús qui contenait le détail de cent trente miracles et d'autres cahiers contenant bien d'autres récits de miracles, dont il ne demeure aujourd'hui qu'une seule copie conservée à L'Escorial (&-II-14).

Le dossier comportait ainsi des cahiers sortis des archives du monastère de Saint-François, tels que le recueil des témoignages de 1463-1467 alors conservé dans une boîte. Furent également ajoutés un cahier établi le 15 mai 1555 portant plusieurs témoignages devant López de Yela, vicaire général de l'archevêque de Tolède, sur la demande du gardien, le P. Pedro Carvajal, et concernant la guérison de María de Peñuela, puis un autre, du 18 août, contenant quatre-vingt-six pages de témoignages recueillis par

43 *Cf.* Alejandro Recio Veganzones, « Proceso de beatificación y canonización de S. Diego de Alcalá, conservado en el ms. Vat. Lat. 7008 e instruido en 1567 por Ambrosio de Morales su procurador en Alcalá de Henares », *Archivo ibero-americano*, 51, 1991, p. 767.

44 BAV, Ms, Vat. Lat. 7008.

un notaire apostolique, enfin cinq autres encore sur des déclarations faites entre avril et juin 1563, suivis d'une information faite à San Nicolás del Puerto, le 23 novembre 1563, auprès de l'*alcalde* et de l'écrivain public, devant lesquels le curé de la ville témoigna que Diego avait été ermite dans l'église de San Nicolás el Viejo avant de se faire religieux ; il fournit aussi le témoignage d'une femme qui avait dix ans lorsqu'elle avait entendu son père parler de l'ermite Diego, de sa vie de mendicité et d'un prodige réalisé alors, témoignage auquel s'ajouta celui d'un vieux franciscain de quatre-vingt-dix-huit ans. Viennent ensuite le compte rendu d'ouverture de la caisse en janvier 1565, s'ajoutant à celle de 1563, la déclaration de trente-deux témoins – dont Ambrosio de Morales – interrogés en janvier 1565 et, plus important, les réponses de quatre-vingt-trois témoins, entre janvier et avril 1567, à un questionnaire établi en 1566 par la commission des trois évêques. Tous ces ouvrages furent recopiés afin de grossir le dossier des preuves en attestant du sérieux de l'enquête menée à partir de 1463, poursuivie en 1555 et parachevée en 1567.

L'INFORMATION DE 1567

Bartolomé de Torres, évêque des Canaries, Fernando de Valvás, prieur de la collégiale des Saints-Just-et-Pasteur, Alonso Mendoza, le P. Luis de Strada, recteur du collège de San Bernardo, Antonio Pimentel, Alonso de Madrid, Juan Salazar de Zúñiga, Diego de la Puente, Juan de Ayllón, Juan Martínez, Bernardo de Rojas et Pedro de Tapias furent les témoins appelés à prêter serment en présence de Morales, de l'ancien et premier procureur Pedro Martínez, et du notaire, secrétaire de la Chapelle royale. Plusieurs documents furent examinés dont les principaux dataient de 1565 et de la première procédure concernant l'ouverture du tombeau de Diego les 12 et 13 janvier 1565, devant témoins, pour constater l'état du corps, auquel d'ailleurs il manquait une main alors conservée dans la sacristie. D'autres documents comportent les citations des témoins, dont un premier groupe de trente-deux personnes qui avaient déposé devant le tribunal institué par un bref apostolique le 13 janvier, dans le monastère de Santa María de Jesús. Avant d'être remises aux cardinaux, ces informations furent recueillies par le procureur Morales, au nom du fiscal de la Chambre apostolique qui avait lui-même fixé le déroulement des interrogatoires[45] :

45 BnE, ms 5734, f. 27v-29v.

1. Il sera premièrement demandé aux témoins leurs nom, surnom, localisation, condition de fortune et niveau de vie.
2. Il sera demandé au témoin s'il a confessé ses péchés à Pâques, auprès de qui, dans quelle église, et s'il a reçu l'Eucharistie.
3. Il sera demandé au témoin s'il s'est rendu coupable de délits et, dans un tel cas, s'il a été absous, ou condamné, et par quel juge et à quelle date, et s'il a été excommunié et pour quelle raison.
4. Il sera demandé si le témoin sait pour quelle cause il est interrogé.
5. Il sera demandé au témoin s'il sait où se situe la ville d'Alcalá de Henares et s'il réside dans cette ville, s'il connaît le monastère de Santa María de Jesús, certaines de ses singularités, des religieux du lieu et s'il est lié par quelques liens avec eux.
6. Il sera demandé au témoin s'il a été soudoyé pour être témoin ou produire un faux témoignage.
7. Il sera demandé au témoin son âge et s'il a déjà entendu parler de Jacobo ou Diego de San Nicolás, franciscain du monastère de Santa María de Jesús, par quelles personnes il en a entendu parler, et où se trouve le corps de Diego, s'il l'a déjà visité et, si oui, s'il l'a fait en raison de la réputation de sainteté du frère. Enfin, il sera demandé au témoin de qui il tient que le frère Diego est dit bienheureux et saint et pour quelles raisons.
8. Il sera demandé si le témoin sait si Diego a observé les règles de son ordre et, dans ce cas seulement, de quelle façon et par qui il le sait.
9. Il sera demandé au témoin s'il a connaissance de miracles et, dans ce cas, par qui, où, et quel genre de miracles mais « *si por ventura haya sido miraglo el qual la naturaleza en ninguna manera lo pudo hacer cerca del hecho o del modo*[46] » qu'il atteste que c'était par le moyen de la prière, suivie d'une guérison ou d'une grâce, et dans quel intervalle de temps et pour quelles personnes. Si le miracle a été accompli contre la nature, que le témoin en renseigne la forme et les raisons pour lesquels il le tient pour ce type de miracle. Enfin que le témoin dise s'il a déjà entendu parler de miracles accomplis par Diego qui auraient été accomplis plusieurs fois, selon quelle fréquence et quel jour.

46 *Ibid.*, f° 29 r° *:* « si par hasard il s'agissait d'un miracle que la nature, en aucune manière, ne pouvait accomplir tant sur la forme que sur le fond ».

Du 13 au 23 janvier, ils furent quatre par jour en moyenne à témoigner de la réputation de sainteté de Diego à Alcalá de Henares où tous avaient leur résidence, y compris Ambrosio de Morales, professeur à l'Université et résidant à Alcalá depuis vingt-deux ans, qui témoigna le 16 janvier. Si tous les âges ne sont pas renseignés, entre le plus jeune, affichant trente-quatre ans, et le plus âgé, ayant alors près de quatre-vingts ans, la grande majorité des témoins avait une cinquantaine d'années en moyenne. De même que leur profil n'est pas précisé, sauf lorsque ce sont des religieux, franciscains pour la plupart, et des clercs – soit cinq mentions précises sur trente-deux –, ou encore un médecin et un recteur du collège de Sa Majesté à Alcalá. Lors de cette première procédure, les évêques de Cuenca et de Ségovie exigèrent du gardien du monastère que les livres utiles à la procédure leur fussent présentés, à savoir le fameux livre des cent trente miracles dont les témoignages avaient été recueillis entre 1463 et 1467, ainsi qu'une boîte contenant sept cahiers relatant d'autres miracles qui s'étaient produits dans la ville d'Alcalá et dont les recherches furent menées en présence d'un notaire apostolique. Une fois que tous ces documents furent rassemblés puis examinés, les évêques les scellèrent et les expédièrent à Rome[47].

La commission de 1567 procéda également à l'audition de plusieurs témoins, *varios ilustres personajes*[48] – un chevalier de Saint-Jacques par exemple –, d'Alcalá, qui furent appelés à se déplacer jusqu'à la chapelle de San Bernardo, entre fin mars et début avril, pour faire leur déclaration. À partir du mercredi 27 février 1567, les trois évêques de la commission ainsi que le procureur Morales entamèrent donc l'audition. D'autres déclarations suivirent en mars et en avril, concernant toujours des notables de la ville mais aussi d'autres villes. Le tribunal officia jusqu'en mai. Parallèlement, des officiers de la ville furent commis dans les villes et bourgades avoisinantes pour recueillir les témoignages de personnes d'au moins soixante-dix ans, tous des hommes dont le statut n'est pas précisé. Trente-sept lieux furent ainsi visités dès le 24 février, tous situés à moins de trente kilomètres d'Alcalá. Cette information permit de récolter cent soixante-trois témoignages sur Diego. Lors de la session du 21 avril, Ambrosio de Morales présenta deux cas d'intercession miraculeuse en faveur d'une religieuse professe de Santo Domingo de Silos à Tolède, Francisca de Guzmán, et de

47 *Ibid.*, f. 57 r.

48 Alejandro Recio Veganzones, art. cité, p. 777.

l'infant Carlos, pour lequel cas, le témoignage du médecin, Cristóbal de Vega, fut requis. Au mois de mai, la procédure reprit et des franciscains, gardiens de leur état, se présentèrent devant les évêques, Pedro Martínez et Ambrosio de Morales, pour leur présenter quelques ouvrages, dont *El libro de los milagros*, en vue d'authentification.

Lors de la session du 12 mai, Morales demanda la reconnaissance de l'authenticité de tous les discours sur la vie et les miracles du bienheureux afin de les intégrer au dossier.

Après avoir rassemblé tous les témoignages notés et certifiés depuis 1463 jusqu'au 4 mai 1567, la commission se réunit encore le 23 mai, dans un temps donc très court, afin de clore l'information du procès par la signature des évêques et du procureur, puis le dossier scellé et fermé pour être envoyé à Rome. Cependant, avant cela, en toute solennité, Ambrosio de Morales ajouta au dossier les lettres de Philippe II et de don Carlos, datées du 1er juin 1567.

CONCLUSION
Langueurs et tourments diplomatiques

Durant les quelques mois qui suivirent la réception du dossier à Rome en août 1567, l'ambassadeur, Requeséns, se montra très optimiste et pensait que l'affaire pourrait très vite trouver une issue favorable en dépit d'un problème : les pièces du dossier avaient été communiquées en espagnol et non en latin. Le ralentissement puis l'interruption du procès pendant près de vingt ans, pour des raisons difficiles à déterminer, témoignent tout à la fois des rapports de force entre Rome et Madrid, de la prudente démarche romaine dans la promotion d'un nouveau et premier saint dans le cadre de la réforme de la procédure, et sans doute aussi des contingences personnelles des papes qui se sont succédés. Le premier ralentissement de la procédure se produisit ainsi sous le pontificat de Pie V (1566-1572), un dominicain, alors que ce pape entretenait plutôt de bonnes relations avec Philippe II, une entente largement favorisée par la politique du roi d'Espagne contre les morisques et contre les Turcs avec la signature de la Sainte Ligue ayant précédé la victoire de Lépante en octobre 1571. Sous le pontificat suivant, celui de Grégoire XIII (1572-1585), le procès resta lettre morte en dépit de la pression diplomatique exercée par Philippe II avec ses ambassadeurs successifs Juan de Zuñiga y Requeséns et Enrique de Guzmán, comte d'Olivares.

Puis la situation changea radicalement avec l'avènement du franciscain Peretti, sous le nom de Sixte Quint (1585-1590). Le procès fut relancé mais le point d'achoppement fut avant tout financier, le roi d'Espagne devant régler tous les frais du procès, en somme près de 21 000 ducats pour le fonctionnement de la Rote, pour l'apparat de la cérémonie et la distribution des aumônes, ainsi que pour la diffusion de la bulle. Finalement, après un rapport favorable de la Rote, une commission de cardinaux réexamina les pièces du dossier dès janvier 1587 et statua favorablement au tout début de l'été 1588 : la cérémonie eut lieu le 2 juillet, suivie de la diffusion de la bulle. Sixte Quint venait alors, d'une certaine façon, de gratifier l'Espagne d'un nouveau saint, récompensant ainsi les nombreux efforts de Philippe II tout en assurant aussi la promotion d'un franciscain, ce qui n'était pas anodin à l'époque, comme en témoigne la correspondance diplomatique avec le Saint-Siège sur le sujet de la réforme de l'Ordre en Espagne, laquelle tenait très à cœur au pape et au roi. Or Diego pouvait fournir à l'Ordre, alors critiqué dans sa conduite, l'image d'un frère exemplaire dont la piété et les vertus étaient les siennes. Diego, modeste frère lai, témoignant d'un type encore ancien de sainteté, entra cependant dans la modernité pour servir les desseins de la réforme de l'Observance en Espagne. Si le contenu de la procédure dénote précocement un souci de l'authentique, en revanche, le temps long de la procédure et l'examen très rigoureux des pièces à Rome préfigurent de nouvelles exigences. Finalement, dans le cas de Diego, tout s'est joué à Rome où la procédure avait été centralisée et contrôlée. Seuls les intérêts enfin convergents de Sixte Quint et de Philippe II en favorisèrent l'heureuse issue.

Sylvène Édouard
Université Jean Moulin – Lyon 3
LARHRA

CANONISATION ET HAGIOGRAPHIE

Réflexions sur une relation circulaire à partir de la « légende hagiographique » d'Ignace de Loyola

L'hagiographie d'Ignace de Loyola publiée en 1633 par le Père Andrés Lucas semble offrir une périodisation très nette de l'hagiographie ignatienne et ainsi constituer un prisme efficace pour ressaisir les rapports entre canonisation et hagiographie. Dans le chapitre dix-sept, consacré au culte du fondateur de la Compagnie de Jésus, à sa béatification et à sa canonisation, le Père jésuite écrit ainsi :

> *Muchos años anduvieron en porfiada competencia el Padre, y los hijos ; el a obrar maravillas ; ellos a callarlas, y esconderlas. No permitieron por espacio de quarenta años, que se pusiesse en publico su imagen ; detenian el impetu, y raudal de la devocion del pueblo, que cada dia acudia al sepulcro de San Ignacio, a hazer oracion, y dar muestras de agradecimiento de los milagrosos beneficios, que de su mano recebian*[1] ;

tandis qu'il indique dans le paratexte liminaire :

> *Aora despues que el Vicario de Christo le ha dado la executoria de Santidad Canonizandole, corre la pluma sin rezelos ni estropieços, y las verdales que se averiguaron y sacaron en limpio, las propone en el teatro de la Iglesia*[2].

---

1 Andrés Lucas, S. J., *Vida de S. Ignacio de Loyola Patriarca, y fundador de la Compañia de Jesus*, Grenade, Antonio René de Lazcano et Bartolomé de Lorenzana, 1633, chap. XVII, « Del principio que tuvo la veneracion, y culto de San Ignacio, y de su Beatificacion, y Canonizacion », p. 721-722. « Pendant de nombreuses années, le Père et les fils se firent une concurrence obstinée : lui faisait des miracles, tandis qu'eux les taisaient et les cachaient. Pendant quarante ans, ils ne permirent pas qu'on exposât son image en public ; ils réfrénèrent le flot impétueux de la dévotion du peuple qui, chaque jour, se rendait au sépulcre de saint Ignace pour prier et témoigner de sa reconnaissance pour les bienfaits miraculeux reçus de sa main. » (Nous traduisons).

2 *Ibid.*, « Razon desta obra, al Letor », p. [20]. « Maintenant, depuis que le Vicaire du Christ a reconnu sa sainteté en le canonisant, les plumes courent sans danger ni crainte, et les vérités qui ont été découvertes et établies sont exposées sur le théâtre de l'Église. » (Nous traduisons).

Émerge ici une opposition entre une période de réserve, signe d'une obéissance aux directives romaines, et une période – après la canonisation de 1622 – placée sous le signe de la publicité du culte. Si une telle chronologie est séduisante, ses limites apparaissent néanmoins aisément. La floraison des écrits hagiographiques (et en particulier des occasionnels) consacrés à Ignace de Loyola dès les dernières années du XVIe siècle en témoigne, confirmée encore par l'interdiction pontificale faite en 1601 à la Compagnie de Jésus d'imprimer et de vendre des portraits de son fondateur[3].

Transparaissent ainsi la volonté de mettre en valeur l'obéissance aux directives romaines et la difficulté à laquelle se heurtent les hagiographes durant la période qui sépare la mort d'un élu de Dieu de la reconnaissance de sa sainteté. Cette contradiction est particulièrement importante lorsqu'il s'agit du fondateur d'un ordre religieux : comment, en effet, obtenir qu'un candidat soit élevé aux honneurs des autels sans mettre en lumière – et donc sans mettre en texte – ses miracles ? Comment faire que la gloire d'un saint fondateur rejaillisse sur l'ordre et permette son développement sans décrire la foule se pressant autour de son tombeau ?

Nous essaierons d'établir une périodisation du *corpus* consacré à Ignace de Loyola en nous appuyant sur les divers documents hagiographiques imprimés qui lui furent consacrés dans les royaumes d'Espagne et de France, entre sa mort en 1556 et la publication des décrets d'Urbain VIII en 1642, ces derniers marquant l'aboutissement de la codification de la reconnaissance de la sainteté engagée durant la seconde moitié du XVIe siècle[4]. Dans cette étude, le motif du miracle jouera un rôle parti-

3 Cette interdiction est notamment évoquée par Miguel Gotor dans son article « La fabbrica dei santi : la riforma urbaniana e il modello tridentino », dans Luigi Fiorani et Adriano Prosperi (dir.), *Roma, la Città del Papa : vita civile e religiosa dal giubileo di Bonifacio VIII al giubileo del papa Wojtyla*, Turin, Enaudi, 2000, p. 679-727. Dans la note 70 (p. 702), il renseigne ses sources comme suit : « Lettera del generale dei gesuiti Claudio Acquaviva al padre Bernardo Confalonieri del 6 giugno 1601, dans Maria F. Mellano, Franco Molinari, *La "Vita di san Carlo" del Bascapé : vicende di una pubblicazione*, dans *Ricerche di Storia sociale e religiosa*, XXI-XXII, 1982, p. 161-162, note 110. »

4 On pourra se reporter, sur cette question, à Jean-Robert Armogathe, « La fabrique des saints. Causes espagnoles et procédures romaines d'Urbain VIII à Benoît XIV (XVIIe-XVIIIe siècles) », dans Jean Croizat-Viallet et Marc Vitse (dir.), *Le temps des saints. Hagiographies au Siècle d'or, Mélanges de la Casa de Velázquez*, n. s., 33-2, 2003, p. 15-31, et à Miguel Gotor, « La riforma dei processi di canonizzazione dalle carte del Sant'Uffizio (1588-1642) », dans *Atti dei Convegni Lincei. L'Inquisizione e gli storici : un cantiere aperto*, Rome, Academia nazionale dei lincei, 2000, p. 279-288.

culièrement important car il cristallise pleinement ces enjeux. Il s'agira d'analyser les étapes de la constitution de la « légende hagiographique[5] » du fondateur de la Compagnie de Jésus en interrogeant à la fois les finalités assignées à ce genre et les nouvelles normes qui le régissent afin de souligner la complexité des liens alors établis entre procès de canonisation et hagiographie.

RÉSERVE PONTIFICALE ET *ÉPOCHÉ* PRIMITIVE

Dans la version *princeps* de la *Vita Ignatii Loyolæ* qu'il publie en 1572, le Père Ribadeneyra, premier hagiographe du fondateur de la Compagnie de Jésus, ne se conforme pas à l'usage qui consiste à consacrer l'ultime chapitre d'une hagiographie à la relation des miracles advenus par l'intercession du serviteur de Dieu. Il se livre en effet, dans les dernières pages de son œuvre, à une réflexion générale sur ces manifestations surnaturelles et sur leur validité en tant que critère de la sainteté :

> *Sed dicat aliquis, si hæc vera sunt, ut profecto sunt ; quid caussæ est, quamobrem illius sanctitas, minus est testata miraculis ? &, ut multorum sanctorum vita, signis declarata, virtutumque operationibus insignita. Cui ego. Quis cognovit sensum Domini, aut quis consiliarius ejus fuit ? ille enim est, qui facit mirabilia magna salus ; propterea quod illius tantummodo infinita virtute, fieri possunt, quæcunque aut Naturæ vim, aut modum excedunt. Et ut solus ille hæc potest ; ita ille solus novit, quo loco, quo tempore miracula, & quorum precibus facienda sint*[6].

5 Nous reprenons dans cet article un concept qu'a forgé le Père Hippolyte Delehaye dans *Les Légendes hagiographiques* afin de montrer la diversité de ce genre textuel. Il souligne ainsi dans les premières pages de son ouvrage que « … l'œuvre de l'hagiographe peut […] revêtir toutes les formes littéraires propres à glorifier les saints, depuis la relation officielle adaptée à l'usage des fidèles jusqu'à la composition poétique la plus exubérante… » (Bruxelles, Société des Bollandistes, « Subsidia Hagiographica », 18, 1927, p. 2).

6 Pedro de Ribadeneyra, S. J., *Vita Ignatii Loiolae, Societatis Jesu Fundatoris*, Naples, Joseph Cacchi, 1572, V, 13, « De miraculis per eum factis », f. 208. Nous citons dans le texte la traduction qui est faite de ce passage dans *La Vie du R. Pere Ignace de Loyola, Fondateur de la Compagnie de Jesus. Nouvellement traduicte du Latin du Reverend Pere Pierre Ribadenera, de ladicte Compagnie & enrichie de plusieurs choses tirees du Reverend P. Pierre Maffee, de la mesme Compagnie* : « Si tout ce que nous avons escrit icy du P. Ignace est vray (comme il est sans aucun doubte) d'où vient, dira quelcun que Dieu n'a point confirmé par miracles evidens une si grande sainceteté de vie, comme il a faict en plusieurs autres saincts personnages ?

Cette *épochè* primitive reflète à la fois le travail réflexif sur les critères de la sainteté alors mené pour répondre aux mises en cause protestantes et un respect de la réserve pontificale peu à peu mise en place.

Or, cette volonté romaine d'imposer le silence s'oppose à l'une des fonctions premières de l'hagiographie, dans la mesure où la recension des hauts faits d'un élu de Dieu doit permettre d'appuyer sa cause et, dès lors, de faire aboutir la procédure engagée en vue de sa canonisation. Ce texte de 1572 donne ainsi lieu à un débat très vif au sein de la Compagnie de Jésus[7], comme le rappelle le Père Andrés Lucas dans le paratexte de sa *Vie* d'Ignace de Loyola :

> *Y no falta Coronista de nuestra Compañia, que forme quexas contra el ultimo capitulo de la vida, que se estampô el año de mil y quinientos y ochenta y seys, y despues en el de mil y quinientos y noventa y cinco, donde se prueva : que para ser Santo no es menester milagros : porque aunque esso es verdad, la primera idea que formaron los que leian aquella vida, era que San Ignacio; no era Santo en quien resplandecia la gracia de obrar milagros*[8]...

Nombreux semblent ceux qui, sans considérer que le miracle est un critère de la sainteté, estiment que le choix du premier hagiographe d'Ignace de Loyola est susceptible d'induire les croyants en erreur quant aux mérites de ce serviteur de Dieu. Dans la mesure où ces textes jouent un rôle fondamental dans la vie spirituelle des fidèles, il leur paraît en

---

Mais qui estes vous, respondray je, qui voulez ainsi profonder les secrets de Dieu, & sonder ses conseils, comme si on ne sçavoit pas que tout ainsi qu'il n'y a que luy seul, qui de sa propre vertu puisse produire des effects, vrayement miraculeux & surpassans le cours ordinaire de nature, aussi n'y a il que luy qui cognoisse proprement le temps, & les occasions convenables pour ce faire... » (Avignon, Jaques Bramereau, 1599, V, 13, « Des miracles que nostre Seigneur a operé par son moyen. », p. 585).

7 Sur ces dissensions, on pourra se reporter, comme nous l'a signalé Gérard Neveu, au troisième chapitre de l'ouvrage de Miguel Gotor, *Santi stravaganti. Agiografia, ordini religiosi e censura ecclesiastica nella prima età moderna*, Rome, Aracne, 2012, « Gesuitica, ovvero la santità virtuosa », p. 181-231. S'inscrivant dans une perspective plus politique, Miguel Gotor retrace cette histoire éditoriale en mettant au jour une conception spécifique de la sainteté au sein de la branche espagnole de l'Ordre.

8 Andrés Lucas, *op. cit.*, « Razon desta obra, al Letor. », § 1, p. [19]. « Et aucun chroniqueur de notre Compagnie ne manqua de formuler des griefs contre le dernier chapitre de la vie qui fut imprimée en 1586 puis en 1595, chapitre dans lequel il est prouvé que les miracles ne sont pas nécessaires pour être saint ; parce que, bien que ceci fût vrai, la première idée que concevaient ceux qui lisaient cette vie était que saint Ignace n'était pas un saint en qui resplendissait la gloire d'opérer des miracles... » (Nous traduisons). Précisons que lorsqu'il cite les impressions de 1586 et de 1595, le Père Lucas renvoie aux traductions espagnoles du texte de 1572.

effet indispensable qu'ils corroborent une conception stéréotypée de la sainteté et, donc, que des récits de miracles y figurent.

Avec cet argumentaire, le Père Lucas s'inscrit dans une dénonciation, largement partagée au sein de la Compagnie de Jésus, du choix originel du Père Ribadeneyra. Pour favoriser l'élévation aux honneurs des autels du saint fondateur, le général, le Père Éverard Mercurian, charge ainsi, dès 1579, le Père Maffei – alors biographe officiel de l'Ordre – de rédiger une autre *Vie* faisant une place importante aux miracles opérés par l'intercession d'Ignace de Loyola. Résurrection consécutive aux prières du saint, guérison d'une fillette ayant touché son cercueil… : telles sont les « merveilles d'Ignace » relatées dans le chapitre quatorze du troisième livre de cette *Vie*[9]. De même, des occasionnels sont publiés par les Pères jésuites pendant les premières années du XVIIe siècle afin de faire connaître les miracles opérés à Gandie par son intercession[10]. Puis le Père Ribadeneyra fait à son tour un choix identique : il rédige pour son *Flos sanctorum* une nouvelle version de la *Vie* du saint fondateur dans laquelle il justifie tant son parti pris premier que son choix de ne plus respecter la norme romaine.

> *… quando yo imprimi en Latin su vida la primera vez, que fue el año de 1572. tuve noticia de algunos otros milagros del santo Padre, no los tenia tan averiguados, que me pareciesse los devia publicar : los quales despues con las informaciones autenticas que se han recebido para su canonizacion, se han comprobado por testigos fidedignos*[11]…

9 [Giovanni Pietro Maffei, S. J.], *Joannis Petri Maffeii Bergomatis e Societate Jesu, Historiarum Indicarum libri XVI. Selectarum item ex India Epistolarum eodem interprete Libri IIII. Accessit Ignatii Loiolæ vita postremo recognita. Et in opera singula copiosus Index*, Lyon, Atelier des imprimeries associées, 1589, in-4°, [4] + 688 + [32] p.

10 Pensons par exemple aux deux *relaciones* écrites par le Père Miguel Julián : « *Relacion de diez milagros que nuestro Señor ha obrado en Gandia, desde veinte de Agosto del año de 1600. hasta ocho de Junio, de 1601. por la intercession del Bienaventurado Padre Ignacio de Loyola, fundador de la Compañia de Jesus : escrita por los Padres de la Compañia de aquel Colegio al Padre Pedro de Ribadeneyra en Madrid, a dos de Julio, de mil y seiscientos y uno.* » (s.l.n.d. [1601 ?], s.n. in-f°, 2 f.) et « *Relacion de otros milagros que nuestro Señor ha obrado en Gandia por intercession del B. Padre Ignacio. Embiada por el Padre Miguel Julian, Retor del Colegio de la Compañia de Jesus de aquella villa, al Padre Pedro de Ribadeneyra de la misma Compañia* » (s.l.n.d., s.n. in-f°, 4 f.).

11 Pedro de Ribadeneyra, S. J., « Vida del B. Padre Ignacio de Loyola, fundador de la Compañia de Jesus », dans *Segunda parte del Flos Sanctorum*, Madrid, Luis Sánchez, 1601, p. 801-876, p. 846, col. 2 et p. 847, col. 1. Nous reprenons la traduction française publiée à Lyon en 1609 : « Car combien que, quand je mis en lumiere la premiere fois sa vie en Latin, qui fust l'an 1572. plusieurs miracles de ce B. Pere fussent desja venus à ma notice & cognoissance ; toutesfois je ne les avois pas pour si asseurez, que je pensasse les

Y como aun no es santo canonizado, y propuesto à toda la Yglesia por la S. Sede Apostolica, para ser invocado, y reverenciado [...] ha sido necessario referir algunas cosas, y milagros mas particulares, que en las vidas de otros Santos se pudieran cercenar. Aunque es cierto, que dexamos otros muchos, por parecernos que estos bastan para lo que en esta vida pretendemos, que es glorificar al Señor que le hizo santo : descubrir sus virtudes para nuestro exemplo, y para que las sepan los que no las saben, y tomen devocion con su santa persona[12].

Face à cette floraison de récits de miracles, les autorités font preuve d'une relative souplesse : alors même que le livre religieux est l'objet d'une censure sourcilleuse et tatillonne et que les jésuites sont rappelés à l'ordre en 1601 pour ce qui est de la vente des portraits d'Ignace, les différentes hagiographies contrevenant à la réserve pontificale sont largement diffusées, comme en témoigne de façon exemplaire le succès de librairie qu'est le *Flos sanctorum* de Ribadeneyra.

Ainsi la canonisation, en 1622, n'implique pas une rupture aussi nette dans le *corpus* ignatien que pouvait le laisser penser la périodisation proposée par le Père Lucas. Les hagiographes s'accommodent, s'adaptent, pour dépasser la contradiction manifeste existant entre les visées des ordres religieux et l'évolution centralisatrice romaine, entre les fonctions assignées à l'hagiographie et la réserve pontificale. Pour autant, si la date de 1622 ne signifie pas passage du silence à la publicité, canonisation et hagiographie ne peuvent être totalement découplées.

---

devoir publier : mais depuis, par le moyen des informations authentiques qu'on a faict pour sa canonization, ils ont esté certifiez par des tesmoings dignes de foy. » (*La Vie du B. P. Ignace de Loyola, fondateur de la Compagnie de Jesus. Escrite premierement en Espagnol par le R. Pere Pierre Ribadeneira, depuis mise en François, & nouvellement reveüe & corrigée. Avec le Sommaire de la Vie du B. Stanislas, de Kostka Polonois, Novice de la mesme Compagnie*, Lyon, Léon Savine, 1609, p. 139).

12 *Ibid.*, p. 872, col. 2. Trad. cit., « XXI. Quelle fut l'opinion des hommes de la Sainncteté du B. Pere Ignace. », p. 239-240 : « Et d'autant qu'il n'est pas encore encore sainct canonizé, ny proposé à toute l'Église par le sainct Siege Apostolique pour estre invoqué & reveré [...] il a esté necessaire de rapporter aucunes choses & miracles plus particuliers, qu'on auroit peu obmettre és vies des autres saincts : combien qu'il est certain que nous en laissons plusieurs autres, pour nous sembler que ceux cy suffisent pour ce que nous pretendons en ceste vie, qui est de glorifier Dieu qui l'a faict sainct, manifester ses vertus pour nostre exemple, & faire que ceux qui ne les sçavent, les sçachent, & prennent devotion envers sa saincte personne. »

PROCÉDURE DE CANONISATION ET REFONDATION DE LA LÉGENDE HAGIOGRAPHIQUE

Dans l'intervalle séparant le décès d'Ignace de Loyola de sa canonisation, de nombreux documents officiels relatant ses miracles sont en effet imprimés. Des canards ou des *relaciones de sucesos* sont par exemple édités afin de répondre à l'obligation faite aux évêques, depuis le concile de Trente[13], d'authentifier les miracles advenus dans leur diocèse puis d'en diffuser la nouvelle. Au-delà, les rapports rédigés pendant le procès ordinaire constituent progressivement une catégorie spécifique au sein du genre des occasionnels, à l'image du *Miracle faict par le bienheureux Pere Ignace Fondateur de la Compagnie de Jesus, en la ville de Bourbourg*[14]..., reproduction exacte du procès-verbal dressé par l'évêque de Saint-Omer Jacques Blaze au point de porter comme mention finale : « Icy estoit le seel Episcopal ».

Les étapes du procès de canonisation d'Ignace de Loyola puis son inscription dans le catalogue des saints en 1622 transforment ainsi peu à peu le contenu des sources hagiographiques qui lui sont consacrées. Dans ce domaine, la relation devant le consistoire du cardinal Francesco Maria Del Monte[15] dans laquelle sont relatés dix miracles d'Ignace de Loyola (suivant la sélection faite par les auditeurs de la Rote et de la Congrégation des Rites) joue un rôle structurant. Ces récits sont ainsi repris dans les *Vies* de ce saint rédigées par les Pères Binet, Morin, Lucas et Nieremberg, qui furent successivement ses hagiographes au sein de la Compagnie de Jésus.

---

13 Voir le « Décret sur l'invocation, la vénération et les reliques des saints, et sur les saintes images » du 3 décembre 1563.

14 *Miracle faict par le bienheureux Pere Ignace Fondateur de la Compagnie de Jesus, en la ville de Bourbourg Diocese de Sainct Omer, le 15. de Juillet de ceste annee mil six cens dix. Et authentiqué par Monseigneur le Reverendissime dudit lieu*, Paris, Pierre du Crocq [Jouxte la copie imprimée à Liège, chez Léonard Streel ; imprimé par Jean et Claude Hulpeau], 1610, in-8°, 12 p. Notons que cet occasionnel est également publié à Paris par Jean de Bordeaux, à Rouen par Adrien Ovyn et à Tournai par Charles Martin.

15 [Francesco Maria Del Monte], *Relatio facta in consistorio secreto coram S.D.N. Gregorio Papa XV. a Francisco Maria Episcopo Portuensi S.R.E. Card. a Monte, die XIX. Januar. M.DC. XXII. super vita, sanctitate, actis Canonizationis, & miraculis Beati Ignatii Fundatoris Societatis Jesu*, Lyon, Claude Landry, 1622, p. 1-48, en particulier p. 36-48.

> Dieu a fait par ce sien serviteur grand nombre de miracles, mais pour ne rien dire des autres, je me contenteray de ceux qu'on tire des informations authentiques de sa canonization, et approuvees par le sainct Siege[16]

écrit le Père Binet dans l'*Abrégé* de la *Vie* d'Ignace de Loyola qu'il publie en 1622. Au-delà, ces documents produits dans le cadre des procès de canonisation conditionnent parfois textuellement le contenu des hagiographies, comme l'illustrent les commentaires métalinguistiques par lesquels le Père Morin indique qu'il calque le plan du livre qu'il consacre aux miracles du saint sur les actes de son procès de canonisation :

> Passons s'il vous plaist aux guerisons miraculeuses qu'il a fait de toutes façons, & par consequent à la cure des blesseures, & donnons le premier lieu à celle qui est rapportée la premiere és derniers actes de sa canonization. […]
>
> Les Febricitans auront icy le second lieu, parce que le second miracle couché és actes de la Canonization, fut fait à un Febricitant nommé Jean Leyda[17]…

Les sources romaines deviennent dès lors des autorités pour les hagiographes.

Pour comprendre cette évolution, il convient de considérer tout d'abord l'usage que fait Rome d'une imprimerie pensée comme « la mère commune de toutes les sciences, l'auxiliatrice de l'Église[18] » comme l'indiquent les Frères de la vie commune établis à Rostock dans un de leurs premiers imprimés. La mention « *Excusa primo Romæ* » que portent fréquemment les bulles de canonisation et les relations faites devant le consistoire en attestent. Comme l'a étudié Denis Pallier, après l'« envoi d'une copie à reproduire, dans un certain nombre de villes, à des imprimeurs *ad hoc* bien encadrés[19] », ces textes sont rapidement reproduits, du fait de leur

16 Étienne Binet, S. J., *Abbregé de la vie eminente de S. Ignace de Loyola, fondateur de la religion de la Compagnie de Jesus. Canonizé le 12. de mars 1622. par le Pape Greg. XV. Nouvellement reveuë par le R.P. Estienne Binet de la Compagnie de Jesus*, Paris, Sébastien Chappelet, 1612 [1622], p. 160.

17 Pierre Morin, S. J., *La Vie du glorieux S. Ignace de Loyola, Fondateur de l'Ordre de la Compagnie de Jesus. Divisée en quatre Livres. Et dediée à Monseigneur le Cardinal de la Roche-Foucaud. Par le R.P…, de la mesme Compagnie*, Paris, Sébastien Cramoisy, 1622, in-8°, t. IV, chap. VI et VII, p. 390 et 401.

18 Ce commentaire que font les Frères de la vie commune établis à Rostock dans un de leurs premiers imprimés est cité par Roger Aubenas et Robert Ricard dans *L'Église et la Renaissance (1449-1517)* dans Augustin Fliche et Victor Martin (dir.), *Histoire de l'Église depuis les origines jusqu'à nos jours*, vol. 15, Paris, Bloud et Gay, 1951, chap. 6 « Art et piété. Aspects de la fin du Moyen Âge », § 2 « L'Église et les débuts de l'imprimerie », p. 357.

19 Denis Pallier, « Circuits de diffusion de l'imprimé en temps de paix et en temps de guerre : modes de distribution et livres distribués pendant la Ligue », dans Pierre Aquilon et

brièveté et de la simplicité de leur exécution. Ils connaissent alors, dans des délais très courts, de multiples éditions à travers l'Europe comme en témoigne la publication dès 1622 de la relation du cardinal Del Monte à Rome, à Lille – où elle est éditée de façon concomitante en latin et en français –, à Lyon, à Paris, à Reims, à Toulouse et à Madrid.

Ce recours aux documents romains doit, plus largement, être inscrit dans un contexte de réforme intellectuelle et religieuse. À un moment où l'hagiographe fait face à des exigences critiques accrues, ces sources deviennent, pour reprendre les mots du Père Lucas, le « *norte principal*[20] » qu'il faut suivre, le septentrion de l'hagiographe, car elles sont fondées en raison. En outre, elles constituent un relais fondamental pour imposer une canalisation et une homogénéisation des dévotions dans l'Occident chrétien.

La « légende hagiographique » ignatienne est ainsi restructurée en profondeur par l'utilisation qui est faite des documents produits dans le cadre de son procès de canonisation. Mais à travers ces liens qui unissent la reconnaissance et l'écriture de la sainteté, se dessine en réalité une nouvelle mission des hagiographes.

LA CANONISATION, MOTIF HAGIOGRAPHIQUE

Ce rapport aux sources officielles traduit une évolution des liens entre les hagiographes et la papauté, et plus largement une transformation du genre hagiographique. Le *Narré de ce qui s'est passé en la poursuite de la Canonisation du Bienheureux P. Ignace de Loyola, Fondateur de la Religion de la Compagnie de Jesus. Et de ce que nostre Saint Pere le Pape Paul V. a ordonné l'an 1609. touchant sa beatification*[21] du Père Ribadeneyra l'illustre : il réunit,

---

Henri-Jean Martin (dir.), *Le Livre dans l'Europe de la Renaissance. Actes du XXVIIIe colloque international d'Études humanistes de Tours*, Paris, Promodis, 1988, « Circuits de propagande », p. 390-391.

20 Andrés Lucas, S. J., *op. cit.*, « Razon desta obra, al Letor », § 2, p. [23].

21 *Relacion de lo que ha sucedido en el negocio de la Canonizacion del bienaventurado P. Ignacio de Loyola, fundador de la Religion de la Compañia de Jesus. Y de lo que acerca de su beatificacion ha hecho la Santidad de nuestro señor Paulo Papa V. este año de 1609. Escrita por el P. Pedro de Ribadeneyra de la Compañia de Jesus*, Madrid, Luis Sánchez, 1609, in-8°, [3] + 48 ff. Cet ouvrage est traduit l'année suivante par le Père Balinghem sous le titre *Narré de ce qui*

entre autres documents, des lettres de supplication des Pères jésuites, des épîtres adressées par les souverains, tant espagnols qu'étrangers, au pape, des missives des rois d'Espagne destinées à leurs ambassadeurs à Rome, des brefs pontificaux, une relation de l'organisation administrative du procès de béatification… Le récit des démarches ayant abouti à la béatification du fondateur de la Compagnie de Jésus y prime sur l'évocation de ses vertus héroïques et de ses miracles. Cet opuscule traduit ainsi une double modification des motifs hagiographiques et du travail des hagiographes.

De fait, cette relation dans laquelle le Père Ribadeneyra se pose en chroniqueur du développement du culte d'Ignace de Loyola révèle que les hagiographes deviennent peu à peu des historiens des canonisations. Le plan traditionnel consistant à évoquer les grands épisodes de l'existence du saint, ses vertus puis ses miracles, est remanié et l'analyse de la reconnaissance terrestre de l'élection divine devient un passage obligé des ouvrages hagiographiques. On peut penser ici au petit in-12° publié en 1629 à Rouen chez Richard L'Allemant intitulé *La Vie, les Miracles, et la Canonization de S. Ignace de Loyola*[22] ou à la description des étapes du procès de canonisation qui est faite aussi bien dans le chapitre dix-sept de l'ouvrage du Père Lucas[23] que dans la *Breve relacion de las ceremonias hechas en la Canonizacion de los Santos Isidoro Labrador, Ignacio de Loyola, Francisco Xavier, Teresa de Jesus, y Filipe Neri. Canonizados por la Santidad de nuestro muy Santo Padre Gregorio Papa XV. en doze dias del mes de Março. Año de 1622*[24].

Dans ce cadre, les hagiographes justifient le fait qu'ils s'appuient sur les sources pontificales en soulignant la rigueur et la mesure ayant caractérisé la procédure de canonisation. Ainsi le Père Morin, dans le chapitre qu'il consacre à la « Canonization de S. Ignace[25] », souligne-t-il que

---

s'est passé en la poursuite de la Canonisation du Bienheureux P. Ignace de Loyola, Fondateur de la Religion de la Compagnie de Jesus. Et de ce que nostre Saint Pere le Pape Paul V. a ordonné l'an 1609. touchant sa beatification. Traduit de l'Espagnol du R. Pere Pierre de Ribadeneyra de la Compagnie de Jesus. Par Le Pere Antoine Balinghem, de la mesme Compagnie (Tournai, Nicolas Laurent, 1610).

22 Rouen, Richard l'Allemant, 1629, in-12, [12] + 194 + [2] + 67 + [1] p.

23 Andrés Lucas, S. J., *op. cit.*, « Del principio que tuvo la venercaion y culto de San Ignacio, y de su Beatificacion y Canonizacion », p. 721-727.

24 Valence, Crisóstomo Gárriz, 1622, in-4°, 4 f. Une autre édition de ce texte paraît la même année chez Luis Sánchez à Madrid.

25 Pierre Morin, S. J., *op. cit.*, II, 10, « Canonization de S. Ignace », p. 230-244.

> La maturité & la grande prudence avec laquelle trois Papes de suitte ont procedé à ceste action, merite bien que nous en disions quelque chose, & que nous facions voir à tout le monde qu'on ne canonize pas les Saincts legerement, mais lentement, à pied de plomb, & s'il faut ainsi dire avec beaucoup de difficulté[26].

Au-delà, c'est une histoire divine qu'écrivent ceux qui s'attachent à retracer les principaux épisodes des procès de canonisation, dans la mesure où leur récit est toujours aussi recension des interventions célestes qui les ont ponctués. Sont ainsi évoqués, dans diverses versions de la *Vie* d'Ignace de Loyola du Père Ribadeneyra, les maux infligés à Michel Vasquez, cardinal de la Congrégation des Rites chargé de la cause du fondateur de la Compagnie de Jésus :

> … & sembla que nostre Seigneur luy envoya ceste douleur si soudaine & aigüe, affin qu'ayant experimenté en sa personne propre la faveur dudit Pere glorieux, il s'employast de plus grande affection à procurer sa Canonization[27].

On retrouve en réalité ici, appliqué aux canonisations, le processus mis au jour par Olivier Christin dans son analyse de la réaffirmation de la validité du culte des images dans le contexte de crise iconoclaste. Celui-ci rappelle en effet que l'exploitation des interventions divines tient alors au fait que

> [p]our se réaliser, de façon manifeste, immédiate et totale, la recharge sacrale nécessite une intervention qui, dépassant la seule restauration rituelle et la légitimation dogmatique, doit opérer une rupture avec l'ordre naturel et humain[28]…

Surpassant l'argumentation théologique, l'inscription, dans le cours des enquêtes, des miracles opérés par Dieu permet en somme d'inscrire les canonisations dans une perspective providentialiste et de leur apporter une incontestable légitimation. L'hagiographe se fait ainsi le héraut de la nouvelle procédure et il renforce par son texte l'idée d'une infaillibilité romaine.

---

26 *Ibid.*, p. 232.

27 Pedro de Ribadeneyra, S. J., *La Vie du B. P. Ignace de Loyola, fondateur de la Compagnie de Jesus. Escrite premierement en Espagnol par le R. Pere… depuis mise en François, & nouvellement reveüe & corrigée. Avec le Sommaire de la Vie du B. Stanislas, de Kostka Polonois, Novice de la mesme Compagnie*, Lyon, Pierre Rigaud, 1609, p. 100.

28 Olivier Christin, *Une révolution symbolique. L'iconoclasme huguenot et la reconstruction catholique*, Paris, Éditions de Minuit, « Le sens commun », 1991, chap. 2, p. 239.

La périodisation du *corpus* hagiographique ignatien de la seconde moitié du XVIe siècle et de la première moitié du XVIIe siècle permet ainsi d'éclairer les liens alors tissés entre procès de canonisation et hagiographie : si la date de 1622 ne marque pas une césure, la procédure d'élévation aux autels contribue en elle-même à transformer en profondeur les textes consacrés au fondateur de la Compagnie de Jésus. Une telle évolution découle du fait que les documents romains sont considérés comme une source fondamentale, mais elle tient également à la fonction de défense et d'illustration des procès de canonisation qui incombe alors aux hagiographes. Aussi les interdits pontificaux unissent-ils finalement, dans une logique circulaire, la légitimation des *Vies* de saints et la justification des réformes entreprises.

Axelle GUILLAUSSEAU
Professeure de chaire supérieure
au lycée Henri IV
Membre associée
du centre Roland Mousnier
(Paris – Sorbonne)

LA CANONISATION DE L'ARCHEVÊQUE DE VALENCE THOMAS DE VILLENEUVE APRÈS LES DÉCRETS D'URBAIN VIII

Modèle et négociations

La béatification de Thomas de Villeneuve (1486-1555) fut prononcée le 7 octobre 1618 par Paul V Borghese[1]. Son procès de canonisation aboutit en 1658 sous le pontificat d'Alexandre VII Chigi. Cette canonisation avait été promue depuis la fin du XVIe siècle par l'ordre des augustins auquel Thomas de Villeveuve appartenait, soutenue par sa ville d'origine, Villanueva de los Infantes (Castille), ainsi que par l'université où il avait étudié, Alcalá de Henares, par la ville de Salamanque où il avait été novice, et par l'archidiocèse de Valence dont il avait été la tête à la fin de sa vie. Mort en 1555, il avait été enterré, selon sa volonté, dans le couvent valencien de Nuestra Señora del Socòs (Notre Dame du Bon Secours) – sa dépouille fut transférée en 1835 dans la cathédrale. En outre, bien sûr, cette canonisation n'aurait pas abouti sans le soutien de la Couronne, avec un Philippe III tout aussi impliqué durant tout son règne pour obtenir la béatification en 1618 que le fut son fils Philippe IV dans l'obtention de la canonisation en 1658. Les négociations se sont donc déroulées en deux étapes. Après la béatification, les augustins eurent l'espoir d'obtenir la promulgation de la canonisation en 1622, mais échouèrent devant le poids politique et financier que représentaient alors les canonisations d'Ignace de Loyola, de François Xavier, de Thérèse d'Avila et surtout d'Isidore le laboureur, saint patron de la capitale

1 Bref de béatification, daté à Rome du 25 septembre 1619, *In nomine sanctissimae et individuae Trinitatis … literarum Apostolicarum Sanctissimi D.N. Pauli diuina prouidentia Papae Quinti, super Beatificatione Beati Thomae à Villanoua Ordinis Hermitatum sancti Augustini, & recitatione illius diuinorum Officiorum, ac Missarum expeditarum transumpti instrumentum visuri, lecturi, pariter, & audituri, quod Nos Ioannes Dominicus Spinola Prothonotarius Apostolicus.* Les procès sont conservés aux Archives Apostoliques du Vatican (AAV), *Cong. Riti*, *Processus*, vol. 3632-3643.

de la Monarchie hispanique. L'ordre de Saint-Augustin ne put rien face aux jésuites et aux carmélites. On aurait jugé excessif que la Couronne d'Espagne obtînt la canonisation d'un cinquième saint en 1622, en plus des quatre que je viens de citer[2]. Les décrets d'Urbain VIII, la francophilie de ce pape, mais aussi le manque de moyens financiers de l'ordre, de l'Église et de la ville de Valence, retardèrent ensuite considérablement cette canonisation. La correspondance entre les défenseurs de la cause de Thomas de Villeneuve et les souverains pontifes (Innocent X, Alexandre VII) témoigne d'une reprise des négociations à partir de 1645, c'est-à-dire juste après la mort d'Urbain VIII. Ces lettres, conservées aux archives de la Couronne d'Aragon (Barcelone) permettent d'apprécier le rôle joué par les procureurs généraux de la cause, qui furent successivement l'augustin Miguel Salón et l'augustin Buenaventura Fúster de Ribera (O.S.A.). Le premier d'entre eux fut l'auteur de la biographie qui a véritablement fourni la structure de l'édifice hagiographique, en mots et en images, en l'honneur de Thomas de Villeneuve. En effet, après la *vita* de Juan de Muñatones[3], de 1572, celle de Miguel Salón vit le jour dès 1588 (pour la première édition) et fut de nombreuses fois réimprimées jusqu'en 1658, et même au-delà[4].

Le modèle de sainteté de Thomas de Villeneuve, tout autant que l'obtention de sa canonisation elle-même, doivent beaucoup aux deux procureurs généraux, pour lesquels cette cause fut l'œuvre d'une vie. Leur statut, autrement dit le fait qu'ils appartennaient tous deux non seulement à l'ordre qui promouvait béatification et canonisation, mais aussi au couvent où le saint archevêque était enterré, fit d'eux non seulement des négociateurs, mais aussi des témoins de sa sainteté. Toutefois, comme nous le verrons, la canonisation et le modèle de sainteté ne doivent pas tout à l'hagiographie, mais aussi au contexte des négociations militaires et diplomatiques des années 1640-1650 qui a, dans une certaine mesure, modifié ce modèle. Nous examinerons

2 J'en ai étudié les circonstances dans un article paru dans les actes d'un colloque qui s'est tenu à Barcelone en juin 2015 : Cécile Vincent-Cassy, « Luchar por su santo. Rivalidades entre las órdenes religiosas en torno a las canonizaciones en el siglo XVII », dans Betrán José Luis, Hernández Bernat et Moreno Doris (dir.), *Identidades y fronteras culturales en el mundo ibérico en la edad moderna*, Barcelona, Publicacions de la Universitat Autònoma de Barcelona, 2016, p. 179-192.

3 La *Vie* en latin est incluse dans la première édition des sermons de Thomas de Villeneuve dont il sera question plus loin, les *Conciones* (Compluti, 1572), p. 7-16.

4 Miguel Salón, *Libro de los grandes y singularissimos exemplos que dexó de sí en todo género de sanctidad y virtud y particularmente en la piedad y misericordia con los pobres, el Ilustrisimo y Reverendísimo Señor Don F. Thomás de Villanueva*, Valence, Pedro Patricio Mey, 1588.

tout d'abord ce dernier, puis le rôle de l'hagiographie et des hagiographes (comment, à quel moment), et enfin le contexte politique en donnant la part belle aux représentations picturales tout autant qu'aux documents écrits.

QUEL MODÈLE ? L'ŒUVRE DE MIGUEL SALÓN ET DE BUENAVENTURA FÚSTER DE RIBERA

Il convient avant tout de rappeler brièvement la biographie du « serviteur de Dieu » et de présenter la façon dont il est parvenu à la sainteté. Tomás García Martínez naquit à l'époque des Rois Catholiques à Fuenllana, en Castille, en 1486, et grandit à Villanueva de los Infantes, dont sa famille paternelle était originaire. C'est cette origine, traduite en français par Villeneuve et en italien par Villanova, qui nous permet de le distinguer des autres saints Thomas, l'apôtre et le dominicain. En 1509 il entreprit des études de théologie à Alcalá de Henares et en 1519 il entra chez les augustins, dans le couvent de Salamanque. Ordonné prêtre en 1518, et prédicateur en 1519, il fut tout d'abord prieur du couvent salmantin, puis de celui de Burgos et enfin de celui de Valladolid. Il fut finalement désigné archevêque de Valence en 1544 par volonté de l'empereur Charles Quint. Prédicateur hors pair, auteur d'un recueil de sermons appelé les *Conciones*, il organisa en 1548, soit avant la fin du Concile de Trente, un synode diocésain dont les décrets sont considérés comme une synthèse préconciliaire, et créa une école de formation de prêtres dans son diocèse, où il séjourna jusqu'à la fin de sa vie, au couvent de Nuestra Señora del Socòs, comme je l'ai indiqué plus haut. Il incarna par conséquent le modèle du prélat post-tridentin, réformateur de l'Église : en somme, un *alter ego* de saint Charles Borromée (1538-1584), l'archevêque de Milan canonisé en 1610. La figure de saint Thomas de Villeneuve est celle d'un clerc exemplaire, associant l'ostentation de l'humilité et celle de la perfection vertueuse ainsi que l'orthodoxie de sa pensée théologique et dogmatique. Par conséquent, ce saint fait partie du cénacle des saints modernes (incluant saint Ignace de Loyola, saint Pierre Nolasque, saint François Xavier, saint Pierre d'Alcantara, etc.) dont les modèles d'exemplarité furent forgés tout au long du XVIIe siècle selon des critères communs : le profil type, celui qui garantissait à la cause d'un candidat à la sainteté le plus de chance d'aboutir, est celui d'un homme, espagnol, membre d'un ordre religieux – les augustins dans la cause de saint Thomas – suffisamment puissant pour que sa cause puisse être promue politiquement et financièrement auprès du Saint-Siège[5]. Par ailleurs, son hagiographie a retenu son œuvre charitable, notamment envers les prêtres, les orphelins et les enfants abandonnés. C'est cet aspect de sa biographie qui a permis de forger la principale facette de son modèle hagiographique, omniprésente dans la littérature comme dans l'iconographie, puisqu'on lui a octroyé le titre de *Limosnero* (homme charitable).

Dans les années 1665-1670, la popularité du saint archevêque se manifesta à travers le pinceau du peintre sévillan alors le plus en vue, Bartolomé Esteban Murillo (1618-1682). Le 30 août 1664 le peintre signa un contrat par lequel il s'engageait, dans un délai de deux ans et demi, à réaliser les tableaux du retable de la chapelle Cavalieri dédiée à saint Thomas de Villeneuve, dans le couvent de San Agustín de Séville. Malheureusement, les toiles commandées par la famille Cavalieri, d'origine génoise, sont aujourd'hui dispersées dans le monde, puisqu'une seule se trouve au musée des Beaux-Arts de Séville, et les trois autres sont conservées respectivement à Munich, Pasadena et Cincinnati. Si nous les réunissions pour reconstituer le retable d'origine, nous serions immédiatement frappés par le choix des épisodes hagiographiques, tous choisis dans la *vita* de Miguel Salón. Ces derniers se sont tous produits du vivant de Thomas de Villeneuve. Trois d'entre eux mettent à l'honneur sa vertu de charité. La représentation répétée d'actions charitables souligne que la miséricorde est la vertu héroïque avec laquelle on a identifié Thomas de Villeneuve au XVIIe siècle dans le cadre des procès de béatification et de canonisation, et naturellement lors de la cérémonie de proclamation de sa sainteté par le pape Alexandre VII. Dans le premier tableau du retable Cavalieri, on nous montre Thomas de Villeneuve enfant, distribuant déjà ses biens dans son jeune âge aux enfants mendiants[6].

Selon toute probabilité, cette œuvre conservée au Cincinnati Art Museum était accrochée en haut à gauche du corps du retable, à côté de

---

5 Comme l'a démontré Christian Renoux, *Sainteté et mystique féminines à l'âge baroque. Naissance et évolution d'un modèle en France et en Italie*, thèse de doctorat inédite, Université Paris I-Sorbonne, 1995, première partie, chapitre « Typologie de la sainteté canonisée », p. 145-200.

6 Sur ce tableau, *cf.* Suzanne L. Stratton-Pruit, *Bartolomé Esteban Murillo (1617-1682). Paintings from American Collections*, New York, Harry N. Abrams, Inc., Publishers, en association avec le Kimbell Art Museum, 2002, nº 19 du catalogue, p. 150, et Antonio Iturbe Saíz et Roberto Tollo (dir.), *Santo Tomás de Villanueva. Historia, culto e iconografía. II. Corpus iconográfico*, San Lorenzo de El Escorial – Madrid – Tolentino, Ediciones Escurialenses – Biblioteca Egidiana, 2013, fiche nº 180, p. 109-110 par Jorge Solís Piñero y Antonio Iturbe Saíz.

la scène représentant *Saint Thomas guérissant miraculeusement un infirme* (Munich, Alte Pinakoteke), de mêmes dimensions, et au-dessus des deux tableaux de plus petit format : *Saint Thomas distribuant l'aumône aux pauvres* (Pasadena (Californie), Fondation Norton Simon) et *Saint Thomas apprenant qu'il va mourir du Christ en croix* (Séville, musée des Beaux-Arts)[7]. Cette dernière scène représentée abandonne le thème de la charité, peint par Murillo dans deux autres tableaux, dont celui qu'il a exécuté pour le couvent des capucins de Séville, vers 1668. Cette toile intitulée *Charité de saint Thomas de Villeneuve*, dont le peintre lui-même était particulièrement satisfait, est considérée comme un zénith de son œuvre[8]. Mais il est temps de comprendre comment ce modèle fut forgé.

LE RÔLE DE L'HAGIOGRAPHIE

Thomas de Villeneuve est mort à Valence le 8 septembre 1555. Dès cette date, l'ordre des ermites de saint Augustin, depuis Valence, a promu sa sanctification, portée par le procureur général de la cause, Miguel Salón (1539-1621) qui, enfant, comme il en témoigna lui-même, avait connu l'archevêque et avait surtout été miraculeusement guéri par son intercession après sa mort[9]. Ainsi, s'il fut à l'origine de l'introduction de la cause, il eut aussi un statut de témoin, ce dont a hérité le procureur général de la cause qui lui succéda à cette fonction. Son statut de témoin de deuxième

7 Nous renvoyons aux deux volumes coordonnés par Antonio Iturbe Saíz et Roberto Tollo (dir.), *op. cit.* Dans le 2e volume, on trouve un énorme travail d'inventaire du corpus iconographique du saint. Pour une analyse du modèle iconographique du saint, *cf.* Antonio Iturbe Saíz, « Iconografía de Santo Tomás de Villanueva », dans *ibid.*, vol. I, p. 27-44.

8 Bartolomé Esteban Murillo, *Charité de saint Thomas de Villeneuve*, v. 1668, huile sur toile, 283 x 188 cm, Séville, museo de Bellas Artes. On pourra en trouver la reproduction sur : http://www.juntadeandalucia.es/cultura/museos/MBASE/index.jsp?redirect=S2_3_1_1.jsp&idpieza=22&pagina=3 [consulté le 11 janvier 2018].

9 Manuel Villegas Rodríguez, *Miguel Bartolomé Salón (1539-1621), insigne agustino valenciano*, Madrid, Ed. Revista Agustiniana, 2001. L'auteur cite le témoignage de Miguel Salón dans le cadre du procès de béatification de Thomas de Villeneuve, p. 50-51 : « luego que le hize aquel voto (de escribir su vida) y le encomendé, se me quitó un vehementísimo dolor de caveza que me fatigaba muy mucho, y me allé sin calentura… y fue tal que si el medico no me lo impidiera por mi grande flaqueza el mismo Domingo in albis me levantara y vistiera, pero el segundo día me vestí y dentro de tres días, lo que más espanto, tuve fuerzas para poder dezir missa y la dixe » (Archivio Apostolico Vaticano, *Cong. Riti*, *Processus*, vol. 3632, f. 139v-140).

génération associée à celui de procureur est sans aucun doute ce qui permit à son écrit d'être considéré comme l'hagiographie « canonique ». Imprimé, comme nous le disions, en 1588, sous les presses du célèbre éditeur valencien Pedro Patricio Mey[10], ce texte fonda le modèle hagiographique.

Il fut réimprimé à chaque étape des procès, avec des ajouts : l'édition de Rome en 1619 et celle de Valence, de 1620 après la béatification, comportent à la fin les actes de cette dernière[11]. On comprend aussi en lisant le paratexte de l'édition valencienne, après les *aprobaciones*, que le texte du Provincial de l'ordre est daté du 28 février 1617, c'est-à-dire avant la béatification : l'impression du livre était mue par l'information que les défenseurs de la cause avaient que cette dernière était sur le point d'aboutir. En publiant l'hagiographie, les augustins influaient sur l'avis des cardinaux membres de la Congrégation des Rites, qui avaient le pouvoir de faire avancer telle ou telle cause plus rapidement que les autres[12]. Par ailleurs, dans cette même édition, Miguel Salón intitule le dernier chapitre (rajouté) : « Dernier chapitre de la grande dévotion que l'on a toujours eu pour lui après sa

10 Miguel Salón, *Libro de los grandes y singularissimos exemplos…*, *op. cit.*

11 Miguel Salón, *Libro de la santa vida y milagros del Illustrissimo […] Fr. Thomas de Villanueua Arçobispo de Valencia, de la Orden de San Augustin, Beatificado por […] Paulo Papa V año 1618 : sacado de los procesos que se han hecho […]*, Valence, Iuan Crisóstomo Garriz, *hallarsehan [sic] en el Conuento de Nuestra Señora del Socorro*, 1620.

12 *Ibid.*, s. f. : « *La obediencia con que el Provincial de la Orden manda al Autor de este libro le acabe de componer, y que le imprima. El maestro Fray Geronymo Aldovera y de Monsalve Provincial de la Orden prior de nuestro Padre San Agustin en los Reynos de la Corona de Aragon, al Padre Maestro fray Miguel Salón Prior de nuestro Convento de nuestro Padre san Augustin de Valencia. Muchas vezes he rogado y encargado a V. P. acabe, y ponga en perficion el libro, de quien tiene hecha ya la mayor parte, de la santa vida, y milagros del Illustrissimo y Reverendissimo señor Don Fray Thomas de Villanueva Arçobispo de Valencia, de la Orden de nuestro Padre san Augustin, sacado de los processos hechos con autoridad Apostolica con los Rotulos venidos de Roma a esta ciudad de Valencia, y a otras de Castilla. Agora, assi por lo que me escriven de Roma, estar la causa de este bendito Prelado muy en vispera de concluyrse por los Illustrissimos Cardenales de la Congregacion de los sacros Ritus, y beatificarle muy presto su Santidad, y lo mucho que dessean en Roma ver este libro, y la grande devocion que alla le tienen : y por que juntamente se tener ya V. P. vistos todos los dichos processos, y sacado como por sus indices, todo lo que queda a poner en orden para la conclusion de dicho libro, y quan facilmente, segun lo que tiene ya dispuesto, le puede acabar, encargo muy mucho, y si es necessario para que mas merezca en ello, le mando en virtud de santa obediencia, que no embargante lo que ocupan el govierno de esta casa de nuestro P. S. Augustin de Valencia, y la licion de su Cathreda (sic), con toda la brevedad que le fuere possible acabe dicho libro, y le ponga en la devida perficion. Y acabado por esta presente, no solo le doy licencia y facultad, pero aun le mando que visto y aprovado por el padre Maestro fray Geronymo Canton, segun lo que dispone y manda el Sacro Concilio Tridentino, le imprima y publique : para que gozen todos sus devotos de tan grande consuelo, como les ha de dar, y esperan recebir de la licion de este libro : y con ella sera nuestro Señor glorificado en este tan grande siervo suyo, y acrecentada la devocion que se le tiene. Dada en este nuestro Convento de nuestro Padre San Augustin de Valencia, en 28 de Enero de 1617.* » Les soulignés sont de moi.

mort, et de la façon dont on a procédé pour promouvoir sa canonisation, et de la manière dont notre saint Père Paul V l'a béatifié [...][13] ». Ainsi, on constate qu'à cette date de 1620, le procureur général était déjà en train de préparer la canonisation, associée à la béatification obtenue dans l'expression « causa de beatificación y canonización ». Nous l'avons dit plus haut, il échoua dans cette dernière entreprise, et mourut en 1621. Les causes en sont multiples, et nullement liées à une quelconque erreur de sa part. En synthèse, son ordre manqua de moyens pour payer les membres de la Congrégation des Rites et les différents ingrédients de la cérémonie triomphale (théâtre, étendards, décorations, etc.) de la proclamation de canonisation[14]. Mais sa mort elle-même joua probablement dans la balance, tant la cause lui était identifiée. En outre, une fois le pape Grégoire XV mort, le 8 juillet 1623, l'ordre des augustins perdit un allié. En effet, le bienheureux Thomas de Villeneuve incarnait l'esprit de réforme tridentine auquel ce pape était attaché, comme le manifesta la Sacra Congregatio de Propaganda Fide qu'il fonda pour veiller à son application.

La suite est plus connue. Le pape Urbain VIII Barberini changea les règles de la fabrique des saints romaine. Les fameux décrets de 1625 et de 1634 (*Cœlestis Hierusalem Cives*), définitivement promulgués dans le recueil de 1642[15], imposèrent un contrôle et un calendrier beaucoup plus strict qu'auparavant. Conscients de la nouvelle réglementation, les augustins réintroduisirent donc la cause à partir de 1645, demandant à ce que Thomas fût canonisé en 1655, date anniversaire de sa mort 100 ans plus tôt[16]. La pureté doctrinale étant l'une des conditions de l'élévation des bienheureux, ainsi que la preuve des miracles effectués

13 Miguel Salón, *Libro de la santa vida y milagros del Illustrissimo [...] Fr. Thomas de Villanueua...*, *op. cit.*, p. 530 et sv.

14 Cécile Vincent-Cassy, art. cité.

15 Urbain VIII, *Pontificis optimi maximi decreta seruanda in canonizatione et beatificatione sanctorum accedunt instructiones et declarationes*, Rome, Rev. Cam. Apost., 1642. Sur la réforme urbanienne *cf.* Miguel Gotor, « La fabbrica dei santi : la riforma urbaniana e il modello tridentino », dans Fiorani Luigi et Prosperi Adriano (dir.), *Storia d'Italia : Roma, la città del papa. Vita civile e religiosa dal giubileo da Bonifacio VIII al giubileo di papa Wojtyla*, Turin, Einaudi, 2000, p. 677-727.

16 Il s'agit d'une lettre du couvent de Nuestra Señora del Socòs de Valence, d'où provenait la demande de sanctification. La communauté des augustins de la province d'Aragon, à travers ce couvent, s'adressa le 14 novembre 1645 à Philippe IV pour le prier d'écrire au pape Innocent X pour lui demander la canonisation du bienheureux Thomas : « suplicando sea servido mandar despachar su Real carta para la sanctidad de nuestro Padre Inocencio decimo para que a contemplacion del pio affecto de Vuestra Magestad consiga tan sancto varon el merecido fin de sus glorias en su canonizacion como a instancia de la Magestad Catholica del Rey Phelipe tercero, padre de Vuestra Magestad y Monarca nuestro tuvo principio en su

par leur intercession et de la certitude de leur vertu héroïque. Il fut donc exigé que l'instance qui avait fomenté l'ouverture de la cause réunît tous les écrits du candidat à la sainteté pour les soumettre au Saint-Office de l'Inquisition et à la Congrégation des Rites. L'orthodoxie des écrits de Thomas de Villeneuve, réunis dans ses *Conciones* édités en 1603 pour soutenir la cause[17], fut donc examinée à Rome, et approuvée en 1648. Ainsi, de longues années après la béatification l'ordre des augustins se soumit à cette règle, et dut reprendre toutes les démarches qu'impliquait une cause de canonisation depuis le début. En 1648 aussi, on redésigna comme procureur de la cause celui qui avait déjà pris la relève de Miguel Salón après sa mort en 1621 : Buenaventura Fúster de Ribera[18]. Ce second procureur est probablement celui qui est représenté sur le tableau conservé au musée de Castres, daté des années 1658-1659 (fig. 1)[19].

Beatificacion [...] », Archivo de la Corona de Aragón (dorénavant ACA), Consejo de Aragón, liasse 889 nº 147.

17 L'édition de ces sermons par Pedro Uceda y Guerrero a été imprimée avec son hagiographie en 1603 : *Conciones sacrae... D. D. Thomae a Villanova,... cura M. Petri Uzeda Guerrero editae, cum Joannis Mugnatonii praefatione de vita et rebus gestis a D. Thoma a Villanova*, Brescia, *apud Societatem Brixiensem*, 1603, puis après sa béatification, en 1619, et après sa canonisation, en 1659. La première édition imprimée date de 1572 : *Conciones Sacrae.. nunc primum in lucem editae*, Ioannes à Lequerica excudebat. L'ensemble des sermons, y compris inédits, de Thomas de Villeneuve, a été très récemment réédité dans une édition critique bilingue (latin et espagnol) effectuée par des augustins dans la Biblioteca de Autores Cristianos, en 10 volumes : Tomás de Villanueva, *Obras completas*, Préparation de Laureano Manrique, traduction d'Isidro Álvarez, appareil critique de José Manuel Guirau, Madrid, BAC, tomes I à VIII-2, 2011-2014.

18 Dans la *CARTA QUE ESCRIVE A ROMA EL PROCURADOR GENERAL FRAY Buenaventura Fuster de Ribera, de la Provincia de los Reynos Corona de Aragon, de la Orden de S. Augustin, al Reverendissimo Padre Maestro Fray Felipe Visconti de Milan, Prior General de su Orden, en que le dà cuenta del Estado de lo que ha obrado en orden à la Canonizacion del Beato Fray Thomas de Villanueva, Arçobispo de Valencia*, en *GRATITUD AGUSTINIANA DE VIDA A LA EMULACION PIADOSA, DE LAS IGLESIAS, Prelados, Consejos, y Ciudades de toda la Corona de Castilla, compitiendose en los afectos, y donativos, para la canonizacion del Inclito, y Heroico Padre de Pobres, el Beato Fray Tomas de Villanueva, Arçobispo de Valencia, de la Orden de S. Augustin Nuestro Padre. MOTIVADOS de la Real, y nunca imita DA LIBERALIDAD DEL REY N. S. Siempre Augusto, siempre Catholico, y siempre Grande. CONSEGUIDO Con el cuydado, y desvelo del P. Fr. Buenaventura Fuster de Ribera, Difinidor de la Provincia Reynos Corona de Aragon, y Procurador General de la Canonizacion del dicho Santo Arçobispo de la Orden de S. Augustin N. P.*, s. l., s. n., s. f. [juin 1653], Fúster de Ribera passe en revue les différentes étapes du procès depuis son échec des années 1620 jusqu'à sa relance à partir du milieu des années 1640. Il précise qu'en 1648 la province d'Aragon de l'Ordre de Saint Augustin dont il était membre l'avait déjà nommé après la mort de Miguel Salón, et l'a renommé procureur de la cause lors du chapitre provincial célébré à Castellón de la Plana. C'est alors, dit-il, qu'il a fait des nouvelles démarches : « como tal, bolvi à hazer nuevas diligencias ».

19 Sur ce tableau, *cf.* Antonio Iturbe Saíz et Roberto Tollo (dir.), *op. cit.*, fiche nº 117, p. 76 par Roberto Tollo.

FIG. 1 – Anonyme espagnol (?), *Saint Thomas de Villeneuve donnant l'aumône à un augustin*, 1659 (?), huile sur toile, 110,5 x 92 cm, Castres, Musée Goya (© Ville de Castres – Musée Goya).

Cette œuvre picturale pourrait être considérée comme un monument *post mortem* à la gloire du procureur, une sorte d'ex-voto de l'augustin. L'identification de la figure du tableau avec Buenaventura Fúster de Ribera est liée au fait que l'iconographie du saint charitable est ici adoptée. On remarque toutefois qu'en lieu et place du personnage du pauvre – qui peut être un prêtre, un enfant, un adulte en guenilles, etc. – ou de l'infirme auquel Thomas de Villeneuve distribue d'ordinaire l'aumône, on trouve un augustin reconnaissable par son habit et sa tonsure. La présence de ce religieux aux côtés du saint est un *unicum* dans tout le corpus d'images. Il a en outre les traits individualisés : c'est un portrait *d'après nature* ou d'après gravure. Ceci indique que l'œuvre obéissait à un propos précis. On peut alors s'interroger sur l'identité de ce personnage. Deux possibilités logiques s'offrent à nous. Celle d'y voir le premier procureur de la cause, Miguel Salón, ou bien d'y voir le second, Fúster de Ribera. On penchera plutôt pour l'identification de la figure avec ce dernier, car il mourut seulement 8 jours avant la cérémonie de canonisation à laquelle il avait œuvré pendant près de 40 ans. De surcroît, l'une des principales tâches qu'il eut à accomplir pour promouvoir la canonisation de Thomas de Villeneuve (en particulier dans les dix dernières années qui la précédèrent) fut précisément de recueillir l'aumône. En outre, si l'œuvre est un hommage des augustins de Valence à leur correligionaire, on peut même supposer que la commande en fut faite en 1659 pour les cérémonies de canonisations qui eurent lieu à Valence, et dont l'épicentre était le couvent de Nuestra Señora del Socòs. En tous les cas, cette identification est plus que plausible, en raison du rôle de Fúster de Ribera en tant que « faiseur de saints[20] », dont la fonction essentielle fut de réunir l'appui (on pourrait dire le patronage) du maximum de personnes et d'institutions sur la cause de canonisation.

Cet effort financier est présenté dans une lettre imprimée que Fúster de Ribera adressa en 1653 au prieur général de l'ordre, Filippo Visconti. Dans cette missive intitulée *Gratitud agustiniana*, il détaille en effet les quantités d'argent investies par les uns et les autres depuis 1650 (plus de 30000 ducats de *vellón*). Y sont consignés les noms et les sommes versées par les monarques, les différentes instances du pouvoir civil,

20 Nous reprenons ici une expression que nous avons utilisée dans un colloque coordonné en 2015, dont les actes sont parus en Espagne : Cécile Vincent-Cassy et Pierre Civil (dir.), *Hacedores de santos. La fábrica de santidad en la Europa católica (ss. XV-XVIII)*, Aranjuez, Doce Calles, 2019.

ecclésiastique et de gouvernement, par les nobles, qu'ils fussent d'Espagne ou d'Amérique[21]. Fúster de Ribera, qui était également économe de la cause pour son ordre, avait surtout obtenu du roi qu'il émît « plus de 200 décrets royaux » accordant aux augustins d'appeler aux dons pour la cause du saint en 1651-1654 aux Indes occidentales[22]. C'est la clé du succès. Mais le financement n'était pas tout. Il fallut négocier sans relâche avec Rome.

NÉGOCIATIONS

1652 fut donc une année déterminante. Les augustins obtinrent des résultats à Rome, puisque le 2 février la Congrégation des Rites accepta que la cause fût relancée. Non seulement le procureur général rédigea ce mémorial pour réunir les subsides nécessaires à la poursuite de la cause de canonisation, mais il fit alors réimprimer l'hagiographie de son prédécesseur Miguel Salón afin de stimuler la ferveur (« *fervorizar* ») du peuple catholique, et réactiver son désir de voir reconnue sa *fama sanctitatis*[23]. Le procès diocésain (« *el proceso y causa de los milagros, culto y devocion que an sobrevenido despues de la beatificacion* ») fut achevé et présenté en 1655 par Fúster de Ribera. Il demanda alors à Philippe IV d'écrire de nouveau au pape[24]. Pour comprendre cette requête, il faut se souvenir que la nouvelle réglementation mise en place par Urbain VIII exigeait que la demande de canonisation fût de nouveau formulée par les souverains qui exerçaient leur patronage sur elle. Philippe IV dut donc écrire à de nombreuses reprises pour obtenir gain de cause (sans

21 *GRATITUD AGUSTINIANA…*, *op. cit.*, s.f.

22 Archivo General de Indias, Sig. 429, liasse n° 39, f. 104v-105v : *Real Cédula concediendo licencia a la Orden de San Agustín de la provincia de Aragón para que, por tiempo de 3 años pueda pedir limosna en todas las Indias como ayuda a la canonización del beato Fray Tomás de Villanueva que fue arzobispo del Reyno de Valencia ; forma en que se ha de hacer, guardar y enviar, anualmente, a la Casa de la Contratación de Sevilla.* Note à la marge : « Enviose copia de la Secretaría de Nueva España », 14 novembre 1650.

23 On apprend dans une lettre de Buenaventura Fúster de Ribera, ACA, Consejo de Aragón, legajo 896, n° 142, qu'en 1652 le Monarque a accordé une aumône de 100 ducats pour la canonisation, et de 300 ducats pour les frais d'impression de son hagiographie.

24 ACA, liasse 902, n° 81.

mauvais jeu de mots) dans cette affaire[25]. On trouve dans les archives une correspondance abondante faisant état des demandes formulées à partir de 1648 par les augustins, les chanoines de la cathédrale de Valence ou encore les *jurats*, membres des trois états du royaume de Valence, afin que le Monarque écrivît au pape[26]. La reine Marie-Anne d'Autriche, seconde épouse du roi, ainsi que l'infante Anne Marguerite d'Autriche, fille illégitime de Philippe IV qui avait pris le voile au couvent des augustines récollettes sous patronage royal de l'Incarnation de Madrid au milieu du siècle, se sont également impliquées dans le soutien à cette cause de canonisation[27]. On constate dans toute cette correspondance la place accordée à la « pieuse affection » que le roi et sa famille avaient pour le candidat à la sainteté dans le succès des causes. Son expression était nécessaire, car même si la Congrégation des Rites était celle qui approuvait la canonisation, celle-ci devait être solennisée : la proclamation dépendait *in fine* de la volonté du pape. L'examen de la documentation sur la cause de canonisation de Thomas de Villeneuve montre à quel point les béatifications et les canonisations dépendaient des relations diplomatiques qui, elles-mêmes, se fondaient sur l'échange personnel d'intérêts et de services entre les souverains. Dans ce cadre, les reines consorts étaient des vecteurs privilégiés de l'expression de la « pieuse affection » royale, servant à prouver l'« hypercatholicité » de la

25 Lettre du général de l'ordre Filippo Visconti au roi pour le remercier de son intervention, ACA, Consejo de Aragón, liasse 729, nº 30.

26 ACA, Consejo de Aragón, liasse 726, nº 104. Cette liasse contient deux lettres demandant l'intervention du roi Philippe IV du 2 octobre 1648. L'une provient des chanoines de l'Église de Valence et l'autre des députés des trois états du royaume de Valence. On trouve aussi dans cette liasse la lettre du provincial d'Aragon de l'ordre Tomás de Figuerola du 21 octobre 1648 et celle qu'envoyèrent les *jurats* de la ville de Valence le 28 décembre.

27 Carlos Alonso (O.S.A.), « Cartas de la Madre Mariana de San José y otras prioras del Monasterio de la Encarnación de Madrid a los Barberini (Biblioteca Apostolica Vaticana, Barb. lat., 8587, f. 73r-v.) », *Recollectio (Institutum Historicum Augustinianorum Recollectorum*, Rome), vol. xi, 1988, p. 580-581. Les lettres envoyées à Francesco Barberini ont une valeur particulière car en tant que nonce du pape Urbain VIII Barberini, son oncle, il avait visité le monastère de la Encarnación en 1626. Depuis lors, il avait entretenu une correspondance avec la fondatrice et première prieure du couvent Mariana de San José ainsi qu'avec la deuxième prieure Aldonza del Santísimo Sacramento. Il poursuivit d'ailleurs cette correspondance avec la communauté de la Encarnación après la mort d'Ana Margarita de San José en décembre de 1658, en échangeant des lettres avec la nouvelle prieure, Catalina de la Encarnación. *Cf.* aussi María Leticia Sánchez Hernández, « Servidoras de Dios, leales al Papa. Las monjas de los monasterios reales », *Librosdelacorte.es, Monográfico 1*, 2014, p. 293-318.

Monarchie hispanique, qui caractérisait non seulement le couple royal mais aussi d'autres membres de la famille. Leurs interventions étaient un élément indispensable de la bonne entente entre Rome et Madrid.

C'est ce dernier aspect qu'il convient de prendre en considération pour comprendre le rôle qu'on octroya à la canonisation de Thomas de Villeneuve dans le contexte diplomatique. Celle-ci fut déclarée lors de la sentence définitive de la Congrégation des Rites du 28 mars 1656, et proclamée le 1er novembre 1658. Il convient de rappeler que les négociations dont elle fut l'aboutissement se sont inscrites dans le cadre plus global des négociations de paix avec la France qui se déroulèrent entre 1648 et 1659. Si Philippe IV et ses ministres échouèrent à garantir la grandeur et la réputation de la Monarchie hispanique sur le terrain de l'affrontement politico-militaire, ils connurent le succès sur le terrain politico-diplomatique, dont Rome s'érigea en arbitre, en particulier à travers la canonisation de saint Thomas. Une *relación* anonyme de 1659 des célébrations organisées à Madrid à l'occasion de cette canonisation confirme cette idée. En effet, dès les premières lignes, l'auteur se réfère au désir du pape Alexandre VII, nouvellement élu, de trouver un « intermédiaire au ciel » (« *medianero en el cielo* ») pour que les « Princes chrétiens » déposent les armes[28]. Il liait le choix du bienheureux Thomas de Villeneuve, parmi les « cinquante-deux canditats » à la canonisation dont les procès étaient alors examinés par la Congrégation des Rites, au fait que sa mort s'était produite le jour de la nativité de la Vierge Marie, qui avait permis aux hommes de « grands gains de paix[29] ». En effet, si dans le traité des Pyrénées, de novembre 1659, les frontières de l'Europe furent redéfinies aux dépens de la Couronne d'Espagne, ce fut aussi le moment où se scella l'union matrimoniale entre Louis XIV et l'infante Marie-Thérèse, fille de Philippe IV : on pensait alors que celle-ci garantirait la paix entre les deux puissances[30]. Il convient de se demander si ce contexte n'a pas modifié la figure de saint Thomas

28 *Ibid.*, s. f.

29 « Asi el nacimiento de Santo Tomás de Villanueva en el cielo, nos recabaria tambien de Dios en compañia de su madre Santissima acrecentamientos grandes de essa misma paz », *idem*, s. f.

30 Sur le long et sinueux chemin parcouru entre le traité de Münster de 1648 et la Paix des Pyrénées, on pourra consulter l'article de Jonathan I. Israel, « España y Europa. Desde el tratado de Münster a la Paz de los Pirineos, 1648-1659 », *Pedralbes*, V, 29, 2009, p. 271-337, ainsi que de Daniel Séré, *La Paix des Pyrénées : vingt-quatre ans de négociations entre la France et l'Espagne (1635-1659)*, Paris, Honoré Champion, 2007.

de Villeneuve pour faire de lui un médiateur de paix, apportant une nouvelle facette à son modèle hagiographique. Sa médiation fut liée à celle de la Vierge.

Dans ces années 1660, il était primordial d'associer le saint avec le culte marial puisque la Monarchie hispanique, comme nous le savons, réclamait depuis le début du siècle la déclaration du dogme de l'Immaculée Conception, et que Philippe IV avait invité tous les royaumes et provinces de la Couronne à se placer sous le patronage de la Vierge Marie dès 1643 – c'est-à-dire au début du conflit armé avec la France, sur le front catalan à ce moment-là. Depuis lors, l'affrontement militaire s'était concentré sur le nord de l'Italie ainsi que sur les Flandres. Mais sur le terrain des cultes, la bataille, qui était à l'avantage de la Monarchie hispanique depuis 1658, le demeura dans les années 1660. En effet, Philippe IV obtint que la définition immaculiste fût proclamée par le pape Alexandre VII en décembre 1661 par le bref *Sollicitudo omnium ecclesiarum*[31]. C'était Alexandre VII aussi qui avait proclamé la canonisation de saint Thomas de Villeneuve en novembre 1658. Il poursuivait une entreprise d'arbitrage en faveur de la Couronne d'Espagne après le douloureux traité des Pyrénées de novembre 1659. C'était une façon d'équilibrer les forces entre les puissances catholiques française et espagnole.

Par conséquent, il importe de considérer l'arrière-plan politique des négociations entre la Couronne d'Espagne et Rome sur fond d'affrontement entre les deux grandes puissances monarchiques française, d'une part, et hispanique, d'autre part. En effet, le rapprochement n'a jamais été fait entre les négociations qui aboutirent à la date du 7 novembre 1659 à la fameuse Paix des Pyrénées, qui scella une cuisante défaite et une immense perte de puissance face à la France pour la Couronne d'Espagne, et celle du 1er novembre 1658, qui tout juste un an plus tôt représenta pour elle un authentique triomphe – même si celui-ci suivait de peu la bataille des Dunes de juin 1658, soldée par la défaite des troupes de don Juan José d'Autriche. En resituant la canonisation de Thomas de Villeneuve dans son contexte, entre 1648, date du traité de Münster et le début des négociations de paix entre la France et l'Espagne, et 1659, date de la Paix des Pyrénées, on voit se dessiner très nettement le rôle d'arbitre que

31 Cependant l'Immaculée Conception ne fut définie comme article de foi qu'en 1854 (bulle *Ineffabilis Deus*).

tint Rome entre les deux monarchies. On perçoit aussi plus clairement ce que représentaient les triomphes des saints par la voix des canonisations : l'universalité du culte que celles-ci proclamaient alors induisait, et impliquait, la réputation d'universalité de la Monarchie dont le saint était originaire. Cette idée s'illustra d'autant plus dans le cas de celle de Thomas de Villeneuve qu'il était d'une part le premier saint canonisé après l'interruption de canonisations du pontificat d'Urbain VIII, et d'autre part un saint ayant vécu et œuvré dans les sphères du pouvoir royal. La canonisation de Thomas de Villeneuve a donc beaucoup fait pour la réputation de la Monarchie hispanique.

Cécile VINCENT-CASSY
Cergy Paris Université
UMR Héritages

L'AGIOGRAFIA DI FRANCISCO ESCRIVÁ E LA BEATIFICAZIONE DI JUAN DE RIBERA

AGIOGRAFIE E PROCESSI DI CANONIZZAZIONE

Le agiografie hanno un ruolo cruciale nella creazione e diffusione del culto di un servo di Dio candidato alla santità. Manoscritte o a stampa, esse fanno parte – insieme alle immagini dipinte, scolpite, impresse, reliquie e reliquari, ex voto, cappelle, altari di monasteri, conventi, romitori, tombe di famiglia, altari domestici, ecc. – dei *media*, gli strumenti di comunicazione con i quali « i clienti del culto dei santi dichiarano l'immanenza dei loro celestiale patroni[1] ». Le parrocchie, le diocesi, le confraternite, le scuole offrono un pubblico di lettori cui destinare le *Vite* dei santi che i sermoni, le immagini, la liturgia, i canti e le sacre rappresentazioni diffondono anche tra gli illetterati. L'interferenza tra scrittura agiografica e oralità ha radici profonde. Le *Vite* diventano per tale via un efficace strumento di propaganda di esempi ortodossi di virtù cristiane presso un pubblico ampio. La stampa fissa e standardizza un modello di santità che, approvato dal papa, è trasferito in immagini e reso riconoscibile attraverso i pochi elementi chiave (talvolta uno solo) che lo personalizzano. Se si considera che l'Italia produce quasi la metà degli incunaboli europei, il cui 40 % è di tema religioso, il cui 12 % sono *Vite* di santi, si capisce come la storia delle agiografie si intrecci strettamente alla storia del libro[2].

1 « The clients of the cult of the saints declared the immanence of their celestial patrón ». Alison K. Frazier, « Introduction. Spreading the news about Saints in manuscript and print », in *Ead.* (ed.), *The Saints between manuscript and print*, Toronto, Centre for Reformation and Renaissance Studies, 2015, p. 17.

2 Frazier, *Introduction*, cit., p. 47.

Dopo i Bollandisti – la Società di gesuiti belgi che nel XVII secolo cura l'edizione degli *Acta Sanctorum* sulla base del piano dell'opera di Jean de Bolland (1596-1665) –, impegnati a difendere i santi dalle critiche dei protestanti e ad attestarne in maniera critica l'autenticità, la scrittura della vita di un santo richiede che la ricerca della verità percorra i sentieri impervi di una solida erudizione; il frontespizio degli *Acta Sanctorum* mostra l'Erudizione con la scritta *Antiqua reduco*, la Verità con quella di *Obscura revelo*. Si tratta di una « nuova storia erudita, [basata su] raccolte di documenti, studi su epigrafi e monete, inventari di antichità, elenchi financo di reliquie. Paleografia, diplomatica, antiquaria, archeologia, molte sono le scienze che il patto tra erudizione e storia evoca[3] ». Senza dimenticare, però, la teologia e la mistica. In generale, l'agiografo dell'epoca ha l'ambizione di essere « perfetto storico » e, a questo scopo, teorizza la necessità di sommare competenze geografiche, genealogiche, cronachistiche, ancorando la veridicità del racconto al contesto locale, ai nessi temporali e alla capacità di tenere insieme, in modo coerente e non contraddittorio, i più minuti particolari. Manoscritti e documenti epigrafici, scavi archeologici e toponimi, memorie di siti religiosi scomparsi sono rintracciati e ricostruiti con acribia filologica, al fine di costruire un approccio multidisciplinare, capace di dare sostanza storica alla vita di santi antichi e moderni.

Quando questo sforzo si rivela vano, la ricostruzione appare con tutta evidenza *fabulosa*, senza la verifica dell'erudizione; del santo di cui si cercano tracce si dubita fino a proporne la cancellazione dal *Martirologio romano*, il libro su cui, a partire dalla sua prima edizione, approvata nel 1584 da Gregorio XIII, si basano i calendari liturgici che determinano le feste religiose annuali. La critica è necessaria per accertare la verità di contro alle « vere falsificazioni e mistificazioni, ispirate dalla vanità [degli agiografi] o più spesso da interessi particolari o rivendicazioni locali[4] ». Così accade a santa Ninfa, una delle patrone di Palermo, la cui esistenza si basava su una cattiva interpretazione della vita del vescovo Mamiliano (V sec.), i cui resti furono sepolti *ad Ninfas*, non vicino a quelle di Ninfa, ma nei pressi di una fonte; o di santa Oliva, il cui nome

3 Genoveffa Palumbo, « Erudizione, storia e verità nel frontespizio degli *Acta Sanctorum* », in Gennaro Luongo (a cura di), *Scrivere di santi*, Roma, Viella, 1998, p. 270.

4 Livario Oliger, « Agiografia », in *Enciclopedia cattolica*, Firenze, Sansoni, 1948, vol. I, col. 450; Réginald Grégoire, *Manuale di agiologia. Introduzione alla letteratura agiografica*, Fabriano, Monastero San Silvestro Abate, 1996[2].

deriva dalla sepoltura di una vergine cristiana in Tunisia, *al Zitouni*, vicino a un albero di olivo. Questo lavoro critico produce uno sfoltimento dell'affollata e fantasiosa santità antica, al fine di dare credibilità maggiore ai santi rimasti solidamente sugli altari e a quelli moderni in particolare. « Il perfetto historico – scrive un francescano, agiografo di santi siciliani – [...], qual Argo con cento occhi e qual Briareo con cento mani, acciò legga e rivolga gli Archivi imbrustoliti, le scritture invecchiate e gli Annali inceneriti da' tempi, ha per offitio di raffrontar le scritture, gl'anni, le occasioni, gl'avvenimenti e i progressi: dalle scritture, come dalle cave, e miniere, cava l'origine delle cose. Insomma, l'historico deve esser versato, e consumato ne' libri; acciò la di lui penna si vegga che miele distilla, e oro diffonde; miele della verità ch'è dolce, ed oro di un compìto conoscimento[5] ». La professione di verità, dunque, è l'elemento distintivo della scrittura agiografica secentesca, verità che riposa sulla « autorità degli scrittori e testimonio nelli processi ». In tutti i processi di canonizzazione le agiografie sono ammesse alla stessa stregua dei testimoni, entrambi – persone in carne e ossa e libri – sono *testes* di cui avvalersi per l'accertamento nelle circostanze processuali di virtù e miracoli del canonizzando da parte dei *socii* che gli tributano un culto spontaneo: la relazione tra agiografie, culto e processo di canonizzazione è molto stretta[6]. E ciò accadrà anche nel nostro processo.

L'agiografia è il primo e l'ultimo atto di un processo di canonizzazione; l'assenza di una *Vita* fa dubitare di santi antichi e medievali. Così accade, ad esempio, a Rosalia Sinibaldi, vissuta probabilmente nel XII secolo: la mancanza di una *historia* rende incerta, non solo la sua canonizzazione, ma fa dubitare persino della sua esistenza, contraddetta solo dalla memoria di un toponimo della città di Palermo, il pozzo di santa Rosalia (« nudi quei nomi che restano come ossa sparpagliate per i campi[7] ») e rende particolarmente controversi il riconoscimento della sua santità, la costruzione di una *legenda* ufficiale e l'introduzione nel

5 Pietro Tognoletto e Ficano, *Paradiso serafico del fertilissimo Regno di Sicilia, overo Cronica ove si tratta della origine della Riforma de' Minori Osservanti in questo Regno*, Palermo, 1667, parte I, p. 13-14.

6 Sofia Boesch Gajano (a cura di), *Santità, culti, agiografia: temi e prospettive*, Roma, Viella, 1997.

7 Come scrive il gesuita Ottavio Gaetani quando si prefigge di ricostruire il santorale siciliano che, « oppresso dalla notte arabica, o inghiottito dall'onda barbarica, fu sepolto quasi con la stessa Sicilia ». Cit. in Sara Cabibbo, *Il Paradiso del Magnifico Regno. Agiografi, santi e culti nella Sicilia spagnola*, Roma, Viella, 1996, p. 13.

Martirologio romano da parte di Urbano VIII. Nel suo caso è il ritrovamento nel 1624 di presunte reliquie sul monte Pellegrino a consentire, nei mesi concitati della peste palermitana, di avviare un processo[8] e una vera e propria battaglia tra Ordini religiosi per fissarne gli elementi ufficiali[9].

Non tutte le *historiae* hanno la stessa rilevanza, né tutti gli storici sono ugualmente degni di fede. Essi si distribuiscono gerarchicamente in quattro gradi: « *primus eorum qui visa referunt; secundus narrantium, quae a videntibus acceperunt; tertius scribentium, quae audiverunt ab iis, quibus videntes narraverant; quartus eorum, qui monumenta, quae edunt, ex historia colligerunt. Hi omnes, inquit Bollandus, fidem merentur, si boni, prudentes, et sinceri sint*[10] ». Come si vede valgono per gli storici le stesse regole che valgono per i testimoni nei processi, dove infine sono le qualità personali e la fama di essere « fede degni », a decidere sulla validità delle loro testimonianze. Gli atti dei processi, considerati « scritture autentiche », servono proprio a garantire la solidità e veridicità dei racconti agiografici che per tale via possono ambire al rango di *historiae*.

Testimonianze processuali e agiografie, considerate *historiae* alla stregua di testimonianze *de auditu*, interagiscono in modo vistoso: i processi vengono utilizzati per la ricostruzione agiografica che si vanta di essere « cavata dal processo autentico » ed essa confluisce nel processo per il tramite degli *Articuli pro canonizatione* e della *Sequentia interrogatoria* che contengono le domande che i giudici rivolgono ai testimoni, dando un ordine cronologico alle varie circostanze biografiche, sulle quali si vuole ricevere conferma.

---

8 *Originale delli testimonj di Santa Rosalia*, ms. XVII sec. Biblioteca Comunale di Palermo (BCP), 2 Qq E 89, trascritto a cura di Rosalia C. Giordano, Palermo, Biblioteca Comunale, 1997.

9 Sara Cabibbo, *Rosalia tra terra e cielo. Storia, linguaggi, simboli di un culto barocco*, Palermo, Sellerio, 2004.

10 Emmanuel de Azevedo, *Benedicti Papae XIV doctrina de servorum Dei beatificatione et beatorum canonizatione in synopsim redacta*, Bruxellis, 1840, l. III, caput IX, p. 115.

IL BIOGRAFO GESUITA, *EL AUTOR PRIMERO*

In presenza di servi di Dio particolarmente virtuosi e in odore di santità, nei conventi e nelle comunità religiose è usuale affiancare loro un « cronista », spesso il confessore o il direttore spirituale, per raccogliere gli episodi più edificanti della loro vita e trasformarli tempestivamente, subito dopo la loro dipartita, nella prima *Legenda* di cui servirsi per richiedere l'avvio della fase informativa del processo. Un confratello sugli altari è una preziosa risorsa simbolica per il convento e per l'intero Ordine che, in qualità di postulatore della causa, assume frequentemente il peso economico della promozione del processo[11]. Nel caso di Juan de Ribera la *Vita* è scritta su iniziativa del Collegio di Corpus Christi da lui fondato, in vista dell'apertura del processo di canonizzazione e c'è chi sostiene che possa essere stato lo stesso patriarca a designare il suo agiografo[12].

C'è una stretta coincidenza tra la *Vida del Illustrissimo Juan de Ribera* di Francisco Escrivá, dottore teologo della Compagnia di Gesù e il processo di beatificazione, avviato nel 1611. La *Vida*, redatta subito dopo la morte di Ribera, avvenuta il 6 gennaio 1611, è pubblicata a Valencia nel 1612[13]. Il gesuita scrive l'opera, pressato dal dovere (*yo estava tan obligado a escrivirla*) di ricambiare con *este oficio tan pio* l'affetto che il patriarca gli dimostrava continuamente con *favores y mercedes particulares*; ora egli vuole additarlo ad esempio e innalzarlo a modello di quanti vogliano imitarne le virtù. Senza falsa modestia afferma di sapere su di lui più di tutti gli altri, di scrivere per diretta conoscenza di persone e circostanze, essendo stato per molti anni confidente e confessore dell'alto prelato. Conosciutolo nel 1568, in occasione del suo insediamento come arcivescovo di Valencia, ne ha assiduamente frequentato la casa, osservato

11 Giovanna Fiume, « L'interaction entre développement de la dévotion populaire et déroulement de la procédure judiciaire à partir du procès de Benoît le More », in Philippe Castagnetti et Christian Renoux (dir.), *Culture et société au miroir des procès de canonisation (XVIe-XXe siècle)*, Saint-Étienne, Presses Universitaires de Saint-Étienne, 2016, p. 65-86.

12 Benjamin Ehlers, *Between Christians and Moriscos. Juan de Ribera and Religious Reform in Valencia, 1568-1614*, Baltimore, Johns Hopkins University Press, 2006, p. 118n.

13 Francisco Escrivá, *Vida del Illustrissimo y Excellentissimo Señor Don Iuan de Ribera, Patriarca de Antiochia y Arçobispo de Valencia*, Valencia, en casa de Pedro Patricio Mey, junto a San Martin, 1612, in-4°, [16], 492, [4] p.

i comportamenti, lo ha accompagnato in tutte le occasioni pubbliche; ha insomma partecipato a molti degli avvenimenti narrati[14]. Si propone, dunque, come testimone privilegiato. Dal primo incontro del 1568 lo accompagna dovunque vada, rimane sempre al suo fianco, così da essere testimone di tutte le sue azioni e di ogni singola parola; nella sua casa ogni porta gli era aperta, nel suo cuore niente gli era mantenuto segreto: il prelato lo metteva a parte di ogni suo pensiero, desiderio, emozione, così che il gesuita può affermare di conoscere la sua anima come la propria: egli soleva dirgli che lui *era la sua anima*[15].

Il testo si propone dunque come fonte primaria, l'autore come testimone *de visu*; il racconto è continuamente intercalato da espressioni quali « oyle decir un dia », « yo lo oí », « yo he visto », « como el mismo me lo dico », « estaba yo presente », « por haberlo yo visto y leydo », ecc.; si rivela, in tal modo, una miniera di notizie di prima mano sulla vita e le virtù di Ribera di cui l'autore dichiara essere stato fino alla morte consigliere, confessore, direttore spirituale, persona di totale fiducia, conoscitore dell'intimità del suo spirito, « su alma », appunto. « Ogni scrittura agiografica assume, in forma esplicita o implicita, valore testimoniale [...] a partire da testimonianze attendibili, spesso dalla testimonianza oculare dello stesso agiografo[16] ». La *Vida* avrà perciò un peso decisivo non solo nel processo che si apre nel 1611, ma diverrà anche punto di riferimento obbligato di tutti i processi successivi e dei passaggi più delicati delle vicende biografiche e delle virtù del canonizzando, al punto che nella *Sequentia interrogatoria* dei processi le domande da rivolgere ai testimoni coincidono quasi alla lettera con lo scritto di Escrivá.

La sua ricostruzione è fortemente intenzionale e procede con lo scopo di « santificare » gli episodi salienti della sua vita, descrivendoli in analogia con somiglianti episodi tratti dalle Sacre scritture o dalle vite di

14 Miguel Navarro Sorní, « El padre Francisco Escrivá S.J., confesor y primer biógrafo de San Juan de Ribera », in Emilio Callado Estela (coord.), *Lux totius Hispaniae. El Patriarca Ribera cuatrocientos años después*, València, Universitat de València, 2011, p. 253-270.

15 « Casi siempre le he acompañado, siendo el servido, y haziendome tanta merced, de quere que anduviesse de continuo con el, y que no me partiesse de su lado; siendo testigo de todo lo que hazía, y oyendo lo que dezía: para mi no havia puerta serrada en su casa, ni en su pecho cosa tan escondida y secreta que no me la manifestasse: quanto pensava, y desseava [*sic*], y sentia y sabia, todo me lo comunicava. Tenia tan sabida su alma, como la propria mia, tanto que [...] solia dezirme que *yo ero su alma* ». Francisco Escrivá, *Vida*, *op. cit.*, p. 74, corsivo mio.

16 Sofia Boesch Gajano, *Un'agiografia per la storia*, Roma, Viella 2020, p. 147-148.

altri santi, antichi, medievali o coevi, con il più ampio sfoggio erudito. In generale, « la fonte più importante [delle agiografie] è la Bibbia che fornisce modelli tratti dalla storia sacra, temi letterari, molte citazioni [...]. I fatti biblici per così dire, continuano o ricominciano negli atti dei santi; i personaggi biblici rivivono in essi[17] ». I Vangeli assicurano prestigio, intelligibilità e certa ortodossia. Se, come concordano gli storici, i modelli di santità vanno cronologicamente da quello martiriale del cristianesimo delle origini (modello assoluto e ineguagliabile che non necessita neppure del processo di canonizzazione), a quello ascetico-eremitico (per lo più monastico), a quello dei santi vescovi, la *Vida* di Escrivá sembra volerli sintetizzare tutti, raccontando l'esperienza di un asceta, vescovo, con una particolare esperienza di martirio: quello di avere portato la croce della convivenza quarantennale con i moriscos nemici della fede. « Les références et les réminiscences scripturaires, loin d'être un pur agencement rhétorique, tissent le cadre et le décor de la Vita[18] ».

E, se proprio quest'ultimo aspetto fa lievitare il libro fino a quattrocentonovantasei pagine e lo destina a una distribuzione élitaria – se ne stampano solo cento copie, regalate a persone autorevoli direttamente coinvolte o interessate o da sensibilizzare alla causa di canonizzazione –, finisce però nello stesso tempo per costituire una narrazione canonica, costruendo sin dalle prime battute il modello di santità del vescovo tridentino che tutti i processi successivi si troveranno a confermare. A questo scopo, come vedremo nelle pagine che seguono, l'agiografo opera numerose omissioni e censure, procede offrendo sugli aspetti più delicati e controversi della vita e dell'azione di Ribera una ricostruzione che, negando le contraddizioni, dissipando le ombre, stereotipizza il personaggio, lo disincarna per farlo aderire al modello. La luce della « verità » di questa *Vida* servirà da fondamento agli scrittori successivi: man mano che passa il tempo, l'« antichità » le darà una legittimazione crescente e unanimemente riconosciuta.

Francisco Escrivá nasce a Valencia nel 1539 da una famiglia aristocratica che detiene ereditariamente l'ufficio di Mastro razionale del Regno di Valencia e, secondo di cinque figli, insieme alla sorella minore è destinato

17 Giancarlo Rocca, « Agiografia monastica », in *Dizionario degli Istituti di Perfezione*, Roma, Edizioni Paoline, 1974, vol. I, col. 152.

18 Marc Van Uytfanghe, « La typologie de la sainteté en Occident vers la fin de l'Antiquité », in Gennaro Luongo (a cura di), *Scrivere di santi*, *op. cit.*, p. 20.

alla vita ecclesiastica. Si laurea giovanissimo in teologia all'Università di Alcalá de Henares e, nel 1554, in seguito alla morte di uno zio, ne eredita il canonicato della cattedrale di Valencia. Proprio il Capitolo della cattedrale lo incarica, nel 1568, di andare a ricevere il neo arcivescovo con cui stabilisce un legame di stima, tanto da essere da questi poco dopo indicato tra i tre accompagnatori nella *Visita de riforma* dell'*Estudi Gener*al (l'Università di Valencia) di cui Ribera è stato incaricato dal re[19]. L'Università è in conflitto con il locale Collegio dei gesuiti ed è gelosa dei privilegi che la legano a doppio filo all'élite cittadina che ne nomina i docenti. Ribera interviene pesantemente in questo conflitto e finisce per esacerbarlo: fa intervenire il Santo Uffizio e arrestare numerosi docenti e studenti; un'ondata di cartelli e pasquinate contro il neo arcivescovo, affissi da parenti e amici degli arrestati, denuncia le ambizioni della Compagnia di Gesù a concedere titoli di studio in concorrenza con l'Università e l'avversione dell'arcivescovo per i « valencianos doctos[20] ». Del patriarca i cartelli anonimi e le pasquinate ricordano con impietosa ironia la nascita illegittima; di Escrivá deridono i continui sospiri e l'effeminatezza.

Nel 1578 il nostro agiografo lascia il canonicato e l'annesso beneficio per entrare l'anno seguente nella Compagnia di Gesù e, nel 1609, dopo il noviziato, pronuncia la professione solenne e viene destinato al Collegio di Saragozza. Qui insegna teologia e Sacre scritture e funge da rettore per un triennio; qui viene coinvolto in un duro conflitto di giurisdizione tra Santo Uffizio e i *fueros*[21] del Regno di Aragona che degenera

---

19 Ramón Robres, « El Patriarca Ribera, la Universidad de Valencia y los Gesuitas (1563-1673) », *Hispania*, 17, 69, oct.-dic. 1957; Sebastián García Martínes, « San Juan de Ribera y la primera question universitaria (1569-1572) », *Contrastes*, 1, 1985; Amparo Felipo Orts, *La Universidad de Valencia durante el siglo XVI (1499-1611)*, Valencia, Universitat de Valencia, 1993.

20 Antonio Mestre Sánchis, « Jerarquía católica y oligarquía municipal ante el control de la Universidad de Valencia el obispo Esteve y la cuestión de los pasquines contra el Patriarca Ribera) », *Anales de la Universidad de Alicante. Historia moderna*, 1, 1981. Su cartelli, pasquinate e lettere anonime cfr. Edward P. Thompson, « Il delitto di anonimato », in *Id.*, *Società patrizia cultura plebea. Otto saggi di antropologia storica sull'Inghilterra del Settecento*, Torino, Einaudi, 1981, p. 181-250; Edoardo Grendi, *Lettere orbe. Anonimato e potere nel Seicento genovese*, Palermo, Gelka, 1989; Antonio Castillo Gomez, *Entre la pluma y la pared. Una historia social de la escritura en los siglos de oro*, Madrid, Akal, 2006.

21 I *fueros* sono una « legislación pactada, normas en la qual están de acuerdo los tres brazos y es aprobada por el rey [...] a través de pragmáticas y privilegios ». Rosa Muñoz, « Cortes », in *Diccionario històrico de la Comunitat Valenciana*, Levante, Valencia, 1992, vol. I, p. 281.

nell'intervento dell'esercito regio contro i ribelli, fautori della fuga di un importante detenuto, il segretario reale Antonio Perez. Sarà il neutrale Escrivá a sollecitare a Madrid la soluzione pacifica del conflitto tra il re e il governo aragonese e a prodigarsi in favore di alcuni personaggi eminenti che, pur non avendo partecipato alla ribellione, temevano tuttavia delle ritorsioni[22]. Di ritorno dalla missione madrilena, nel 1592 trasloca a Valencia, lascia la vita pubblica per dedicarsi esclusivamente allo studio delle Sacre scritture, riannoda i rapporti con Ribera e pubblica (dal 1604 al 1616) tre volumi di manuali per i predicatori. Muore a Valencia il 30 dicembre 1617.

TUTTI GLI AGIOGRAFI DI RIBERA

Le pubblicazioni di testi agiografici scandiscono e coincidono con i momenti cruciali dei processi: le agiografie giocano un ruolo decisivo nel produrre la fama di santità di cui attestano anche la diffusione, la continuità e la durata, perciò sono ammesse – lo ripeto – come testimoni *de auditu*, come si trattasse di *testes* in carne ed ossa. Le agiografie segnano perciò anche le tappe del nostro processo e quella di Francisco Escrivá funziona da vero e proprio incipit della causa, elaborando la *legenda* del futuro santo, mettendo in risalto ogni aspetto della sua profonda spiritualità. Egli usa le *Informationes* collazionate per aprire il processo ordinario che si svolge a Valencia nel 1611, a pochi mesi dal transito del Patriarca, nel quale le testimonianze provengono da chi – come l'agiografo – ha personalmente conosciuto il canonizzando e ne ha sperimentato virtù e grazie.

Sarà utile ricapitolare le tappe di questo lungo e travagliato tragitto che condurrà Ribera sugli altari: dopo quello di Valencia (1611) e Madrid (1629), ancora a Valencia si svolge nel 1644 il processo *super cultu non exhibito* e nel 1667 a Roma quello che accerta *constare de non cultu*, entrambi necessari ad acclarare l'inesistenza di un culto pubblico, spontaneamente tributato al canonizzando, prima della beatificazione ufficiale da parte della Santa

22 Sulla complessa vicenda della « rivolta aragonese », cfr. John H. Elliot, *La Spagna imperiale 1469-1716* (I ed. 1963), Bologna, Il Mulino, 1982, p. 319 e ss.

sede. Contemporaneamente, dal 1661 al 1669, si esaminano le *Constitutiones* del Collegio di Corpus Christi e, dal 1669 al 1678, sempre a Roma, si tiene il processo *super fama sanctitatis in genere*. Nel 1681-1683 a Valencia si svolge il processo *super virtutibus et miraculis in specie* e si avanzano dubbi sui miracoli attribuiti al patriarca. A questo punto appare l'agiografia di Jacinto Busquets Matoses, *Idea exemplar de prelado delineado en la vida y virtudes* (Valencia, 1683) che raccoglie l'opinione favorevole verso i miracoli messi in dubbio dalla Sacra Congregazione dei Riti onde orientarla a « dispensare » i dubbi manifestati sui miracoli (lo stesso avverrà nel 1693). Nel 1694 la Congregazione esamina gli scritti di Ribera e l'agiografia di Escrivá, di cui si stampa una seconda edizione romana. Nel 1730-1734 si inviano le lettere remissoriali per accertare l'esistenza e rintracciare altri eventuali scritti del canonizzando. La ricerca si protrae fino al 1740.

Nel 1734 Juan Jiménez, teologo della Provincia francescana di Valencia, già testimone al processo del 1681 e agente per conto del Collegio presso la corte romana nel processo di beatificazione, pubblica a Roma una *Vida y virtudes*. Sin dal lungo titolo essa mette in evidenza del canonizzando i ruoli di vescovo, arcivescovo e patriarca, di vicerè e capitano generale e di protettore di Ordini religiosi maschili e femminili ed esplicita altresì le sue fonti: i processi ordinari e apostolici e le agiografie precedenti[23]. Nel 1747 si tiene la *Congregazione antipreparatoria* e nel 1752 quella *preparatoria*, infine nel 1756 si scioglie la riserva espressa circa il ruolo di Ribera nella decisione di Filippo III di espellere i moriscos. Nel 1760 si scioglie il dubbio sulla eroicità delle sue virtù e nel 1790-1796 quelli sull'esistenza dei miracoli. Nel 1796 finalmente il papa promulga la bolla di beatificazione. L'anno successivo si pubblicano tre agiografie: la prima di Vicente Castrillo, ex generale dei Minimi di San Francesco di Paola e dal 1790 in avanti postulatore della causa di Ribera[24]; nello stesso anno due agiografie anonime compaiono a Valencia[25]. Alla beatificazione

23 Juan Jiménez, *Vida y virtudes del venerable Siervo de Dios el ilustrísimo y excelentídimo señor Juan de Ribera, patriarca de Antioquía, obispo de Badajoz y después arçobispo de Valencia, su virrey y capitán general, fundator del Real Colegio de Corpus Christi, de la provincia de los menores capuchinos y de la reforma de las monjas agustinas descalças, recopilada de varios autores y de los procesos que por autoridad ordinaria y apostólica se han formado para su beatificación*, Roma 1734. Una seconda edizione spagnola si stampa a Valencia nel 1798.

24 Vicente Castrillo, *Vita del beato Giovanni di Ribera patriarca di Antiochia, archievescovo di Valenza, vicerè e capitano generale di tutto il suo regno*, Roma, 1797.

25 *Compendio de la vida del beato Juan de Ribera patriarca de Antioquía, arzobispo y virrey de Valencia*, Valencia, 1797 e *Compendio histórico de la vida y virtudes del beato Juan de Ribera,*

segue un'ondata di celebrazioni festive, sermoni e letteratura popolare per festeggiare l'evento e si stampa la seconda edizione dell'agiografia di Jiménez[26].

Chi sono gli agiografi sei-settecenteschi di Ribera? Di Francisco Escrivá abbiamo detto; Jacinto Busquets Matoses è un teologo valenziano, docente presso l'*Estudi General*; ha dedicato una agiografia a tre domenicane del convento di Barcellona della famiglia Rocabertí[27] a cui appartiene Juan Thomás, arcivescovo di Valencia, testimone nel processo del 1669[28]. Di fronte a lui, che in virtù della delega ricevuta dalla Sacra Congregazione dei Riti funge da vicario apostolico, si svolge

---

obispo de Badajoz, arzobispo de Valencia, su virrey y capitán general, y patriarca de Antioquía, Valencia, 1797.

26 Nell'Ottocento vede la luce l'opera di Martín Belda, *Compendio de la vida del beato Juan de Ribera* (Valencia, 1802) e di José Mestre, *Apuntes biográficos del beato Juan de Ribera* (Valencia, 1896). Nel Novecento Pascual Boronat y Barrachina, *El beato Juan de Ribera y el R. Colegio de Corpus Christi. Estudio histórico* (Valencia, 1904); Manuel Cubí, *Vida del beato Juan de Ribera* (Barcelona, 1912). Infine, in concomitanza con la proclamazione della canonizzazione nel 1960, Ramón Robres Lluch scrive nel corso dell'offensiva nazionale cattolica di metà secolo e a conclusione di una plurisecolare vicenda, l'agiografia conclusiva: *San Juan de Ribera, Patriarca de Antioquía, arzobispo, virrey y capitán general de Valencia, 1532-1611; un obispo según el ideal de Trento*, Valencia, J. Flors, 1960 e *Id.*, « Juan de Ribera », *Bibliotheca Sanctorum*, vol. VI, Roma, Città Nuova Editrice, 1966, coll. 1053-1059.

27 Jacinto Busquets Matoses, *Las cinco piedras de David*, Valencia, 1684. Mentre si sistematizzano gli scritti, a partire dalla prima opera, *Relación hecha por la madre sor Hipólita de Jesús, subpriora del convento de religiosas dominicas de Nuestra Señora de los Ángeles, a la muerte de Estefania de Rocabertí*, Barcelona, 1608, se ne pubblicano le opere di dottrina e di mistica e si avvia un processo di canonizzazione. Sulla domenicana cfr. Maria Laura Giordano, *La Contrarreforma y sus críticos. Biblia y oración mental en Hipólita de Rocabertí*, in Rosa Maria Alabrús (coord.), *Tradición y modernidad. El pensamiento de los dominicos en la Corona de Aragón en los siglos XVII y XVIII*, Madrid, Silex, 2011, p. 17-52; *Ead.*, « Memoria y tradició, de la dominica catalana Hipólita de Jesús », in Rosa Maria Alabrús (ed.), *La Memoria escrita de los Dominicos*, Sant Cugat, Editorial Arpegio, 2012, p. 177-198; *Ead.*, « Dos caras de la Contrarreforma: Juan de Ribera y sor Hipólita de Rocabertí », in Emilio Callado Estela (ed.), *El Patriarca Ribera y su tiempo. Religión, cultura y politica en la Edad Moderna*, Valencia, Instituciò Alfons el Magnànim-Diputaciòn de Valencia, 2012, p. 201-214; Rosa Maria Alabrús Iglesias, « La espiritualidad de Hipólita de Rocabertí y la costrucción de su imagen en el siglo XVII », in *Hispania sacra*, LXVII, 135, enero-junio 2015, p. 219-245.

28 Juan Thomás de Rocabertí O.P. (1627-1699) fu maestro generale dell'Ordine dei predicatori nel 1670, nominato arcivescovo di Valencia dal 1677 e vicerè nel 1678 e nel 1683, fonda il Collegio-seminario di San Pio V. Sulla carica di Inquisitore generale cfr. Emilio Callado Estela, *El Inquisidor General Rocabertí*, in Rosa Maria Alabrús (coord.), *Tradición y modernidad*, *op. cit.*; *Id.*, « Historia y glorias dominicanas en la obra editorial de fray Juan Tomás de Rocabertí », in Rosa Maria Alabrús (ed.), *La Memoria escrita de los Dominicos*, *op. cit.*

nel 1695 l'accertamento *super puritate fidei, sanctitate et excellentia vitae, virtutibus et miraculis in specie.* Il testimone al processo del 1669 si è ora trasformato in giudice, mostrandoci l'interesse della Chiesa di Valencia per la canonizzazione del suo ex arcivescovo. È lui a ordinare a Matoses di scrivere l'agiografia per fare di Ribera la « fiaccola » della Chiesa e la « frusta » contro gli infedeli. La testimonianza di Rocabertí dà voce a quella che era divenuta una vulgata: il patriarca, avendo visto naufragare i suoi sforzi prolungati « per convertire i mori per la loro ostinazione e perversità, [...] si adoperò vigorosamente per la espulsione, avendo scritto lettere significantissime al papa e al re di Spagna, al quale specialmente scrisse che sarebbe stato ben speso tutto l'oro dell'Indie per purgare la Spagna da questa infettione dei mori e ridurla nella purità della fede cattolica, senza veruna mistura[29] ». Questo però il teste lo ha letto nel trattato di Damián Fonseca che, a sua volta, si adopera per avallare la controversa teoria secondo cui l'espulsione dei moriscos aveva ricevuto il consenso della Santa sede[30]. L'insistito uso del termine *mori* confonde la sostanza del problema: i moriscos non sono musulmani, come si ama far credere dai favorevoli all'espulsione, ma cristiani battezzati, seppure di discendenza musulmana. L'opera di Matoses, dedicata al duca di Medinaceli, rettore del Collegio e zio di Ribera, è finanziata dal Collegio. Egli si rifà dichiaratamente a Escrivá, definendolo « su autor primero ».

Il valenziano Juan Jiménez dell'Ordine dei Minimi, testimone al processo di Ribera del 1681, nel 1726 viene nominato procuratore della causa di beatificazione di Gaspar de Bono[31], promossa a suo tempo dallo stesso patriarca; si trasferisce per questo motivo a Roma e gli viene

29 Archivio Apostolico Vaticano, *Cong. Riti*, *Processus*, vol. 1669, f. 178r, ora in Giovanna Fiume, *La cacciata dei moriscos e la beatificazione di Juan de Ribera*, Brescia, Morcelliana, 2014, p. 276. Sul tema della conversione dei musulmani, cfr. Isabelle Poutrin, *Convertir les musulmans. Espagne 1491-1609*, Paris, Presses Universitaires de France, 2012.

30 Damián Fonseca, *Iusta expulsión de los moriscos de España: con la instrucción, apostasia y trayción dellos*, Roma, 1612. Sulla vicenda dell'ignoranza della Sede apostolica sulla espulsione cfr. Giovanna Fiume, *La cacciata dei moriscos*, *op. cit.*, p. 326-353; Manuel Lomas Cortés, « Tra negoziazione politica ed emigrazione forzata. Roma, i moriscos e la loro espulsione », *Quaderni storici*, 144, 2013, p. 689-714; Bruno Pomara, *Rifugiati. I moriscos e l'Italia*, Firenze, Firenze University Press, 2017, p. 557-566.

31 Gaspar de Bono (Valencia 1530-1604), soldato dell'esercito di Carlo V entrato nell'Ordine dei Minimi di San Francesco di Paola, estatico, legato a Ribera, è beatificato nel 1786. Due agiografie ne celebrano la beatificazione: Felix Puimayor y Budarin, *Compendio histórico de la vida del Beato Gaspar de Bono*, Valencia, 1787; Pietro Agostino Milon, *Vida del Beato Gaspar de Bono*, Valencia, 1787.

affidata anche la procura per la causa di Ribera dei cui progressi menerà vanto. La sua agiografia appare quasi un rifacimento di quella di Escrivá.

Vicente del Castrillo, valenziano e generale dei Minimi di San Francesco di Paola, chiamato a Roma dal suo Ordine per incarichi ufficiali, diventa postulatore della causa di Ribera dal 1790. A questo scopo fa uso di una sistematica dazione di mance, in denaro e in natura, per Natale e ferragosto, alla « famiglia » del cardinale ponente, al promotore e al sub-promotore, al procuratore e all'avvocato della causa di beatificazione. Elargisce cioccolata e tabacco, zucchero e cera di cui annota anche le spese di dogana e della carrozza noleggiata per la consegna; destina « mance » all'« anticamera del Ponente », alla « sala del Prefetto », al segretario della Sacra Congregazione dei Riti, al « servitore » dell'avvocato e a quello del procuratore. Nel 1796 i suoi libri contabili riportano le spese per la cerimonia di beatificazione, di cui l'anno successivo renderà i conti al Collegio. Della sua agiografia si stampano due edizioni in un anno.

Tutte queste agiografie – e le successive – hanno un debito enorme nei confronti di quella di Escrivá, per tutti *el autor primero*, sono ispirate e finanziate dal Collegio che è anche il promotore della causa di beatificazione, di cui sostiene i costi dall'esordio sino al suo felice esito finale. Il Collegio ha erogato complessivamente – come si evince dal libro delle spese sostenute dal 1627 al 1796 – la somma di 73551 libras, 15 sueldos, 20 dineros. Una cifra ragguardevole per un ambito traguardo: mettere il proprio fondatore sugli altari, pochi anni dopo Nicolas Factor[32], Gaspar de Bono e Andres Hibernon[33], tutti valenziani.

32 Nicolas Factor (Valencia 1520-1583), francescano, sacerdote, ascetico, estatico, predicatore infiammato è beatificato nel 1786. Vicente Castell Maíques, « Beato Nicolas Factor », in *Año cristiano*, t. I, Madrid, Ed. Católica, 1959, p. 499-504.

33 Andres Hibernon (Murcia 1534-Gandía 1602), francescano della famiglia di san Pedro di Alcantara, noto per i suoi molteplici miracoli e il corpo incorrotto, è beatificato nel 1791. Diego Riquelme Rodríguez, « Beato Andres Hibernon », *Nuevo Año cristiano*, Madrid, Edibesa, 2001, p. 221-225.

LA VIDA DEL ILLUSTRÍSSIMO Y EXCELLENTÍSSIMO SEÑOR DON JUAN DE RIBERA

Juan de Ribera discende da Perafán Enríquez de Ribera y Portocarrero, Adelante mayor de Andalucia, conte di Molares, marchese di Tarifa e duca di Alcalá, viceré di Catalogna (1554-1555) e di Napoli (1559-1571), illustre per sangue, ricchezza, vassalli, condizione e governo; le nobili origini sono un requisito essenziale del nostro canonizzando, che nasce a Siviglia nel 1533. Qui però l'agiografo opera la prima omissione: Juan è un illegittimo, poiché non nasce dalla moglie di Perafán, Leonor Ponce de León, dei marchesi di Zahara, che non avrà figli, ma da Teresa de los Pinelos (o Pinelli), di origine genovese. Di ciò la *Vida* non fa cenno. La discendenza di Perafán è tutta illegittima: di Juan abbiamo detto; la sorella Catalina nasce da Luisa de Mosquera y Esquivel; di altre due figlie si apprende dal suo testamento che destina « a donna Ynés e donna Maria, le mie figlie monache nel monastero di Santa Ynés di Siviglia, una rendita di 20.000 maravedis annui ciascuna per tutto il tempo della loro vita[34] ». E proprio a causa della mancanza di figli legittimi, per la legge del maggiorascato, il patrimonio di Perafán andrà al fratello, Fernando Enríquez Ribera y Portocarrero e il figlio primogenito Juan, alla stregua di un cadetto, seppur dotato di un patrimonio consistente, è destinato sin da bambino alla carriera ecclesiastica.

Nel racconto agiografico Juan, come Atena dalla testa di Giove, sembra generato solo dal padre: sono i padri ad avere il dovere di prendersi cura del corpo e dell'anima dei figli e non solo quello di metterli al mondo, non devono tanto preoccuparsi di farli ricchi, quanto di renderli virtuosi. Leggiamo qui la perfetta giustificazione della scelta paterna che, da un lato, disereda il suo unico figlio maschio poiché illegittimo, dall'altro, lo rende virtuoso preoccupandosi della sua educazione religiosa e assicurandogli nello stesso tempo una carriera ecclesiastica all'altezza

34 Raúl Romero Medina, « "Si acaeciere morir en Nápoles". El testamento de don Per Afán de Ribera », in Emilio Callado Estela (coord.), *Lux totius Hispaniae. El Patriarca Ribera cuatrocientos años después*, *op. cit.*, p. 217-219. L'autore ipotizza ci possano essere altri figli sparsi tra Napoli e Spagna e che le due monache possano essere figlie di due « criadas sevillanas » che lo seguirono in tutti i suoi spostamenti e a cui destina dei legati testamentari.

del prestigio della casata. Nel 1544, decenne, Juan viene mandato a Salamanca[35], dove ha per compagni i figli delle più grandi casate, « la flor de la nobleza de España[36] »; non gioca o scherza come fanno i suoi coetanei, è sempre composto e severo: studio, preghiera e disciplina sono le attività di chi ha Dio per maestro e guida; « era bambino quanto all'età, ma vecchio quanto ai costumi[37] ». Il tema del *moço viejo*, tratto dal libro di Giobbe e di Daniele[38], viene riadattato al nostro caso.

Ordinato sacerdote nel 1560, solo due anni dopo viene proposto per il vescovado, senza che egli lo abbia richiesto e nemmeno desiderato. Anche in questo caso l'agiografo lo confronta ad altri vescovi, giovani e santi come lui: Timoteo, Eleuterio, Remigio, Malachìa. Lo vogliono vescovo un santo papa (Pio V) e un santo re (Filippo II); Juan si sente ìmpari al compito, ma per ubbidienza china il capo e ne dà notizia al padre. L'agiografo omette di dire che, non avendo ancora compiuto trent'anni, fu necessaria una dispensa papale per ricoprire la carica di vescovo di Badajoz prima dell'età canonica e che, a causa della sua nascita illegittima, dovette essere dispensato *ex defectu natalium*, sia per l'ordinazione sacerdotale, sia per i successivi passaggi gerarchici[39].

Il padre gli scrive da Napoli una lettera nella quale, dopo avere manifestato il suo sollievo per la sistemazione del figlio – una delle preoccupazioni più grandi, fonte di grande inquietudine per il suo animo – e dichiarato di averlo amato sempre *más que hijo*, fa una serie

35 Nel suo testamento Ribera scrive che il padre lo mandò a Salamanca nel 1544, « siendo yo entonces de diez años y medio ». Cit. in Manuel Cubí, *Vida del beato Juan de Ribera, Patriarca de Antioquía, arzobispo, virrey, capitán general y fundador del Real Colegio de Corpus Christi*, Barcelona, 1912, p. 23. Sarebbe nato, dunque, nel 1533. A Salamanca avrebbe avuto come maestri Melchior Cano, Pedro e Domingo de Soto, Pedro de Sotomayor, Domingo de Cuevas, Gil de Nava. Il giovane Ribera vi reggerà la cattedra di teologia nel 1561-1562.

36 Due in particolare: l'amicizia per don Ferdinando de Toledo, fratello del conte di Oropesa, che rifiuterà il cappello cardinalizio e si dedicherà alla predicazione e all'assistenza degli infermi e dei poveri e per don Antonio de Córdoba, fratello del duca di Feria, che entrerà nella Compagnia di Gesù e vivrà e morirà santamente. « Era niño en los años y viejo en las costumbres ». Francisco Escrivá, *Vida*, *op. cit.*, p. 13.

37 Francisco Escrivá, *Vida*, *op. cit.*, p. 16.

38 « Por que a ti vemos que ha dado Dios la honrra de ancianidad y viejez, y quiere que te honrremos como a viejo, y que aprendamos de ti, como de prudente y sabio ». *Sacrae historiae*, Daniele 13, *cit. ivi*, p. 24.

39 Sin dal 1523 i re spagnoli hanno il privilegio di presentare e nominare i vescovi, a condizione che posseggano i requisiti di età (30 anni), di essere « naturali » dei loro regni, istruiti, ordinati *in sacris*, nati da matrimonio legittimo, avere esperienza di governo. Gli ultimi due requisiti mancano al nostro neo vescovo.

di raccomandazioni cui Juan si manterrà fedele per tutta la vita: non tollerare i pubblici peccati, soprattutto dei chierici, risiedere sempre nella sua sede vescovile, visitarne tutte le chiese, tenere attorno a sé poca gente virtuosa, adottare un parco e onesto arredamento, mangiare alla castigliana (gallina, manzo, montone, potage), occuparsi delle sue proprietà per potere meglio soccorrere i poveri, rispondere a tutti con cortesia. A dire di Escrivá, per tutta la vita Juan custodisce la lettera in un cassetto della scrivania e la rilegge ogni volta che vuole ricordare il valore, la prudenza, la religiosità e bontà del padre[40].

A Badajoz dice messa e predica quotidianamente, nonostante ciò non sia obbligo del vescovo, quindi confessa, comunica e porta la comunione agli infermi, compiti solitamente assolti dai curati, elargisce personalmente le elemosine ai poveri. In un anno di carestia, vende l'argenteria di casa per comprare grano e la vende una seconda volta quando il padre, venutone a conoscenza, gliela ricompra[41]. Scrive lettere ai curati, incitandoli a dare il buon esempio, catechizzare, consolare i malati, visitare i carcerati.

Per avere svolto con tale solerzia l'ufficio di vescovo, Pio V lo nomina patriarca di Antiochia, definendolo *Lumen totius Hispaniae*; nel 1567 il re gli assegna l'arcivescovato di Valencia, ufficio cui in un primo tempo Ribera cerca di sottrarsi, per piegarsi infine nel 1568 alla volontà del re. Anche san Giuliano non avrebbe voluto accettare il seggio di vescovo di Toledo, *por su grande humildad* e il re dell'epoca dovette imporglielo, ricorda Escrivá, alla ricerca di autorevoli precedenti. Ribera accetta, dunque, per spirito di obbedienza e la sua entrata trionfale nella città del fiume Turia, con una corte di un centinaio di persone (i suoi ufficiali, segretari, canonici, maggiordomi, tesorieri, contabili, cuochi, dispensieri, paggi, mozzi, lacchè, schiavi), ripetendo simbolicamente lo stesso percorso che, un quarto di secolo prima, aveva fatto per lo stesso motivo Thomás de Villanueva[42]. Dopo un solo anno vorrebbe già rinunciare, sentendosi

40 Francisco Escrivá, *Vida*, *op. cit.*, p. 38. La lettera sta in Archivio Apostolico Vaticano, *Cong. Riti*, *Processus*, vol. 3414, f. 52v.

41 Anche di Hernando de Talavera, primo arcivescovo di Granada, dopo la resa dell'ultimo re nazarí, si racconta un episodio simile che dovette servire da *exemplum*.

42 Pablo Pérez García, « El año en que San Juan de Ribera fue nombrado arzobispo de Valencia. Precisiones biográficas y detalles de su viaje a Valencia », in Gonzalo Albero Alabort (ed.), *Logos y Vida. Homenaje al Profesor Juan José Garrido Zaragozá*, Valencia, Facultad de Teología San Vicente Ferrer, 2015, p. 525-552. Thomás de Villanueva

sopraffatto dalle difficoltà dell'ufficio; questa volta sarà il papa, il 22 settembre 1569, a imporgli di restare al suo posto.

Fu un ottimo vescovo proprio perché non voleva esserlo – spiega Escrivá – e possedette tutte le virtù che secondo san Paolo un vescovo deve avere: temperanza, astinenza (digiunava mangiando per mortificarsi cose poco appetitose), castità (fu vergine sino alla morte e arrossiva come una « purissima donzella »), umiltà, pazienza, mansuetudine (sospettato di estrarre moneta fuori dal Regno, si sottomette pazientemente alla perquisizione)[43]. Riserva la sua ira solamente « contra hereges, y apostatas, y malos christianos, escandalosos, obstinados en su pecado[44] ». Lo criticano di superbia poiché vive ritirato e non riceve nessuno, ma anche san Crisostomo faceva lo stesso ed è di molti santi l'essere mormorati dai peccatori... Come sant'Ambrogio, fu prudente nelle lettere che scrisse al re (vedremo, invece, che nelle lettere citate Ribera assume posizioni tutt'altro che prudenti). Tutte queste virtù dimostra soprattutto nel tempo in cui ricopre la carica di viceré.

LA SPADA A DUE LAME: RIBERA VICERÉ

Nell'ottobre 1602, Filippo III nomina Ribera viceré del Regno di Valencia: in tal modo questi accentra nelle sue mani il potere religioso (in qualità di arcivescovo), civile (come viceré e luogotenente generale), militare (è capitano generale del Regno), accademico (in qualità di cancelliere dell'*Estudi General*). « Il Regno stava nelle sue mani[45] ». Le sue attribuzioni sono molto importanti: può stabilire statuti e prammatiche; gli editti emanati nella *Real Audiencia*[46] sono perpetui; ha potestà suprema

(1486ca-1555), agostiniano, confessore di Carlo V, arcivescovo di Valencia, beatificato nel 1618, è proclamato santo nel 1658.

43 Francisco Escrivá, *Vida*, *op. cit.*, p. 119.

44 *Ibid.*, p. 127.

45 Ramón Robres Lluch, *San Juan de Ribera*, *op. cit.*, p. 348.

46 L'Audiencia real è « un tribunal con radicación en el propio reino, caracter permanente y jurisdicción suprema. [...] La institución valenciana fue perfilada con la doble funcionalidad de consejo asesor de los representantes del rey en el reino y como tribunal supremo en materia de administración de justícia ». Ha dunque una doppia funzione di *jurisdictio* e di *imperium*. Teresa Canet Aparisi, « La Audiencia valenciana, estructura de poder y grupo

nel comando sull'esercito, è cioè Capitano generale; si occupa delle cause relative al reggimento generale del Regno; ha la potestà di riunire le corti della *Real Audiencia*; può nominare avvocati fiscali e patrimoniali per completare il numero dei membri della *Real Audiencia*; è il primo magistrato del Regno e rappresenta il « Principe » (siede al suo posto); è il Luogotenente del re, ufficio che si riserva ai magnati e la maggior parte dei viceré valenziani sono di sangue reale. Egli, però, non è al di fuori della legge ed è obbligato a giurare l'osservanza dei *fueros* del Regno. In capo a lui sono in sintesi quattro facoltà: la potestà dispositiva di fondare diritti, la potestà giudiziaria, la facoltà di concedere grazie, la facoltà economica; concede privilegi, indulto per i delitti, si preoccupa dell'annona, procura che il popolo goda di onesti divertimenti[47]. Di contro all'ampiezza di queste attribuzioni, non erano invero molti i margini di autonomia del viceré, poiché la politica da seguire nel Regno si elaborava sostanzialmente a corte dal re e dal Consiglio d'Aragona[48].

Il nuovo viceré dimostra subito un piglio deciso nella messa in atto di una serie di misure contro il banditismo, di cui dimostra di conoscere cause e punti nevralgici: pochi giorni dopo il suo insediamento pubblica una prammatica contro la detenzione di armi proibite e poco dopo una seconda contro i protettori di banditi (*manutengoli*)[49]. L'obiettivo della sua azione repressiva è, da un lato, quello di centralizzare la violenza nelle mani dei corpi istituzionalmente preposti al suo esercizio, imponendo il disarmo generale della popolazione, dall'altro, quello di tagliare i legami tra le bande e i loro protettori, considerando tali persino i familiari dei banditi[50]. I *bandos*,

---

de servicio », *Pedralbes. Revista de História Moderna*, 13, 1, 1993, p. 46 e più ampiamente *Ead.*, *La Audiencia valenciana en la epoca foral moderna*, Ediciones Alfons el Magnanim, Valencia, 1986. Ha dunque una doppia funzione di *jurisdictio* e di *imperium*.

47 Lorenzo Matheu y Sanz, *Tractatus de regimine Regni Valentiae*, Valencia, 1654, cit. in Josefina Mateu Ibars, *Los Virreyes de Valencia. Fuentes para su estudio*, Valencia, Ayuntamiento de Valencia, 1963, cap. XIII sulle attribuzioni della giurisdizione del viceré, p. 339-349.

48 La responsabilità di Ribera viceré « no iba más allá de la movilización de los recursos institucionales y humanos que la instancia de gobierno superior [...] habían puesto en sus manos », secondo Pablo Pérez García, David Ferrandis Micó, « Al servicio de la Corona. Don Juan de Ribera al frente de la administración real valenciana (1602-1604) », in Emilio Callado Estela (coord.), *Curae et Studii exemplum. El Patriarca Ribera cuatrocientos años después*, València, Universitat de València, 2009, p. 87.

49 *Pragmatica concerniente a la pacificación y al buen gobierno de la presente Ciudad y Reino* del 14 dicembre 1602 e *Prammatica contra amparadores de bandoleros* del 25 febbraio 1603.

50 « Causó sensación el destierro de un grupo numeroso de Algemesí y otros lugares en 5 de abril de 1603, por sospechosos y encubridores ». Ramón Robres Lluch, *San Juan de Ribera*, *op. cit.*, p. 353.

gruppi di familiari, dipendenti, amici, stretti attorno a lignaggi familiari, avvezzi all'uso della violenza contro gruppi rivali, non sono interessati solo a rastrellare beni e risorse economiche, ma proiettano la loro influenza sul governo della città[51]. Dunque, la violenza è un problema politico, oltre che di ordine pubblico.

Per opporre un'efficace azione di contrasto, Ribera riforma nello stesso tempo la macchina della giustizia, rendendola più rapida ed efficiente, mentre con la *Prammatica contra el juego* del 10 settembre 1603 e quella *acerca de los extranjeros* del 6 novembre 1603 colpisce sia la criminalità urbana, sia quella rurale. Questa intensa attività consegue risultati rilevanti: i tribunali emettono trentatré condanne al remo da tre anni alla galera perpetua[52]; sono eseguite condanne a morte tra cui, nel maggio 1603, quella di Pere Lloret, un ragazzo di Puebla larga, di famiglia agiata; Ribera si mostra inflessibile di fronte all'offerta di denaro con cui i genitori chiedono di commutare la pena. Il 18 settembre, si afforca un ragazzo chiamato Chaque per avere ucciso il suo padrone e la stessa sorte tocca anche a un certo Miquel Coroner e ai due membri di una banda di Alicante, le cui condanne sembrano risalire però al periodo precedente l'arrivo di Ribera. Fa un certo effetto vedere un arcivescovo ordinare e fare eseguire una condanna a morte, seppure nell'esercizio della giustizia secolare.

Solo una flebile eco di questa attività filtra nelle agiografie, che censurano gli aspetti meno compatibili con la costruzione della figura di un santo: secondo il nostro agiografo, senza ricorrere ad alcuna punizione, la sola presenza del patriarca e la sua autorità morale avrebbero instillato un timore reverenziale sufficiente ad allontanare i criminali[53]. Altri agiografi

51 Rafael Narbona, « Bandositats », in *Diccionario historico de la Comunidad valenciana*, art. cit., I, p. 121; ma anche Luis Guia Marín, « Bandolerismo », *ivi*, p. 119-120.

52 Secondo María Ángeles Llopis Llombart, *El virreínato de San Juan de Ribera*, tesis Universidad de Valencia, 1964, mentre Ramón Robres Lluch, *San Juan de Ribera*, *op. cit.*, p. 354, sostiene che nei soli mesi di luglio, agosto e settembre esse furono 94. La studiosa sostiene che sotto Ribera si eseguirono condanne comminate dai suoi predecessori e non eseguite. García Martínez sostiene che le condanne potrebbero essere ben di più se si continuasse lo spoglio dei registri dell'Audiencia valenziana, cit., p. 118n. Pablo Pérez Garcia y Jorge Antonio Catalá Sanz, « La pena capital en la Valencia del XVII », *Estudis. Revista de Historia Moderna*, 24, 1998, p. 203-246, hanno compilato anno per anno l'elenco dei condannati a morte a Valencia nel Seicento, da cui si evincono otto esecuzioni capitali dal 6 novembre 1602 al 10 gennaio 1604, rientranti dunque nel vicereinato di Ribera.

53 « Sin golpe, y herida – scrive Francisco Escrivá – como dizen, sin ahorcar, sin açotar, sin desterrar, y hechar a galeras, reputó tanto la justicia, tomó de tal arte los coraçones

preferiscono insistere sul suo impegno verso i reati contro la morale e la sua imparzialità senza riguardo per lo status o il ceto sociale del reo[54] e così « per i suoi turpi e scandalosi divertimenti » carcerò per tre mesi un conte, anche se la moglie si recò per ben tre volte a supplicarlo e ne esiliò l'amante a Maiorca. In pochi mesi, ripulì tutto il Regno dalle donne di malaffare, dai concubini, ladroni e banditi facinorosi[55]. Soprattutto si distinse nella lotta al concubinaggio, condannando otto donne di pessima reputazione[56] ad essere frustate sulla strada principale della città e fa tornare a casa dalle mogli molti mariti fedifraghi e concubinari.

« Ribera tenía vocación política[57] » e doveva dirsi soddisfatto dei risultati delle sue iniziative; senza dubbio aveva apprezzato l'importanza di « impugnare la spada delle due giurisdizioni, le cui due lame erano adatte a tagliare i vizi, piantare le virtù e far sì che Dio non venisse offeso da tanti peccati[58] ». Vicino agli insegnamenti di Francisco Vitoria, che teorizzava la necessaria interdipendenza tra la « repubblica civile » e quella « spirituale », credeva di avere bene operato e non immaginava di essere destituito senza avere completato il triennio dell'incarico. Filippo III doveva pensarla diversamente[59].

Il 19 novembre 1603, Ribera scrive al re riassumendo i successi del suo mandato[60]: dopo undici mesi di governo, non si vede un solo bandito, mentre prima le campagne ne erano infestate e giornalmente si contavano i morti; gli abitanti quasi non credono ai loro occhi e si

---

de todos, puso tan gran temor en los delinquentes, y malhechores, que ellos mesmos de su voluntad se desterraron, y salieron de la Ciudad y Reyno ». Francisco Escrivá, *Vida*, *op. cit.*, p. 135-136.

54 Usò « los rigores de Juez; ni el ser noble, ni el ser ricos, ni ménos el mediar los empeños poderosos de Príncipes y Grandes Señores, era bastante justificación, para que dexasse de castigarlos con todo el rigor de la ley ». Juan Ximenez, *Vida del Beato Juan de Ribera*, Valencia, 1798, p. 117.

55 « A todo el Reyno limpió de mugeres malas, concubinarios, ladrones y bandoleros facinerosos [*sic*] ». *Ivi*, p. 118.

56 Il 5 marzo 1603, e nello stesso anno ne azzottarono altre sei, non meno famose di queste. Cfr. Ramón Robres Lluch, *San Juan de Ribera*, *op. cit.*, p. 353.

57 Diego Sevilla Andrés, *San Juan de Ribera politico*, Valencia, Colegio Mayor, 1961, p. 40.

58 « Sin duda era cosa grande empuñar la espada de las dos jurisdicciones; porque esta de dos filos es la que hay mas á propósito para cortar vicios, plantar virtudes, y hacer que Dios no sea ofendito con tantos pecados ». Juan Ximenez, *Vida*, *op. cit.*, p. 116.

59 Pablo Pérez García, David Ferrandis Micó, *Al servicio de la Corona*, *op. cit.*, p. 90.

60 Juan Ximenez, *Vida*, *op. cit.*, p. 498. Le lettere di Ribera stanno anche in Valentina Beatificationis et Canonizationis Ven. Servi Dei Joannis Ribera, *Summarium additionale super dubio*, Roma, 1741, Archivio Collegio Corpus Christi, Santo Fundator, 19.

meravigliano della pacifica quiete che è riuscito a realizzare grazie alla collaborazione degli ufficiali, dei ministri e dei consiglieri del Regno, tutti soggetti assai affidabili per preparazione, esperienza, prudenza. Il 23 dicembre 1603, il re giunge in città; nel momento stesso in cui mette piede a Valencia, il viceré, il suo « alter nos », decade automaticamente dalla carica. I bracci del parlamento valenziano ottengono, di contro a un donativo straordinario di 450.000 ducati[61], una serie di misure economiche, di esenzioni fiscali, la conferma del privilegio di inviare ambasciatori a corte senza che il viceré possa impedirlo, l'abolizione delle prammatiche di Ribera sull'estirpazione del banditismo e contro i protettori dei banditi, per essere *contra fueros*. L'oligarchia locale difende la propria impunità, identificandola con i privilegi concessi ai signori valenziani sin dai tempi di Giacomo I, gelosamente difesi e custoditi dalle *Cortes*. E si libera di uno scomodo vicerè.

Certo, Ribera non si era dimostrato troppo rispettoso dei diritti dei *fueros*, la repressione delle bande equivaleva a una politica antinobiliare, la sua giustizia era troppo rigida. Del tutto estraneo ai gruppi di potere locale, aveva agito senza cercare alleati, di cui gli sembrava di non avere bisogno; s'ispira a ideali astratti e universali, quali la giustizia e il servizio di Dio. Per tale ragione non ha riguardo per i nobili a cui applica i rigori della legge; non ha rispetto né di titoli né di ricchezza: l'impersonalità di fronte alla legge gli aliena l'appoggio di quanti pretendono il rispetto di privilegi e prerogative legate allo status, all'ordine, al ceto; è diventato « un personaggio scomodo, persino temibile, per una parte non disprezzabile dell'élite valenziana[62] ». Ha perso soprattutto l'appoggio del re.

Un governante che sarà ben presto rimpianto, la perdita più grave per il Regno, secondo Escrivá[63], che opera in modo da espungere dal racconto la storia politica e orientare la dimensione pubblica dell'azione

---

61 Le *Cortes*, nate nel XIII secolo, si consolidano nei due secoli successivi, si riuniscono in presenza del re per approvare il donativo, per verificare le buone condizioni del regno, per condividere la promulgazione dei *fueros*, gestiscono il donativo, difendono i propri privilegi, « aunque sin librarse del control real al ser incapaces de aglutinar los diversos y en ocasiones enfrentados intereses de sus componientes ». Muñoz, « Cortes », *Diccionario historico de la Comunidad valenciana*, t. I, art. cit., p. 281.

62 « Un personaje incómodo – temibile incluso – para una porción nada desdeñable de la elite valenciana ». Pablo Pérez García, David Ferrandis Micó, *Al servicio de la Corona*, *op. cit.*, p. 82.

63 Francisco Escrivá, *Vida*, *op. cit.*, p. 137.

del vicerè verso un piano etico, a favore di una visione irenica della vita e dell'attività del patriarca. Vedremo ancora una volta questo dispositivo narrativo all'opera quando l'agiografo parlerà dell'espulsione dei moriscos.

MIRACOLI E ALTRE VIRTÙ

« La santità ha il suo fondamento in un'esperienza religiosa che assume nella comunità di riferimento i caratteri dell'eccezionalità[64] ». Dunque, essa è determinata in primo luogo dalla scelta religiosa di un individuo, in secondo luogo, dalla percezione dell'eccezionalità della sua vita e delle sue azioni da parte di chi lo ha conosciuto e praticato e, in terzo luogo, dalla sanzione ecclesiastica. Tutti e tre gli elementi devono darsi nello stesso tempo, poiché il primo e il secondo senza il terzo possono condurre alla stregoneria o alla falsa santità, il terzo non può darsi senza il secondo che è il produttore della fama e il promotore delle forme di devozione verso il primo. La seconda componente della santità è, dunque, il riconoscimento dell'eccezionalità dell'esperienza personale da parte dei *socii*, le persone che vivono insieme e attorno al candidato e ne possono percepire la santità nella vita quotidiana. Ciò avviene per due vie: l'eccezionalità delle virtù e le manifestazioni della grazia divina attraverso i miracoli. A ben vedere i due elementi sono la stessa cosa, perché la virtù rende il servo di Dio il tramite ideale per la manifestazione della potenza divina. I miracoli hanno un valore cruciale in questa percezione, ma rappresentano un tema spinoso nello scrutinio dei candidati agli altari.

Il miracolo si definisce per la sua funzione di *signum* – « manifestazione della divinità, segno della sua volontà e del suo potere[65] » – e occasione per una teofania che si esprime attraverso la fama, indubitabile e non contraddittoria: il miracolo e la sua fama coincidono, anzi, il miracolo *è* la sua fama, esso deve essere universalmente riconosciuto, acclarato, la *vox populi* resta la *vox Dei*. La fama ha una funzione tecnica nel linguaggio

64 Sofia Boesch Gajano, *La santità*, Roma, Laterza, 1999, p. 77.

65 *Ead.*, *Un'agiografia per la storia*, *op. cit.*, p. 126 e *Ead.*, Marilena Modica (a cura di), *Miracoli. Dai segni alla storia*, Roma, Viella, 2000, p. 235-236.

giuridico e nella logica processuale perché serve a traghettare nella sfera giudiziaria il magma di voci (*rumores*, *clamores*) circolanti dentro un gruppo. La fama è uno dei quadri di « negoziazione tra istituzioni e società[66] »; i testimoni che depongono *de visu*, o *de auditu* o *per publica fama* rinviano a forme diverse di conoscenza e di implicazione negli eventi.

Dunque, l'eccezionalità delle virtù si accompagna alle manifestazioni della grazia divina attraverso i miracoli, occasioni per una teofania che si esprime nella taumaturgia, la previsione di cose future, la *discretio spiritum*, ecc. Escrivá sostiene, invece, che per essere santi i miracoli non occorrono (che miracoli fece Giovanni il Battista, si chiese san Crisostomo?): « Chi caccia da sé il peccato, distrugge il demonio, lo priva delle sue forze, gli rompe la testa, fa il miracolo più grande di ogni altro miracolo[67] ». Di miracoli del genere fu piena la vita del nostro patriarca che fu, anzi, *un continuo milagro*. Poiché, al contrario di quanto afferma Escrivá, nei processi di canonizzazione i miracoli sono essenziali, le *Informationes* raccolte per avviare il processo contengono sedici testimonianze di miracoli operati dal canonizzando *post mortem*: il gesuita Francisco Boldó riferisce di una visione raccontatagli da una serva di Dio di cui è il confessore, nella quale lo stesso sant'Ignazio le annunciava la prossima morte del prelato. Il cappellano della chiesa del Collegio, Tomás del Castillo, confessa diverse *beatas* e ne riferisce le visioni. Non sono veri miracoli in senso tecnico, l'agiografo lo sa e mette le mani avanti: non si dica che sono *visiones de mujeres*, perché lo stesso dovrebbe dirsi di santa Caterina, santa Brigida e altre sante. Ioan Pasqual, curato della chiesa di San Martín, sogna Ribera tra gli angeli, mentre, afflitto da un dolore lo prega e si sente consolato e risanato nello stesso tempo. La sessantacinquenne serva di Dio, Beatriz Vitoria, riacquista la vista dopo averlo pregato; Josepa de Luna riacquista l'udito e al marito passa la febbre; il sessantenne Cosmo León, padre di un collegiale, tra sonno e veglia, ha la visione di Bertrán e Ribera insieme. La figlia settenne di Francisca Miramonte è liberata dalla febbre, mentre la figlia di Catalina Buena rischia di perdere un occhio dopo che, avendo promesso un ex

66 Julien Théry, « *Fama*: l'opinion publique comme preuve judiciaire. Aperçu sur la révolution médiévale de l'inquisitoire (XIIe-XIVe siècle) », dans Bruno Lemesle (dir.), *La Preuve en justice. De l'antiquité à nos jours*, Rennes, PUR, 2003, p. 147.

67 « El que destierra de si el pecado, destruye al demonio, quitale toda su fuerza, quebranta su cabeça, haze un milagro mayor que todos los otros milagros ». Francisco Escrivá, *Vida*, *op. cit.*, p. 314.

voto, non mantiene la promessa. Solo il pentimento e le preghiere della donna salveranno la bambina dalla cecità. Geronima Navarro ottiene di potere sentire la messa in ginocchio, cosa che non le riusciva da tempo; il chirurgo Pedro de Aranzana guarisce da un acuto dolore al petto, Vicente Villarafa da febbre e insonnia; il quindicenne figlio del notaio Pablo Vaziero finisce sotto una mula senza riportarne alcuna conseguenza; sua madre Ioana Florencia guarisce da gonfiori all'inguine; suor Teresa di Gesù vomita per settimane prima dell'intervento miracoloso; una sua correligionaria è travagliata per sedici anni da scrupoli spirituali; la bambina (epilettica?) di Dionisio e Josepa de Luna perde la parola, torce la bocca e gli occhi, trema prima che intervenga il miracolo. Si tratta di sedici « deposizioni autentiche », relative a guarigioni di mali fisici e spirituali, raccontate da chi li ha sofferti o visti soffrire a familiari e persone vicine, tutti con forti legami con il Collegio del patriarca. Miracoli di guarigione per lo più, come sono per antonomasia i miracoli secenteschi, che producono ex voto attorno al sepolcro (il punto dove si incontrano cielo e terra), utili a diffondere la fama taumaturgica del servo di Dio e a radicarne la devozione nella chiesa del suo Collegio. I miracoli producono la devozione che alimenta la memoria di un servo di Dio e la fama di santità che, generale e ininterrotta, giustifica l'avvio della procedura della canonizzazione.

Più importanti dei miracoli per Escrivá sono le virtù: la *sabiduria* è la conoscenza delle Scritture, mare immenso, profondissimo – per meglio comprenderle il patriarca studia greco e già settantenne anche l'ebraico; essa, insieme alla verginità, ne fa un secondo san Gregorio Nazianzeno. Per modestia e umiltà nasconde i suoi scritti su due epistole di san Paolo; i margini della sua Bibbia sono zeppi di appunti, un tesoro inestimabile; i suoi sermoni catturano l'attenzione degli ascoltatori (meglio di san Cesario che doveva chiudere a chiave la porta della chiesa per non fare scappare i fedeli!); la sua migliore parola è l'esempio virtuoso[68]. È un grande elemosiniere: elargisce 16.000 ducati l'anno in elemosine ordinarie, a cui si aggiungono quelle straordinarie; costruisce il convento dei cappuccini e vi mantiene quaranta frati, obbligando nel suo testamento il Collegio di Corpus Christi a farlo in perpetuo. Acquista anche il sito dove fare erigere il convento dei francescani scalzi che contano anch'essi sulla sua donazione annua. La devozione a Ignazio di Loyola – per il cui

68 « Predicó hablando, mucho mas mejor predicó obrando », *Ibid.*, p. 155.

processo di canonizzazione Ribera fa raccogliere a Gandía le *Informationes* – motiva la donazione annua alla Casa professa dei gesuiti. Non dà mai nulla ai propri parenti, già doviziosi, che semmai arricchisce con l'esempio più che con beni materiali[69].

Qualcuno ha il coraggio di criticarlo per avere distolto dai poveri le risorse destinate all'edificazione del Collegio – in effetti costò tanto, ammette l'agiografo, ma è il più insigne edificio di Spagna, dopo l'Escorial – che ospita trenta collegiali (ventiquattro in verità secondo le Costituzioni), trenta familiari e ufficiali vari, una quarantina tra cappellani, cantori, musici, acòliti, coristi per la sua chiesa: si tratta di persone le cui carriere ecclesiastiche avrebbero prodotto altre ricchezze spirituali e elemosine per i poveri. Quello che si dà a Cristo si dà ai poveri e il fine dell'opera è a pura gloria di Dio e in onore del Santissimo sacramento, oltraggiato dagli eretici. D'altronde, quanto spese Davide per il tempio di Dio? Si può mai dire che fu troppo? Né l'ultima cena avvenne in povertà, né fu poco costoso l'unguento della Maddalena. Le ricchezze spese ad onore di Dio sono ben spese. Oltre al Collegio Ribera volle fondare anche una chiesa per correggere gli abusi imperversanti: la fretta nella celebrazione degli uffici, la scarsità di cappellani e di risorse rendevano indecoroso il culto del Santissimo sacramento. I Padri della Chiesa non hanno mai condannato l'edificazione di templi sontuosi, né Ribera fece mai mancare il suo soccorso ai poveri. Edificare collegi per l'istruzione dei giovani è una forma di elemosina spirituale e risponde all'editto del concilio di Trento, di cui viene solo mutata la forma prescritta (il seminario) per rispettarne meglio il mandato (e per garantirsene la giurisdizione). La veemenza della giustificazione lascia intravedere la forza delle argomentazioni degli oppositori. Edificato in onore e sotto il titolo del Santissimo sacramento per la particolare devozione di Ribera, ha lo stemma da lui ispirato, contenente il calice e l'ostia, due bracieri con fiamme e le parole del patriarca Isacco al figlio Esaù: « *Tibi post haec, fili mi, ultra quid faciam?* » Lo si può vedere nel frontespizio dell'agiografia di Escrivá.

Il patriarca s'identifica con l'ostia consacrata; nell'iconografia coeva essa « confonde i musulmani », ostili a concepire la presenza del corpo e del sangue di Cristo in una particola, forse il punto più sensibile della loro « eresia » che li accomuna ad altri eretici, i luterani. Ribera ne farà

---

69 « No dava a los ricos, aunque fuessen su carne y sangre, sino a los pobres », *Ibid.*, p. 182.

il suo segno identificativo, anche intitolando al Corpus Christi la sua opera. Egli usa la denominazione « Collegio-seminario » per mantenere l'esplicito riferimento al mandato del concilio di Trento. Scrive Robres Lluch che, fondando con i propri beni il Collegio-seminario, Ribera non è obbligato a seguire rigidamente il dettato tridentino[70] e, d'altronde, il 16 marzo 1598, Clemente VIII gliene concede ampia facoltà, approvando le Costituzioni presenti e future e di fatto sanandone le eccezioni.

Una violenta polemica deve averlo investito durante e dopo la costruzione del Collegio, di cui si avverte l'eco nelle parole di Francisco Escrivá che difende il patriarca dall'accusa di non avere devoluto ai poveri le risorse destinate alla costruzione, all'abbellimento del Collegio e della chiesa, all'acquisto delle reliquie di san Vicente Ferrer, san Mauro, ecc., anche se erano interamente provenienti dal suo patrimonio personale[71]. Dunque, insieme agli scritti, la realizzazione del Collegio e le Costituzioni che ne regolamentano minuziosamente ogni aspetto entrano tra le opere del patriarca attentamente scrutinate dalla Congregazione dei Riti nel corso dei processi di beatificazione. Oltre che per aver distolto risorse dalle elemosine ai poveri, il patriarca verrà criticato per avere creato un Collegio-seminario e non un seminario, secondo il dettato tridentino, onde sottrarlo all'autorità ecclesiastica dopo la sua morte; per avervi destinato parte della sua rendita arcivescovile verrà accusato di simonia; per avere imposto ai collegiali un giuramento che in caso di conflitto impediva loro di rivolgersi a una autorità superiore verrà criticato di autoritarismo[72].

Il Collegio è il mausoleo eretto dal suo fondatore a magnificarne la memoria e realizzarne l'ambizione di eternità. Progetto architettonicamente

70 « El Patriarca Ribera, al fundar con bienes proprios su Colegio-Seminario, no está obligado a seguir en toda su rigidez el mandato del Concilio ». Ramón Robres Lluch, *San Juan de Ribera*, *op. cit.*, p. 267.

71 « Pareceme que oygo dezir, que no todo lo que pudo dar, dio de limosna: que gastó mucho en su Capilla, y Colegio, y que huviera sido mejor averlo dado a los pobres. Confiesso que se ha gastado mucho en el edificio de casa, y templo, y en la riqueza de sacristia, y santuario, con tantos ornamentos tan ricos, y tan lindos, tantos vasos de plata, y de oro, tantas reliquias tan principales, tan ricamente adreçadas. Sin veynte mil ducados que les ha dexado de renta ». Francisco Escrivá, *Vida*, *op. cit.*, p. 184.

72 La formula del giuramento di ogni membro del Collegio dichiara di rinunciare a valersi del diritto di ricorrere ad alcun tribunale superiore, in assoluta obbedienza ai rettori, giudici e visitatori del Collegio, senza « replica, difesa, ricorso e appello ». Nel corso del processo di canonizzazione verrà obiettato alle Costituzioni che del *juris appellationis* bisogna potersi avvalere secondo il diritto di natura e che soprattutto non si può abolire il diritto di ricorrere alla corte apostolica. Su ciò Giovanna Fiume, *La cacciata dei moriscos*, *op. cit.*, p. 251 ss.

complesso, articolato in una chiesa e in un collegio-seminario residenziale[73], costa la « cifra verdaderamente impresionante [...di] varios – tal vez muchos – centenares de miles de libras valencianas[74] », provenienti dal patrimonio sivigliano (rendite, proprietà e *hacienda*) che il prelato ha provveduto a trasferire a Valencia; Filippo II gli ha già concesso con un real privilegio di « gratia y amortizacion » 50.000 libras in moneta di Valencia; i suoi beni, con i quali ha prima di tutto provveduto ad acquisire le case della piazza antistante l'*Estudi General* nell'area destinata al Collegio, sono trasferiti all'istituzione attraverso diversi atti di donazione, stipulati tra 1590 e 1610 e investiti in rendite. Una operazione immobiliare protrattasi nel tempo, condotta con oculatezza e lungimiranza che dota il Collegio di solide finanze che gli garantiranno una lunga e prospera attività e, non in ultimo, la possibilità di sostenere le ingenti spese del processo per la canonizzazione del suo fondatore[75]. Il Collegio non usa rendite ecclesiastiche o regie; interamente istituito, edificato, abbellito con le ricchezze devolute a Ribera dal padre, è un organismo autosufficiente dal punto di vista economico e autarchico dal punto di vista del suo governo. Le minuziose Costituzioni ne stabiliscono in perpetuo l'organizzazione e il reggimento; fino ai nostri giorni si ripetono riti e cerimonie nei tempi e modi stabiliti dal suo fondatore. Posto sotto il patrocinio regio, sarà sempre geloso della sua giurisdizione e numerose volte entrerà in conflitto con il capitolo della cattedrale.

---

73 AA.VV., *Domus speciosa. 400 años del Colegio del Patriarca*, València, Universitat de València, 2006, dedica saggi all'architettura, ai cicli pittorici delle pareti del Collegio, alla biblioteca personale di Ribera, alla chiesa, all'archivio, alla cappella di musica. Sugli artisti che presero parte all'opera cfr. Pascual Boronat y Barrachina, *El B. Juan de Ribera y el Colegio de Corpus Christi*, *op. cit.*

74 Fernando Andrés Robres, *Actitudes economicas de la clerecia culta en el Antiguo Regimen. Politica financiera del Real Colegio del Corpus Christi de Valencia*, Valencia, Ediciones Federico Domenech, 1986, p. 4.

75 Giovanna Fiume, *La cacciata dei moriscos*, *op. cit.*, in particolare il § 15, *Le spese della beatificazione*, p. 359 ss.

IL MODELLO DEL SANTO VESCOVO

Le *Informationes* raccolte *iuxta stylum* sin dal 1611 prospettano una santità pastorale e il protagonismo delle istituzioni ecclesiastiche legate alla figura del Patriarca e dei suoi sostenitori, *Principi*, *Ottimati*, *Popolo*. Che gli estimatori provengano da tutte le classi sociali equivale ad affermare l'esistenza del requisito della « fama universale » a sostegno della sua candidatura. La *Vida* sistematizza le informazioni caoticamente affastellate dai testimoni al processo e le orienta verso la definizione di un modello di santità, che rientra in quello consolidato dei santi vescovi.

Com'è noto, « il modello dominante di vescovo nei paesi cattolici [...] restava quello di uomo di corte e di negozi, impegnato in attività diplomatiche, politiche o militari, oppure mantenuto a corte con funzioni di alta burocrazia o di lustro culturale. Le rendite delle mense episcopali continuarono a venir distribuite a titolo di ricompensa per meriti di fedeltà politica o di servizi resi a pontefici sovrani [...]. Non è un caso che il modello più celebrato di prelato post-tridentino fu rappresentato da Carlo Borromeo, convinto solo da motivi di coscienza ad abbandonare la sua posizione di cardinal nipote e la guida degli affari politici del papato per recarsi nella sede dell'arcidiocesi milanese[76] ». La funzione di governare esige le identiche virtù tanto nel governo temporale quanto in quello spirituale da laici ed ecclesiastici e, dunque, Ribera si occupa di tutto il suo gregge, dei poveri e dei ricchi, sovrintende personalmente a ogni negozio senza delegarlo ad altri, fa sì che non siano commessi peccati pubblici specie dagli ecclesiastici, risiede sempre nella sede vescovile, tiene a casa propria poca gente e poca masserizia, ma non si priva di qualche letterato dotto e virtuoso con cui conversare, rifugge dai guadagni illeciti (taluni prelati suoi predecessori sono stati tacciati di non averlo fatto), visita le chiese della sua diocesi, ecc.

Escrivá lo dice amico di molti santi come Carlo Borromeo; con il vescovo di Milano l'apparentamento è forzato, non essendo intercorse tra i due che un paio di lettere sulla cui interpretazione si discute e,

76 Adriano Prosperi, *Il concilio di Trento: una introduzione storica*, Torino, Einaudi, 2001, p. 86. Nello stesso concilio il dibattito di grande asprezza sul tema aveva visto i vescovi spagnoli e i francesi rivendicare il diritto divino dell'obbligo della residenza, connesso all'ordinazione a vescovo, così da sottrarla alla discrezionalità dei dicasteri romani.

anche in questo caso, l'agiografo edulcora la realtà ricordando il passo dove il santo meneghino gli avrebbe confessato come il suo esempio gli sia servito da sprone nell'adempimento dei suoi doveri. Le ultime obiezioni del promotore della fede nel 1756 riguardano la « colpevole omissione » nella convocazione dei sinodi diocesani contro il dettato dei decreti tridentini che comminano pene severe agli inadempienti. Questa omissione venne a suo tempo sollevata da Carlo Borromeo delle cui lettere a Ribera (non l'unica citata da Escrivá) sono acclusi al processo degli stralci in cui il porporato milanese, lungi dall'esprimersi indicando in Ribera il suo modello ideale di vescovo, velatamente lo critica, ricordandogli come, solo attraverso la convocazione di concili e sinodi, il vescovo possa correggere i costumi, comporre le controversie, restaurare la disciplina, più esplicitamente comunicandogli la frequenza con la quale egli riuniva quelli della sua diocesi. Non si conosce la risposta di Ribera, sappiamo però che nel lungo periodo del suo arcivescovato non celebrò nessun sinodo provinciale e solo sette sinodi diocesani (nel 1578, 1584, due nel 1590, 1594, 1599 e 1607), mentre avrebbe dovuto celebrarne rispettivamente quattordici (uno ogni tre anni) e quarantatré (uno ogni anno).

A questo punto dell'agiografia emerge con tutta evidenza il modello di santità che l'agiografo cerca di costruire: essendo vescovo visse come un frate; la sua casa fu riformata; ben otto tra quanti vi vissero virtuosamente sarebbero diventati vescovi e quattro dei suoi paggi sarebbero entrati nella Compagnia di Gesù; concepì il suo ufficio « para encaminar los hombres al cielo[77] », predicare la parola di Dio come gli apostoli, essere più padre che giudice, tentare tutti i rimedi spirituali (*plantar virtudes en las almas*) prima di castigare i delitti e proteggere il proprio gregge, anche tenendo « spie virtuose » in ogni luogo per sapere cosa vi accadeva, incitare i curati e i parroci a nobilitare la messa – divenuta un officio meccanico, svolto con irriverenza e persino indecenza – ad applicare i principi tridentini. Una santità da principe della Chiesa, molto diversa da quella monacale, taumaturgica e popolare degli altri beati che lo avevano preceduto sugli altari.

77 Francisco Escrivá, *Vida*, *op. cit.*, p. 273.

IL MIRACOLO DEL *DESTIERRO*
Parlare in nome di Dio

In maniera del tutto sorprendente tra i miracoli di Ribera Escrivá inserisce un ampio e documentato resoconto dell'espulsione dei moriscos: in questo caso il miracolo consiste, sia nell'aver persuaso Filippo III a realizzare l'impresa, sia nella prolungata sofferenza per avere portato la croce della loro presenza nella sua diocesi. Questa croce lo assimila a Cristo. Su questa scia i testimoni dei processi secenteschi insistono nel rivendicare l'impegno e il merito di Ribera volto a *sbarbicare l'herbe cattive* con l'espulsione dei moriscos (secondo l'espressione di Tomás de Rocabertí). Francisco Escrivá invita a leggere questo impegno all'interno della sua attività pastorale e perciò enfatizza lo zelo, la vigilanza e i provvedimenti con i quali lo perseguì, orientandone lo scopo verso « l'onore di Dio » (*la honrra de Dios*), « il servizio verso il suo Re » (*el servicio de su Rey*) e « il bene e la conservazione dei suoi Regni » (*el bien y conservación de sus Reinos*). Inoltre, pone la posizione del nostro prelato in continuità e all'ombra del beato Luis Bertrán che, il 30 dicembre 1579, aveva scritto al viceré di Valencia che « i nuovi cristiani di questo Regno, a causa della durezza del loro cuore sono quasi tutti (e piaccia a Dio che non lo siano tutti) eretici e persino apostati, il che è ancor peggio[78] ». Bertrán era persuaso che la fede non avesse attecchito a causa della durezza di cuore di questi eretici e infedeli che, pur essendo battezzati da cinquant'anni, continuavano a praticare le cerimonie maomettane. Suggeriva perciò al re di non sottovalutare come tanta blasfema ostinazione avrebbe potuto suscitare l'ira divina e produrre la sterilità e la carestia come conseguente giusto castigo. Occorreva perciò reagire con rigorosi castighi, obbligandoli a conservare la fede e a abbandonare le loro false credenze musulmane[79].

---

78 « Los Christianos nuevos deste Reyno, supuesta la grande dureza de coraçon que en ellos se halla, pues casi todos (y plegue a Dios no sean todos) son hereges, y aun apostatas que es peor ». Francisco Escrivá, *Vida*, *op. cit.*, p. 346. Il domenicano Luis Bertrán (Valencia, 1526-1581), missionario nelle Americhe tra il 1562 e il 1569, fidato collaboratore di Ribera, beatificato nel 1608, è proclamato santo nel 1671.

79 « Con castigos hazerles guardar la fe de Jesu Christo, y dexar la de Mahoma ». Francisco Escrivá, *Vida*, *op. cit.*, p. 347.

Escrivá opera qui un'altra omissione: nel corso del processo di beatificazione Ribera sarà ripetutamente e duramente accusato dai promotori della fede della Congregazione dei Riti di non essersi recato periodicamente *ad limina* (vi avrebbe mandato un paio di volte dei parroci come suoi delegati) e di non avere mai sottoposto la questione morisca alla Santa Sede, la quale invece fino alla vigilia dell'espulsione raccomandava di insistere nell'evangelizzazione dei moriscos e era stata tenuta all'oscuro della decisione finale di mettere in atto l'espulsione[80]. Poiché Ribera considera i moriscos eretici e apostati ostinati, la loro punizione sarebbe stata di competenza ecclesiastica: avrebbe dovuto informarne puntualmente il pontefice e metterne in atto le risoluzioni. Di contro, la loro cacciata era avvenuta *inconsulta Sede Apostoilica* e post factum, come lamenterà il papa; l'unico interlocutore del patriarca sulla questione è il re, a cui scrive i memoriali, due dei quali troviamo acclusi integralmente nell'agiografia del gesuita[81].

Sin da dicembre 1601, il patriarca sollecita provvedimenti regi contro i moriscos – che peccano di apostasia fingendo in pubblico di osservare la legge dei cristiani, mentre praticano segretamente le cerimonie dei mori –, producendo a Madrid con il suo memoriale una reazione di consenso. Ribera ha fatto sue le convinzioni di Bertrán e non vuole « che si diano le cose sante ai cani e le pietre preziose – che questo sono i santi Sacramenti – ai porci[82] ». Alcuni personaggi gravi, dotti ma male informati, pensano che i moriscos siano « piante novelle », da accudire nella paziente attesa che diano frutti; dopo trentaquattro anni trascorsi in mezzo a loro Ribera pensa che queste piante siano ormai sterili e rinsecchite e chiedano maliziosamente dilazioni, in attesa che « il Turco » (l'impero ottomano) s'impadronisca della Spagna. Essi sono inoltre diventati « la spugna » delle ricchezze del paese; tesaurizzano grandi quantità di oro e argento, sono grandi risparmiatori, senza vizi, frugali e avari. Le loro ricchezze potrebbero essere sequestrate e impiegate per ripagare i feudatari delle perdite che subirebbero a causa della loro espulsione e, se necessario, essi stessi potrebbero essere ridotti in schiavitù, senza alcuno scrupolo di coscienza da parte del monarca.

80 Sul processo politico che condusse alla cacciata cfr. Rafael Benítez Sánchez-Blanco, *Heroicas decisiones. La Monarquía Católica y los moriscos valencianos*, Valencia, Diputació de València-Institució Alfons el Magnànim, 2001.

81 Sulla manipolazione della ricostruzione relativa alla posizione romana tra gli storici coevi e successivi cfr. Giovanna Fiume, *La cacciata dei moriscos*, *op. cit.*, p. 326 ss.; Bruno Pomara, *Rifugiati*, *op. cit.*

82 « Que se dan las cosas santas a los perros, y las piedras preciosas, que esto son los Santos Sacramentos [...] a los puercos ». Francisco Escrivá, *Vida*, *op. cit.*, p. 354.

Non diversamente dagli ebrei, che pur non essendo eretici, né bellicosi, né organizzati sotto dei capi, nel 1492 furono tutti espulsi, i moriscos appartengono alla « razza » che ha sottomesso per otto secoli la Spagna; devono essere allontanati in quanto eretici e traditori, una forza corruttrice dell'unità religiosa e politica della nazione. Il re consideri il numero dei suoi nemici: i Mori, i Turchi, i Francesi, gli Inglesi, la conoscenza da parte dei moriscos delle cose di Spagna e la loro disponibilità a mettersi al seguito di qualche tiranno. Se i Turchi entrassero nei paesi abitati dai moriscos, gli Inglesi dal Portogallo e i Francesi da Navarra e Aragona, soverchierebbero di certo le forze spagnole. Il pericolo è grande ed evidente, spirituale e temporale.

Il secondo memoriale di Ribera al re dello stesso anno parte dalla necessità di *arrancar los grandes males de raíz*, poiché i nemici devono affrontarsi con impeto e destrezza e propugna la soluzione del *destierro*: poiché i moriscos sono eretici pertinaci, dogmatisti e apostati irriducibili, la loro evangelizzazione si è rivelata un fallimento e poiché l'infedeltà alla Chiesa nutre l'infedeltà politica, essi vanno considerati dei traditori. Il re non deve essere « impacciato » da mezzi ecclesiastici e ha l'obbligo di coscienza di difendere la Spagna da un pericolo evidente. L'eresia è di competenza del papa il quale non si è mai espresso in questi termini nei confronti dei moriscos; il tradimento, invece, è un reato di lesa maestà umana e a questo reato politico fanno riferimento i decreti di espulsione. Il re ha l'obbligo di coscienza di scacciarli, ma può trattenere, se vuole, i bambini minori di sette anni che possono essere ridotti in schiavitù[83] e ripartiti tra i vecchi cristiani, secondo l'opinione di persone dotte da lui consultate. Inoltre, trattandosi di eretici, il re può spogliarli dei beni sulla base del diritto civile e esiliarli sulla base del diritto canonico, entrambe pene « benigne e soavi », di gran lunga inferiori a quelle edittali che prevederebbero la pena di morte. La notorietà del loro reato consente infine di non ascoltarli in tribunale e, d'altronde, quando crea gravi inconvenienti, il giudizio si può pretermettere.

Rafael Benítez Sánchez-Blanco ha recentemente ricostruito un terzo memoriale, evidentemente censurato da Escrivá, facendo riferimento alla testimonianza del domenicano Jaime Bleda che consegna un suo manoscritto sull'espulsione dei moriscos[84] e altri documenti al confratello

83 « Tales niños y niñas los puede Vuestra Magestad dar por esclavos ». *Ibid.*, p. 373.

84 Jaime Bleda, *Corónica de los Moros de España*, València, Universitat de València, 2001, con « Estudio introductorio » di Bernard Vincent e Rafael Benítez Sánchez-Blanco.

Damián Fonseca, il quale saccheggerà l'uno e gli altri nella sua opera, frammentandoli e facendo diventare due i *papeles* di Ribera al re. Lo studioso spagnolo cita ancora una nota di Ribera al re che fa espresso riferimento ai « tres papeles que envié el año 1601 », di cui il primo esponeva il pericolo rappresentato dai moriscos per la corona di Spagna e i restanti due suggerivano i rimedi e le possibili difficoltà. « Risulta così evidente – scrive lo storico valenziano – che i famosi scritti furono tre e non due, come affermò il suo primo biografo[85] ». Secondo questo assunto, Escrivá e Bleda « manipolarono la verità storica », deliberatamente il primo, fidandosi di Escrivá il secondo. Non avendo rintracciato gli originali negli archivi, Benítez prova a ricostruire il contenuto del *tercer papel* incrociando le citazioni di Fonseca con l'ampio riassunto del documento, predisposto per le riunioni del Consiglio di stato del 30 gennaio 1608 e del 4 aprile 1609 in cui lo si discusse.

Nel documento Ribera parlerebbe dei « grandissimi benefici spirituali » provenienti dall'espulsione dei moriscos castigliani, che sarebbero bastati a persuadere il re e giovato al « discarico della sua reale coscienza »; suggerisce di mettere un gran numero di questi bambini e ragazzi in un grande seminario, istituito senza esborso di risorse, anzi con guadagno per le casse reali, perché si sarebbero potuti vendere i circa 35.000 minori di sette anni a vecchi cristiani con i benefici di farne dei cattolici, di far loro dimenticare la lingua, i costumi e le cerimonie religiose della loro gente, di fare loro imparare un mestiere e conquistarli alla fede[86]. Fin qui quanto si apprende dal *resumen* del Consiglio di stato. Fonseca riporta il suggerimento ulteriore di Ribera riguardante i maggiori di sette anni di età, che ridotti in schiavitù avrebbero potuto servire nelle regie galere o nelle miniere o essere venduti a vecchi cristiani, sempre al nobile scopo di impedire le loro cerimonie[87]. Insomma, secondo Benítez,

85 « Resulta, pues, evidente que los famosos papeles fueron tres y no dos, como su primer biógrafo afirmó ». Rafael Benítez Sánchez-Blanco, « El escamoteo del tercer papel del Patriarca Ribera a favor de la expulsión de los moriscos », *Revista de Historia moderna. Anales de la Universidad de Alicante*, 27, 2009, p. 182.

86 « Porque vendiendo los niños y niñas menores de siete años (que serán más de treynta y cinco mil) a christianos viejos, serán todos cathólicos, olvidarán la lengua y el hábito, aprendarán oficios y artes, y vendrán necessariamente a olvidar las cerimonias de Mahoma y a guardar las de nuestra santa fé ». Damián Fonseca, *Iusta expulsión de los moriscos de España*, *op. cit.*, p. 184.

87 Si augura « el ponerlos Vuestra Magestad por esclavos en las galeras o en las minas, y el venderlos a christianos viejos [...] para que assí no pudiessen usar de sus ceremonias ». *Ibid.*

sia a Escrivá, sia al redattore del riassunto predisposto per il Consiglio di Stato, sembrò conveniente la proposta di ridurre in schiavitù i bambini moriscos, che il patriarca reputò in un certo momento praticabile e persino conveniente per le casse reali[88]. Già nel secondo *papel* Ribera aveva riferito l'opinione di non meglio identificate « persone dotte », favorevoli alla vendita dei minori di sette anni. Stante però le prevedibili reazioni dei genitori, il conflitto con il principio della responsabilità personale della colpa e la contrarietà romana alla schiavitù di bambini battezzati, ma soprattutto la volontà della Corona spagnola di allontanare dalla misura dell'espulsione qualunque sospetto di interesse materiale, la proposta di Ribera apparve politicamente scorretta; da qui la sua prolungata censura.

L'ULTIMO SERMONE

Il sermone pronunciato il 27 settembre 1609 nella cattedrale di Valencia[89], cinque giorni dopo la pubblicazione del bando di espulsione, riassume tra dottissime citazioni di testi sacri la posizione del patriarca al tema dei moriscos. Essi, pur essendo battezzati, hanno continuato a seguire la setta di Maometto, conservando ed esercitando pubblicamente i loro riti e cerimonie, ma soprattutto irridendo i sacramenti, le immagini e gli oggetti sacri; il re ha risposto con mansuetudine, promulgando i decreti di grazia, fondando collegi per bambini, incrementando la loro istruzione religiosa, elargendo premi e mercedi a chi volesse convertirsi. Ma essi tennero la porta serrata alla verità del Vangelo e ai rimedi messi in atto dal re. Inoltre, si sono rivolti al Turco, offrendogli 150.000 soldati e progettando la conquista della Spagna, di distruggerne le chiese, fare sacrilegio al sacramento, profanare statue e reliquie, martirizzare i cristiani, vedere venerato Maometto e disprezzato

88 « En definitiva, lo que pareció conveniente esconder, tanto a Escrivá como al redactor del resumen para el Consejo de Estado, fue la propuesta de esclavizar a los moriscos, incluyendo a los niños y niñas menores de siete años, que el Patriarca planteaba como factibile e incluso conveniente para las arcas de la Monarquía ». Rafael Benitez Sánchez-Blanco, « El escamoteo del tercer papel del Patriarca Ribera », art. cit., p. 184.

89 Il sermone in Francisco Escrivá, *Vida*, *op. cit.*, p. 407-441; Damián Fonseca, *Iusta expulsión de los moriscos de España*, *op. cit.*, p. 61-84; Juan Ximenez, *Vida*, *op. cit.*, p. 518-540.

Cristo. Come tenere con noi i nostri nemici, desiderosi di bere il nostro sangue? – tuona dal pulpito il vecchio prelato.

Il re ha trovato il rimedio « unico, admirable y divino » che esaudisce i nostri desideri; i suoi augusti predecessori, don Jaime, Ferdinando, Carlo V, lo hanno vagheggiato, ma non messo in pratica; papa Clemente VII aveva promulgato, il 12 maggio 1524, un breve che imponeva loro di convertirsi, istruirsi, battezzarsi se non volevano essere espulsi o ridotti in schiavitù; quelli che si sono battezzati hanno solo abusato del sacramento, compiendo con ciò un atto sacrilego e blasfemo; Filippo II aveva convocato nel 1568 una giunta di prelati e nel 1587 se ne era riunita un'altra a cui aveva partecipato lo stesso Ribera e una terza aveva avuto luogo nel 1608, alla vigilia dell'espulsione. Insomma, si può dire che « quest'opera è stata desiderata e procurata da un papa, un imperatore e quattro re[90] » che sempre si lasciarono dissuadere dai possibili inconvenienti: la divina provvidenza l'ha voluta riservare infine a Filippo III.

A lui tutti gli Spagnoli hanno obbedito con gioia, anche a costo di perdere beni e privilegi, pronti a dare per lui la vita e i figli, con « risolución digna de Christianos verdaderissimos y de vassallos fidelissimos[91] ». La nobiltà valenziana ha subìto pesanti perdite economiche, guadagnando però la vita eterna e l'onore che risiede nel trattare con fedeli, mentre il disonore ricade su quanti trattano con gli infedeli. Le chiese, prima affollate da draghi e bestie feroci, si sono ora riempite di serafini e angeli; per questi motivi si deve festeggiare casa per casa e il patriarca si ripromette di baciare la terra finalmente liberata da tanta *immundicia*. Lo farà davvero, quando a Bétera avanza ginocchioni per tutta la navata della chiesa, baciandone il pavimento tra le lacrime (lo testimonia Pietro Ginesio Casanova nel processo del 1625), oppure più sobriamente (secondo un altro testimone, Pietro Pascal) s'inginocchia e bacia lo stipite della porta, rendendo grazie a Dio perché vedeva finalmente quel luogo pieno solo di vecchi cristiani. Anni prima, nella sacrestia di questa chiesa il vecchio prelato – secondo alcuni testimoni al processo del 1625 – si era « serrato » due o tre volte con gli *Alfaquíes* dei moriscos, « i mori di più autorità che loro tenevano per sacerdoti, mentre predicavagli per due o tre ore[92] ». Quel luogo diventa ora simbolo

90 « Esta obra ha sido desseada y procurada por un Papa, un Emperador, y quatro Reyes ». Francisco Escrivá, *Vida*, *op. cit.*, p. 426.

91 *Ibid.*, p. 429.

92 AAV, *Cong. Riti*, *Processus*, vol. 1625, f. 1706r, *Summarium*, p. 25.

degli sforzi di persuasione del patriarca, dei *medios suaves* inutilmente messi in atto, prima di adottarne di più drastici e risolutivi.

Poiché vi era stata una lunga e pacifica convivenza, ora egli ammette pubblicamente la sua colpa: ha trascorso con loro quaranta anni in pace e ancora maggiore è stata la colpa di chi ha intrattenuto con loro rapporti d'affari, ha comprato, venduto, scambiato, dicendo che toccava al Santo Uffizio e non a loro punirli. Ora Ribera dice di poter morire *contentísimo.* Invece è tormentato dal dubbio; la descrizione degli ultimi suoi giorni di vita è ricca di pathos: il vecchio prelato si ammala per il freddo preso nelle ore trascorse in ginocchio davanti al Sacramento, ha il petto costipato e il polso fiacco, chiama quelli che vivono nella sua casa e a tutti chiede perdono; sopravviene « una grande melancolia, con imaginaciones y piensamientos muy tristes, que le afligian tanto[93] »; dà precise istruzioni per la sua sepoltura; chiama Escrivá, gli confida il dubbio che lo assilla e gli procura grande pena e gli chiede di consultarsi con un servo di Dio di cui ha grande considerazione e dalla cui risposta si sentirà *muy consolado y confiado.* Sa che morirà il giorno dopo (i santi sono soliti premonire il momento del loro transito) e aspetta la mezzanotte per ricevere il viatico; benedice i presenti e senza più angoscia, pronunciando tre volte il nome di Gesù, spira serenamente.

SINTETIZZANDO

Escrivá opera dunque omissioni, censure, falsificazioni che saranno riprese dagli agiografi successivi: 1. sulla nascita illegittima; 2. sull'attività di Ribera nel biennio del viceregno; le drastiche misure contro banditismo, manutengolismo, vagabondaggio, ordine pubblico vengono presentate come applicazione di norme morali imposte ai delinquenti che spontaneamente – « senza colpo ferire, cioè senza frustate o esilio o galera » – lasciano le città e il Regno per il timore reverenziale ispirato loro dal patriarca. L'insistenza sul mancato riguardo manifestato verso i privilegi dei nobili e del Regno vuole farci leggere la sua azione come ispirata unicamente a principi di

93 Francisco Escrivá, *Vida*, *op. cit.*, p. 292. La biografia del gesuita è stata ricostruita da Emilio Callado Estela y Navarro Sorní, *Estudio preliminar* alla ristampa anastatica della *Vida del illustríssimo y excellentíssimo señor don Juan de Ribera*, Valencia, Generalitat Valenciana, 2001, p. 45-61.

giustizia e moralità, con l'effetto di espungere dal racconto la storia politica e di mettere in ombra il suo ruolo nel progetto di castiglianizzazione dei Regni locali portato avanti dalla monarchia. Il suo castigliano-centrismo lo fa scontrare sin dal suo insediamento con l'*Estudi General* e durante il vice-regno con le rappresentanze dei ceti sociali (*Estamentos*), gelose delle propria autonomia. 3. La costruzione della chiesa e del Collegio del Corpus Christi riceve molte critiche dai contemporanei per avere distolto dalle elemosine le ingenti risorse impiegate a cui Escrivá risponde con episodi di generosità così da farne un « grande elemosiniere ». Inoltre, il collegio viene sottratto alla giurisdizione del Capitolo, esercitata sui seminari, e viene negato ai collegiali il diritto di rivolgersi ad una autorità esterna. 4. Scarsamente documentata appare l'analogia con Carlo Borromeo al fine di legare il Nostro al modello di vescovo tridentino, perfettamente rappresentato dal prelato milanese; la lettera di quest'ultimo, più che tessere le lodi di Ribera, sembra ricordargli piuttosto l'obbligo di convocare regolarmente sinodi e concili. 5. Non sono autenticati dalla Congregazione dei Riti i miracoli dei primi processi, testimoniati da membri della cerchia del suo entourage e del Collegio: Escrivá teorizza – nel « secolo dei santi », per lo più taumaturghi – che per essere santi non occorrano i miracoli, mentre la procedura della canonizzazione ne prevede almeno tre. I miracoli di Ribera consistono per il suo agiografo nell'avere allontanato da sé il peccato, distrutto il demonio, averlo decapitato. Sotto questa nuova luce, la vita del patriarca è stata un continuo miracolo. E il miracolo più grande di tutti fu senz'altro la cacciata dei moriscos che Ribera perseguì per l'onore di Dio, il servizio del re, il bene del regno. Il *destierro* fu il miracolo di Ribera! L'agiografo opera qui una vistosa omissione che emergerà nei processi settecenteschi: l'espulsione avvenne *inconsulta Sede Apostolica*, mentre il patriarca avrebbe dovuto informarne il papa e attenderne le risoluzioni. Tra le cinquantacinque lettere che i processi rintracciano nessuna è indirizzata alla Santa sede. Il commento di Escrivá (« Fu prudente come Sant'Ambrogio ») appare quasi ironico in questo contesto. Il regalismo di Ribera sposa la motivazione del tradimento dei moriscos, mentre sostiene contraddittoriamente la motivazione dell'eresia come colpa grave per perorare la causa della loro espulsione. 6. L'agiografo parla di due memoriali di Ribera al re, mentre sappiamo che furono tre e che sollevavano il tema della schiavitù dei bambini che sembrò « conveniente nascondere[94] ».

---

94 Rafael Benítez Sánchez-Blanco, « El escamoteo del tercer papel del Patriarca Ribera », art. cit., p. 184.

La misura non venne mai accolta dal re e dai suoi consiglieri, onde fugare ogni ombra di interesse materiale sulla decisione di cacciare i moriscos dalla Spagna. L'assoluta necessità dell'espulsione sostenuta da Ribera ampiamente descritta e condivisa da Escrivá, è raccolta dalla storiografia coeva, soprattutto da Bleda e da Fonseca. Le tre pubblicazioni sono quasi contemporanee: esse consolidano la versione ufficiale sul tema morisco e sulla ineluttabilità della sua soluzione.

ENTRA IN SCENA IL SANTO UFFIZIO ROMANO

Negli anni cinquanta del Settecento, il Santo Uffizio romano irrompe nel processo con un Memoriale per il papa che contiene sette pesanti obiezioni alla beatificazione di Ribera; esse ci fanno giungere l'eco della contrarietà romana verso i provvedimenti di espulsione: 1. i moriscos erano battezzati e dunque cristiani sotto la potestà della Chiesa; il servo di Dio, in qualità di pastore delle loro anime, avrebbe dovuto ricercarne la salvezza e suggerire al re, d'altronde già propenso, più miti consigli. 2. A giustificazione della cacciata Ribera non poteva fare riferimento ad analoghe prescrizioni fatte da autorità religiose e politiche dei secoli precedenti, dove si era trattato di mori non battezzati e di ebrei. 3. Il servo di Dio non avrebbe dovuto consigliare l'espulsione di mori battezzati, peraltro avversata da molti, come testimoniano gli storici coevi. I contrari erano in gran numero e tra loro vi erano personaggi di grande dottrina, teologi, giuristi, canonisti e molti vescovi, tutti suggerivano di prendere in considerazione altri rimedi invece dell'esilio. 4. In quanto battezzati, la Chiesa avrebbe dovuto spingerli a mantenere la loro fede, considerandoli alla stregua di « piante novelle »; la catechizzazione sarebbe stata la misura più appropriata. Di contro, inviarli in Africa equivaleva a collaborare alla loro apostasia. 5. Come non dovevano essere espulsi anche se apostati e infedeli, così non dovevano espellersi i molti sinceri fedeli che certamente si trovavano in mezzo a loro. 6. Per esiliarli, inoltre, sarebbe stato necessario osservare l'*ordinem juris* e ascoltarli in tribunale, imputando singolarmente i reati e decidendone le pene caso per caso. 7. Qualora il loro battesimo fosse stato considerato non valido, a maggior ragione non li si poteva espellere per apostasia o disprezzo della religione: si sarebbe trattato infatti di infedeli, non di apostati.

Non sono stata in grado di reperire questo importante memoriale né tra i documenti della Congregazione dei Riti, né tra quelli dell'Archivio segreto del Santo Uffizio romano; fortunatamente a tutte queste obiezioni, i postulatori della causa, difensori di Ribera, replicano riportandone lunghi brani a cui oppongono il loro punto di vista e consentendoci in tal modo di conoscere ampi stralci dell'originale[95]. Essi rispondono alle contestazioni usando i libri di Francisco Escrivá, Jaime Bleda, Damián Fonseca, e la cronaca di Gaspar Escolano[96], tutti autori coevi all'espulsione, considerati perciò alla stregua di testimoni *de visu* e assegnando loro il ruolo chiave di certificatori della verità storica.

Dopo che nel 1752 la Congregazione dei Riti discute sulla « deiezione » di migliaia di uomini e donne battezzati che non sembrava corrispondere alla virtù della prudenza e della carità per il nocumento che ciò avrebbe apportato alle loro anime, nella seduta del 28 settembre 1756 di fronte a Benedetto XIV decreta che, sia il consiglio dato da Ribera al re, sia la stessa espulsione non costituiscano un ostacolo e che si possa dunque procedere alla canonizzazione. Dunque, a questa data, la responsabilità attribuita al canonizzando nella cacciata dei moriscos viene risolta con un atto di autorità del papa.

Il decreto del 30 settembre 1756 assolve Ribera dal *Dubio super virtutibus* a suo tempo avanzato e ancora perdurante; il provvedimento recepisce l'evidenza di quanto ardente zelo il servo di Dio abbia dato prova a favore della fede cattolica e per stornare qualunque danno spirituale e temporale dal gregge a lui affidato e dimostra altresì di quanto siano particolarmente benemeriti verso quella stessa fede i re di Spagna che la difesero, trascurando qualunque interesse materiale. « Così si decretò e si ordinò che si osservasse[97] ». Il re e Ribera, ugualmente benemeriti, hanno combattuto la stessa battaglia, adoperandosi congiuntamente a difesa della Chiesa. L'8 dicembre 1759 Clemente XIII, sentiti i consultori della Sacra Congregazione dei Riti, decreta constare le virtù in grado eroico e si affida loro la selezione di tre miracoli (se ne troveranno due) necessari alla canonizzazione.

95 *Memorial dato al papa sopra le tre parti d'obiezzione [sic] addotte dal Promotor fiscale* sta nell'Archivio del Collegio di Corpus Christi, *Santo Fundador*, 10 ed è integralmente trascritto in *Appendice* a Giovanna Fiume, *La cacciata dei moriscos*, *op. cit.*, p. 383-417.

96 Gaspar Escolano, *Segunda parte de la década primera de la historia de la insigne y coronada ciudad y Reyno de Valencia*, Valencia, 1611.

97 Giovanna Fiume, *La cacciata dei moriscos*, *op. cit.*, p. 354, nota 213.

FIG. 1 – *Beato Juan de Ribera*, Joseph Cades Inv., Pietro Bombelli Sculp., in Vincenzo Castrillo, *Vita del Beato Giovanni di Ribera, Patriarcha di Antiochia*, Rome, Salomoni, [1796] (© Biblioteca Històrica – Universitat de Valencia).

Con il decreto del 30 agosto 1796 Pio VI concede che Ribera possa essere chiamato beato, che il suo corpo e le sue reliquie si espongano alla venerazione dei fedeli, che si disegnino raggi e aureole nei suoi ritratti, che si celebri la sua festa a Siviglia dove nacque, Badajoz dove fu vescovo e Valencia dove morì. Tutti i brevi contengono sintetiche agiografie dei canonizzandi: qui il papa ricorda il timore di Dio e l'osservanza dei comandamenti nell'infanzia e nel severo periodo di studi, l'integrità dei costumi, l'ubbidienza ai precetti tridentini nel vescovato di Badajoz, la sua promozione a patriarca di Antiochia e arcivescovo di Valencia a cui si sottomette riluttante, per la sua luce spirituale, come ha riconosciuto Pio V. Prosegue sottolineando la generosità vero i poveri, i pupilli, le vedove, nonché la sollecitudine verso le esigenze spirituali della diocesi. Per tutte queste ragioni il pontefice, verificata la vita, le virtù di cui rifulse in grado eroico e i miracoli ottenuti per sua intercessione, insieme alla Congregazione dei Riti riunita al suo cospetto, con un solo animo e una sola voce, dichiara beato Juan de Ribera. Sono gli elementi fondamentali dell'agiografia di Escrivá. Mancano solo i moriscos che spuntano però nella cerimonia solenne, tenutasi il 18 settembre 1796 nella basilica di San Pietro. Issato sulla porta principale della basilica un medaglione raffigura l'espulsione dei moriscos, recante la scritta *flagitante Ribera, imperante Philippo III rege catholico.*

La difficile congiuntura di fine Settecento rinsalda il rapporto tra Madrid e Roma[98] e la necessità della Chiesa di un campione e guardiano zelante della fede cattolica contro infedeli e increduli spinge nel 1796 a mettere Ribera sugli altari. Nello stesso anno Napoleone era entrato in Italia e nel 1798 sarebbe entrato a Roma, avrebbe proclamato la repubblica e portato prigioniero in Francia il vecchio Pio VI, che vi morrà da esule nel 1799.

Giovanna FIUME
Università di Palermo

98 Maximiliano Barrio Gozalo, « Roma y Madrid en la segunda mitad del siglo XVIII; La lucha contra las "usurpaciones" romanas », *Revista de História Moderna*, 1997, il numero è interamente dedicato a *España e Italia en el siglo* XVIII, Maria Antonietta Visceglia, *Roma papale e Spagna. Diplomatici, nobili e religiosi tra le due corti*, Roma, Bulzoni, 2010.

LA BÉATIFICATION D'INÉS DE BENIGÀNIM († 1696)

Sainteté féminine et guérison miraculeuse[1]

La bienheureuse Inés de Benigànim, religieuse augustine déchaussée née dans ce village valencien en 1625 et morte en 1696, est un intéressant personnage de l'histoire valencienne, pour lequel il y a aujourd'hui encore une importante dévotion. Pourtant, elle n'a pas reçu beaucoup d'attention de la part de l'historiographie. Après une vie consacrée à Dieu dans le couvent d'augustines déchaussées de Benigànim, elle mourut en 1696 en odeur de sainteté, ce qui poussa les religieuses du couvent et divers prêtres valenciens à envisager un procès de canonisation. Ce procès s'est déroulé sur deux siècles, avec des moments d'avancement et des moments de stagnation. Cependant, la béatification a été finalement obtenue en 1886. Tout au long de ce parcours, beaucoup de personnes se sont impliquées et ont trouvé pour leur part un intérêt à ce que la religieuse soit proclamée sainte par l'Église. L'objectif poursuivi ici est d'analyser ce chemin vers la sainteté, grâce à deux types de sources : les hagiographies[2] et le procès de béatification[3]. Par l'intermédiaire

1 Ce travail fait partie du projet « *Construcciones del yo : narraciones y representaciones del sujeto moderno entre lo personal y lo colectivo, siglos XVII-XIX* » (HAR2014-53802P) financé par le *Ministerio de Economía y Competitividad* du gouvernement espangol. Il dispose de l'aide économique du programme de recherche VALi+d de la *Conselleria d'Educació, Investigació, Cultura i Esport* du gouvernement valencien.

2 Tomás Vicente Tosca, *Vida y virtudes de la Venerable Madre Sor Josepha María de Santa Inés (en el siglo Josepha Albiñana). Religiosa Descalça del exemplaríssimo Convento de la Puríssima Concepción de Nuestra Señora, de la Villa de Benigánim*, Valence, Imprenta de Antonio Bordázar, 1715 ; Tomás Vicente Tosca, Vicente Albiñana, *Vida, virtudes y milagros de la Venerable Madre Sor Josepha María de Santa Inés (en el siglo Josepha Albiñana). Religiosa Descalza del exemplaríssimo Convento de la Puríssima Concepción de Nuestra Señora, de la Villa de Benigánim*, Valence, por José Esteban Dolz, 1737 ; Felipe Benavent, Juan Bautista Martinez y Tormo, *Vida, virtudes y milagros de la Beata Sor Josefa de Santa Inés*, Valence, Comunidad de Religiosas Agustinas Descalzas de Benigánim, édition de 1913.

3 Archivio Apostolico Vaticano (AAV), *Cong. Riti*, *Processus*, vol. 3647, 3655, 3954 et 5730.

de ces documents, on verra comment s'est déroulée la « fabrication du personnage », quelles ont été les dévotions que la piété a générées et quel rôle ont joué certaines personnes intéressées à voir la cause aboutir.

UNE VIE CONSACRÉE À DIEU

Josefa Teresa Albiñana Gomar, de son nom complet, avait éprouvé depuis sa prime jeunesse une vocation impérieuse, ce qui l'avait portée à vouloir entrer au couvent des augustines déchaussées de Benigànim (couvent « *de la Purísima Concepción* »), institution fondée en 1611[4] après un mouvement de réforme impulsé par l'archevêque de Valence Juan de Ribera[5] dans un contexte de transformation et de création de nouveaux ordres religieux (surtout féminins[6]) après Trente. Cependant, c'était une jeune fille pauvre, orpheline[7] et analphabète, qui ne pouvait pas se permettre payer la dot nécessaire pour entrer en religion. Malgré cela, selon son hagiographie et les témoins du procès de béatification (qui répètent ce que la biographie religieuse affirme), son insistance[8] fut le facteur qui détermina les religieuses à l'accepter comme sœur laie quand elle eut dix-huit ans. Un an après, elle prit le voile blanc des religieuses d'obédience, et en 1645, prononça ses vœux sous le nom de sœur Josefa de Santa Inés. À partir de ce moment, elle devait vivre toute sa vie cloîtrée et consacrée à Dieu, en manifestant un ensemble de vertus qui furent récompensées par des dons surnaturels (tous expliqués dans

4 Tomás Vicente Tosca, *op. cit.*, p. 16-23.

5 Ce nouvel ordre était composé de neuf couvents, tous dans la région valencienne. Pour en savoir plus sur Juan de Ribera : Emilio Callado Estela (dir.), *Lux Totius Hispaniæ. El Patriarca Ribera cuatrocientos años después (II)*, Valence, PUV, 2011 ; Giovanna Fiume, *La Cacciata dei moriscos e la beatificazione di Juan de Ribera*, Brescia, Morcelliana, 2014.

6 Isabelle Poutrin, *Le Voile et la plume. Autobiographie et sainteté féminine dans l'Espagne moderne*, Madrid, Bibliothèque de la Casa de Velázquez, 1995 ; José Luis Sánchez Lora, *Mujeres, conventos y formas de religiosidad barroca*, Madrid, Fundación Universitaria Española, 1988.

7 Son père, Luis Albiñana, mourut en 1632 et sa mère, Teresa Gomar, ne pouvait pas s'occuper de Josefa et de sa sœur María. Pour cette raison, elles furent envoyées comme domestiques chez leur oncle Bartolomé Tudela, *bayle* de Benigànim (Archivo Rodrigo Pertegás, Miscelánea de contenido no médico, 19/6).

8 Tomás Vicente Tosca, *op. cit.*, p. 14 ; AAV, *Cong. Riti, Processus*, vol. 3654, f. 24r : question 7 de l'interrogatoire.

l'hagiographie et le procès, comme on le verra plus avant) : expériences mystiques, visions, guérisons miraculeuses, etc. Ces circonstances provoquèrent une augmentation de sa réputation de sainteté en tout lieu, de son vivant même : Benigànim, les villages des alentours et même la ville de Valence, à soixante-quinze kilomètres de là. L'hagiographie et le procès peuvent nous aider à mieux comprendre comment cette réputation s'est répandue, puisque même à supposer qu'elle était dotée de qualités personnelles (ce qu'on ne peut savoir), des stratégies de promotion ont dû être développées autour de sa figure et de son culte, probablement avec l'objectif de la voir canonisée officiellement plus tard.

L'OPÉRATION HAGIOGRAPHIQUE

Au début, la parole revint aux compagnes religieuses, celles qui avaient profité de ses dons et celles qui pouvaient témoigner de son exercice héroïque des vertus. Malgré la clôture obligatoire des couvents féminins après les réformes tridentines, ceux-ci n'étaient pas des endroits isolés du monde[9] puisqu'il y avait des confesseurs, des religieux, des prêtres, des travailleurs, des médecins, des chirurgiens et des personnes en recherche de conseils qui pouvaient entrer dans ces bâtiments, surtout si s'y trouvait quelque religieuse réputée sainte qui eût pu apaiser les souffrances (une pratique habituelle dans les monastères féminins du XVIe et XVIIe siècles[10]). Ces personnes étaient des gens de la communauté, de Benigànim ou des villages des alentours, qui avaient entendu parler de la religieuse, en général parce qu'elles avaient quelqu'un de leur famille dans le couvent (une fille, une sœur, une tante, etc.). De même, des personnages importants faisaient aussi appel à elle, surtout des religieux renommés qui voulaient vérifier son état mental, une pratique

9 Ángela Atienza López, « Las grietas de la clausura tridentina. Polémicas y limitaciones de las políticas de encerramiento de las monjas... Todavía con Felipe IV », *Hispania*, 74, 248, septembre-décembre 2014, p. 807-834.

10 Un extraordinaire exemple d'analyse de l'interaction entre une communauté et une religieuse en réputation de sainteté est offert par le cas de sœur María de Ágreda : Ana Morte, « Sor María de Ágreda y la vida cotidiana en el siglo XVII : una aproximación histórica », *Cuadernos de Historia Moderna*, 39, 2014, p. 121-136.

normale afin d'éviter des déviations de la foi. Ceux-ci, convaincus d'une réputation authentique, pouvaient aussi la diffuser parmi des parents et amis, ce qui faisait que que le réseau des personnes qui connaissaient la Mère Inés – nom par lequel elle était connue de tous – était de plus en plus étendu. Ces liens familiaux ou amicaux peuvent être vus très clairement dans le procès parce que les témoins doivent dire où ils ont trouvé ou entendu parler de l'information rapportée ; les rapports familiaux jouent ici un rôle fondamental. Ces réponses apportent aussi plus de crédibilité et de solidité au témoignage, même si elles doivent s'adapter à la rigidité de la structure de l'interrogatoire[11].

En même temps, il est nécessaire d'ajouter que la première hagiographie de la religieuse, publiée en 1715, c'est-à-dire celle de Tomás Vicente Tosca, a été un instrument décisif et a influencé sans conteste le procès. La Mère Inés mourut en 1696, et son corps fut exposé à la vénération des fidèles pendant quatre jours, période pendant laquelle on rapporte que l'affluence des gens fut énorme[12]. Ensuite, elle fut enterrée, mais après quelques années, à cause de l'humidité du coin du cloître où elle était déposée, le corps dut être déplacé en un lieu de sépulture plus adéquat. En 1713 on put voir que le corps était resté intact, sans corruption, ce qui fut considéré comme extraordinaire[13]. En 1714, après l'obtention des permissions nécessaires, le corps fut analysé par des docteurs et exhumé pour être transféré dans un lieu plus sec. Dans ces circonstances, surtout si la personne morte était une femme, les religieuses étaient celles qui pouvaient toucher le corps et changer ses vêtements parce que la pudeur féminine devait être respectée[14]. Ces circonstances extraordinaires contribuèrent à la consolidation de la réputation de la Mère Inés, et enrichirent la rédaction de l'hagiographie publiée en 1715, publication qu'on peut considérer

---

11 Cette structure est très bien expliquée pour le cas d'Italie par Jean-Michel Sallmann : Jean-Michel Sallmann, « Image et fonction du saint dans la région de Naples à la fin du XVIIe et au début du XVIIIe siècle », *Mélanges de l'École française de Rome. Moyen Âge, Temps modernes*, 91, 2, 1979, p. 827-874 ; et aussi pour le cas de Benoît le More : voir Giovanna Fiume, *Il Santo Moro. Il proceso di canonizzazione di Benedetto da Palermo (1594-1807)*, Milan, Franco Angeli, 2002.

12 Felipe Benavent, Juan Bautista Martinez y Tormo, *op. cit.*, p. 310.

13 Archivo de Protocolos Notariales del Real Colegio Seminario de Corpus Christi de Valencia, Vicent Guill, 7404.

14 L'attention portée dans ces examens à la décence du corps féminin a été aussi soulignée par Gianna Pomata dans le cas de sainte Catherine de Bologne. Gianna Pomata, « Malpighi and the Holy Body : Medical Experts and Miraculous Evidence in Seventeenth Century Italy », *Renaissance Studies*, 21, 4, 2007, p. 568-586.

comme l'outil d'une stratégie de diffusion de la réputation de sainteté. La personne choisie pour cette tâche, en plus, ne fut pas désignée au hasard, puisque qu'il s'agit de Tomás Vicente Tosca[15], mathématicien et prêtre de l'Oratoire de saint Philippe Neri en la ville de Valence. De nombreuses personnalités de cette institution, créee récemment dans la ville[16], avaient quelque lien avec la Mère Inés, et se déplaçaient à Benigànim pour scruter son esprit et lui demander conseil ou aide[17]. Selon l'opinion de certains historiens[18], peut-être que ces rapports obéissaient à une stratégie de légitimation : les prêtres de l'Oratoire voulaient se rattacher à une certaine forme de religiosité, celle des augustines déchaussées, et à un modèle de sainteté féminine, celui de la Mère Inés. Le choix de Tosca et pas d'une autre personne plus proche – il est malaisé de dire si Tosca et Inès se connaissaient – révèle peut-être un unique objectif, celui de profiter aux deux : l'oratorien avait publié entre 1705 et 1715 un important traité de mathématiques (*Compendium Mathematicum*) et jouissait donc d'une réelle notoriété dans certains domaines. En accolant son nom à l'hagiographie, il donnait sans doute plus de diffusion et au livre et à la réputation de la religieuse. En même temps, il pouvait aussi escompter des bénéfices dans d'autres domaines en raison de sa capacité à écrire sur les sujets spirituels et pas seulement sur les sujets scientifiques[19]. Il est connu d'ailleurs comme

15 Salvador Albiñana, Telesforo Hernández, « Comentario en torno a la biografía de Tomás Vicente Tosca », *Universidades Españolas y Americanas : época colonial*, Valence, CSIC, 1987, p. 35-57 ; Víctor Navarro Brotons, « La personalidad científica de Tomás Vicente Tosca », *Boletín Informativo*, Fundación Juan March, 167, 1987, p. 3-14.

16 Francisco Pons Fuster, « San Felipe Neri y la Congregación del Oratorio de Valencia », dans Emilio Callado Estela (dir.), *La Catedral Ilustrada. Iglesia sociedad y cultura en la Valencia del siglo XVIII*, t. 4, Valence, Institució Alfons el Magnànim, 2016, p. 261-289.

17 C'est le cas de Domingo Sarrió, Gaspar Tahuenga, Pedro Pantoix, Buenaventura Guerau, Francisco Climent ou José Fernández de Marmanillo : Tomás Vicente Tosca, *op. cit.*, p. 62-74.

18 Francisco Pons Fuster, « Monjas y beatas. Mujeres en la espiritualidad valenciana de los siglos XVI y XVII », Emilio Callado Estela (dir.), *Valencianos en la Historia de la Iglesia II*, Valence, Facultad de Teología San Vicente Ferrer, 2008, p. 241-242.

19 José Fernández de Marmanillo, prêtre de l'Oratoire, écrit l'approbation de l'hagiographie de Tosca de 1715 et affirme : « *No puedo dejar de alabar la acertada conducta del autor en tan piadoso asunto, después de haber ilustrado al orbe literario con sus obras Matemáticas ; como quien habiendo explicado el número, peso y medida propia de la cantidad de los cuerpos, eleva su pluma a explicar la que es más apropiada a los espíritus, dando a un tiempo muestras de su gran caudal en entrambas ciencias, y cuan bien se hermanan la piedad y la sabiduría* » (Je ne peux m'empêcher de louer la droite conduite de l'auteur dans une affaire aussi pieuse, lui qui d'abord illustra le monde littéraire avec ses œuvres mathématiques ; lui qui, ayant expliqué le nombre, le poids et la juste mesure de la quantité des corps, lève sa

un des personnages les plus importants du mouvement des *novatores*[20], mouvement scientifique qui voulait introduire en Espagne certaines des nouveautés scientifiques qui survenaient alors en Europe. Le fait d'appartenir à ce groupe pouvait lui valoir une image négative auprès des personnes les plus conservatrices. On peut supposer qu'avec la rédaction d'un texte pieux, il pouvait espérer changer leur opinion. De plus, se consacrer à la fois aux mathématiques et à la religion n'avait rien de contradictoire. Cependant, ces interprétations exigeraient une analyse plus profonde de la personnalité de Tosca et de ses motivations, ce qui n'est pas ici notre but.

Cette hagiographie comprend les épisodes typiques du genre, et illustre un certain modèle de sainteté féminine[21]. Dans ce modèle, les vertus jouent un rôle fondamental (chasteté, humilité, obéissance, etc.), et on peut voir les précautions de l'auteur pour justifier les dons surnaturels et les situations extraordinaires, ainsi qu'un souci terminologique, en lien avec la réforme tridentine et les décrets d'Urbain VIII[22], en raison desquels il pouvait être dangereux de désigner comme « sainte » une personne morte en réputation de sainteté mais non encore officiellement proclamée telle. La description était donc celle d'un personnage-archétype, tandis que la personne réelle restait inconnue. Cette pratique n'était pas étonnante, mais très habituelle parce qu'elle avait un objectif précis : construire une *Vie* qui servît comme modèle dans le cas, prévisible, où un procès de canonisation ou béatification viendrait à commencer[23]. La question suivante était : qui pouvait être intéressé, pourquoi et selon quelles modalités ? Les religieuses étaient les premières, sûrement parce que leur ordre religieux avait été créé récemment et n'avait pas de saint(e) parmi ses membres. De plus, on ne peut pas ignorer les bénéfices économiques de cette opération hagiographique : plus d'aumônes et plus

plume pour expliquer ce qui convient le mieux aux esprits, donnant en même temps des échantillons de sa grande fécondité dans les deux sciences, et à quel point y sont unies piété et sagesse).

20 José Pardo, Álvar Martínez, « Medicine and the Spanish Novator Movement : Ancients vs. Moderns, and Beyond », Víctor Navarro Brotons et William Eamon (dir.), *Más allá de la Leyenda Negra. España y la Revolución Científica*, Valence, Instituto de Historia de la Ciencia y Documentación López Piñero, 2007, p. 323-346.

21 José Luis Sánchez Lora, *op. cit.* ; Rosa Maria Alabrús, Ricardo García Cárcel, *Teresa de Jesús. La construcción de la santidad femenina*, Madrid, Cátedra, 2015, p. 51-100.

22 Simon Ditchfield, « Tridentine Worship and the Cult of Saints », dans Ronnie Po-Chia Hsia (dir.), *The Cambridge History of Christianity*, t. 6. *Reform and Expansion, 1500-1660*, Cambridge, Cambridge University Press, 2007, p. 201-224.

23 Giovanna Fiume, *op. cit.*

de femmes entrant au couvent, avec la dot correspondante. Quelques personnalités politiques et religieuses intervinrent aussi dans ce procès ; on a déjà parlé du lien avec l'Oratoire et de l'intérêt pour cette institution de se légitimer en soutenant cette cause. En même temps, des nobles valenciens sont spécialement intervenus, comme José Milán de Aragón, qui finança la publication du texte et les honneurs funèbres[24]. C'est aussi le cas des ducs de Gandie, des comtes de Paredes, des marquis de Ràfol, etc., qui avaient demandé de l'aide à la Mère Inés ou en avaient obtenu quelque grâce ; par exemple, Ventura Ferrer, gouverneur de Játiva, aurait été protégé par la religieuse dans le contexte de la guerre de succession d'Espagne. Tous ont envoyé de l'argent pour la cause, et certains ont même témoigné dans le procès. Avec ce soutien économique et social, et une réputation qui augmentait (grâce à ce réseau mais aussi a l'opération hagiographique), les religieuses commencèrent à adresser les requêtes nécessaires, à choisir des postulateurs, des notaires, des représentants… et, finalement, le procès informatif ou ordinaire et le procès de *non cultu* furent entamés (1729-1730 et 1737 respectivement).

LE PROCÈS DE BÉATIFICATION
À la recherche d'un miracle

Quarante-six témoins au total furent entendus, particulièrement des religieuses du couvent, des personnages de renom et des bénéficiaires de certains miracles. Leurs témoignages sont une source de grande valeur, bien qu'ils soient très subjectifs et contraints de s'adapter à la rigidité de l'interrogatoire, tout comme ils révèlent les intérêts et la dévotion qui portaient les témoins à exalter à la Mère Inés. Ils sont spécialement remarquables par les similarités entre les témoignages de certaines personnes (les religieuses du couvent, par exemple) et le texte hagiographique de Tosca (moins détaillé[25]). C'est grâce à ces comparaisons qu'on peut voir

24 AAV, *Cong. Riti*, *Processus*, vol. 3654, f. 131r : témoignage de sœur Francisca María de los Ángeles.

25 Voir par exemple le cas d'un domestique qui essaya d'embrasser Josefa quand elle était encore jeune. Tosca raconte cet épisode très brièvement (Tomás Vicente Tosca, *op. cit.*, p. 10), mais quelques témoins du procès ordinaire de 1748 apportent plus de détails.

la circulation des informations, et comment le texte a pu influencer ce que ces personnes connaissaient de la Mère Inès. D'autre part, il ne faut pas oublier que la question était si détaillée qu'elle incluait souvent la réponse. De fait, beaucoup de témoins affirment qu'ils ont entendu parler de la religieuse et connaissent les épisodes de sa vie grâce à cet ouvrage qui, selon quelques religieuses, était souvent lu dans le couvent[26]. On doit tenir compte du fait que la lecture collective était fréquente dans cette période, surtout dans un contexte de grand analphabétisme[27]. Les novices, au moment d'entrer dans la clôture, commençaient à « être endoctrinées », ce qui peut expliquer la similarité des récits. De même, d'autres témoins affirment aussi qu'ils connaissent la vie de la Mère Inés grâce aux honneurs funèbres qui lui furent rendus par diverses institutions après sa mort[28], auxquels il faut ajouter la circulation des nouvelles et des histoires par le bouche-à-oreille, le réseau des parents et amis précédemment évoqué jouant à plein.

On note aussi le contraste entre les témoignages de certaines personnes et d'autres. D'un côté, les religieuses et quelques personnalités qui connaissaient la Mère Inès décrivent avec beaucoup de détails les épisodes de sa vie, surtout ses vertus, d'après l'hagiographie, la contemplation directe des faits ou la circulation des nouvelles. D'un autre côté, d'autres personnes, d'origine plus humble, fixent leur attention sur certains épisodes miraculeux qu'ils ont vus ou vécus, sans guère fournir d'informations sur d'autres questions ; fréquemment, ce qu'ils font alors se résume à confirmer, à dire oui, ou à affirmer qu'ils ne savent rien. Les récits des miracles et grâces divines relatés à la première personne sont une source historique de grande richesse[29], particulièrement parce qu'ils montrent les circonstances dans lesquelles les gens sont plus vulnérables et le difficile contexte de la vie quotidienne, non sans que transparaissent

26 AAV, *Cong. Riti*, *Processus*, vol. 3654, f. 666v : témoignage de sœur Ana María de San Agustín.

27 Margit Frenk Alatorre, « Las formas de leer, la oralidad y la memoria », dans Víctor Infantes, François López et Jean-François Botrel (dir.), *Historia de la edición y de la lectura en España : 1472-1914*, Madrid, Fundación Germán Sánchez Ruipérez, 2001, p. 155.

28 Il y avait cinq éloges funèbres selon Tosca : de la part du couvent, du village de Benigànim, du clergé de la paroisse de Benigànim, du clergé de l'église de San Salvador de Valence et du couvent d'augustines déchaussées d'Alcoy (Alicante).

29 Ángela Muñoz Fernández, « El milagro como testimonio histórico. Propuesta de una metodología para el estudio de la religiosidad popular », dans León Carlos Álvarez Santaló, María Jesús Buxó i Rey et Salvador Rodríguez Becerra (dir.), *La Religiosidad popular. Volumen I : Antropología e Historia*, Barcelone, Anthropos, 2003, p. 164-185.

les stéréotypes inhérents à ce genre d'histoires : accidents avec des chariots, chutes compliquées, conflits militaires, personnes qui se perdent, violence domestique et violence en général, opérations chirurgicales, maladies, accouchements, etc. Ce sont des circonstances dans lesquelles on a besoin d'aide, et la Mère Inés apparaît comme la solution à laquelle faire appel, de son vivant comme après sa mort. D'abord, on ne voit pas des guérissons spectaculaires ou de grands miracles mais une intervention dans les questions quotidiennes, surtout par rapport aux religieuses. Cependant, la réputation de sainte semant des miracles grandit, et par conséquent les miracles se font plus fréquents et spectaculaires : si plus de personnes la connaissent, plus de personnes pourront avoir confiance en elle quand elles traverseront des difficultés.

La phase informative finit en 1730, et le procès de *non cultu* en 1737, grâce auquel on a vérifié que personne ne la vénérait publiquement. On doit ajouter qu'en cette même année, une nouvelle édition de l'hagiographie est publiée, avec de nouveaux miracles racontés par le P. Vicente Albiñana[30] (Tosca était mort en 1723). Avec cette documentation, tout était préparé pour continuer le procès, mais on a dû attendre jusqu'à 1748 pour envoyer les pièces à Rome : selon les décrets d'Urbain VIII, on devait en effet attendre cinquante ans après la mort du candidat à la canonisation, ce qui menait aux alentours de 1748, la date à prendre en compte dans le cas d'Inés. Après être arrivée devant la Congrégation des Rites, l'institution chargée de la proclamation des saints, la cause est approuvée en 1760 et la phase apostolique du procès commence en 1762. Pour cette phase, un tribunal réuni à Valence examine trente-et-un nouveaux témoins, interrogés en différentes étapes jusqu'en 1798. Les personnes sont très variées en ce qui concerne leur âge, leur origine sociale, leur sexe et leur profession, et on peut voir aussi un saut temporel entre les étapes. Dans la première phase (1762-1772), les témoins interrogés sont des hommes, laïques et ecclésiastiques, de catégorie sociale supérieure, en majorité assez âgés, et qui ont un lien[31]

30 Né en Benigànim en 1692, il était disciple et ami de Tosca. Pour en savoir plus : Salvador Albiñana, Telesforo Hernández, *op. cit.*, p. 40-41.

31 On peut évoquer deux exemples : dans cette phase, un des interrogés est Juan Vives de Cañamás, comte di Faura, qui avait entendu parler de la Mère Inés par son oncle Manuel Ferrer, interrogé dans le procès ordinaire. Un autre témoin interrogé est Manuel Fernández de Marmanillo, neveu de Juan Fernández de Marmanillo, qui avait connu la Mère Inés et avait aussi écrit l'approbation de l'hagiographie de Tosca.

avec quelques-uns des témoins du premier procès ou avec des personnes qui connaissaient la Mère Inés. Le réseau social qui favorisait la circulation des informations, par conséquent, est resté vivace à travers le temps. Dans la deuxième phase (1797-1798), la situation change. La majorité des témoins sont d'origine humble et ils sont interrogés parce qu'ils ont vu ou vécu un miracle qui doit être analysé. Un autre élément à souligner, situé dans cette période, est la publication d'une troisième édition de l'hagiographie de Tosca, en 1775. On peut dès lors se demander si cette nouvelle diffusion de l'œuvre a influencé l'apparition des nouveaux miracles à partir de la date de réédition.

En général, dans cette phase apostolique, un des éléments que les juges veulent vérifier est la permanence voire la consolidation de la réputation de sainteté[32]. Les témoignages nous montrent que beaucoup de gens connaissent moins qu'avant de détails sur la vie de la religieuse, mais la réputation reste stable et même grandit. Le peuple cherche encore son aide, et ses reliques sont distribuées parmi certaines familles et au couvent[33]. Cependant, bien qu'elle soit considérée comme sainte par les gens de Benigànim et des villages aux alentours, elle est encore une « sainte » locale, et pour la Congrégation des Rites, il est nécessaire de trouver un miracle adéquat. L'analyse des questions de l'interrogatoire révèle la manière dont le tribunal cherche ce miracle. Sur quarante-deux questions, neuf sont destinées à dévoiler les circonstances d'un prétendu miracle[34], choisi sûrement parce qu'il offrait la possibilité d'être reconnu officiellement. C'est le cas de l'ancienne prieure, mère Isabelle du *Corpus Christi*, qui, après avoir éprouvé une forte douleur à la poitrine pendant de nombreuses années, fit appel à l'intercession de la Mère Inés sur son tombeau, et aurait été guérie rapidement. Cet évènement est raconté par les témoins du procès informatif, mais cinquante ans après, presque personne ne peut apporter d'informations. Les questions posées sont très détaillées et cherchent des réponses très

32 Cette pratique, de fait, était régularisée avec l'élaboration d'un procès *super fama*, développé en 1766. Après Trente et les réformes de Urbain VIII, il était difficile de trouver un équilibre avec la question de la réputation parce que celle-ci était nécessaire pour la proclamation de la sainteté, mais pouvait être aussi condamnée par les autorités ecclésiastiques si elle n'était pas assez fondée (Giovanna Fiume, *op. cit.*, p. 45).

33 Il s'agit d'une canne, d'une ceinture, d'une petite assiette et d'autres objets offerts par la Mère Inés ou distribués par le couvent. Les témoins, par exemple, expliquent que la ceinture était habituellement utilisée par les femmes enceintes.

34 AAV, *Cong. Riti*, *Processus*, vol. 3653, f. 387v, 388r et 388v.

concrètes : comment est-ce arrivé ? Combien de temps la maladie a-t-elle duré ? La bénéficiaire du possible miracle a-t-elle demandé l'intercession de quelque saint ? La guérison a-t-elle été immédiate[35] ? Quels docteurs ont opéré ? Etc. Personne ne peut rien dire, pas même les religieuses. Ce fait peut montrer les difficultés qu'il y avait à trouver un miracle adéquat lors d'une procédure de canonisation (surtout parce qu'on préfère les guérisons miraculeuses), mais aussi la rigueur du tribunal, accentué à partir des décrets d'Urbain VIII. La longue durée des procédures est une des conséquences de cette régulation, et elle affecte aussi la mémoire des témoins. Les personnes qui pouvaient connaitre le candidat disparaissent, et les souvenirs peuvent se dissiper. Si la réputation de sainteté reste, peu importent les faits concrets, mais un problème apparaît quand le miracle n'arrive pas et que la Congrégation ne peut pas proclamer officiellement la sainteté, quoique pour le peuple elle soit une « sainte ». On peut ici apprécier la différence existant entre la conception officielle de la sainteté et la conception populaire. Le procès d'Inés reste à l'arrêt jusqu'en 1797, peut-être aussi à cause de circonstances particulières qu'on ne connaît pas encore, jusqu'à ce que trois possibles miracles soient considérés comme dignes d'être analysés. Les témoins, par conséquent, seront des personnes impliquées (*de visu* ou *de auditu :* ceux qui ont vu le miracle ou en ont entendu parler) dans ces trois évènements : deux enfants renversés par un chariot, un couple tombé dans un fleuve et une femme tombée dans un puits.

35 Ce type de questions était nécessaire pour garantir que l'événement pouvait être considéré comme un miracle et non comme une guérison naturelle. La rapidité et la disparition complète de la maladie étaient quelques unes de ces conditions. Les médecins étaient ceux qui vérifiaient qu'il n'y avait pas d'explication naturelle, mais la proclamation du miracle relevait de l'autorité ecclésiastique. Pour en savoir plus : Gianna Pomata, *op. cit.* ; David Gentilcore, « Contesting Illness in Early Modern Naples : *Miracolati*, Physicians and the Congregation of Rites », *Past & Present*, 148, août 1995, p. 117-148.

LES DIFFICULTÉS DU XIXe SIÈCLE ET LA PROCLAMATION OFFICIELLE DE BÉATIFICATION

Cependant, à partir de ce moment-là, le procès entre dans une phase plus obscure et moins connue : le XIXe siècle. Les documents ont été envoyés à la Congrégation des Rites, et en 1838, Grégoire XVI a approuvé la reconnaissance des vertus héroïques d'Inés : elle peut désormais porter officiellement le titre de vénérable. Le miracle des enfants du chariot a été aussi approuvé. En 1851, son corps a été vérifié une nouvelle fois, pour constater l'incorruptibilité (au total il y a eu cinq examens du cadavre). Enfin en 1852, une quatrième édition de l'œuvre de Tosca a été publiée[36]. Mais toute cette activité semble se ralentir et même s'arrêter pendant d'assez nombreuses années : il manque en effet un deuxième miracle. Parmi les possibles causes de cet arrêt, on songe à l'absence de personnes soutenant la cause avec toute la puissance de leur influence ou de leur argent. Les exemples de causes tombées dans l'oubli de fait n'étaient pas rares. Néanmoins, les religieuses reprennent l'initiative et nomment de nouveaux postulateurs pour soutenir la candidate. Et finalement, tout arrive à grande vitesse : en 1875, un nouveau miracle a lieu en Benigànim, celui d'un enfant de trois ans qui, tombé dans un puits, aurait été sauvé grâce à la Mère Inés. En 1882, le postulateur de la cause, Juan Bautista Martínez y Tormo, publie une nouvelle hagiographie en s'appuyant sur les écrits de Felipe Benavent, qui fut confesseur de la Mère Inés[37]. Ce texte se présente comme la biographie plus complète, parce qu'il inclut l'information provenant du procès de canonisation, recours habituel dans ce type de publications hagiographiques[38]. En plus, à partir de cette date, les

36 *Vida, virtudes y milagros de la Venerable Madre Sor Josefa María de Santa Inés de Benigánim. Religiosa agustina descalza. Escrita por el Dr. D. Tomás Vicente Tosca, presbítero. Adicionada nuevamente por el Dr. D. Joaquín Hernández y Herrero, cura de la parroquial del Salvador de esta ciudad*, Valence, Imprenta de D. Agustín Laborda, 1852. Cette édition, de fait, a été publiée dans un format plus petit : «*por ser más cómodo y manuable*» (pour être plus confortable et maniable). Ce changement pouvait favoriser la distribution du livre. Voir Biblioteca Valenciana Nicolau Primitiu, 2047.

37 Il est possible qu'au moment de publier une première hagiographie en 1715 le nom de Tosca ait pu sembler donner plus de crédit à la vie de la religieuse, tandis que ce que Felipe Benavent avait écrit devait rester non publié.

38 Giovanna Fiume, *op. cit.*, p. 32.

interrogatoires autour de l'événement miraculeux de 1875 ont commencé. Entre 1884 et 1885, les experts de la Congrégation ont analysé les trois possibles miracles : les enfants renversés, le couple tombé dans le fleuve et l'affaire de l'enfant dans le puits. Si le deuxième a été écarté, les deux autres ont été officiellement reconnus comme miracles, ce qui ouvre la possibilité de l'approbation du décret de béatification en 1886 par Léon XIII. Avec ce fait, le long chemin de la Mère Inés vers la sainteté a atteint son premier objectif : la proclamation qu'Inés de Benigànim est « bienheureuse ».

Enfin, il convient de se demander quelles circonstances concrètes ont permis cette réactivation du procès. D'abord, il existait un grand intérêt pour la cause, selon plusieurs témoins du procès de 1882, qui montrent ainsi leur désaccord avec le retard pris par la béatification. C'est le cas du P. Antonio Ortiz, qui déclare : « *Respecto a la oportunidad de esta su Beatificación me permitiré decir respetuosamente al tribunal que creo y juzgo inoportuna la tardanza*[39] ». De fait, cet intérêt a pu pousser à faire circuler les informations sur le miracle relatif à l'enfant de trois ans, si bien que le curé de Benigànim, Miguel Pastor, a décidé de mettre par écrit les faits pour qu'ils ne se perdent pas. Selon lui, et selon aussi d'autres témoins, beaucoup de faits extraordinaires prétendument survenus grâce à l'intercession de la Mère Inés avaient être oubliés parce que personne ne les avait compilés, au point que la mémoire en avait été perdue. Tous ceux-là tenaient donc à la diffusion de la nouvelle du miracle. Pour toute la population de Benigànim, comme le disent ces témoins, Inés est déjà une sainte, et cette population s'adresse à elle quand elle en a besoin[40]. De fait, les témoins confirment qu'ils ne font confiance qu'à la Mère Inés et pas à d'autres saints, bien qu'à l'évidence cette affirmation soit motivée par le désir d'exalter la religieuse.

Si elle n'a pas été encore béatifiée, ce n'est donc pas en raison de l'absence de dévotion. Probablement les circonstances historiques n'étaient-elles pas favorables pour une béatification officielle[41]. D'un côté, il était difficile de trouver un miracle convenable, comme on a déjà pu le voir. La rigueur de l'interrogatoire et les changements de mentalités sont des éléments à évaluer, parce que quand le procès apostolique s'achève, on se trouve déjà en plein

39 AAV, *Cong. Riti*, *Processus*, vol. 3954, f. 174r : témoignage d'Antonio Ortiz : « En ce qui concerne l'opportunité de cette béatification, je me permettrai de dire respectueusement au tribunal que je crois et juge inopportun le délai ».

40 AAV, *Cong. Riti*, *Processus*, vol. 3954, f. 101r : témoignage de Pedro Benet.

41 Ici on pourrait parler des circonstances en Espagne mais aussi en Italie, en particulier dans les États pontificaux.

XIXe siècle, un temps qui voit le scepticisme à l'égard de ces manifestations miraculeuses augmenter. D'un autre côté, tous ces procès de canonisation sont très coûteux et nécessitent un constant apport d'argent et de soutien, social et institutionnel. Dans ce précis, il semble que ce soutien s'affaiblisse pendant le XIXe siècle, sans que l'on sache encore exactement pourquoi. Peut-être que le modèle qu'elle représentait, celui d'une religieuse avec des dons mystiques, était moins recherché, dans un contexte historique où l'Église aspirait à d'autres modèles de sainteté. Pourtant, on ne connaît pas encore les raisons exactes de cette désaffection.

Il importe donc de se demander non seulement pourquoi Inés n'a pas été béatifiée plus tôt, mais aussi pourquoi l'année 1886 a vu se produire la béatification. Pourquoi l'Église et la Congrégation des Rites ont-elles alors considéré qu'elle pouvait être un modèle de sainteté à suivre en ces dernières décennies du XIXe siècle ? La sécularisation, le laïcisme et la progression des mouvements sociaux ont possiblement provoqué une réaction de l'Église, qui a voulu développer des modèles féminins incarnant certaines valeurs religieuses, en opposition à celles des laïcs, spécialement dans un contexte historique interprété comme une étape dans la féminisation de la religion. Dans l'attente d'investigations plus approfondies, ces idées restent des hypothèses. Ce qu'on peut néanmoins imaginer, c'est qu'il y a eu sans doute une confluence de facteurs qui ont rendu possible cette béatification : l'intérêt d'une population qui voulait la proclamation officielle de sa sainte locale, les stratégies autour d'un fait extraordinaire qui pouvait être considéré un miracle, l'élection de nouveaux postulateurs pour soutenir la cause devant la Congrégation, l'apport économique de personnages importants du village ; ainsi de la marquise de Ràfol, María de la Concepción Castellví y Cardona, qui, dans son testament en 1847, laisse une importante somme d'argent pour les frais du procès et pour la construction d'une chapelle si la béatification a lieu dans les prochaines quarante années[42]. La béatification traduit aussi probablement un nouveau désir de l'Église d'encourager de nouveaux modèles sociaux féminins.

Laura GUINOT FERRI
Université de Valence (Espagne)

42 *La Unión* (1882), 24 avril 1887, p. 2.

TROISIÈME PARTIE

CANONISATION, HAGIOGRAPHIE ET IDENTITÉ CONFESSIONNELLE DANS L'EUROPE BAROQUE

POURQUOI CANONISER UN PAPE ?

L'exemple de Pie V (1672 et 1712)

Contrairement à ce que laisseraient penser les dernières décisions romaines, la canonisation des papes est particulièrement rare. Depuis un millénaire, seuls six papes sur cent vingt-huit ont été portés sur les autels et ce en dépit du fait que le monopole de la déclaration de sainteté appartient à la seule papauté depuis 1588. Pourquoi et dans quel contexte Pie V a-t-il été canonisé ? Que révèle cet acte de la politique pontificale en 1672 puis 1712 ? Peut-on en tirer des enseignements sur le rapport entre la spiritualité d'un pape et les représentations à prétentions universelles du catholicisme romain ?

Les canonisations récentes ne doivent pas nous cacher que rien n'est plus rare dans l'histoire que la canonisation d'un pape, surtout si l'on oublie ceux des premiers siècles (VIIe-IXe siècles) qui ont tous été insérés dans les livres liturgiques tridentins, pour leur assurer un culte universel. La Congrégation des Rites prend en charge les procès dès le pontificat de Sixte Quint et surtout, avec l'œuvre de Cesare Baronio, elle va ouvrir les *Vies* de saints à la critique[1]. Malgré cela, sur 266 papes, seuls 92 sont béatifiés ou canonisés jusqu'à nos jours. Depuis l'an mil, il n'y a que huit papes saints, de Léon IX à Jean-Paul II, auxquels on peut ajouter dix bienheureux pour lesquels il ne manque que quelque miracle ; sur 127 possibles, cela fait bien peu (14 %). Pie V, canonisé le même jour que le théatin André Avellino, le capucin Félix de Cantalice et la clarisse Catherine de Bologne, fait donc partie des rares papes béatifiés ou canonisés, on comprend que ce fut un événement en 1672 et 1712 puisque le dernier pape canonisé était Célestin V en 1313[2]. Il faudra

1 Roberto Rusconi, *Santo Padre. La santità del papa da san Pietro a Giovanni Paolo II*, Rome, Viella, 2010, p. 224 et ss.

2 Jean Leclercq, « La renonciation de Célestin V et l'opinion théologique en France du vivant de Boniface VIII », *Revue d'histoire de l'Église de France*, 25, 107, 1939, p. 183-192. La canonisation en commun est peut-être liée à la faiblesse des moyens financiers des

ensuite attendre Pie X en 1954 et enfin une brusque multiplication de ses successeurs à la fin du siècle passé. Il est aussi le premier pape porté sur les autels selon la nouvelle procédure de la Congrégation des Rites, mise en place en 1588. Son procès est conservé aux Archives Vaticanes[3]. Au fil du siècle d'attente imposé par les nouvelles règles de canonisation, quantité de travaux érudits et éloges de toute farine peuvent être mis en rapport avec la réalité historique de son pontificat. À travers le déploiement médiatique qui accompagne les actes solennels, les historiens peuvent enfin jauger la réception de son image dans l'opinion publique. À cet égard, ils observent une distorsion évidente de la notoriété de ce pape aux XVIIe et XVIIIe siècles, en Italie et en France. Il suffit de comparer les publications le concernant entre 1650 et 1750 pour remarquer des différences conséquentes. D'un côté, on trouve un saint largement reconnu d'un bout à l'autre de la péninsule et de l'autre un saint cantonné aux seuls cercles dominicains. Pourquoi ? C'est dans les grandes phases de la mise sur les autels qu'on peut tenter de comprendre cette différence, dont il faut bien voir qu'elle est largement pilotée par l'Ordre et par Rome. Que se passe-t-il en Italie et en France autour de sa mort, en 1572, de sa béatification en 1672, de sa canonisation en 1712 qui puisse expliquer l'implication des autorités centrales de l'Église ?

1572 – UN PROPHÈTE VAINQUEUR DES TURCS ET DES PROTESTANTS

À la mort du pape, le 1er mai 1572, sa réputation de sainteté court déjà à Rome[4]. Il suffit de comparer la situation avec la mort du pape inquisiteur Paul IV et les émeutes qui ont détruit les archives et le bâtiment du Saint-Office en 1559. S'il y a eu quelques émeutes pour libérer des prisonniers, contrairement à ce qui est parfois affirmé, le calme

quatre ordres. La même année, les dominicains ont en effet financé la canonisation de Louis Beltràn et de Rose de Lima.

3 Archivio Apostolico Vaticano, *Cong. Riti*, *Processus*, vol. 2551-2563 (1624-1704). Plusieurs positions imprimées (1671-1708) sont conservées à la BnF (H-1310-1311).

4 François Van Ortroy, « Le pape saint Pie V », dans *Annalecta bollandiana*, 33, 1914, p. 187-215.

est tout de même impressionnant. Pour le peuple romain, ce n'est pas l'inquisiteur qui est mort en effet mais le vainqueur de Lépante, ce qui explique l'émotion inhabituelle. Il fallut faire garder le corps, exposé à Saint-Pierre, pour éviter qu'il ne parte en lambeaux. Un témoin diplomate anonyme explique que beaucoup sont venus « le voir, le révérer et lui faire toucher des rosaires, non sans larmes, comme s'il était un corps saint, chose très insolite[5] ». Même le cardinal Morone, son adversaire malheureux, qu'il avait fait poursuivre par le Saint-Office et emprisonner en 1559, loue son action au consistoire du 16 novembre 1571, comme le raconte le cardinal grand inquisiteur Giulio Antonio Santori[6]. Pour le secrétaire de Grégoire XIII, le cardinal de Côme, il est dès 1573 de *santa memoria* dans les correspondances officielles avec le cardinal d'Armagnac, légat en Avignon[7].

Pourtant il n'en a pas toujours été ainsi car au début de son pontificat, au printemps 1567, sa réputation était exécrable[8]. Les masques du carnaval romain de 1567 s'allongent quand le pape interdit une bonne partie des réjouissances pour tenter, en vain, de les remplacer par le pèlerinage aux Sept églises[9]. Ce changement d'attitude n'est pas provoqué par une brusque conversion des Romains à la dévotion et à la rigueur morale mais par un signe extraordinaire de la grâce advenue en ce pape : la victoire de Lépante.

Après quelques mois depuis l'annonce de la victoire, alors que la Ligue, incapable d'assumer ses contradictions, se dissout et que l'état de santé du pape se dégrade, le mouvement prophétique autour du « pape angélique », toujours plus ou moins présent à la Curie, entretient des espérances millénaristes. Sous le pontificat de Sixte Quint, Roberto Rusconi note de nouvelles bouffées de prophétisme qui attendent fiévreusement

5 François Van Ortroy estime, contre Paul Deslandres (*Saint Pie V et la défaite de l'islamisme*, Paris, 1911, p. 56) que Rome n'était pas si calme. François Van Ortroy, *op. cit.*, p. 204. Nicole Lemaitre, *Saint Pie V*, Paris, Fayard, 1994, p. 322.

6 Publié dans son « Diario consistoriale » dans *Studi e documenti di storia e diritto*, XXIV, 1903, p. 98. Le cardinal nous a laissé une autobiographie à côté de ses travaux sur les écrits hérétiques ou l'abjuration. *Cf.* Saverio Ricci, *Il Sommo Inquisitore. Giulio Antonio Santori tra autobiografia e storia (1532-1602)*, Rome, Salerno, 2002.

7 Voir, par exemple la correspondance vers la légation d'Avignon : AAV, *Segr. di Stato*, *Leg. Avenione* 3, f. 187, le 30 novembre 1573 pour la première occurrence.

8 *Acta sanctorum Maii*, I, Anvers, 1680, p. 693. Voir par exemple l'avis de son quasi contemporain, l'humaniste et géographe Tommaso Porcacchi (1530-1585), écrit entre novembre 1571 et avril 1574 qui est publié par François Van Ortroy, *op. cit.*, p. 207-215.

9 François Van Ortroy, *op. cit.*, p. 202. Nicole Lemaitre, *op. cit.*, p. 232.

la croisade. Sont alors republiées les prophéties de Télesphore autour de 1570, puis les *Oracula leoni* philo-impériales en 1572-1573. Joachim de Flore est à nouveau à la mode : ses *Vaticina de summis pontificibus*, dites parfois « *papalista* » sont à nouveau publiées à Naples en 1585, Venise en 1589 ou Ferrare en 1591 avec l'attribution à Pie V du Vaticino XXIII (qui, publié en 1570, est d'Anselme de Marsico) : « *Quanto egli fusse grato a Dio, testifica la rivelatione, da lui ricevuta mentre faceva oratione, della vittoria ottenuta contro i Turchi, et cio è quello, che nella presente profetia si contiene ; Tu per la vittoria hai allargate le mani. Quella certo consegui poco innanti il fine della sua vita, essendo stato trasferito in cielo circa sei mesi dopo*[10] ». Les biographies ne manqueront désormais jamais de rappeler la prophétie de Malachie concernant Pie V « *Angelus nemorosus* » pour l'assimiler au pape angélique, même contre les réalités géostratégiques du moment[11].

Le pape lui-même en était-il conscient ? Peut-être puisqu'il avait décidé de changer le nom de la Minerve en Notre-Dame de la Victoire et institué la fête de la Victoire le 17 mars 1572 en remarquant que le dimanche de la victoire était celui des processions des Confréries du Rosaire à Rome ; c'est son successeur, Grégoire XIII, qui transformera la fête de la Victoire en fête du Rosaire le 1er avril 1573.

Le jour du triomphe de Colonna, à l'Aracoeli, le 4 décembre 1571, le pape avait aussi laissé l'humaniste français Marc-Antoine Muret, professeur de grec et l'un des plus célèbres orateurs du moment à Rome, présenter la victoire comme le fruit des larmes et des prières du pape : pendant que, semblable à Moïse, le pape implorait l'aide du ciel, le nouveau Josué avait vaincu les Amalécites et Muret d'inviter Colonna à délivrer la Grèce, Constantinople et Jérusalem du joug des Turcs[12]. Le pape souhaitait en faire un exemple de bravoure et de fidélité pour

---

10 « Qu'il fut agréable à Dieu, la révélation qu'il reçut, pendant qu'il priait, de la victoire obtenue contre les Turcs, en témoigne, et c'est ce que contient cette prophétie : Tu as étendu tes mains pour la victoire. Cette victoire, il l'a assurément obtenue peu avant la fin de sa vie, puisqu'il a été transféré au ciel environ six mois après » (Roberto Rusconi, *op. cit.*, p. 232-246). Il ne faut pas négliger aussi en la matière la circulation des manuscrits, dont témoignent de mieux en mieux les catalogues des bibliothèques.

11 Encore, par exemple, en langue française dans *Abrégé des vies de saint Louis, de sainte Rose de Ste Marie, du pape Pie V, tous trois de l'ordre des freres prescheurs, nouvellement canonizes par Nostre S. Pere le pape Clement* X, Nancy, Charles Charlot, 1672, p. 48.

12 Marc-Antoine Muret, *Orationum*, Rouen, 1612, p. 309, 314. Ce célèbre discours, très caractéristique des conceptions de l'héroisme chrétien de la fin du siècle, va servir dans le dossier de béatification.

les autres aristocrates des États pontificaux. Ce triomphe à l'antique d'un vainqueur chrétien du Croissant, fut un formidable media pour imposer à la population consentante une image de Rome récapitulant à la fois l'antiquité romaine et chrétienne. En témoignent les publications d'*Avvisi* et d'images exaltant la nouvelle Rome et la victoire, mais aussi les médailles, le théâtre et les mottets. Les plus grands peintres du moment mettent en image la bataille tout en rendant vainqueurs ceux qui les paient : Tintoret et Véronèse à Venise, à Rome, Titien et Vasari dans la Sala Regia… Le pape mourant est le prophète de ce nouveau monde ; il donne la bulle du Jubilé le 12 mars 1572 distribuant les indulgences à ceux qui prendraient les armes ou aideraient à équiper l'armée : le pape était certain que les chrétiens sous le joug turc se révolteraient et qu'en dix ans les chrétiens pourraient reconquérir Jérusalem. Cette certitude était mise en poèmes par des membres du Saint Office comme Lorenzo Belo (Belli), un procureur de l'Inquisition proche du cardinal Sirleto qui publie à Venise en 1572 *In foedus et victoria contra Thurcas apud Sinum Corinthiacum non. oct. MCLXXI*, typique de cette littérature de la victoire qui peut aller jusqu'à vouloir faire tenir au pape le glaive des nations[13]. Le pape suivant, Grégoire XIII n'est pas en reste puisqu'on voit son secrétaire le cardinal de Côme ajouter systématiquement la formule « *di santa memoria* » dans sa correspondance avec les légats, en l'occurrence celui d'Avignon, Georges d'Armagnac, dès 1573[14].

Il faut regarder du côté de la production historique espagnole qui ne veut pas de la mise sur les autels d'un tel pape pour voir poindre quelques critiques à la fin du siècle. C'est ainsi que l'historien de Philippe II, Luis Cabrera de Córdoba (1559-1623), qui a côtoyé beaucoup de vétérans de l'aventure affirme au contraire : « quelques-uns pensent la victoire de Lépante miraculeuse, car les Turcs auraient vu des anges avec des épées sur les galères de la Ligue, comme il est peint dans la salle du Vatican. Le fait que dix mille chrétiens y trouvèrent la mort montre que ces anges n'étaient pas aussi vaillants[15] ».

13 *DBI*, t. 8, 1966. En particulier, nombre de médailles ont été gravées par le pape avec l'inscription *Dextera tua Domine percussit inimicum* ou *A Domino factum est istud*, *cf.* Gaetano Moroni, *Dizionario di erudizione storico-ecclesiastica*, Venise, t. 88, 1858, p. 53 ou t. 81, p. 330-331.

14 Par exemple, AAV, *Segr. di Stato*, *Leg. Avenione* 3, f. 187, le 30 novembre 1573 pour la première occurrence.

15 Pedro Leturia, S.J., « El papa Pio Quinto y los orígenes de la Restauración católica », *Miscelànea Comillas. Revista de Ciencias Humanas y Sociales*, II, Rome, 1944, p. 313-336.

Ce rêve de croisade se heurte immédiatement aux réalités géostratégiques, qui n'échappent ni aux diplomates ni aux jésuites, mais peu importe pour le pape et les siens. Alors qu'à l'évidence, les chrétiens de la Sainte Ligue ont laissé passer leur chance et que trop de soldats italiens et espagnols sont morts pour rien, le cercle enchanté du mythe continue à illuminer bien des croyants en Italie et l'entourage de Sixte Quint revivifie le rêve, puis celui d'Urbain VIII et enfin ceux de Clément X puis Clément XI, en attendant tous les papes Pie qui vont suivre. Pendant ce temps, la France des guerres de religion est bien loin de cette reconnaissance collective, encore que deux humanistes forts différents, Marc-Antoine Muret, mais aussi Gilbert Genebrard, aient été séduits par ce pape extraordinaire. Mais ils sont à Rome, non en France.

1672 – UN PASTEUR UNIVERSEL, MODÈLE DE LA SUPÉRIORITÉ DU POUVOIR SPIRITUEL

Les *Vies* du pape qui paraissent entre 1572 et 1574 sont pourtant plus historiques qu'hagiographiques, même s'il y a des exceptions comme la *Vie* par Tommaso Porcacchi, un proche du cardinal Carafa, qui insiste sur Lépante[16]. Il faut attendre le pontificat de Sixte Quint, le franciscain qui avait bien connu Pie V et même avait eu affaire à l'inquisiteur pour voir se développer une littérature hagiographique. Auparavant, on décèle tout un mouvement souterrain et plus populaire qui explique aussi l'action de Sixte Quint, par exemple à travers le procès de saint Philippe Néri, quand un marchand du Campo dei Fiori (depuis 1565) raconte en 1595 comment celui-ci a guéri sa femme il y a quinze ans à l'aide d'une chaussure du pape qu'on retrouva en effet dans l'inventaire des biens du saint[17].

La première biographie de grande diffusion est celle de Girolamo Catena, secrétaire du cardinal d'Alexandrie Michel Bonelli, ancien cardinal neveu qui lui avait été commandée par Sixte Quint en même

16 François Van Ortroy, *op. cit.*

17 Roberto Rusconi, *op. cit.*, p. 260-265. Les calculs extraits du corps du pape après sa mort et les calottes complètent l'arsenal des objets transactionnels du miracle.

temps qu'il projetait le transfert des cendres à Sainte-Marie Majeure, dans le tombeau construit par Domenico Fontana en face du sien et non à Bosco comme l'avait demandé Pie V. La biographie de Catena, publiée en 1586 sur l'ordre du pape, ne plaisait pas à Philippe II, qui en fit rédiger une autre, plus politiquement correcte pour lui par Fuenmayor en 1595, qui sera réimprimée en 1633 avec les premières nouvelles sur le dossier[18]. Pourtant si l'on regarde bien le tombeau de Fontana, du moins en dehors du corps, repris plus tard, il n'y a pas de traitement hagiographique du pape mais seulement des rappels historiques : Lépante, Jarnac et Moncontour. D'ailleurs, sur le mur opposé, Sixte Quint montre le Saint-Sacrement et non Pie V. Incroyable cérémonie pourtant que la translation du corps de Pie V du Vatican à Sainte-Marie-Majeure le 9 janvier 1588, qui sera représentée au Vatican et en gravures[19]. En effet, c'est l'ensemble du peuple de Rome qu'on voit assister au transfert, largement raconté, repris et plus largement diffusé hors de Rome dès 1672 par le continuateur de Baronius, l'érudit polonais Bzovius, qui marque l'introduction au service de la cause des chroniques antiprotestantes[20]. Mais la fête est tout de même très vite oubliée par la suite.

C'est en 1605, pour convaincre Paul V, que paraît une nouvelle *Vie*, composée par un Barnabite proche de Baronius et Bellarmin, Giovanni Antonio Gabuzio[21]. D'abord refusé vers 1590 à cause de la colère de Catena, le biographe officiel payé par Sixte Quint, Gabuzio s'est incliné et a attendu la mort de celui-ci et du cardinal Bonelli pour imprimer ce texte beaucoup plus prudent et mieux étayé que ceux de l'entourage Bonelli, car fondé sur les correspondances et qui réussit à éviter la censure espagnole. Ce sera la biographie du dossier de béatification introduit par

18 Roberto Rusconi, *op. cit.*, p. 249.

19 Pietro Galesini, *De translatione Pii V, quam Sixtus V solemni, tantoque pietatis officio celebravit*, Romae, 1588. La représentation se trouve dans le Salone Sistino de la Bibliothèque apostolique vaticane.

20 Le dominicain Abraham Bzowski (Bzovius) (1567-1637) est moins connu que d'autres continuateurs, mais c'est son ouvrage qui est choisi par l'ordre en 1672. *Pius Quintus Romanus pontifex sive Annalium ecclesiasticorum, autore RPF Abrahamo Bzovio polono S. theologiae doctore ordinis praedicatorum, tomus posthumus et ultimus, Rerum in Orbe christiano ab anno Domini 1566 usq ; ad 1572 (hoc est sub Pii V pontificatu) gestarum narrationem complectens. Et sanctissimo D.N. Clementi PP. X. Ab eodem ordine praedicatorum humillime dedicatus*. Romae, 1672, col. 1149-1160.

21 Giovanni Antonio Gabuzio (1551-1621), *DBI*, t. 51.

Arcangelo Carracia da Rivalta et enrichi au fur et à mesure de l'avancée de la cause et introduite dans les *Acta Sanctorum* à la demande du pape Innocent XI.

Tout au long du siècle, d'autres biographies sortent en Italie comme celle du dominicain Giulio Chiari da Fano à Mantoue, *Corona pia nella qualle si mostrano le gemme delle virtù eroiche di Quinto* en 1625. En 1625 la Congrégation autorise les dominicains à célébrer le jour de sa mort une messe de la Trinité mais le Saint Office fait retirer de Sainte-Marie-Majeure les lampes et ex votos pour éviter tout culte inopportun. Le décret de validité est prononcé enfin en 1629, suivi du décret sur les vertus le 19 janvier 1630. En 1629, on compte huit miracles dont deux de son vivant[22]. Enfin François Goubau publie la correspondance du pape à Anvers en 1640. L'internationalisation est alors en route et la béatification de 1672 n'est que le point d'orgue d'un mouvement surtout italien mais aussi espagnol et lorrain. Les Frères prêcheurs de Lorraine sortent en effet sans difficulté les *Vies* des trois saints beatifiés pour les « proposer à tous les peuples d'iceluy » diocèse de Toul[23].

En France, la Bibliothèque du roi accueille des biographies mais la cause ne plait pas, ne serait-ce qu'en raison de la politique foncièrement anti-française de Pie V au temps des premières guerres de religion, pendant lesquelles la monarchie tentait d'éviter à tout prix la déchirure en négociant la paix avec les Huguenots. Pie V est autorisé à donner des troupes au duc d'Anjou mais ses lettres ultimes au roi et à sa mère montrent qu'il ne voit d'issue que dans l'extermination des rebelles. Ni Henri IV, ni Louis XIII ne soutiennent la cause. Pourtant, André Félibien (1619-1695), le secrétaire de l'ambassadeur français découvre dans la bibliothèque des Barberini et traduira en français la *Vie* de Pie V d'Agazio di Somma jusque là bloquée par l'Inquisition qui trouvait qu'elle ne parlait pas assez du Saint-Office, mais elle n'est imprimée à Paris qu'à l'occasion de la béatification, sous le titre : *La Vie du pape*

22 *Cf.* BnF, H-1310, Congrégation des Rites, *Positio super miraculis*, 1671, p. 1 et 2.

23 En Italie, pas seulement chez les dominicains, par exemple à Gênes chez les Augustins : *Il triregno pontificio overo le tre corone, panegirico nella beatificatione di Pio quinto sommo pontefice detto in Genova nella chiesa di S. domenico dal padre Maestro Fr Lodovico Dalla Casa*, Gênes, Agostiniano, l'anno 1672 a 29 di giugno, 46 p., Gênes, 1672 mais le plus souvent chez les dominicain ainsi : *Abrégé des vies de saint Louis, de sainte Rose de Ste Marie, du pape Pie V, tous trois de l'ordre des freres prescheurs, nouvellement canonizes par Nostre S. Pere le pape Clement X*, Nancy, Charles Charlot, 1672, p. 59.

Pie V écrite en italien par Agatio di Somma et mise en françois par M. F., Paris, Jean-Baptiste Coignard, 1672[24]. Autant dire que la France ne s'intéresse pas à Pie V, jusque dans les débuts du règne de Louis XIV. Pourtant, l'idée de croisade reste bien présente dans la noblesse française et même plusieurs tentatives sont esquissées, en particulier par le Père Joseph[25].

Tel n'est pas le cas aux Pays-Bas. Un *Abregé de la vie du tres saint pape Pie V*, paraît en 1656 avec l'autorisation de Jean des Loix, provincial des dominicains et ancien inquisiteur général de la foi en Bourgogne[26]. L'avant-propos de Willart fait allusion à la position de Gilbert Genebrard, ancien professeur d'hébreu au Collège de France et l'un des Ligueurs cohérents, exilé jusqu'à sa mort en 1597 ; en revenant au temps de Sixte Quint probablement : « … un docteur de Paris, Genebrard, historiographe celebre, écrit le commun sentiment de la France sur les actes du Tres pieux pape Pie V… le reparateur du divin service, la terreur des heretiques, des Turcs, des Juifs et de tous les méchants » et « …il asseure qu'on ne verra jamais ses louanges en silence… il est besoin que l'histoire du pape Pie V qui retablit contre la superstition la veritable religion, a la confusion de ceux qui la disent superstition soit considérée ». C'est tout à fait faux pour la France, mais intéressant si l'on observe les réseaux ligueurs au temps de Sixte Quint. Si l'on prend en compte ce climat ligueur, on comprend que même le très pieux Louis XIII n'ait pas souhaité les cautionner, ni Mazarin après la Fronde, Édit de Nantes oblige.

Lorsque la béatification est évidente et la querelle janséniste en sommeil, l'ordre dominicain a les coudées plus franches en France. Il choisit de mettre dans le public une *Vie* du pape, rédigée par le missionnaire dominicain Jean-Baptiste Feuillet. En pleine affaire de la Régale, ce n'est pas encore le grand amour mais un retour vers Rome qui permet au roi d'engager une politique d'ordre face aux jansénistes après 1679, d'autant qu'on sait que Pie V a condamné en son temps le professeur de Louvain augustinien Michel de Bay et donc le Baïanisme en 1567[27].

24 François du Val de Fontenay-Mareuil (1594 ?-1665) qui fut ambassadeur de 1641 à 1645. André Félibien, père de Jean-François et de Michel, fut aussi à Rome l'ami de Poussin et sera l'un des premiers membres de l'Académie des Inscriptions en 1663.

25 Benoist Pierre, *Le Père Joseph. L'éminence grise de Richelieu*, Paris, Perrin, 2007, p. 129-159.

26 Un *Abregé de la vie du tres saint pape Pie V, religieux de l'ordre des freres prêcheurs par le R. P. Vincent Willart du même ordre*, Bruxelles, Godefroy Schovarts, 1657, 224 p.

27 Nicole Lemaitre, *op. cit.*, p. 275-276.

Innocent XII prévoyait l'ouverture du tombeau dans lequel se trouvait le corps tous les jours de sa fête avec indulgence plénière pendant huit jours pour ceux qui le visitaient. La béatification de 1672 provoque donc le développement du culte, mais sur quels thèmes ? Il suffit de suivre les *Abrégés* du décret ou les *Acta sanctorum*, qui rassemblent sur l'ordre du pape Innocent XI en 1680 les études antérieures en privilégiant la *Vie* de Gabutius pour saisir l'évolution en marche, malgré les avatars paradoxaux de l'œuvre bollandiste[28]. On peut aussi désormais regarder du côté de la musique, par exemple à Bologne, parmi d'autres, l'oratorio de Giacomo Goccini, visé par le Saint-Office et publié en 1705 qui met en scène le Bienheureux, l'Ange, la Valeur et l'Infidélité[29].

Un siècle après, la bataille de Lépante reste cependant le point d'orgue de cette vénération, ne serait-ce que parce que Clément X craint les nouvelles avancées turques[30]. Les fondements dominicains sont là plus que jamais, mais le Saint-Office aussi, dont on sent le pouvoir occulte des familiers derrière les décisions. Pourtant entre les *Vies* de la fin du XVIe siècle et celles de la béatification, on introduit les thématiques nouvelles de la perfection d'une spiritualité sacerdotale du poulain de Charles Borromée au conclave de 1565. Derrière la piété personnelle, le refus du luxe, les jeûnes et pèlerinages, la récitation du Rosaire et la perfection du religieux dominicain, il est aussi celui qui a chassé les courtisanes et éloigné sa famille… C'est désormais le saint évêque de la réforme tridentine qui apparaît. On a enfin un portrait physique de celui qui est maintenant représenté selon des canons officiels fixes :

> Le B. Pie V, estoit d'une taille médiocre, d'un regard modeste, maigre, le visage long et de couleur tirant sur le rouge, le nez aquilin et sur tout son

28 Roberto Rusconi, *op. cit.*, p. 246-270. Les *Acta Sanctorum* ont été condamnés en 1695 par l'Inquisition de Tolède à la suite d'une campagne orchestrée par l'ordre des Carmes sur leurs origines et de la parution d'un volumineux dossier d'erreurs composé par Sébastien de Saint-Paul (1630-1700). Si le décret est abrogé en 1715, le « Propylée » de Mai, qui contient un essai sur le catalogue des pontifes romains, ne sortira de l'Index qu'en 1900. *Cf.* Robert Godding, Bernard Joassart *et al.* (dir.), *Bollandistes, saints et légendes. Quatre siècles de recherches*, Bruxelles, Société des Bollandistes, 2007, p. 101-108.

29 *La Vittoria navale predetta dal B. Pontifice Pio V Ghislieri*, Oratorio posto in musica da Giacomo Goccini, academico filarmonico, Bologne, 1705, 14 p. L'ouvrage est relié avec d'autres pièces sur les héros de la foi (Saint Louis, Augustin, Rebecca…) et une ultime pièce donnée lors de la victoire, le 30 octobre 1571 : *Pio quinto pont. Max. Victoria parta*, Bononie 1571 die 30 octobris, 5 p.

30 Le volume sort en 1689 avec la *Vie* de Gabuzio, la *Relatio* de 1629 et un premier recueil de miracles.

> visage, on voyoit un je ne scay quel air de sainteté, qui exprimoit parfaitement celle de son ame. Estant pape, il portoit une longue barbe blanche ; il estoit chauve. Il avoit la mémoire si heureuse, qu'il n'oublioit jamais ceux qu'il avoit veu une fois[31].

Au fond, émerge de cette littérature hagiographique l'image d'un homme charismatique, saint personnellement comme religieux, comme cardinal et comme pape et non plus comme chef d'État historique. La meilleure preuve en est la montée continue des miracles recueillis et plus encore leur orientation. Le collège Ghislieri de Pavie, fondation du pape, fête le nouveau bienheureux mais surtout fait peindre ses hauts faits et miracles autour de 1672 sous l'impulsion de la famille Ghislieri dont Antonio, qui est camérier du pape Clément X[32]. À Pavie, on décore rues et places d'arcs présentant les actions et miracles du saint, par exemple la fuite de l'inquisiteur de Côme qui trouve refuge dans la maison Odescalchi. En même temps, le collège commande à plusieurs peintres à la mode, comme Perugin, cinquante peintures murales qui sont exécutées dès 1673. Ce monde miraculeux qui grossit d'œuvre en œuvre déborde peu à peu l'histoire et fixe le mythe du pape exceptionnel. Lorsqu'Innocent XII place la fête du bienheureux au 5 mai, en 1692, il fait exhumer la dépouille et la fait mettre dans une urne de pierre verte aux frais du Maître général des dominicains Antonin Cloche en 1697, pourtant il faut encore attendre 1712 pour que la sainteté universelle soit enfin proclamée.

31 *La Vie du tres saint pape Pie V beatifié par N. S. Père le pape Clément X le I May 1672, par le R. P. Feuillet de l'ordre des ff precheurs*, Paris, 1672, p. 252.

32 *Le Solennità celebrate dall'almo collegio Ghislero in occasione della beatificazione del beato Pio Quinto fondatore del medesimo collegio nella regia cità di Pavia*, Milan 1674, 45 p. La mention de patronage est p. 6 et les peintures de miracles de l'Inquisiteur sur les arcs de triomphe sont décrites p. 15, 18 ; ceux de l'élection p. 21 ; contre les huguenots p. 22 ; le miracle de la poussière du Vatican, p. 24, et ainsi de suite tout au long de dix-huit arcs.

1712 – UN PAPE THAUMATURGE ET RIGOUREUX SOUS CLÉMENT XI

Rassemblant la réflexion de la génération qui a pensé les séminaires, Paolo Alessandro Maffei dresse en 1712 ce qu'est un réformateur du clergé séculier, juste après avoir parlé du triomphe de Marc Antoine Colonna donc de l'aristocratie en croisade[33]. L'opinion universelle de la sainteté de Pie V au moment de sa mort est désormais assise non seulement sur Lépante mais encore sur le choix des hommes comme évêques et archevêques de « sujets éminents par leur doctrine et leur piété », par le rétablissement de la discipline ecclésiastique aussi bien que par la réforme des réguliers.

C'est encore plus vrai en 1713 lorsque le R. P. Laplace résume pour les Français les principaux caractères de ce pape[34]. Pie V est un héros comme religieux comme évêque, comme cardinal et comme pape : « Dans le cloître il suivit la trace des parfaits, la mitre à ses vertus doit une sainte gloire, Sous le pourpre il brilla par mille rares traits, Sa tiare orna l'Église et guida la victoire » et il utilise un portait du frère André et des sentences faciles à mémoriser pour exciter la dévotion[35].

Dans l'évolution et la diffusion de la figure de Pie V, il faut souligner l'implication des dominicains eux-mêmes, qui ont plaidé avec constance pour leur saint et obtenu de Clément XI en 1710, quantité d'indulgences pour la fréquentation de leurs couvents lors de sa fête. En particulier, le Maître général Antonin Cloche, un français de la province de Toulouse, qui favorise l'étude et l'érudition dans la formation des frères et qui a systématiquement soutenu puis demandé la canonisation comme assistant de deux Maîtres puis tout au long de son généralat, entre 1686 et 1720, et promu la diffusion de sa *vita* dans l'ordre et au-delà[36]. Cet

33 Paolo Alessandro Maffei, *Vita di S. Pio Quinto sommo pontefice, dell'ordine de'predicatori*, Venise, Rome, 1712, 469 p. Seul le dernier livre décrit les vertus.

34 *Le Triomphe de saint Pie, pape Ve de ce nom, religieux de l'ordre des FF. prescheurs ou sa vie et sa canonization par le R.P. Laplace, docteur de Sorbonne, religieux du même ordre et du grand Convent*, Paris, Jacques Édouard, Parvis Notre-Dame, 1713, particulièrement le livre 5, p. 278-307.

35 *Ibid.*, p. 5, 8, 9.

36 Gadrat Christine, « L'érudition dominicaine au XVIIe et au début du XVIIIe siècle : André de Saint-Géry et l'histoire du couvent de Rodez », *Bibliothèque de l'école des chartes*, 161,

effort rencontre un pape en quête de modèle pontifical pour lui-même et pour le monde chrétien.

Empêtré dans la guerre de succession d'Espagne et ses suites qui ont vu une nouvelle humiliation de la papauté sur la scène internationale, le pape Clément XI est à la recherche d'un modèle. Mais ses origines albanaises le poussent à nouveau vers la croisade et il favorise le siège et la prise de Belgrade, dernier épisode de celle-ci en 1717[37]. Dans ce contexte, la canonisation de Pie V sonne comme le modèle indépassable du rôle de la papauté dans le monde chrétien : empêcher l'expansion turque, unifier la Chrétienté autour du pape médiateur, lutter contre les hérétiques et les déviants, les jansénistes à défaut des autres – il est le pape de la bulle *Unigenitus*. Pouvait-on en rester à Lépante, une victoire certes mais sans suite, dans ce début des Lumières ? Cette exaltation de l'action politique de Pie V n'est pas reçue dans le concert des princes et des diplomates ; ce qui intéresse les populations qui fêtent la canonisation, ce sont les miracles et les rêves héroïques permettant d'échapper au destin commun et d'atteindre à la sécurité face aux forces du mal. En 1712 le grand érudit antiquiste Maffei rédige sur son ordre une nouvelle biographie[38]. Il y insiste à plusieurs reprises : « Saint Pie V, par l'innocence de sa vie et par la sainteté de son ministère a été l'un de ces anges que le Fils de Dieu promet de nous envoyer pour chasser de son royaume tous ceux qui sont occasion de la ruine d'autrui et ministres d'iniquité[39] ». Il n'est plus qu'ange envoyé de Dieu pour mettre de l'ordre et non plus le pape angélique de la reconquête des lieux saints. La crédibilité du pape est désormais du côté spirituel seulement, même si la Curie reste encore dans le déni en ce qui concerne l'action pontificale dans le concert des princes.

2003, p. 645-652 ; Bernard Montagnes, « Le tricentenaire d'Antonin Cloche », *Archivum Fratrum Praedicatorum*, 57, 1987, p. 221-289 et « Antonin Cloche (1628-1720) fils du couvent des prêcheurs de Saint-Sever », *Bulletin de la Société de Borda*, 112, 1987, p. 455-471.

37 Pamela M. Jones, « The pope as saint : Pius in the eyes of Sixtus V and Clement XI » dans James Corkery et Thomas Worcester (dir.), *The Papacy since 1500 : From Italian Prince to Universal Pastor*, Cambridge, Cambridge University Press, 2010, p. 47-63.

38 L'antiquaire Paolo Alessandro Maffei, 1653-1716, est bien connu pour avoir rassemblé, dessiné et gravé une collection de sculptures romaines et d'intailles ; il était aussi chevalier de Saint-Étienne et membre honoraire de la garde pontificale. Sa bibliothèque et sa correspondance ont malheureusement disparu dans un incendie.

39 « *San Pio V per l'innocenza della vita e per la santità del suo ministero è stato uno de quegli angioli che il Figliuolo di Dio promise inviarci per cacciare dal suo regno tutti quelli i quali son cagione della rovina altrui e ministeri d'iniquità* » (Paolo Alessandro Maffei, *Vita di S Pio Quinto sommo pontefice, dell'ordine de'predicatori*, Venise, Rome, 1712, 469 p.).

La canonisation est l'occasion de multiplier les fêtes, mais celles-ci ne vont pas sans représentations théâtrales et musicales d'un bout à l'autre de la péninsule italienne[40]. La fête identitaire est construite sur le lien avec la figure du saint dont les éloges en latin ou en italien apparaissent partout ; ils jouent sur le thème d'une affinité idéale entre le saint et ceux qui exposent des éloges comme enseignes de leurs boutiques. Ce sont toujours des processions monstres, qui sont autant d'occasions d'établir une hiérarchie ordonnée de la ville[41]. À l'origine, il faut remarquer la parution de *lodes* littéraires autant que musicales qui vantent l'exemplarité du nouveau saint et sa capacité « d'assister du ciel le saint père Clement XI » comme l'affirme le père dominicain Minorelli dans la conclusion de sa longue prière en latin[42]. À ces « merveilles dévotes » il faut encore ajouter les spectacles pyrotechniques évoquant la bataille de Lépante, qui plaisent plus que tout dans les villes italiennes du XVIIIe siècle.

En France, ces représentations émanent du seul cercle dominicain, avec un peintre de génie il est vrai, frère Jean André, formé à Rome, avec l'aval de Maître Cloche. Il réalise à Rodez en 1733 l'original de la vision de Lépante qui sera désormais copiée et recopiée et des portraits officiels du pape[43]. Mais la fête reste entre soi, bien loin des fastes baroques de

---

40 Voir, par exemple à Crema, Marco Albertario, « Crema, 1713. Festa per la "cannonizzazione" di Pio V » dans *L'Immagine del rigore. Committenza artistica di e per Pio V à Roma e in Lombardia*, dir Luisa Giodano e Gianpaolo Angelini, Pavie, 2012, p. 249-260 ; à Naples, *Relazione della solennissima festa fatta in Napoli nella chiesa reale di S. Domenico per la santificazione di S. Pio V*, Naples, 1714, dans *Feste e apparati civili e religiosi in Napoli dal viceregno alla capitale raccolti, commentati e descritti da Franco Mancini*, Naples, Edizioni scientifiche italiane, 1968, p. 117-118 et 120.

41 Bernadette Majorana, « Entre étonnement et dévotion. Les fêtes universelles pour les canonisations de saints (Italie, XVIIe siècle et début du XVIIIe siècle », dans Bernard Dompnier (dir.), *Les Cérémonies extraordinaires du catholicisme baroque*, Clermont-Ferrand, Université Blaise Pascal, 2009, p. 423-441. Le cas de Naples est détaillé p. 434.

42 Pour le texte de Tommaso Maria Minorelli, *De Sancto Pio V*, voir Fabio Gasti, *Un'orazione settecentesca in lode di Pio V*, Côme-Pavie, Ed. Ibis, 2011, p. 17-23 pour le texte et la traduction en italien et p. 24-31 pour le commentaire. p. 14, 23 pour la citation. En ligne sur www.academia.edu (consulté le 15-11-2016). Minorelli est depuis 1711 bibliothécaire de la Casanatense à Rome.

43 Très méconnu, ce dominicain parisien (1662-1753) qui a séjourné à Rome, a réalisé une grande quantité de toiles pour les couvents de Bordeaux, de Rodez, de Grenoble et de Paris. Il était reconnu d'ailleurs de son vivant pour la qualité de ses grandes toiles. Restées dans les églises paroissiales depuis la Révolution, elles ont souvent disparu en lambeaux avant qu'on ne s'avise de leur intérêt. [Charles Marionneau], *Frère André, artiste peintre de l'ordre des frères prêcheurs, 1662-1753*, Bordeaux, 1878 ; Marie-Dominique Constant, *Trois artistes dominicains de Paris. Frère Romain, Frère André, Frère Claude*, Paris, 1931.

Naples, Palerme ou Rome. Pourtant le *Triomphe* du père Laplace était bien destiné à cet usage si l'on en juge par les sentences en latin ou en Français qui accompagnent les images issues de frère André[44]. Fait pour « exciter la piété du public », il ne peut pas omettre l'Inquisition en développant une sentence « *Cum fulmine fructus*, Des fruits avec les foudres » et il l'applique aux hérésies de Luther et Calvin, « deux loups qui menaçoient l'Église et dont il rend vaine leur entreprise » en cette fin de règne et de révolte des Camisards[45]. La sentence *Terruit alta lupos* commence pourtant à être démentie, même à Paris, mais la fin du règne de Louis XIV est en effet présentée sous le signe de Jarnac et Moncontour :

> Charles IX plein de respect et de reconnoissance lui envoia douze cornettes prises sur les ennemis de la religion et de la France, avec ordre à son ambassadeur de declarer en plein Consistoire qu'il reconnoissoit avoir obtenu la victoire par les prieres de ce saint pape. Le comte de Sainte Flore lui envoia aussi par ordre du roi 27 drapeaux gagnez sur les rebelles. Il les consacra publiquement au Dieu des Armees auquel lui même scavoit bien qu'il devoit cet avantage si glorieux. Ce fut pour temoigner a tout le monde chretien sa veneration et sa reconnoissance pour ce saint pontife, que Louis le grand toujours pieux toujours magnanime, travailla plus que personne a sa béatification. Une grille de fer qui renferme un jardin plein de lis et qui empêche qu'on ne les arrache, est la devise qui m'a paru assez propre pour retracer cet endroit si beau de sa vie, avec ces mots. LILIA SERVAT. Elle garde les lis. La France aiant toujours combattu pour l'Église, l'Église pour la France est armée à son tour. Son fer sauva les Lis[46].

La propagande royale par les dominicains semble bien avoir tourné court dans la France prise dans la crise de la fin du règne et qui va basculer vers la mort du roi[47]. La France est de plus en plus loin de Pie V malgré les efforts de quelques milieux déjà ultramontains qui vont reprendre son éloge au XIXe siècle[48], mais l'histoire de la mémoire de Pie V n'est pas achevée.

Cf. en attendant la sortie de sa thèse, Virginie Granel, *Frère Jean André, peintre dominicain (1662-1753), style et fortune critique de son œuvre en France*, Master II de recherche Histoire de l'art moderne, Université Toulouse II-le-Mirail, 2010.

44 *Le Triomphe de saint Pie, pape Ve de ce nom*, *op. cit.*, 36 p.

45 *Ibid.*, p. 5, 8.

46 *Ibid.*, p. 20.

47 Sur les modifications sociales et culturelles de Paris qui permettent à la tolérance de s'installer, voir Alain Thillay, *Le Faubourg Saint-Antoine et ses « faux ouvriers ». La liberté du travail à Paris aux XVIIe et XVIIIe siècles*, Seyssel, Champ Vallon, 2002.

48 Comte de Falloux, *Histoire de saint Pie V pape de l'ordre des frères prêcheurs*, Paris, 1844, 4e éd., 1868, 360 + 358 p. Légitimiste et auteur de la fameuse loi sur l'instruction publique de 1850.

Tandis qu'en France, Pie V est oublié par les générations gallicanes, en Italie une politique iconographique systématique est menée à partir d'images particulièrement émouvantes comme celle du miracle des pieds du Christ qui se retirent pour éviter au pape l'empoisonnement[49]. Cette propagande se retrouve d'un bout à l'autre de l'Italie par exemple dans les vallées proches des Grisons où les confréries du Rosaire ou de familiers de l'Inquisition quadrillent les territoires de Valtelline et Valchiavenna[50]. Les épisodes et miracles de la vie de Pie V sont ici mis en valeur avec les Martyrs de Gorcum, dix-huit religieux massacrés par les Gueux de mer le 9 juillet 1572, béatifiés en 1675 qui rencontrent l'appel à la croisade de Pie V contre les Turcs afin de convaincre la noblesse d'entrer dans une militance catholique croisée, interne autant qu'externe.

En Italie et dans les pays catholiques, la figure du pape de Lépante ressort chaque fois qu'il est question de croisade et de grandeur pontificale : sous Pie IX, qui donne en 1854 un masque au squelette, sous Pie X qui le revêt d'un habit de Pie VII et lui donne un masque d'argent, tandis que Georges Grente sort en 1914 sa biographie en français, en prétextant qu'il est né le 5 mai, jour de la fête du pape ; une biographie qui lui vaudra l'épiscopat puis le chapeau de cardinal en 1953. La guerre italo-turque réveille en effet cet esprit de croisade qui court un temps le monde catholique avant que la Grande Guerre ne l'enterre à nouveau. Mais Pie X est canonisé en 1954 et, dans le contexte de la guerre froide, Pie XII est certainement le dernier pape à avoir cru à la croisade, contre les communistes au moins ; la traduction italienne ajoute donc « Il pontifice delle grandi battaglie[51] ». Dans les deux livres, à cinquante ans de distance, Pie V fut « l'homme envoyé par Dieu pour diriger d'une main habile et ferme, parmi tant d'écueils les destinées de l'Église[52] ». Grente termine en traduisant la bulle du 4 août 1710 qui le canonise :

---

49 Massimo Firpo, « Pio V e il miracolo del crocifisso », dans *Ibid.*, *Storie di immagini. Immagini di Storia. Studi di iconographia cinquecentesca*, Rome, Storia e letteratura, 2010, p. 219-230.

50 Gianpaolo Angelini, « Culto e iconografia di Pio V nella Valtellina di primo Settecento : Giuseppe Antonio Petrini e la confraternita del Rosario di Delebio », dans *L'Immagine del rigore. Committenza artistica di e per Pio V à Roma e in Lombardia*, a cura di Luisa Giodano e Gianpaolo Angelini, Pavie, 2012, p. 261-275. Cet article montre comment en s'appuyant sur les milieux catholiques intransigeants les commandes de peintures poursuivent la propagande antiprotestante et antiturque de la Contre-Réforme.

51 Cardinal Georges Grente, *Saint Pie V*, Paris, Gabalda, 1914, 252 p. et *Saint Pie V. Le pape des grands combats*, Paris, Fayard, 1956, 221 p.

52 *Ibid.*, p. IX ou 9.

« brillaient en lui une ardeur infatigable pour la propagation de la foi, un incessant labeur dans le rétablissement de la discipline ecclésiastique, une vigilance assidue à l'extirpation des erreurs, une charité merveilleuse envers les pauvres et une force invincible pour revendiquer les droits du Saint-Siège ». Nous sommes très loin du concile qui va s'ouvrir bientôt.

Le 22 mai 1912 dans la chapelle du Saint-Office le bénédictin Domenico Serafini, alors assesseur de la suprême Congrégation dont il va devenir préfet, disait encore : « *Se lo considero religioso nella sua cella, intento alla pietà et agli studi, Pio V mi appare perfetto discepolo del grande patriarca Domenico. Se lo considero inquisitore, egli mi si presenta emulo di quei molti che nell'inclito ordine dei predicatori diedero a difesa della santa fede i sudori, il sangue et la vita. Se lo vedo pastore delle anime, egli è il modello dei pastori. Se final mente lo miro innalzato alla cattedra di Pietro, il suo breve pontificato è cosi denso di opere grandiose, che ben pochi specialmente in quel secolo XVI possono stargli alla pari, nessuno superarlo*[53] ». Il reste encore le héros des dominicains, du Saint-Office et de la Croisade. La réconciliation avec le monde moderne et moins encore avec le royaume d'Italie n'est à l'ordre du jour en 1912. Pie XII ne fait pas mieux. Comment une institution peut-elle se couper à ce point du réel pour mythifier un temps qui n'est plus ? C'est l'un des mystères de la Curie, mais cette attitude révèle aussi que le besoin de stabilité de l'institution est mis à mal par la réalpolitique des luttes impériales du temps.

La canonisation de Pie V en 1712 a formellement bloqué toute recherche historique nouvelle sur l'action du pape en son temps, pour des raisons qui tiennent aussi bien à l'échec de sa politique qu'à cause de la main de fer imposée par le Saint-Office en histoire de l'Église et plus encore en hagiographie, dont la critique et l'interprétation étaient réservée aux seuls bollandistes érudits, et encore. Il n'est peut-être pas nécessaire d'imposer ce traitement béatifiant ou canonisant à tous les papes et à l'Église elle-même qui n'a jamais été la nef stable que supposaient les générations de la Contre-Réforme comme le savent bien tous les historiens. La Contre-Réforme établie sur les *Annales* de Baronius,

53 « Si je le considère comme religieux dans sa cellule, occupé à la piété et aux études, Pie V m'apparaît parfait disciple du grand patriarche Dominique. Si je le considère comme inquisiteur, il se présente à moi comme émule de ceux, nombreux, des prédicateurs de l'ordre qui dédirent au Saint-Siège leur sueur, leur sang et leur vie. Si je le vois comme pasteur des âmes, il est le modèle des pasteurs. » Fabio Gasti, *La Canonizzazione di Pio V fra storia e politica ecclesiastica*, p. 5, sur www.academia.edu [consulté le 13-11-2016].

relativement critiques pour leur temps et antimythiques contre les superstitions et la manipulation, s'est éteinte par le refus, orchestré par une institution craintive, de poursuivre l'histoire documentaire. L'hagiographie obligée a tué le récit historique. Ce n'était pas tenable, mais ceci est une autre histoire.

Nicole LEMAITRE
Université Paris I
Panthéon-Sorbonne

HAGIOGRAPHIE ET STRATÉGIE DE CANONISATION

La cause du jésuite portugais João Cardim[1]

Au cours des dernières décennies, la recherche autour de la sainteté territoriale portugaise a stimulé la production de différentes études qui, chacune à sa manière, ont contribué à souligner les diverses nuances et orientations qui caractérisent cette dimension, afin de comprendre non seulement sa connexion avec l'histoire religieuse et spirituelle, mais également avec l'histoire politique[2]. Compte tenu de ce contexte, une bibliographie très significative souligne le poids et l'importance prise, entre les XVIe et XVIIIe siècles, par l'écriture de *Vies* de saints, bienheureux, vénérables, hommes vertueux et femmes « illustres en vertu », ainsi que celle de chroniques religieuses et compilations hagiographiques, dans un cadre qui ne peut être dissocié ni de la valorisation des objectifs immédiats du genre hagiographique (la louange du personnage en question, l'édification spirituelle, la promotion ou le soutien du culte) et, souvent, peut servir d'instrument de facilitation des procédures judiciaires en vue de la béatification ou de la canonisation du candidat aux autels, sans oublier, naturellement, les autres

---

1 Travail cofinancé par le Fonds Européen de Développement Régional (FEDER) par l'intermédiaire de COMPETE 2020 – Programme opérationnel pour la compétitivité et l'internationalisation (POCI), et par des fonds nationaux de la FCT, inclus dans le projet POCI-01-0145-FEDER-007460.

2 Henri Fros, « Culte des saints et sentiment national. Quelques aspects du problème », *Analecta Bollandiana*, 100, *Mélanges offerts à Baudoin de Gaiffier et François Halkin*, Bruxelles, 1982, p. 729-735 ; Maria de Lurdes Correia Fernandes, « História, santidade e identidade. O *Agiologio Lusitano* de Jorge Cardoso e o seu contexto », *Via Spiritus*, 3, 1996, p. 25-68 ; *Id.*, « O *Agiologio Lusitano* de Jorge Cardoso († 1669) : hagiografia, memória, história e devoção na Época Moderna em Portugal », dans Sofia Boesch Gajano et Raimondo Michetti (dir.), *Europa Sacra. Raccolte agiografiche e identità politiche in Europa tra Medioevo ed Età Moderna*, Rome, Carocci Editore, 2002, p. 227-240 ; Maria de Lurdes Rosa, « Hagiografia e santidade », dans Carlos Moreira de Azevedo (dir.), *Dicionário de História Religiosa de Portugal*, vol. 2, Lisbonne, Círculo de Leitores, 2002, p. 326-361.

dimensions contextuelles[3]. Dans ce cadre, il n'est pas inutile de valoriser leur fonction paradigmatique, exemplaire et édifiante, qui a favorisé, comme on sait, divers mimétismes et compétitions entre différents modèles de sainteté – très souvent en une « mosaïque de décalques » de nature diverse. Ceux-ci, bien évidemment, consolident le succès de cette littérature qui se nourrit de l'exemple de personnages réels, opposés aux personnages de la littérature de fiction, ce qui autorise des réactualisations successives du genre hagiographique.

Le panorama éditorial de *Vies* de saints et de *Vies* dévotes au Portugal s'amplifie au XVIIe siècle, dans la mesure où les œuvres qui s'alignent dans le sens de la littérature hagiographique et biographique dévote, en même temps que d'autres textes de la littérature de spiritualité, connaissent une production et une diffusion significatives, à travers plusieurs éditions, rééditions ou traductions qui se maintiennent, sans grandes oscillations, jusqu'à la première moitié du XVIIIe siècle[4], configurant un cadre en harmonie avec les temps post-tridentins qui, comme on sait, ont beaucoup

3 Romeo De Maio, « L'ideale eroico nei processi di canonizzazione della controriforma », dans *Riforme e miti nella chiesa del Cinquecento*, Naples, Guida Editori, 1992, p. 253-274 ; Peter Burke, « How to be a Counter-Reformation saint », dans Kaspar von Greyerz (dir.) *Religion and Society in early modern Europe. 1500-1800*, Londres, George Allen & Unwin, 1984, p. 46-47 ; Jean-Michel Sallman, *Naples et ses saints à l'âge baroque (1540-1750)*, Paris, PUF, 1994 ; Peter Burschel, « Imitatio sanctorum. Ovvero : quanto era moderno il cielo dei santi post-tridentino ? », dans Paolo Prodi et Wolfgang Reinhard (dir.), *Il Concilio di Trento e il moderno*, Bologne, Il Mulino, 1996, p. 309-333 ; Giulio Sodano, « Il nuovo modello di santità nell'epoca post-tridentina », dans Cesare Mozzarelli et Danilo Zardin (dir.), *I Tempi del Concilio. Religione, cultura e società nell'Europa tridentina*, Rome, Bulzoni Editore, 1997, p. 189-205 ; Miguel Gotor, « Le théâtre des saints modernes : la canonisation à l'âge baroque ? », dans Florence Buttay et Axelle Guillausseau (dir.), *Des saints d'État ? Politique et sainteté au temps du concile de Trente*, Paris, Presses de l'Université Paris-Sorbonne, 2012, p. 23-33.

4 La fortune éditoriale des hagiographies et biographies dévotes à l'époque moderne au Portugal peut être prouvée par les données quantitatives présentées dans José Adriano de Freitas Carvalho (dir.), *Bibliografia Cronológica da Literatura de Espiritualidade (1501-1700)*, Porto, Instituto de Cultura Portuguesa, 1988, et Paula Cristina Almeida Mendes, « *Porque aqui se vem retratados os passos por onde se caminha para o Ceo* : a escrita e a edição de Vidas de santos e de Vidas devotas em Portugal (séculos XVI-XVIII) », thèse de doctorat, Faculdade de Letras da Universidade do Porto, Porto, 2012, 2 vol. Voir aussi : Zulmira C. Santos, « Literatura Religiosa (Época Moderna) », dans Carlos Moreira de Azevedo (dir.), *Dicionário de História Religiosa de Portugal*, vol. 3, Lisbonne, Círculo de Leitores, 2000, p. 125-130 ; « Hagiografia. A prosa religiosa e mística nos séculos XVII-XVIII », *História da Literatura Portuguesa*, vol. 3, *Da Época Barroca ao Pré-Romantismo*, Lisbonne, Alfa, 2002, p. 165-169, et « Fonti e ricerche per la storia della santità in Portogallo nel Seicento », *Sanctorum*, 10, 2013, p. 143-158 ; Maria de Lurdes Correia Fernandes,

valorisé la modélisation de comportements et d'attitudes[5], tendance largement stimulée par la divulgation de ces modèles exemplaires à la fonction normative et paradigmatique, dans le sillage de la réorganisation du culte des saints, non sans dissociation avec la stratégie promue dans le cadre de la réorganisation et de la redéfinition du culte des saints par les décrets d'Urbain VIII du 13 mars 1625 et du 5 juillet 1634.

D'autre part, il n'est pas inutile de rappeler que ce vaste filon hagiographique et biographique dévot s'inscrit dans une stratégie qui vise à la construction d'une histoire de la sainteté territoriale portugaise qui permette au Portugal de rivaliser avec d'autres espaces catholiques qui se vantaient d'avoir plus de saints sur les autels, ce qui témoigne de la manière dont la sainteté pouvait fonctionner comme référence de prestige[6].

Dans son œuvre *Flores de España, Excellencias de Portugal*, éditée en 1631, António de Sousa de Macedo écrit qu'au contraire de ce que pensent de nombreux étrangers qui se vantent d'être nés dans des royaumes possédant beaucoup de saints, le Portugal n'est pas une patrie stérile en matière de sainteté, car « *quando en las otras partes del mundo nacia un Santo, era mucho, y en Portugal no parian las madres menos de nueue martires cada vez*[7] ». En effet, dès 1629, Jorge Cardoso a attiré l'attention, lorsqu'il a fait publier *Officio Menor dos Santos de Portugal*[8], sur le besoin de faire connaître et d'encourager la dévotion aux « saints de ce royaume », y compris ceux qui de leur vivant, étaient connus et vénérés pour leur sainteté, laquelle devait être consolidée, de manière spectaculaire, quelques années plus tard, par le biais de l'édition des trois premiers tomes du *Agiologio Lusitano dos Santos, & Varoens ilustres em virtude do Reyno de Portugal, & suas conquistas*, imprimés en 1652, 1657 et 1666. Mais la vérité est que jusqu'à la fin du XVIIe siècle, si nous excluons les personnages dont le culte est immémorial,

« Espiritualidade (Época Moderna) », dans Carlos Moreira de Azevedo (dir.), *Dicionário de História Religiosa de Portugal*, vol. 2, Lisbonne, Círculo de Leitores, 2000, p. 187-193.

5 Marina Caffiero, « Tra modelli di disciplinamento e autonomia soggestiva », dans Giulia Barone, Marina Caffiero et Francesco Scorza Barcellona (dir.), *Modelli di santità e modelli di comportamento. Contrasti, intersezioni, complementarità*, Turin, Rosenberg & Sellier, 1994, p. 265-278.

6 Par le cas italien, Tommaso Caliò et Roberto Rusconi (dir.), *San Francesco d'Italia. Santità e identità nazionale*, Rome, Viella, 2011 (Sacro/Santo 17).

7 António de Sousa Macedo, *Flores de España, Excellencias de Portugal*, Lisbonne, Jorge Rodriguez, 1631, f. 88 v.

8 Imprimé à Lisbonne par Pedro Craesbeeck.

en particulier les martyrs ou les vierges de l'ancienne Lusitanie ou de la Gallécie romaine, le Portugal n'a que quatre saints canonisés, à savoir : saint Théoton de Coïmbre, saint Antoine – qui à cette époque était connu en Europe comme étant « de Padoue » ou « d'Italie » et non comme étant né à Lisbonne ou au Portugal… – sainte Isabelle du Portugal et, curieusement, saint Jean de Dieu.

Les récentes canonisations d'Ignace de Loyola, fondateur de la Compagnie de Jésus, de François Xavier, modèle du missionnaire, d'une importance particulière dans le contexte complexe de l'évangélisation outre-mer, de Philippe Néri, de Thérèse d'Avila ou de Charles Borromée, modèle du parfait évêque en raison de son zèle pastoral, ont non seulement contribué à la cristallisation de modèles de sainteté nouveaux ou renouvelés, mais ont forgé des modèles comportementaux idéaux, ou tout au moins, idéalisés, des incitations à l'émulation qui touchent non seulement les religieux et les ecclésiastiques, mais également tous les chrétiens en tant que témoins réels – très souvent pérennes et constatables grâce à leurs reliques –. Les autorités se sont ainsi efforcées de persuader les fidèles qu'il était possible d'atteindre la perfection et, par conséquent la sainteté, dans tous les états de vie.

C'est dans ce contexte, marqué par toutes ces dimensions qui configurent et conditionnent le panorama de l'écriture hagiographique et biographique dévote, que s'inscrivent les deux *Vies* relatives au jésuite João Cardim : *De vita, et moribus P. Ioannis Cardim Lusitani e Societate Iesu* (Romæ, Typis Francisci Caballi, 1645), écrite par le jésuite Filipe Alegambe ; et la *Vida e virtudes do admiravel Padre João Cardim, portuguez da Companhia de Jesus* (Évora, Oficina da Universidade, 1659), par le Père Sebastião de Abreu, lui aussi jésuite.

Non seulement ces *Vies* sont bien sûr conformes aux objectifs premiers du genre hagiographique, mais, compte tenu à la fois des focalisations qui les déteminent et les façonnent et de la proximité chronologique par rapport aux procès qui ont lieu à la Curie romaine en vue de la béatification ou de la canonisation[9], elles semblent avoir

9 En effet, les deux biographes ne mentionnent jamais avec précision si les procédures avaient pour but la béatification ou la canonisation de João Cardim. Cependant, António Franco, dans *Ano Santo da Companhia de Jesus em Portugal*, Porto, Apostolado da Imprensa, 1931, p. 92, nous dit que les procédures avaient pour but la canonisation du jeune jésuite : « Sa vie glorieuse était très notoire en Europe, et à partir de là, des procès authentiques ont été faits pour qu'il soit canonisé (*Sua gloriosa vida foi mui notória em Europa, e dela se fizeram processos autênticos em ordem a ser canonizado*) ».

été écrites pour servir de support solide et d'instrument permettant le déroulement des procédures.

Dans ce contexte, on relève les efforts entrepris par la Compagnie de Jésus afin de mener l'un ou l'autre de ses membres, grâce à la sédimentation du culte et de la dévotion, à l'honneur des autels, lors d'un procès qui relève d'évidence d'un mouvement commun à d'autres ordres et congrégations religieuses au cours de l'époque moderne, en particulier à l'époque post-tridentine, d'une logique d'affirmation de son prestige et de revendication d'une légitimité propre qui, de plus en plus, tendait à reposer sur la sainteté de ses membres, comme le prouvent largement les listes de religieux exemplaires incluses dans les chroniques respectives à tendance historique, comme l'a souligné Zulmira C. Santos[10].

Du reste, si la béatification ou la canonisation de João Cardim avait connu le résultat attendu, elle aurait contribué à légitimer le prestige de la Compagnie de Jésus dans sa province du Portugal. On sait parfaitement, grâce à la *Crónica* de Baltazar Teles[11], que la présence des jésuites au Portugal et dans ses colonies est due à l'initiative de Jean III, qui demanda à Ignace de Loyola d'envoyer des prêtres dans les missions d'Inde. Ignace accepta la demande et envoya deux de ses premiers compagnons, François Xavier et Simon Rodrigues, tous deux arrivés au Portugal en 1540. François Xavier partit dès 1541 en Orient, tandis que Simon Rodrigues resta dans le royaume, lançant les fondations de la province du Portugal[12]. La diffusion et l'installation extraordinairement rapides que la Compagnie de Jésus a connues au Portugal grâce à la générosité de la Couronne et de nombreux bienfaiteurs ont été accompagnées et favorisées, dès le début, par un fort engagement missionnaire, auquel se sont ajoutées l'importance progressive et la centralité que la dimension pédagogique devait atteindre grâce à la fondation de collèges insérés dans un réseau transnational sous la tutelle des jésuites.

---

10 Zulmira C. Santos, « A produção historiográfica portuguesa sobre a história religiosa na Época Moderna : questões e perspectivas », *Lusitania Sacra*, 2e série, 21, 2009, p. 249-261.

11 Baltasar Teles, *Chronica da Companhia de Jesus na Provincia de Portugal, e do que fizerão nas Conquistas deste Reyno os Religiosos que na mesma Provincia entrarão nos annos em que viveo Santo Ignacio de Loyola nosso Fundador. I Parte*, Lisbonne, por Paulo Craesbeeck, 1645 ; *Id.*, *Chronica da Companhia de Jesus na Provincia de Portugal. Parte II com o summario das vidas dos sereníssimos Reys D. João o III e D. Henrique Fundadores, e insignes bemfeitores desta Provincia*, Lisbonne, por Paulo Craesbeeck, 1647.

12 Francisco Rodrigues, *História da Companhia de Jesus na Assistência de Portugal*, t. III, vol. 2, Porto, Apostolado da Imprensa, 1944, p. 3-77.

Bien que Cardim soit un jésuite que l'histoire ait pratiquement ignoré, sa mémoire a cependant été enregistrée par écrit : en ce sens, son exemple concret, transformé en modèle comparable à d'autres modèles préalables de sainteté, a fonctionné non seulement en tant que paradigme comportemental, proposé à l'imitation des fidèles, mais également comme un agent du maintien et de la glorification de l'Église catholique. Dans le cas concret de João Cardim, le modèle de sainteté qu'il reflète est clairement calqué sur celui de jeunes jésuites décédés en odeur de sainteté : saint Louis de Gonzague, dont la *Vie* circulait déjà au Portugal[13], saint Stanislas Kostka et Jean Berchmans, mais, comme nous le verrons, le biographe Sebastião de Abreu considère que dans son cas, le processus de modélisation est poussé plus loin que celui observé à propos des jésuites dont le culte a déjà été reconnu par la Curie romaine.

De fait, la figure du frère João Cardim, missionnaire à l'intérieur du Portugal[14], n'était pas de celles qui, en règle générale, étaient prises comme objets par les jésuites pour l'écriture de *Vies*, ni de celles dont la biographie parvenait à être éditée : en général, si on se concentre sur le royaume du Portugal et son empire, les personnes dont la mémoire était la plus valorisée, au niveau du registre imprimé, était celles qui pouvaient être considérées comme des modèles pour les missions outre-mer et voyaient célébré leur effort évangélisateur – voyez l'exemple des Pères José de Anchieta[15] et Belchior Pontes[16] –, a fortiori s'ils étaient morts martyrs[17] comme le Père

13 Vergilio Cepari, *Vida do beato Luiz Gonzaga da Companhi de Iesu. Tresladada do italiano em portuguez, e abbreviada pelo Padre Ieronymo Aluarez*, Lisbonne, por Pedro Craesbeeck, 1610.

14 Sur les missions dans l'intérieur à l'époque moderne, voir Louis Châtellier, *A Religião dos pobres. As fontes do cristianismo moderno – séc.* XVI-XIX, Lisbonne, Ed. Estampa, 1994 ; Federico Palomo, *Fazer dos campos escolas excelentes. Os Jesuítas de Évora e as missões do interior em Portugal (1551-1630)*, Lisbonne, FCG/FCT, 2003.

15 Simão de Vasconcelos, *Vida do veneravel Padre Jozé de Anchieta da Companhia de Jesus, thaumaturgo do Novo Mundo*, Lisbonne, por João da Costa, 1672. Voir Zulmira C. Santos, « A literatura "hagiográfica" no Brasil do tempo do P.[e] António Vieira : da *Chronica da Companhia de Jesu do Estado do Brasil e do que obrarão seus filhos nesta parte do Novo Mundo* (1663) às biografias devotas de Simão de Vasconcelos », *Românica*, 17, 2008, p. 151-166.

16 Manuel da Fonseca, *Vida do venerável P. Belchior Pontes, da Companhia de Jesus da província do Brasil*, Lisbonne, por Francisco da Silva, 1752.

17 Comme cela est naturel, dans le cas portugais, compte tenu du contexte évangélisateur des XVIe et XVIIe siècles, il n'est pas surprenant que les différentes congrégations et instituts religieux aient procédé à une espèce de revalidation de l'idéal du martyr, dans la mesure où la mort dans des circonstances diverses, du naufrage à l'exécution par des protestants ou des « infidèles », apparaissait entourée de l'aura d'une héroïcité méritant les honneurs

Gonçalo da Silveira[18] ou saint Jean de Brito[19], s'ils faisaient partie des figures très nombreuses rappelées dans *Gloriosa coroa de esforçados religiosos da Companhia de Jesus, mortos pela fé católica nas conquistas dos reinos da coroa de Portugal* (1642)[20], du Père Bartolomeu Guerreiro, ou dans *Elogios, e ramalhete de flores borrifado com o sangue dos religiosos da Companhia de Jesu. A quem os tyrannos do Imperio do Jappão tirarão as vidas por odio da Fê Catholica* (1650), du Père António Francisco Cardim. On sait par ailleurs que ce sont des récits qui, en raison du cadre héroïque qui les a façonnés, ont séduit le plus le public des lecteurs, outre des personnages qui s'étaient distingués dans le domaine de la spiritualité, comme le Père Diogo Monteiro[21], auteur de la célèbre *Arte de Orar* (1630), ou dans l'exercice de fonctions importantes. Bien qu'il n'ait pas exercé de fonctions religieuses et pastorales significatives au sein de la Compagnie de Jésus ou de l'institution ecclésiale, la figure de João Cardim a ainsi suscité l'intérêt des biographes dévots.

La réputation de l'« excellence des vertus » de João Cardim a commencé pendant la vie de celui-ci : l'impact a été tel que la réputation de sa sainteté a commencé à circuler à Braga, où il vécut, dans le collège de la Compagnie de Jésus, où il mourut, et dans les zones environnantes, dans la mesure où il était appelé « saint » par tous ceux qui l'avaient connu ou avaient entendu parler de lui. De fait, les personnes qui ont

des autels et extrêmement prestigieuse pour l'ordre auquel ceux qui décédaient appartenaient. Ainsi ces martyrs récents sont-ils devenus les nouveaux modèles que les ordres religieux, en particulier la Compagnie de Jésus, ont commencé à promouvoir auprès de leurs membres comme idéal à imiter et que la littérature hagiographique s'est chargée de diffuser, bien que, dans la plupart des cas, cette divulgation fonctionne essentiellement à l'intérieur de l'ordre lui-même comme instrument de prestige. Voir Brad S. Gregory, *Salvation at Stake. Christian Martyrdom in Early Modern Europe*, Cambridge (MA), Harvard University Press, 1999 ; Carlota Miranda Urbano, « Heroísmo, santidade e martírio no tempo das reformas », *Península. Revista de Estudos Ibéricos*, 1, 2004, p. 269-276, et « Martírio e identidade no advento da Europa moderna. Narrativa, memória colectiva e consciência europeia », dans Nair de Nazaré Castro Soares et Santiago López Moreda (dir.), *Génese e Consolidação da Ideia de Europa*, vol. IV (*Idade Média e Renascimento*), Coimbra, Imprensa da Universidade de Coimbra, 2009, p. 415-431.

18 Nicolau Godinho, *Vita Patris Gonzali Sylveriae [...] in urbe Monomotapa martyrium passi*, Lyon, apud Horatium Cardon, 1612 ; *Id.*, *Vida del bienaventurado padre Gonçalo da Silveira*, Madrid, Luís Sánchez, 1614.

19 Fernando Pereira de Brito, *Historia do nacimento, vida e martyrio do veneravel P. João de Brito da Companhia de Jesus Martyr da Asia e Protomartyr da Missão de Madure*, Coïmbre, no Real Collegio das Artes, 1722.

20 Imprimé à Lisbonne, par António Álvares.

21 *Breve compendio da vida, e santa morte do Veneravel e devoto Padre Diogo Monteyro da Companhia de Iesu*, s.l., 1637.

témoigné dans le cadre des enquêtes faites en 1643 à Braga, Porto, Coimbra, Évora, Viana et Portalegre ont confirmé la « sainte mémoire » qui persistait encore à cette époque.

Il est pour cette raison intéressant de proposer une brève présentation biographique de João Cardim, né le 1er juin 1585, à Torre de Moncorvo. Son père, le docteur Jorge Cardim Fróis, a exercé d'importantes fonctions « au service du roi », non seulement à « différents postes d'administration de la justice », mais également à la « Cour de Lisbonne », où il a été juge[22]. L'auteur souligne surtout sa propension à « toutes les œuvres de vertu », son affection pour la « probité et la vérité », son assiduité « lors de l'assistance aux Offices divins, dans l'usage des sacrements de la pénitence, et la Communion sacrée & dans de nombreux exercices de piété, vertu et dévotion », sa crainte de Dieu et le soin qu'il avait pour son salut éternel[23]. La mère de João Cardim, Dona Catarina de Andrada, tout comme son mari, s'est distinguée dans l'exercice des vertus – en particulier dans la pratique de l'aumône – et dans les pratiques spirituelles et dévotes. Ce couple constituait un idéal de « personnes bien mariées », pour utiliser l'expression proposée par Maria de Lurdes Correia Fernandes[24], selon les modèles post-tridentins, dans la mesure où elles ne négligeaient pas les obligations de leur état – gestion de la maison, éducation chrétienne des enfants –, les pratiques dévotes et la fréquentation des sacrements. Ce contexte, révélé par ce discours panégyrique, semble ainsi lié à la conviction que le fils, João Cardim, devait hériter de ses parents cette supériorité spirituelle : en effet, ce n'est pas par hasard que le biographe mentionne que « lors des procès qui ont été faits au cours de l'année 1643 sur la vie et les vertus du Père João Cardim », il a rencontré « des témoins qui, ayant été élevés dans la maison des parents de celui-ci, ont témoigné sur l'honneur que lorsqu'ils ont entendu parler de la très grande sainteté dans laquelle le Père João Cardim avait vécu et fini sa vie, [ils] ont dit qu'un fils de saints ne pouvait être qu'un saint[25] ».

22 Sebastião de Abreu, *op. cit.*, p. 1.

23 *Ibid.*, p. 2.

24 Maria de Lurdes Correia Fernandes, *Espelhos, Cartas e Guias. Casamento e Espiritualidade na Península Ibérica (1450-1700)*, Porto, Instituto de Cultura Portuguesa / Faculdade de Letras da Universidade do Porto 1995, chap. 2 : « Os "bem casados". A composição do modelo », p. 67-99, et chap. 7 : « Da "perfeição" dos estados ao "casamento perfeito" », p. 223-257.

25 Sebastião de Abreu, *op. cit.*, p. 11.

Mais les exemples des trois oncles paternels de João Cardim, à savoir les Pères Fernão Cardim, Lourenço Cardim et Diogo Froes[26], ont été, d'après le Père Sebastião de Abreu, prépondérants dans la décision de Cardim de suivre la voie religieuse. João aurait aimé les imiter comme missionnaire outre-mer, ce qui était un moyen pour lui d'envisager le martyre, mais, sa fragilité fit que ses supérieurs jésuites le dissuadèrent de poursuivre ce projet.

En 1611, João Cardim commence sa période de noviciat dans la Compagnie de Jésus, qui dure deux ans. Son itinéraire dans la Compagnie fut marqué par la ferveur de sa vie spirituelle, la rigueur de sa vie ascétique, la pratique héroïque des vertus et une activité missionnaire significative, qui lui fit rejoindre différentes missions intérieures portugaises menées par les jésuites. Il décéda, entouré d'une *fama sanctitatis*, le 18 février 1615, au collège de São Paulo tenu par la Compagnie à Braga. Sa réputation prit une ampleur grandissante grâce aux miracles *post mortem* opérés par son intercession, dans la plupart des cas grâce à ses reliques. Son corps fut retrouvé incorrompu sept ans après sa mort, en 1622 : il en émanait une odeur très douce, et ces circonstances étayèrent sa *fama sanctitatis*, non seulement parmi les religieux du collège de la Compagnie, mais également parmi les habitants de Braga, la *fama* s'étant par ailleurs étendue à d'autres lieux du Portugal, de l'empire d'outre-mer et de l'Europe.

En 1643, vingt-huit ans après sa mort, fut ouvert son procès, mené par les tribunaux ecclésiastiques du royaume du Portugal et par D. Gabriel da Anunciação, évêque titulaire de Fez et auxiliaire d'Évora. Plus de « cent quatre-vingt-huit témoins de tous les états, la plupart ayant une grande autorité, qui l'avaient connu et traité » témoignèrent[27]. Ainsi,

> *as Universidades de Coimbra, e Evora ; os magistrados de Lisboa, Braga e Coimbra ; muitos prelados e titulares de Portugal e alguns soberanos e grandes da Europa, escreveram ao Papa em ordem a se lhe dar culto publico ; e com authoridade da Sé Apostolica se fizeram processos authenticos nas principaes cidades de povos de Portugal em ordem à sua canonização no anno de 1643*[28].

26 Le Père Fernão Cardim a été provincial de la province du Brésil ; le Père Lourenço Cardim est mort à la suite d'une attaque de « pirates hérétiques » lorsqu'il est allé au Brésil ; le Père Diogo Froes a été professeur de théologie morale à l'Université d'Évora.

27 Sebastião de Abreu, *op. cit.*, Prologue au lecteur.

28 « [...] les Universités de Coimbra et d'Evora ; les magistrats de Lisbonne, Braga et Coimbra ; de nombreux prélats et titulaires du Portugal et quelques souverains et grands d'Europe,

Compte tenu de ces circonstances, il n'est pas improbable que le jésuite Filipe Alegambe, *de motu proprio* ou « intenté par des tiers » ait rédigé une *Vita* de son confrère jésuite João Cardim, à une époque où le processus de béatification et canonisation à la Curie Romaine était déjà en cours[29]. Né à Bruxelles le 22 janvier 1592, Filipe Alegambe avait intégré par la suite, le 7 septembre 1613, la Compagnie de Jésus à Palerme. Il fut professeur de philosophie et de théologie à Graz et auteur de plusieurs ouvrages, parmi lesquels *Bibliotheca scriptorum societatis Iesu* (en partenariat avec Pedro de Ribadeneyra[30]), *Mortes Illustres et gesta eorum de Societate Iesu, qui in odium fidei ab Hæreticis, vel aliis occisi sunt* et *Heroes et victimæ charitatis Societatis Iesu* ; il passa les dernières années de sa vie à Rome, où il décéda le 6 septembre 1652. Il nous semble donc très probable qu'à l'époque où eut lieu le procès, Filipe Alegambe se trouvait déjà à Rome et l'ait d'ailleurs accompagné, ce qui lui permettait de très bien connaître le cas de João Cardim. Tout mène donc à croire que l'œuvre *De vita et moribus…*, éditée à Rome en 1645, l'a été afin d'accompagner ce procès et de constituer une pièce de plus accréditant la sainteté de João Cardim, dans la mesure où cette œuvre exalte son exemplarité spirituelle et morale et témoigne d'une relative proximité par rapport au temps de ces démarches. Il nous semble d'ailleurs que *De vita et moribus…* a été rédigé pour encourager le procès, indépendamment de l'issue positive ou négative que celui-ci pourrait connaître. Nous pensons cependant que la considération d'aspects autres que ceux liés à une question chronologique pourrait nous permettre d'affirmer qu'effectivement, l'écriture de *De vita et moribus…* a été étroitement liée

écrivirent au pape pour lui donner un culte public ; et avec l'autorité du Siège Apostolique, des procès authentiques furent menés dans les principales villes portugaises en vue de sa canonisation, en 1643. » *Ano Historico, Diario Portuguez, Noticia Abreviada*, vol. I, p. 296, apud Alves Francisco Manuel, Abade de Baçal *Memorias Arqueologico-Historicas do Distrito de Bragança. Os Notaveis*, t. VII, Porto, Tipografia de Empresa Guedes, 1981, p. 75-76.

29 L'une des permissions d'édition de *De vita et moribus…* date du 2 septembre 1645. Il nous faut mentionner que Manuel de Escobar (1587-1665), lui-même jésuite, a rédigé une *Vie* de João Cardim qui est demeurée manuscrite et fut détenue par Jorge Cardoso, d'après les informations de Diogo Barbosa Machado dans sa *Bibliotheca Lusitana* (Diogo Barbosa Machado, *Bibliotheca Lusitana*, t. III, Coimbra, Atlântida, 1953, p. 250). D'après la même source, Jorge Cardoso s'est servi de cette *Vie* pour rédiger le commentaire h) du 18 février qui figure dans son *Agiologio Lusitano* (Jorge Cardoso, *Agiologio Lusitano dos Santos e Varoens Illustres do Reino de Portugal e suas conquistas*, t. I, Lisbonne, à l'Officina Craesbeekiana, 1652, p. 469). Jorge Cardoso affirme que cette *Vie* manuscrite « est d'accord avec tout » ce qui a été écrit par Alegambe (voir Jorge Cardoso, *Agiologio Lusitano*, t. I, *op. cit.*, p. 469).

30 Antuerpiæ, typis Ioannis Meursii, 1643. C'est l'*editio princeps*.

au besoin d'aider la promotion de la sainteté de João Cardim dans le cadre du procès pour sa béatification ou canonisation.

Le fait que Filipe Alegambe ait écrit son œuvre en latin suggère, avant toute chose, que le public auquel elle était destinée était le milieu ecclésiastique – en particulier la Curie romaine –, qui maîtrisait cette langue, contrairement aux autres groupes sociaux qui ne l'avaient le plus souvent jamais étudiée et pour lesquels l'accès à sa lecture était ainsi impossible. Comme telle, cette circonstance restreignait l'éventail de lecteurs potentiels, dans la mesure où l'œuvre n'était accessible qu'à un public que nous pourrions qualifier de « public spécialisé », composé de personnes de l'univers ecclésiastique ; un public qui, a priori, était consommateur d'ouvrages à caractère hagiographique. D'autre part, le fait que le Père António Francisco Cardim, frère de João Cardim, dédie *De vita et moribus*... à D. João Mendes de Távora, archevêque de Lisbonne[31], semble aller dans ce sens.

Malgré le cercle restreint dans lequel devait circuler l'œuvre, la vérité est que celle-ci connut un succès immédiat, comme en témoigne Sebastião de Abreu qui, à cette date, se trouvait à Rome[32]. L'ouvrage finira par connaître trois autres éditions (deux en 1646[33] et une dernière en 1649[34]). Il fut également traduit en italien par le P. António de Heredia, résidant au collège de la Compagnie à Naples, lequel assure que cette version était lue non seulement dans cet établissement mais également dans de nombreux autres de cette province. Il en existe aussi une traduction française[35].

Le souhait de promouvoir la sainteté de João Cardim semble avoir également été le motif qui justifia l'inclusion de la gravure du jeune religieux dans l'ouvrage. La gravure, avec l'insigne de la Compagnie de Jésus, représente le Père João Cardim vêtu de sa soutane, priant, pleurant, devant un crucifix près duquel se trouvent un livre et un bonnet. Malgré les restrictions que les décrets d'Urbain VIII ont imposées par rapport au culte et à la dévotion d'images de personnes dont la sainteté n'avait pas encore été reconnue officiellement par Rome, on peut dire que les images ont constitué un instrument que les membres de

31 Filipe Alegambe, *op. cit.*, p. [V-VIII].

32 Sebastião de Abreu, *op. cit.*, p. 190.

33 Antuerpiæ, apud Henricum Aertssens, 1646 ; Monachii, Formis Lucæ Straubii, 1646.

34 Romæ, typis Francisci Caballi, 1649.

35 Sebastião de Abreu, *op. cit.*, p. 194 ; Jorge Cardoso, *op. cit.*, p. 469.

la Compagnie de Jésus ont su habilement utiliser dans leurs stratégies de communication, dans la mesure où celles-ci cherchaient à frapper les sens et la sensibilité. En effet, le registre iconographique, qui avait surtout une fonction doctrinale et dévotionnelle, s'est révélé un moyen efficace non seulement pour la circulation des principes catéchétiques et moraux qui devaient régenter l'expérience religieuse et le comportement des fidèles, mais également pour le développement d'une pratique dévotionnelle plus intériorisée, dans le sillage de la *Devotio moderna*. Dans le cas de cette gravure du Père João Cardim, son inclusion dans l'ouvrage est liée au besoin de s'adresser à la sensibilité, aux sentiments des lecteurs : il nous semble néanmoins que l'utilisation de ce registre visuel a également été motivée par un dessein de propagande religieuse assumé par la Compagnie de Jésus, afin de promouvoir ses « saints » et « hommes éminents en vertu ».

Face à cela, dans le dernier chapitre de l'ouvrage, Filipe Alegambe confesse clairement son espoir d'une future béatification ou canonisation du Père João Cardim et d'une officialisation de son culte, réitérant et ratifiant ainsi les intentions hagiographiques de sa *Vita*[36].

Très vite, cette *fama sanctitatis* s'est étendue à différentes parties de l'Europe, au Brésil, à l'Angola, à l'Inde orientale, à la Chine et à d'autres territoires conquis par la Couronne portugaise[37], et s'est très certainement déployée pendant une longue période.

À cette époque, un autre jésuite portugais, le Père Sebastião de Abreu était présent à Rome ; il affirme qu'il a pu

> *certificar, como testemunha de vista, o aplauso com que foi recebida, & a fama que de suas virtudes, & santidade creceo, nam só naquela Cidade Metropole do mundo, mas em toda a Italia, & Cicilia, principalmente entre os Religiosos da Companhia das cinco Provincias, que nella há. A muitos dos quaes ouvimos encómios, mais que ordinários : porque uns o comparavam ao seu Beato Luis Gonzaga ; outros que nam chegava ali o Beato Stanislao & menos o seu Berchmano que entre elles foi assombro de innocencia, & notavel exemplo de vida Religiosa*[38].

36 Sebastião de Abreu, *op. cit.*, p. 135.

37 *Ibid.*, p. 192-193.

38 *Ibid.*, p. 190-191. « [...] certifier, en tant que témoin *de visu*, les applaudissements avec lesquels il a été reçu, et la renommée qui est née de ses vertus et de sa sainteté, non seulement dans cette métropole du monde, mais dans toute l'Italie et la Sicile, en particulier parmi les religieux de la Compagnie de Jésus des cinq provinces qui y sont. Pour beaucoup desquels nous entendons des compliments, plus qu'ordinaires : parce que certains l'ont comparé à son bienheureux Louis Gonzague ; d'autres, que le bienheureux Stanislas n'y

Dans le cas de l'écriture de l'ouvrage de Sebastião de Abreu, les motivations semblent avoir été beaucoup plus amples et diverses que celles de Filipe Alegambe. De fait, comme nous essayerons de le démontrer ci-après, les motivations qui semblent avoir poussé Sebastião de Abreu à écrire son œuvre ne convergent pas avec les intentions hagiographiques de la *Vita* de Filipe Alegambe : malgré cela, l'importance et la valorisation que le biographe portugais accorde à certains aspects de la vie du P. João Cardim nous permettent de considérer que celui-ci ne souhaitait pas uniquement exalter la sainteté du religieux et, par conséquent, encourager son procès de béatification et canonisation.

De fait, en 1659, quarante-deux ans après la mort du P. João Cardim et quatorze ans après la publication de la *Vita* de Filipe Alegambe, Sebastião de Abreu[39], lui aussi jésuite, publie l'ouvrage *Vida, e virtudes do admiravel Padre Joam Cardim da Companhia de Jesu Portuguez natural de Vianna de Alentejo.* Dans un « Prologue au lecteur », il explique les origines de son œuvre, en mentionnant les sources sélectionnées (« tous les dossiers et autres papiers authentiques qu'il y avait de ces choses », en particulier les dépositions des plus de « cent quatre-vingt-huit témoins de tous les états ; la plupart ayant une grande autorité, qui l'avaient connu & traité » ; documents qui ont été enregistrés au moment des procès, commencés en 1643, par les *Ordinarios deste Reyno* ; il faut aussi prendre en compte le « petit livre » publié en 1645 écrit par Filipe Alegambe[40]). Ces sources peuvent être considérées comme les intertextes de *Vida e virtudes...*

---

est pas arrivé et moins son Berchmans, qui parmi eux était une merveille d'innocence, & un exemple remarquable de vie religieuse. »

39 Sebastião de Abreu est né à Crato vers 1594 et a commencé son noviciat à Évora le 2 janvier 1610. Pendant sa période professorale, il a enseigné les humanités, la philosophie et la théologie ; il a travaillé à Rome en tant réviseur général des livres de la Compagnie de Jésus, d'où il est rentré à Évora où il fut chancelier de l'Université pendant quatorze ans. Ce fut l'un des plus ardents défenseurs de la division de la province portugaise en deux (l'une constituée de l'Alentejo et de l'Algarve et l'autre des autres régions du Portugal), dans la lutte entre les conservateurs et les séparatistes (voir Francisco Rodrigues, *História da Companhia de Jesus na Assistência de Portugal*, t. III, vol. 2, Porto, Apostolado da Imprensa, 1944, p. 3-77). Il est décédé le 18 octobre 1674, à quatre-vingts ans, victime d'une apoplexie. Outre la *Vida e virtudes...* déjà mentionnée, il a publié *Institutio Parochi, seu speculum Parochorum, in quo Parochi, et omnes animarum curam exercentes videbunt obligationes muneris sui, & methodum ad eas rite implendas*, qui a connu de très nombreuses éditions (Eboræ, Typis Academicis, 1659 ; *ibi*, 1681 ; Venetiis, ex Officina Balleoniana, 1724 ; Augustæ Windelicorum, 1701), et a laissé sept ou huit volumes de matière théologique prêts à être imprimés.

40 Sebastião de Abreu, *op. cit.*, Prologue au lecteur.

Outre la *Vita* d'Alegambe, l'un des aspects qui a le plus contribué à la divulgation de la mémoire de João Cardim et à ce que sa *fama sanctitatis* dépasse les frontières du royaume du Portugal est la dévotion croissante envers ses reliques. En effet, d'après Sebastião de Abreu, la réputation des vertus héroïques, de la sainteté et des miracles opérés par l'intercession du Père João Cardim, en particulier par le biais de ses images, est très vite arrivée en « Castille, surtout à la cour de Madrid[41] », puis est passée « à Rome, Naples, Sicile et a couru toute l'Italie[42] », jusqu'aux Flandres et à la France « *se estampou sua vida, & causou admiraçam a quantos a lerão*[43] », ainsi que

> « *Ilhas mais visinhas e este Reyno, Brasil, Angola, India Oriental, China, & mais partes das conquistas desta Coroa* », « *onde morão tantos que entre nòs, & com elle se crearão, que como hião atónitos do que nelle experimentarão, & da gloriosa fama de suas virtudes, que por cà corria, nam era muito a divulgassem por aquellas mais remotas Regioens do mundo*[44] ».

De fait, la

> « *devaçam tem jà crecido tanto, que nam sô deste Reyno, mas de Italia, & Germania se tem jà mandado cartas de instancia a sua Santidade, representando os merecimentos do P. Joam Cardim, pedindo humildemente seja sua Beatitude servido passar Remissoriaes na forma, que se costuma* » e de « *Italia fes a mesma petiçam a oytava Congregaçam géral*[45]

de la Compagnie de Jésus,

> *o grão Duque de Toscana. O Principe de Massa. O Duque Dom Carlos de Oria. O Principe de Oria. O Marques de Carrara. De Alemanha o Duque de Bavaria*

41 *Ibid.*, p. 192.

42 *Ibid.*, p. 192.

43 *Ibid.*, p. 192. « Sa vie a été publiée et a suscité l'admiration de tous ceux qui l'ont lue ».

44 *Ibid.*, p. 192-193. « La plupart des îles voisines et ce royaume, le Brésil, l'Angola, l'Inde de l'Est, la Chine, et bien d'autres parties des conquêtes de cette Couronne », « où vivent beaucoup de gens qui parmi nous et avec lui ont été créés, qui ont été étonnés de ce qu'ils ont vu et de la gloire de ses vertus, et en ont divulgué la Vie par ces régions les plus reculées du monde ».

45 *Ibid.*, p. 193. « La dévotion a déjà tellement grandi, que non seulement de ce Royaume, mais de l'Italie et de l'Allemagne, des lettres d'instance ont déjà été envoyées à Sa Sainteté, représentant les mérites du P. Joam Cardim, demandant humblement que sa Béatitude soit disposée à la transmission des lettres rémissoriales dans la forme habituelle, selon ce qui est coutumier » et « L'Italie a adressé la même pétition à la huitième Congrégation générale ».

> *eleitor do Imperio, o Arcebispo de Moguncia eleitor também do Imperio, & o Arcebispo de Augusta*[46].

Dans ce contexte, la *Vie* écrite par Sebastião de Abreu ne semble évidemment pas un acte purement fortuit : nous savons qu'à partir des décrets d'Urbain VIII, les miracles *post mortem* constituent l'une des conditions obligatoires dans le cadre des procédures judiciaires. Or, en 1657, plusieurs miracles ont eu lieu, surtout de nature thérapeutique (guérisons), opérés par l'intercession de João Cardim : certains par la simple invocation de son nom et d'autres par l'intermédiaire de ses reliques, de ses portraits et estampes, les miracles très souvent se manifestant grâce à des prodiges de différentes natures.

Le premier portrait du religieux a été peint sur ordre de D. Duarte, oncle du roi Jean IV du Portugal, qui le donna

> *ao R. P. Frei Manoel de Iesus Maria Religioso do Carmo descalço, seu confessor, pella grande devaçam, que o dito R. Padre tinha ao servo de Deos, o qual retrato elle mandou como presente de grande estima a Dona Catherina de Andrada sua mãy, que ella em quanto viveo, teve sempre em grãde veneraçam, & por sua morte o deixou a sua filha a Madre Isabel de S. Francisco Religiosa no Convento de Sam Jeronimo de Vianna, no qual se conserva, & tem na mesma veneraçam*[47].

Après ce portrait, de nombreuses estampes ont été réalisées, de telle manière que, d'après Sebastião de Abreu,

> *rara he a testemunha em todos os processos, que no anno de 1643 se fiserão nas principaes Cidades deste Reyno, que nam affirme em seu testemunho, que tem algumas das ditas estampas em muita estima, & reverencia, & que todas as pessoas, que dellas sabem, as procurão, como imagens de hum notavel servo de Deos*[48].

---

46 *Ibid.*, p. 193. « Le Grand-Duc de Toscane. Le prince de Massa. Le Duc D. Carlos de Oria. Le prince d'Oria. Le Marquis de Carrara. D'Allemagne, le Duc de Bavière, électeur de l'Empire, l'archevêque de Mayence également électeur de l'Empire et l'archevêque d'Augsbourg ».

47 *Ibid.*, p. 302. « Au Révérend Père Frei Manoel de Iesus Maria de l'ordre des Carmes déchaux, son confesseur, pour la grande dévotion que ledit Révérend Père avait envers le serviteur de Dieu, dont il envoya le portrait en cadeau à Dona Catherina de Andrada, sa mère, elle qui, pendant qu'elle a vécu, a toujours eu une grande vénération ; et à l'occasion de sa mort elle l'a laissé à sa fille, Mère Isabel de S. Francisco, religieuse dans le couvent de Saint Jérôme de Viana, dans lequel il est conservé avec la même vénération ».

48 *Ibid.*, p. 302. « Il est peu de témoins, dans tous les procès qui en l'année 1643 ont été faits dans les principales villes de ce Royaume, qui n'affirment dans leur témoignage qu'ils tiennent lesdites gravures en beaucoup d'estime et dévotion, et que tous les gens

Dans les chapitres suivants, le biographe rapporte non seulement certaines des guérisons miraculeuses qui ont eu lieu par l'intermédiaire de portraits et estampes du Père João Cardim, plus précisément ceux dus à Francisco Moreno, habitant de Viana do Alentejo qui souffrait de fièvres paludéennes[49], de D. Catarina da Silva, habitante de Lisbonne qui souffrait de fortes douleurs de tête, de D. Filipa de Matos de Noronha, tourmentée par des douleurs d'estomac, et du frère César Carmignano, du collège de la Compagnie de Jésus à Naples, qui souffrait de douleurs continues dans la poitrine et au cœur, sans compter également quelques prodiges qui ont eu lieu grâce à ces objets. On retient ainsi l'« aide » apportée à travers l'image du jésuite lorsque, à Torre de Moncorvo, on cherchait un acte de baptême que personne n'arrivait à trouver ; la rougeur de son visage sur un portrait « *que parecia huma escarlata, & se abrazava em fogo, & mostrava se affligia*[50] », lorsque Mère Maria da Trindade, religieuse au couvent de Jésus, sollicita l'aide du Père João Cardim pour la guérison d'une de ses parentes qui était gravement malade (avril 1657) ; les gouttelettes d'eau sur le front et les larmes dans les yeux trouvés sur un portrait du jésuite qui appartenait à D. Catarina da Silva et à sa fille, D. Filipa de Matos de Noronha. Sebastião de Abreu nous raconte que D. Catarina da Silva et sa fille, D. Filipa de Matos de Noronha, placèrent avec beaucoup de dévotion le portrait du Père João Cardim dans leur oratoire ; cependant, « *sucedendo, que entrando certo Religioso no Oratorio, & sabendo de quem era o retrato ; lhes meteo escrúpulo, disendolhes como o nam podião ter naquelle lugar por nam estar ainda beatificado pella Sè Apostolica*[51]. » – car, comme on sait, les

les cherchent comme les images d'un remarquable serviteur de Dieu ». André Vauchez, dans *La Sainteté en Occident aux derniers siècles du Moyen Âge, d'après les procès de canonisation et les documents hagiographiques*, Rome, École française de Rome, 1981, p. 526, soutient qu'au XIVe siècle, « les images des saints commencèrent à acquérir une large autonomie et une mobilité qui fit d'elles des instruments privilégiés de la diffusion des cultes. Aucune règle disciplinaire n'entravait l'essor de l'iconographie, l'Église considérant qu'il s'agissait d'une manifestation de dévotion privée, qui demeurait parfaitement licite tant qu'elle ne s'accompagnait pas de signes indus de vénération. Même dans le cas de représentations de serviteurs de Dieu non reconnus officiellement par la papauté, il n'y avait guère à craindre d'intervention de la part des autorités ecclésiastiques. Cette grande liberté favorisa une floraison d'images de toutes sortes consacrées aux saints ».

49 Sebastião de Abreu, *op. cit.*, p. 305.

50 *Ibid.*, p. 308. « [...] qui ressemblait à une écarlate et se brûlait par le feu, et montrait l'affliction [...] ».

51 *Ibid.*, p. 315. « [...] réussissant que lorsqu'un certain religieux est entré à l'oratoire et sachant de qui il s'agissait, il a mis des scrupules sur eux, leur disant qu'elles ne pouvaient pas l'avoir dans cet endroit, parce qu'il n'était pas encore béatifié par le Siège Apostolique ».

décrets d'Urbain VIII interdisaient toute forme de culte public de ceux qui étaient morts en réputation de sainteté mais n'avaient pas été encore reconnus officiellement saints, ce qui incluait des formes de vénération de leurs tombes, l'installation de leurs images dans des églises ou des oratoires publics ou privés, – un fait confirmé lors des procès par celles-ci et par le P. Diogo Cardim, qui

> *ajunta que quando lhe mostrarão o retrato do servo de Deos seu irmão com as gotasinhas de agoa na testa a modo de suor, & nos olhos á maneira de lagrimas, lhe lembrara logo o que se escreve na vida do grande Padre Sam Francisco Xavier, o qual quando na India estava em algum aperto, & trabalho, suava em Navarra o Santo Crucifixo, que estava na Capella do Castello de Xavier, onde se elle tinha criado, & que levado desta consideraçam, dissera que algum trabalho padecia naquelle tempo o P. Antonio Cardim, o qual significavão o suor, & lagrimas, que estavão vendo no retrato de seu santo irmão*[52],

un présage qui sera confirmé par la suite, car

> *como depois se soube em dous de Setembro do ditto anno de 1649 fes o dito P. Antonio Cardim naufrágio no galeam Sam Lourenço, nos bayxos de Mochingale, no qual perdeo tudo quanto de Roma, & Europa levava pera a sua Provincia de Iappam, & com muito trabalho salvou a vida, & chegou a Monçambique, onde invernou, & esteve ás portas da morte. E depois de chegar á India embarcandose de Goa pera Macao foi tomado dos Holandeses, & levado a Negumbo, onde esteve prisioneiro dous annos, & sete meses ; dos quaes quatorse com uma braga, & com muitos trabalhos*[53].

Pour toutes les raisons que nous avons évoquées, il nous semble possible de conclure que le Père João Cardim était perçu, à son époque, comme un « saint vivant ». En ce sens, il n'est pas étrange qu'à partir de

52 *Ibid.*, p. 316-317. « Il ajoute que lorsqu'on lui a montré le portrait du serviteur de Dieu, son frère, avec les petites gouttes d'eau sur son front comme de la sueur, et dans ses yeux comme des larmes, il lui a tout de suite rappelé ce qui est écrit dans la vie du grand Père Saint François Xavier, qui, quand il était en Inde en difficulté, le Saint Crucifix transpira en Navarre, qui était dans la chapelle du château de Xavier, où s'il avait créé, et cela à partir de cette considération, il dit que certains travaux avaient souffert à cette époque son frère António Cardim, qui signifiait la sueur et les larmes, qu'ils voyaient dans le portrait de son saint frère ».

53 *Ibid.*, p. 317. « Comme il fut connu plus tard le 2 septembre de l'année dictée 1649, le dit père António Cardim fit naufrage dans le galion Saint Laurent, dans la baie de Mochingale, dans laquelle il perdit tout ce que Rome et l'Europe apportèrent à sa province du Japon, et avec beaucoup de travail, il a sauvé sa vie et est arrivé au Mozambique, où il a hiverné, et était au bord de la mort. Et après son arrivée en Inde en embarquant de Goa à Macao, il a été emmené par les Néerlandais et emmené à Negumbo, où il a été prisonnier pendant deux ans et sept mois ».

sa réputation posthume et des témoignages de nombreux religieux de la Compagnie de Jésus et de plusieurs personnes qui l'avaient connu, un procès ait commencé en 1643 en vue de sa béatification et canonisation. Le procès fut peut-être favorisé par la récente béatification de Louis de Gonzague par Grégoire XV en 1621, procès qui, si la conclusion se révélait positive, en plus de faire du Père João Cardim l'un des premiers jésuites portugais morts en « odeur de sainteté » à bénéficier d'un culte officiel, contribuerait énormément à augmenter le prestige de la province portugaise de la Compagnie de Jésus et plus généralement du royaume du Portugal dans le concert des nations européennes.

L'échec du procès en vue de la béatification et canonisation de João Cardim, qui pourrait s'inscrire dans le cadre d'une *historical sociology of failure*, pour utiliser l'expression de Peter Burke[54], semble être dû en grande partie au fait qu'il n'a pas existé au Portugal de « politique de sainteté » au cours de l'époque moderne. Nous savons que dans les pays catholiques, surtout aux XVIe et XVIIe siècles, il y a eu un fort investissement, y compris financier, dans le domaine de la promotion de la sainteté. Or le Portugal n'était pas en état d'investir dans une « politique de sainteté » pour plusieurs raisons : l'empire d'outre-mer commençait à présenter des signes de déclin ; le Portugal fit partie entre 1580 et 1640 d'une monarchie duale, une circonstance qui a naturellement conditionné l'introduction de nouvelles causes en cour de Rome, ainsi que le déroulement des procès déjà entamés, ce qui très probablement ne peut être dissocié du fort pouvoir et de l'influence espagnole à la Curie romaine. En outre, après la Restauration, le Portugal dut affronter des guerres avec l'Espagne et des difficultés diplomatiques dans le contexte européen. Au XVIIIe siècle, le roi Jean V aurait pu investir davantage dans la promotion de la sainteté de certains Portugais – rappelons que l'or et les diamants provenant du Brésil offraient alors au royaume une situation plus favorable. Malgré cela, le Père João Cardim n'est pas parvenu à monter sur les autels. Cette déconvenue pourrait également avoir été conditionnée par le fait qu'en 1759, le marquis de Pombal expulsa les jésuites du royaume portugais. Mais son exemple édifiant, en tant que paradigme à imiter, s'est maintenu de façon pérenne grâce à la fixation de la mémoire par le biais du registre écrit. Bien que cette brève étude se soit attachée à éclairer certaines de ces évolutions, l'univers

54 Peter Burke, *op. cit.*, p. 45-55 (« sociologie historique de l'échec »).

de la production, de l'édition et de la réception des hagiographies et biographies dévotes demeure encore assez opaque ; il pourra peut-être devenir plus clair au fur et à mesure que d'autres documents et d'autres sources, à commencer par les procès de béatification et de canonisation, permettront de comparer les données.

Paula ALMEIDA MENDES
CITCEM – Université de Porto

LES BIOGRAPHIES SPIRITUELLES DANS LES *ANIMADVERSIONES* DU PROMOTEUR DE LA FOI (XVIIe-XXe SIÈCLE)

La refonte de la procédure de canonisation dans la première moitié du XVIIe siècle coïncida avec l'essor, qui fut plus tardif en France que dans le royaume de Naples ou en Espagne[1], des « biographies spirituelles ». Écrites par un témoin ou tirées de mémoires autobiographiques, elles racontaient la vie héroïque et les faits admirables accomplis par les grandes figures du catholicisme réformé. Destinées aux prêtres, aux moniales et plus largement aux « dévots », ces *Vies* dont Bossuet a loué l'utilité[2] cherchaient à susciter l'émulation du lectorat catholique. Aux yeux des communautés religieuses qui les commanditaient et en finançaient l'impression, elles devaient également étayer les procès de canonisation, entrepris dans un premier temps dans les diocèses concernés par les actions du serviteur ou de la servante de Dieu, puis à Rome, en cas de validation de l'enquête préliminaire par la Curie. Les investigations *de fama sanctitatis* et *de virtutibus*, notamment, réservaient

1 Dans le royaume de Naples, on assiste à une multiplication des éditions de *Vies* édifiantes dans le dernier quart du XVIe siècle selon Jean-Michel Sallmann, *Naples et ses saints à l'âge baroque (1540-1750)*, Paris, PUF, 1994, p. 24 ; en Espagne, « l'autobiographie spirituelle est un phénomène massif à la fin du XVIe siècle » observe Isabelle Poutrin, *Le Voile et la plume. Autobiographie et sainteté féminine dans l'Espagne moderne*, Madrid, Casa de Velázquez, 1995, p. 23 ; en France il faut attendre les années 1610-1620 pour observer à un tel essor de la production spirituelle, nous renvoyons à notre thèse, Éric Suire, *La sainteté française de la Réforme catholique (XVIe-XVIIIe siècles) d'après les textes hagiographiques et les procès de canonisation*, Pessac, PUB, 2001, p. 28-29.

2 Sa lettre, adressée le 17 janvier 1685 aux religieuses augustines de la congrégation de Notre-Dame à Coulommiers, dans le diocèse de Meaux, recommande à ces dernières la lecture de la *Vie de la vénérable mère d'Arbouze* (1684), abbesse et réformatrice du Val-de-Grâce écrite par Claude Fleury ; Mgr Jacques-Bénigne Bossuet, *Œuvres complètes de Bossuet, évêque de Meaux*, Paris, Méquignon, 1846, t. XI, p. 410.

aux documents de type hagiographique une place variable liée aux caractéristiques de chaque cause (ancienneté, fiabilité des témoignages, qualité des informations menées par l'ordinaire). Les textes édifiants ont donc joué un rôle de premier ordre à la fois dans la reconnaissance, dans la construction et dans la promotion de la sainteté française à l'époque moderne.

Notre communication s'attachera à l'étude de la réception romaine des biographies spirituelles, en montrant quel regard ont porté sur elles les magistrats des Rites. Elle s'appuiera sur les causes de béatification et de canonisation des serviteurs de Dieu français, décédés « en odeur de sainteté » sous l'Ancien Régime avant d'être examinés à Rome. Celles-ci furent instruites au cours de l'époque moderne pour une minorité d'entre elles, la majorité des procédures ayant été menées aux XIXe et XXe siècles. Trois types de fonds ont été sollicités : le fonds dit « des canonisations » de la BnF, où des archives romaines sont conservées depuis le rapt de Napoléon en 1810 ; les causes françaises de l'Ancien Régime déposées à l'Archivio Apostolico Vaticano et à la Bibliothèque apostolique vaticane ; et surtout les *positiones* des procès conservées à la Bibliothèque de la Sacrée Congrégation pour les Causes des Saints[3].

LES BIOGRAPHIES SPIRITUELLES AU SERVICE DES CAUSES DE CANONISATION

Dès que la « fabrique des saints » se mit à tourner à plein régime, dans les années vingt du XVIIe siècle[4], les biographies spirituelles se multiplièrent sur le marché français du livre religieux, en se livrant à une surenchère édifiante destinée à imposer l'évidence de la sainteté des personnages dont elles retraçaient l'existence. Il importait d'accroître leur renommée auprès d'un public suffisamment large

3 « SCCS » dans les notes qui suivent.

4 Sept canonisations furent célébrées entre 1622 et 1629, avant une interruption d'une trentaine d'années provoquées par les réformes d'Urbain VIII, *Index ac Status Causarum*, Cité du Vatican, Congrégation pour les Causes des Saints, 1988, p. 398-399.

pour que la cause défendue apparaisse crédible. Il fallait non seulement convaincre les puissants, dont les lettres postulatoires étaient exigées par la Curie pour ouvrir un procès, mais encore toucher un grand nombre de fidèles afin de susciter des miracles. Un saint qu'on ne prie pas n'accomplit pas de prodiges ! Ce double objectif a induit des stratégies différenciées, impliquant par exemple la distribution de vignettes gravées parallèlement à l'impression de livres. Il fallait en outre, et ce sera l'aspect privilégié ici, attirer l'attention des prélats romains sur les nouvelles causes engagées.

Les instituts réguliers de création récente, plus attachés que les autres à obtenir la canonisation de leur fondateur, se prêtèrent au jeu de cette compétition spirituelle et mirent en place, en fonction de leur taille et de leurs capacités, des opérations de communication plus ou moins efficaces. Arrêtons-nous sur l'exemple des frères des Écoles chrétiennes, bien documenté. Peu après la mort de leur fondateur Jean-Baptiste de La Salle, survenue le 7 avril 1719, les membres de cette communauté recherchèrent un écrivain susceptible de retracer ses mérites. On chargea le frère Bernard, de son nom civil Jean Dauge, un jeune instituteur d'origine suisse âgé de 23 ans[5], de s'acquitter de cette tâche sur le temps libre dont il disposait, soit deux heures par jour selon son propre témoignage. Il ne subsiste de son œuvre qu'un bref manuscrit de 86 pages qui ne couvre que la première partie de la vie de Jean-Baptiste[6]. Son travail n'avait pas donné satisfaction et l'écrivain improvisé, qui avait passé dix-huit mois sur ce projet, essuya les reproches de sa hiérarchie. Entre autres maladresses, il avait trop parlé « des affaires du temps[7] », c'est-à-dire de la crise provoquée par la bulle *Unigenitus*, sujet d'autant plus délicat qu'une partie de la famille du saint – son frère le chanoine Louis de La Salle, son neveu le bénédictin rémois François-Élie Maillefer, auteur d'une autre biographie manuscrite – était de sensibilité gallicane et janséniste. On se tourna alors vers le chanoine Jean-Baptiste Blain, supérieur des frères des Écoles

5 Yves Poutet, *Saint Jean-Baptiste de La Salle : un saint du* XVII*e siècle*, Paris, Beauchesne, 1992, p. 7.

6 Fr. Maurice-Auguste, « Vers une biographie critique de saint Jean-Baptiste de La Salle », *Cahiers lasalliens*, « Textes-Études-Documents » n° 4, 1965, p. I-XII.

7 Rome, Archives des Frères des Écoles chrétiennes, Ba 105, II, n° 1, Frère Bernard, « Remarques du frère Bernard sur la vie de M. de la Salle dont il est l'auteur ».

chrétiennes de Rouen, qui avait été le confident du saint. Ancien élève du collège des jésuites de Rennes puis du petit séminaire de Saint-Sulpice[8], il présentait une orthodoxie inattaquable. Sa biographie à peine achevée reçut pourtant un concert de critiques. On la jugea prolixe et le chanoine fut accusé de révéler des faits qui n'auraient pas dû sortir de l'institut[9]. Toutefois, faute de mieux, et comme les années s'écoulaient, elle fut imprimée en 1733.

Un registre des dépenses[10] conservé dans les archives romaines de l'institut atteste les efforts déployés par le frère Timothée, supérieur des frères des Écoles chrétiennes depuis 1720, pour assurer la diffusion de l'ouvrage dans la Ville Éternelle. Le 28 mai 1735, la maison de Rome reçut onze exemplaires de la *Vie* écrite par Blain. Elle fit également imprimer sur place 150 feuilles contenant la relation du transfert du corps du fondateur dans la chapelle du pensionnat de Saint-Yon, qui s'était déroulé l'année précédente. La coïncidence des deux événements – la parution de la biographie et la translation des reliques – indiquent que la cause était lancée. Le 15 mai 1736, la maison de Rome obtint vingt nouveaux exemplaires du même ouvrage. L'un d'entre eux fut remis à Mgr le duc de Saint-Aignan[11], ambassadeur extraordinaire du roi de France. Le 9 mai 1741, le frère Timothée eut l'occasion d'offrir la *Vie* de son fondateur au nouveau pape Benoît XIV, moins d'un an après son élection du 17 août 1740.

De fait, les liasses des procès conservés dans le fonds *Riti* de l'Archivio Segreto Vaticano abritent de nombreuses biographies spirituelles, imprimées ou manuscrites, originales ou traduites, qui constituent parfois des pièces uniques, sinon très rares. La cause du jésuite Jean-François Régis contient un manuscrit de 93 folios portant en titre *De Vita et Moribus b. Joannis Francisci de Regis e societate Jesu*[12]. Il s'agit de la traduction

8 Voir la biographie de Jean-Baptiste Blain restituée par Louis Pérouas dans l'introduction de l'*Abrégé de la vie de Louis-Marie Grignion de Montfort*, Rome, Centre international montfortain, 1973, p. 7-40.

9 Jean-Baptiste Blain répondit aux critiques dans une *Lettre de l'auteur de la vie de M. de la Salle au Frère supérieur de l'Institut des Frères des Écoles chrétiennes* datée du 29 septembre 1734, Rome, Archives des Frères des Écoles chrétiennes, Ba 106, I, n° 7, 4 p.

10 Rome, Archives des Frères des Écoles chrétiennes, Ba 106, I, n° 1, « Registre des dépenses des frères des Écoles chrétiennes ».

11 Paul-Hippolyte de Beauvilliers (1684-1776), nommé en 1730, arrivé à Rome le 13 mars 1732, *Gazette de France* du 12 avril 1732.

12 AAV, Miscell., F.141 (int. 10), ms 23 cm.

latine, réalisée par l'historien jésuite Joseph de Jouvancy (1643-1719), de la biographie écrite en français par le père Guillaume Daubenton, de la même Compagnie, parue en 1716. Cette version latine fut ensuite publiée à Prague en 1718[13], sans faire mention du nom du traducteur. La présence de ce manuscrit parmi les documents du procès de canonisation souligne la réactivité des jésuites, qui relancèrent immédiatement la cause du missionnaire dès l'obtention de la béatification, célébrée le 24 mai 1716[14].

La célérité avec laquelle fut conduite la canonisation de Régis, fêtée le 16 juin 1737, est exceptionnelle. Pour la majorité des procès français des XVIIe et XVIIIe siècles, les maladresses de la postulation ou la mauvaise volonté romaine engendrèrent des retards considérables. Une règle générale peut être alors observée : plus l'instruction canonique est tardive, et plus le recours aux *Vies* imprimées ou manuscrites se révèle massif. Dans le cas de Mgr Jean-Baptiste Gault, évêque de Marseille mort en odeur de sainteté le 23 mai 1643, un procès ordinaire fut entrepris dans la ville épiscopale au lendemain de son décès, mais la cause ne fut officiellement introduite à Rome que le 4 février 1893. La *Positio super introductione causae* imprimée en 1892 énumère l'ensemble de la documentation hagiographique identifiée à cette date sur le serviteur de Dieu. Elle mentionne à la fois les cinq premières *Vies* publiées sur le prélat, et des notices qui lui furent consacrées dans des ouvrages plus récents (la *Gallia Christiana*, les *Éloges des évêques* de Mgr Antoine Godeau…), ainsi que quelques documents manuscrits (la *Vie* écrite par l'oratorien Charles-Edme Cloyseault). Au total, nous relevons treize récits sur lesquels l'enquête des examinateurs des Rites pouvait se fonder[15]. Pourtant, les fautes qui se mêlent à l'écriture de certains noms et de certains titres dans la *positio* révèlent que ces ouvrages n'avaient pas fait l'objet d'un examen vigilant.

13 *Vita beati Joannis Francisci Regis è Societate Jesu. Scripta Gallice ex eadem Societate Et in latinum sermonem conversa ab ejusdem Societatis sacerdote*, Pragae, Typis Universitatis Carolo-Ferdinandeae, per J.-G. Staub, 1718, 208 p.

14 Le bref de béatification date du 8 mai 1716.

15 SCCS, B1, *Positio ven. Servi Dei Joannis Baptistae Gault*, n° I : *Positio super introductione causae*, 1892.

Auteur	Titre	Année
Pierre de Bausset	*Tableau de la vie et de la mort de Mgr Jean-Baptiste Gault*	1643
Gaspard Augeri « Mgr Gaspard Auger » (*sic*)	*Le tableau d'un vray prélat. Le R.P. en Dieu Messire J.-B. Gault* / « *Portrait d'un vrai prélat…* » (*sic*)	1643
Jean-François Senault	*La Vie du révérendissime Jean-Baptiste Gault*	1647
Jean Puget de La Serre « M. Lasserre » (*sic*)	*La Vie et la mort du B.heureux Jean-Baptiste Gault*	1649
François Marchetti	*La Vie de Messire Jean-Baptiste Gault* / « *Vie de Mgr Jean-Baptiste. Gault* » (*sic*)	1650

FIG. 1 – Les *Vies* de Mgr Gault mentionnées dans la *Positio super introductione causae* (1892).

Les juges du procès n'avaient manifestement pas eu besoin de lire ces biographies de façon attentive pour se faire une opinion sur la sainteté de Mgr Gault. La procédure fut rapidement interrompue ; elle n'a pas progressé depuis 1897.

L'EXAMEN PAR LE PROMOTEUR DE LA FOI

À partir de 1631, les biographies spirituelles et les autres documents relevant de l'hagiographie furent soumis à l'examen du promoteur de la Foi. Le premier prélat préposé à cette tâche fut Antonio Cerri, nommé le 2 janvier 1631. Christian Renoux, dont la thèse donne la liste des promoteurs jusqu'au règne de Benoît XIV, insiste sur la stabilité de cette fonction, exercée par cinq titulaires seulement entre 1631 et 1754[16]. La mission de ce magistrat ecclésiastique était de promouvoir un culte des saints authentique en prévenant les abus, et de rechercher la vérité dans l'observation des règles

16 Antonio Cerri (1631-1642), Pietro de Rossi (1642-1673), Prospero Bottini (1673-1712), Prospero Lambertini (1712-1728) et Ludovico Valenti (1734-1754), Christian Renoux, *Sainteté et mystique féminine à l'âge baroque. Naissance et évolution d'un modèle en France et en Italie*, Thèse de doctorat d'histoire, Université Paris I, 1995, p. 84.

canoniques. Sa fonction lui permettait d'intervenir dans n'importe quelle congrégation pour toutes les causes des saints examinées par le Saint-Siège. Assisté par un sous-promoteur pour les aspects juridiques des procès[17], il formulait des observations critiques (*animadversiones*) auxquelles devaient répondre les *responsiones* des avocats de la cause. Ces questions et ces réponses étaient ensuite examinées dans les assemblées des cardinaux des Rites et en consistoire, avant que le pape ne rende son verdict[18].

C'était toujours la postulation qui apportait les « preuves » du procès. Nous n'avons pas trouvé d'exemple de biographie dénichée directement par le promoteur de la Foi. En revanche, celui-ci ne manquait pas de souligner les faiblesses des avocats de la cause, quand une pièce était portée tardivement à la connaissance des juges. Dans le cas de la *Vie* rédigée par le Frère Bernard sur Jean Baptiste de La Salle, le manuscrit n'attira l'attention de la postulation qu'en 1869[19], alors que le premier procès ordinaire avait été instruit à Paris en 1835[20]. La biographie de Blain publiée en 1733 fut le seul ouvrage qui servit de base à l'enquête canonique lors de l'introduction de la cause, sans qu'on puisse savoir si les autres témoignages avaient été écartés ou égarés. Ce n'est qu'après les critiques émises par Andrea Maria Frattini, avocat des Rites et sous-promoteur de la Foi, sur le style diffus et les obscurités du chanoine[21], que les frères des Écoles chrétiennes s'employèrent à produire d'autres écrits sur leur fondateur. Lors du procès de béatification de la fondatrice des Filles de Notre-Dame, Jeanne de Lestonnac (1556-1640), qui se déroula également au XIXe siècle, la postulation fut dans un premier temps incapable de produire la biographie originelle dédiée à la servante de Dieu, écrite par un écrivain mercenaire nommé « D. de Sainte-Marie ». Publié en 1645, ce livre n'avait rencontré aucun succès et il ne figure même pas dans les fonds de la maison mère de Bordeaux, où Jeanne avait établi sa communauté[22]. Il ne réapparut que lors de la seconde phase de l'instruction, suscitant l'ironie du promoteur de la Foi[23].

---

17 *Decreta Novissima* d'Innocent XI du 15 octobre 1678, voir Jason A. Gray, *The Evolution of the Promoter of the Faith in causes of beatification and canonization*, Thesis ad doctoratum in jure canonico adsequendum, Pontificia Universitas Lateranensis, 2015, p 70.

18 *Ibid.*, p. 69.

19 Fr. Maurice-Auguste, art. cité.

20 SCCS, A 41, n° VIII, *Positio super virtutibus*, *Animadversiones R. P. Promotoris fidei.*

21 Rome, Archives des Frères des Écoles chrétiennes, Ba 105, II, n° 5, « Dissertation du Frère Lucard, au sujet des premiers historiens de notre saint fondateur », s.d.

22 BM Bordeaux, Ms 848, Bibliothèque des Filles de Notre-Dame (époque révolutionnaire).

23 « […] *ille D. Sainte-Marie, qui nuper e latebris emersit* », SCCS, D25, *Animadversiones* de 1886. Sur l'histoire de ce procès, nous renvoyons à notre étude : Éric Suire, « Jeanne

Les pièces des procès consultées enseignent qu'au moins trois types de biographies spirituelles furent utilisés lors des procédures romaines. Les juges examinèrent en priorité les *Vies* imprimées ou manuscrites consacrées au serviteur de Dieu soumis à leur enquête. L'absence de récit biographique risquant de jeter un doute sur la réalité de la *fama sanctitatis* entourant ce dernier, la postulation faisait toujours en sorte d'exhiber au moins un ouvrage de cet ordre. Parmi les causes françaises de l'époque moderne, nous n'avons pas rencontré de procédure limitée à l'audition des témoins, à l'exception du cas du jésuite Claude La Colombière. Quand la béatification de la visionnaire de Paray-le-Monial, Marguerite-Marie Alacoque, célébrée le 18 septembre 1864, lança enfin la cause de son confesseur, le procès ordinaire instruit à Autun entre le 7 décembre 1874 et le 4 mars 1876 produisit peu de témoins – essentiellement des jésuites – et aucune biographie du serviteur de Dieu. Le promoteur de la Foi ne manqua pas de s'en étonner. La postulation se borna à rappeler l'existence des ouvrages consacrés au Sacré-Cœur et à Marguerite-Marie : Gallifet, Languet de Gergy, et la relation manuscrite de la Mère Greffier[24]. La documentation du procès ne s'étoffa qu'à partir de l'enquête *super virtutibus*, notamment grâce à la correspondance échangée entre le prévôt des marchands de Lyon Laurent Dugas (1670-1748), ancien élève du collège de la Sainte-Trinité, et François Bottu de La Barmondière de Saint-Fonds, dont certaines lettres faisaient référence à la sainteté et aux ouvrages de Claude La Colombière[25].

Comme le témoignage des *Vies* édifiantes pouvait contenir des exagérations, il devait être corroboré par la lecture d'autres récits contemporains évoquant eux aussi la personnalité du candidat aux autels. Ces textes constituent le second type d'ouvrages rencontré. Pour le procès de l'évêque de Cahors Alain de Solminihac (1593-1659), l'*Informatio super dubio* qui ouvre la *Positio super introductione causae* imprimée en 1783 contient à la fois un catalogue des témoins entendus lors des enquêtes diocésaines

de Lestonnac, une sainte bordelaise au cœur de la Réforme catholique du XVIIe siècle », *Revue historique de Bordeaux et du département de la Gironde*, 15, 2009, p. 269-273.

24 SCCS, G 6, *Servi Dei P. Claudii La Colombière sacerdotis professis e societate Jesu*, n^o^ I, *Positio super introductione causae*, 1879.

25 *Ibid.*, *Positio super virtutibus*, 1898. Dans sa biographie intitulée *Le Bienheureux Claude La Colombière. Son milieu et son temps*, Lyon-Paris, E. Vitte, 1943, l'historien jésuite Georges Guitton mentionne six nécrologes écrits sur le confesseur de Marguerite-Marie, dont deux évoquent des relations manuscrites d'une certaine ampleur, qui n'ont jamais été retrouvées, p. 670.

et une liste des auteurs ayant parlé de la sainteté de l'évêque. Y figure en bonne place la *Vie* écrite par le chanoine régulier de Chancelade Léonard Chastenet, publiée à Cahors en 1663, citée dans une traduction italienne. Mais la liste contient aussi la *Vie du vénérable Serviteur de Dieu Vincent de Paul* publiée par Louis Abelly en 1664, qui mentionne le serviteur de Dieu au chapitre 46 du livre I. Une autre biographie de Monsieur Vincent, due au lazariste Pierre Collet[26], est également mise en avant par la postulation. Cette dernière a de toute évidence cherché à tirer profit de la sainteté de Vincent de Paul, récemment reconnue[27], parce que les liens du fondateur de la Mission et de Solminihac étaient notoires, et attestés par la correspondance du saint.

Enfin, dernier type de source repéré, certains procès s'intéressent également aux biographies spirituelles écrites par les serviteurs de Dieu eux-mêmes. Ces dernières peuvent être scrutées en dehors du cadre habituel de la révision des écrits. Des passages des *Vies* de Michel Le Nobletz[28], de Catherine Daniélou et d'Amice Picard écrites par le père Julien Maunoir furent mis en discussion lors de l'enquête *super virtutibus* conduite sur ce jésuite breton en 1947[29].

À la fin du XVIIe siècle, les biographies spirituelles s'étaient tellement répandues en France, comme dans l'ensemble de l'Europe catholique, que les fidèles s'étaient familiarisés avec cette littérature apparue un siècle plus tôt. L'analphabétisme dominant n'était pas un obstacle à sa réception car on pouvait se faire lire ces ouvrages – des exemples de lecture collective sont attestés[30] – ou se contenter d'en invoquer les protagonistes, matérialisés par des images. Cette imprégnation des fidèles par la littérature dévote conduisit le promoteur de la Foi à envisager sous un autre angle la masse des dépositions recueillies au terme de l'audition des témoins, et à s'assurer que ces derniers n'avaient

26 La « *Vita di S. Vincenzo de Paulis per il signore Collet* » est probablement *La Vie de saint Vincent de Paul* parue à Nancy en 1748, mais Collet est également l'auteur d'un abrégé publié en 1764. BnF, H 611, *Beatificationis, & Canonizationis ven. Servi Dei Alani de Solminiac episcopi cadurcensis. Positio super Introductione Causae*, Romae, 1783, *Summarium super dubio.*

27 Le 16 juin 1737, en compagnie de Jean-François Régis.

28 À la mort du père Le Nobletz en 1652, Julien Maunoir avait tenté de lancer à Douarnenez un culte autour de son prédécesseur dans les missions bretonnes, voir Philippe Martin, *Pèlerins, XVe-XXIe siècle*, Paris, CNRS Éditions, 2016, p. 41.

29 SCCS, H 42, n° VIII, *Nova positio super virtutibus*, *Peculiaris informatio super suspensione et resumptione disceptationis*, 1947.

30 Nous en donnons des exemples dans un article, Éric Suire, « Des usages du livre hagiographique sous l'Ancien Régime », *Revue française d'histoire du livre*, 133, 2012, p. 87-104.

pas qu'une connaissance indirecte, purement livresque, du serviteur de Dieu soumis à l'enquête. Cette préoccupation ressort tout particulièrement du procès des jésuites martyrisés en Nouvelle-France, Jean de Brébeuf et ses compagnons, cause dont les préliminaires furent entrepris au Québec entre 1904 et 1906, et à Paris en 1905. Les documents relatifs à ces morts survenues dans les années 1640 étaient abondants, la Compagnie de Jésus leur ayant consacré de nombreux passages des *Lettres édifiantes* et des histoires de l'évangélisation du Canada[31]. Selon la *Positio super introductione causae* de 1916, les *animadversiones* retinrent deux griefs principaux contre la cause. Le promoteur de la Foi se demanda si les jésuites avaient été tués par les Iroquois en « haine de la foi » ou à cause de leur nationalité, la France se trouvant en guerre contre leur peuple. Il s'interrogea aussi sur la pertinence des témoignages recueillis, constatant que les dépositions des fidèles étaient souvent induites par leurs lectures. La seule connaissance des actes accomplis par la médiation du livre aboutissait à nier l'existence d'une authentique réputation de vertu. Aucune de ces deux objections ne fut toutefois validée, et l'étape du procès *super non cultu* fut franchie dès l'année suivante[32].

Retenons des observations qui précèdent que le promoteur de la Foi, non seulement se servait des textes édifiants proposés par la postulation, mais qu'il ne se contentait pas de les lire pour simplement démêler le vrai du faux. Il avait conscience des stratégies déployées par les avocats de la cause et s'intéressait autant aux livres en eux-mêmes qu'à la lecture qui en était faite, replaçant les biographies spirituelles dans leur environnement culturel et religieux. Naturellement, il lui arriva aussi de prendre appui sur le contenu de ces récits pour nourrir des objections contre la cause. C'est à ce regard porté sur les *Vies* édifiantes de l'Ancien Régime que nous allons maintenant nous intéresser.

---

31 En particulier François Ducreux, SJ, *Historiae Canadensis seu Novae Franciae libri decem, ad annum usque Christi 1656, auctore P. Francisco Creuxio*, Parisiis, apud S. Cramoisy et S. Mabre-Cramoisy, 1664, in-4, 810 p.

32 SCCS, A 38, *Servorum Dei Joannis de Brébeuf, Isaaci Jogues et sociorum e societate Jesu*, n° I, *Positio super introductione causae*, pars II.

UN REGARD CRITIQUE SUR LES BIOGRAPHIES SPIRITUELLES

La thèse d'Ernestine Lecouturier a montré que la conclusion du procès de François de Sales faillit être repoussée par la publication maladroite d'une *Vie* de l'évêque de Genève écrite par l'évêque du Puy Henri de Maupas du Tour. Ancien aumônier d'Anne d'Autriche, ce prélat avait offert ses services à la Visitation en 1645 pour plaider, à ses frais, la cause à Rome[33]. Il fut ensuite agréé comme l'un des trois juges rémissoriaux[34] au procès apostolique ouvert en 1656. Or, l'année suivante, par l'entremise des visitandines de la rue Saint-Antoine à Paris, il fit paraître chez l'imprimeur Jacques Langlois une *Vie du vénérable serviteur de Dieu, François de Sales*, dédiée au pape Alexandre VII, qui qualifiait d'un bout à l'autre l'évêque de Genève de « saint » et de « bienheureux », en contravention flagrante avec l'exigence *de non cultu*. L'affaire en resta là grâce à la bonne volonté du pape, au savoir-faire du postulateur Jean Miget, et à la soumission du l'évêque du Puy[35], mais elle montre que les récits à la tonalité hagiographique, écrits pour épauler les causes de canonisation, pouvaient aussi se révéler contre-productifs.

Le fait est exceptionnel, d'autant que Maupas du Tour, en tant que juge du procès, aurait dû connaître la législation d'Urbain VIII. Le décret du 30 octobre 1625, renouvelé le 5 juillet 1634, interdisait le culte public envers un serviteur de Dieu non canonisé ni béatifié[36]. En revanche, il n'est pas rare que le promoteur de la Foi se serve du contenu des biographies spirituelles pour émettre un doute sur la fiabilité de la documentation permettant de juger de la sainteté du candidat aux autels. Il entrait en effet dans ses prérogatives de s'assurer de l'exhaustivité, de l'authenticité et de la sincérité des preuves fournies par la postulation.

Lors du procès *super introductione causae* de la carmélite Marguerite Parigot du Saint-Sacrement (1873), ces exigences furent rappelées à propos

33 Ernestine Lecouturier, *Françoise-Madeleine de Chaugy et la tradition salésienne au* XVII*e* *siècle*, Paris, Bloud & Gay, 1933, p. 132-133.

34 On appelle juge rémissorial l'un des trois évêques, nommés par lettres rémissoriales, chargés de superviser les procès-verbaux de l'enquête entrée dans sa phase curiale.

35 Ernestine Lecouturier, *op. cit.*, p. 235-236.

36 Jean-Michel Sallmann, *op. cit.*, p. 111.

des biographies consacrées à la servante de Dieu. Les *animadversiones* du promoteur de la Foi se concentrèrent sur trois ouvrages consacrés à la religieuse : la *Vie* manuscrite écrite par son confesseur l'oratorien Joseph Parisot[37] ; *L'Enfance de Jésus, et sa famille, honorée en la vie de sœur Marguerite du St Sacrement* (1654) du prêtre Jean Auvray ; *La Vie de sœur Marguerite du Saint-Sacrement religieuse carmélite du Monastère de Beaune* (1655) de l'oratorien Denis Amelote. En cette fin de XIXe siècle, les examinateurs des Rites étaient persuadés que la congrégation française de l'Oratoire de Jésus était devenue un foyer janséniste après la mort de Bérulle. Le promoteur de la Foi s'appuya sur des maladresses ou des ambiguïtés dans des tournures de phrase de Joseph Parisot pour mettre en cause l'orthodoxie de la carmélite. Comme il était impossible de prendre Amelote en défaut sur ce point[38], on incrimina la préface de sa biographie où il reconnaissait avoir supprimé des passages des mémoires qu'on lui avait remis, ce qui posait le problème de la fiabilité de son témoignage[39]. Le promoteur de la Foi recommanda d'imposer le silence sur cette cause (« *silentium imponendum huic causae* »), tout en produisant un *Summarium objectionale* tiré de la *Vie* d'Amelote. Le postulateur, l'expérimenté Gustave Gallot[40], parvint à réfuter ses arguments, soulignant au contraire la science et la solidité de la piété de Marguerite, et montrant à quel point ses révélations et ses charismes différaient des « erreurs jansénistes ». Cependant, les carences des premières *Vies* de la carmélite furent à nouveau soulevées lors du procès *super virtutibus*, dans la *Positio* de 1899 et surtout dans la *Nova positio* de 1901, sans empêcher l'obtention du décret *super virtutibus* le 10 décembre 1905.

Au-delà des obscurités ou des dissimulations des biographies spirituelles, ce sont leurs contradictions flagrantes qui sont parfois mises

37 *Vie de la vénérable sœur Marguerite du St Sacrement par le R.P. Joseph Parisot, prêtre de l'Oratoire*, dont différents fragments sont conservés aux AM de Beaune, fonds Carmel de Beaune, 48Z30 à 48Z33.

38 Antijanséniste, Denis Amelote publia notamment un *Nouveau Testament en français* traduit de la Vulgate corrigé sur le texte grec (trois volumes parus entre 1666 et 1670) pour contrer le *Nouveau Testament* dit « de Mons » (1667) édité par les Messieurs, à partir du texte grec de l'Évangile.

39 SCCS, G 19, *Positio ven. Servae Dei Margaritae a Sanctissimo Sacramento*, n° I, *Positio super introductione causae*, 1873.

40 Mgr Gustave Gallot (1816-1888), prêtre originaire de Vendée, ordonné à Luçon, fut nommé camérier d'honneur par Pie IX en 1856 et effectua une grande partie de sa carrière ecclésiastique à Rome. Il fut également postulateur pour les causes du père Baudouin et de Louis-Marie Grignion de Montfort.

au jour. Entre 1938 et 1941, la discussion sur les vertus de la vierge indienne Catherine Tekakwitha (1656-1680) s'organisa autour d'une documentation assez vaste, constituée par des extraits de correspondance et les *Lettres édifiantes des jésuites*, ainsi que deux *Vies* manuscrites, l'une écrite par le père Claude Chauchetière en 1685, l'autre par le père Pierre Cholenec en 1695. L'enthousiasme du second l'avait conduit à commettre de pieux mensonges, notamment sur l'apparence physique de la servante de Dieu. Chauchetière précisait qu'à l'âge de 4 ans, Catherine avait failli mourir de la variole, qui l'avait défigurée et lui avait presque fait perdre l'usage de la vue. Elle ne supportait pas la lumière et se tenait toujours protégée par une couverture, « ce qui a favorisé le désir qu'elle avait de vivre inconnue ». Il ajoutait :

> Elle remercia souvent N. S. de cette grâce, appelant une grâce cette incommodité, d'autant que si elle eût eu bonne mine, les jeunes gens l'auraient plus recherchée et qu'elle aurait fait comme les autres filles qui s'abandonnent au péché dans le pays des Iroquois[41].

Et, plus loin :

> Il fut un temps qu'on la renvoyait de cabane en cabane, ce qui a fait dire à quelques sauvages, après la mort de cette sainte fille, que Dieu l'avait prise parce que les hommes n'en voulaient point[42].

Parmi les objections émises sur les vertus, le promoteur de la Foi souleva la question de son baptême tardif, de son admission à la communion quatre ans après son baptême, et mit en exergue les divergences des récits des deux biographes. Dans la *Vie* de 1695, le père Cholenec ne précisait pas que les hommes de son village avaient rejeté Catherine à cause de sa laideur. Au contraire, voulant souligner son amour pour la vertu angélique, il affirmait que les jeunes hommes de sa tribu avaient cherché à la prendre pour épouse, mais qu'elle avait préféré se donner à Dieu[43].

Les reproches de l'accusation posaient le problème de l'authenticité de la documentation retenue, comme dans le cas de Marguerite du

41 SCCS, I 39, *Positio ven. S. D. Catherinae Tekakwitha*, n° I, *Positio super introductione causae*, 1938, document VIII : *Vie* extraite de Reuben Gold Thwaites, *The Jesuit relations and allied documents... 1610-1791* (Cleveland, Burrows Bros. Co., 1896-1901, 74 vol.), p. 43.

42 *Ibid.*, p. 46.

43 SCCS, I 39, n° IV, *Nova positio super virtutibus*.

Saint-Sacrement précédemment évoqué, néanmoins, les passages en question n'étaient pas préjudiciables à la servante de Dieu. Elle n'était pas coupable des erreurs commises par ses biographes. Dans certains procès cependant, les biographies spirituelles fournissent aux juges des Rites des arguments susceptibles de réprouver la conduite des candidats examinés. Lors de l'enquête sur les vertus de Jeanne Delanoue, fondatrice des sœurs de Sainte-Anne de la Providence à Saumur, menée au lendemain de la Première guerre mondiale, les observations du promoteur de la Foi portèrent en grande partie sur des détails de la vie de la servante de Dieu tirés de sa biographie publiée par l'abbé Cever en 1743, elle-même issue d'un manuscrit rédigé par Marie Laigle, supérieure de la congrégation après la mort de Jeanne. Le magistrat s'étonna que cette dernière ait interdit aux sœurs de chanter les hymnes de l'Église, et se demanda si elle n'avait pas pratiqué une charité excessive en dépouillant les orphelines de son institut pour secourir les pauvres de l'extérieur[44]. Il lui reprocha également d'avoir accepté de l'argent pour dire des messes, qu'elle employait à des œuvres charitables, s'efforçant ensuite de trouver des prêtres qui s'acquittaient bénévolement de la tâche[45].

Quand le procès de béatification de la visitandine Marguerite-Marie Alacoque, ouvert en 1715 mais interrompu au cours du XVIIIe siècle, reprit en 1821 par une enquête *super continuatione famae sanctitatis*, le promoteur de la Foi constata que les quatorze témoins auditionnés conservaient le souvenir de la réputation de sainteté de la religieuse. Cependant, lorsqu'ils étaient interrogés sur ses vertus, ils renvoyaient à la biographie publiée par l'évêque de Soissons Languet de Gergy en 1729. Il en conclut que ce livre constituait le témoignage le plus probant sur Marguerite-Marie, d'où il tira l'essentiel de ses *animadversiones*. Il s'arrêta en particulier sur la psychologie de la servante de Dieu, que l'évêque décrivait comme un esprit mobile, indécis, incapable de choisir. Son enfance était ponctuée d'infidélités, elle s'était même rendue au bal. Elle avait songé à se marier après avoir émis son vœu de chasteté, et le Christ lui-même se serait manifesté à elle pour lui reprocher son inconduite ! Bref, tout ce qui, dans l'ouvrage écrit par Mgr Jean-Joseph Languet, était destiné à souligner la conversion intérieure de la visitandine, constituait autant

44 SCCS, A 33, *Servae Dei Joannae Delanoue institutricis sororum a S. Anna a Providentia*, n° II, *Positio super virtutibus*, 1920.

45 SCCS, A 33, n° VI, *Nova positio super virtutibus*, 1927.

de griefs sous la plume du promoteur de la Foi. Le postulateur rétorqua qu'on ne rencontrait que des péchés véniels dans son existence, qu'elle s'était toujours tenue éloignée des erreurs jansénistes, et surtout, que les faiblesses de sa nature prouvaient l'importance des dons surnaturels dont elle avait été gratifiée[46].

Cette lecture critique de la part des autorités romaines n'était pas la conséquence d'un nouveau rapport à l'histoire qui se serait peu à peu imposé, car on la retrouve dans des causes plus anciennes. Quand le procès du missionnaire jésuite Jean-François Régis arriva au stade de l'enquête sur les vertus[47], entre 1704 et 1710, ce fut Prospero Lambertini, ancien avocat consistorial nommé coadjuteur du promoteur de la Foi par Clément XI le 7 avril 1708[48], qui se chargea de l'accusation. Ses objections sont un modèle du genre, où l'on décèle les qualités qui firent de lui le grand spécialiste de la sainteté, encore utilisé par les *relatori* de la Congrégation pour les Causes des Saints. Selon l'usage, il releva quelques vices de forme dans les enquêtes menées dans les diocèses français, mais sans s'y arrêter. Il s'étonna également de certains témoignages jugés excessifs[49]. Il appuya en outre ses *animadversiones* sur les *Vies* du serviteur de Dieu. La première, parue en 1650, émanait d'un témoin des actes de Jean-François, le jésuite Claude La Broüe ; la seconde, plus récente, écrite en latin par le père Antoine Bonnet et publiée à Toulouse en 1692, avait ensuite été traduite en français et publiée à Lyon en 1694. Les deux ouvrages suivaient un plan similaire calqué sur la procédure de canonisation : vie, vertus, miracles et réputation de sainteté.

Le coadjuteur du promoteur de la Foi tirait de leur lecture plusieurs observations, relevant que le missionnaire s'était souvent exposé aux coups pour remettre les pécheurs dans le droit chemin. Si sa patience était

46 SCCS, H 47, n° V, *Positio super virtutibus, in causa B. & C. Ven. Serv. Dei Sor. Margaritae M. Alacoque*, 1840.

47 Le décret *super non cultu* fut accordé le 31 juillet 1700, celui sur la *fama sanctitatis in genere* le 18 mars 1702.

48 Jason A. Gray, *op. cit.*, p. 70.

49 Des témoins affirmaient que Jean-François n'avait jamais ressenti les rébellions de la chair, alors que les plus grands saints, comme saint Paul, estimait Lambertini, les avait éprouvées. Le baptême n'effaçant pas la concupiscence, c'était un privilège très rare qui avait été accordé au serviteur de Dieu. Ces témoignages correspondaient à l'avis exprimé par Claude La Broue dans la première *Vie* publiée sur le jésuite, *La Vie du R. P. Jean-François Régis, de la Compagnie de Jésus*, Le Puy, A. Delagarde, 1650, in-8, p. 162. Le biographe affirmait que le missionnaire en tirait un don particulier pour la conversion des impudiques et des débauchés, *ibid.*, p. 164.

louable, il avait pu inciter ses contradicteurs à le frapper, en se prêtant aux coups avec une bonne volonté si évidente. Poussé par le zèle de corriger les mœurs, il s'était immiscé dans des procès et des querelles privées, ignorant le conseil de l'Apôtre de s'occuper de ses propres affaires[50]. Enfin, en déclarant qu'il préférait travailler à la conversion des pécheurs plutôt que d'aller directement au ciel[51], il semblait peu préoccupé du désir de sa béatitude, ce qui sonnait étrangement comme la première proposition condamnée par Innocent XII dans l'*Explication des maximes des saints sur la vie intérieure* (1697) de Fénelon[52]. Ces objections n'entravèrent pas la cause, mais elles ne furent sans doute pas étrangères à la réécriture de la *Vie* de Régis, confiée à l'Assistant général de France, le père Guillaume Daubenton, et diffusée quelques semaines seulement après la béatification du 24 mai 1716.

L'époque moderne enregistra le passage d'une hagiographie mémorielle et liturgique à une hagiographie militante, engagée au service de la foi catholique et de ses serviteurs les plus méritants – nous laissons de côté la question de l'hagiographie savante, qui relève d'une autre problématique. Les magistrats romains et notamment le promoteur de la Foi ne négligèrent pas les ouvrages produits par la postulation et écrits, au moins en partie, à leur intention. On ne saurait donc réduire les procédures à l'audition de témoins, en soulignant leur caractère anachronique quand l'examen de la cause se déroulait plusieurs centaines d'années après le déroulement des faits. En réalité, les témoignages oraux et les biographies firent l'objet d'une confrontation systématique. Au cours de cette communication, nous sommes parti de l'idée que les biographies spirituelles avaient été conçues pour soutenir les causes de béatification et de canonisation, et parvenu au constat qu'elles avaient aussi alimenté les réserves des examinateurs.

Après 1930 et la création d'une Section historique au sein de la Sacrée Congrégation des Rites, les biographies spirituelles furent utilisées dans une perspective scientifique plutôt que selon une mentalité juridique. Les derniers procès consultés confirment une approche plus soucieuse de restitution et de critique interne des documents. Dans le

50 1 Thessaloniciens, 4, 11.

51 Propos édulcoré dans la version d'Antoine Bonnet : « La première vue qu'il eut ce fut d'entrer dans une Religion où il pût, non seulement faire son salut, mais encore procurer celui des autres. De là il conclut d'entrer dans la Compagnie de Jésus, laquelle selon son institut se propose ces deux objets », *La Vie du Père Jean-François Régis de la Compagnie de Jésus*, Lyon, Molin & Barbier, 1694, in-12, p. 19.

52 Bibliothèque Apostolique Vaticane, Barberini LL III 28, *Positio super dubio : an constet de virtutibus… Joan. Fr. Regis*, 1710.

cas de Marie-Catherine de Saint-Augustin, sœur hospitalière morte à Québec le 8 mai 1668, l'instruction ouverte sur les écrits en 1928 ne dénicha aucun écrit original autographe de la servante de Dieu. En 1967, la postulation présenta à la Sacrée Congrégation des Rites la *Vie* écrite par le jésuite Paul Ragueneau, publiée à Paris en 1671. Le travail réalisé par la Section historique démontra que 122 pages de ce livre, qui en comptait 384, étaient constituées par des extraits du journal de la religieuse. En outre, 35 pages du livre étaient tirées d'extraits de correspondance entre Marie-Catherine et divers destinataires, parmi lesquels figure son futur biographe. La biographie édifiante de 1671 rassemblait tout ce qui demeurait des écrits de la sœur hospitalière[53].

Nous émettons l'hypothèse que ce fut le travail réalisé sur les récits édifiants qui imposa l'évidence d'instaurer une Section historique au sein de la Congrégation des Rites. Si elle est exacte, la création de l'année 1930, certes motivée par des faits conjoncturels[54], serait davantage une continuité qu'une rupture dans les usages romains. La mission dévolue à la Section historique consistait à répondre à trois questions majeures : la documentation rassemblée sur le candidat aux autels est-elle exhaustive ? Est-elle digne de foi ? Peut-elle constituer un fondement solide au jugement sur la vie et les vertus du candidat aux autels[55] ? Ces attentes n'étaient pas très éloignées des exigences du promoteur de la Foi. Ce dernier avait parfaitement saisi le jeu de miroir amenant la construction narrative des récits à s'inspirer de l'enquête canonique. Il avait, depuis longtemps, dépassé les évidences du discours hagiographique.

Éric Suire
Université Bordeaux-Montaigne /
CEMMC

53 SCCS, D 67[b], *Servae Dei Mariae Catharinae a S. Augustino monialis professae sororum hospitalarium a Misericordia ordinis S. Augustini*, n° I, *Vota theologorum censorum super servae Dei scriptis*, 1968.

54 La découverte fortuite de la présence d'un apostat dans le groupe des 135 martyrs anglais tués entre 1541 et 1680, béatifiés avec le prêtre Thomas Hemerford (1554-1584) le 15 décembre 1929.

55 SCCS, J 22, *Servi Dei Francisci de Montmorency-Laval primi Quebecensis episcopi*, n° IX, *Altera nova positio super virtutibus* (enquête réalisée par la Section historique).

HAGIOGRAPHIE ET CONSTRUCTION D'UNE SAINTETÉ OFFICIELLE À BOLOGNE (XVe-XVIIIe SIÈCLES)

Après avoir présenté le parcours des procès de canonisation qui se sont déroulés à Bologne au XVIIe siècle, nous voudrions étudier les croisements et parfois les aller-retours qui ont eu lieu, toujours à Bologne et dès le XVe siècle, entre, d'une part, les cultes et les dévotions qui naissent dans le peuple, souvent portées par la rédaction de *Vies* fondées sur les témoignages des proches, et, d'autre part, les modèles de sainteté promus par les autorités civiles et/ou religieuses, souvent étroitement liées dans ce contexte urbain et qui s'appuient sur des travaux savants et qui se veulent exhaustifs[1]. Cette étude passe également par l'analyse du rapport qu'entretiennent dans cette ville la littérature hagiographique et la reconnaissance d'une sainteté officielle.

L'HAGIOGRAPHIE HUMANISTE

À la fin du XVe siècle, se développe à Bologne ce que l'on pourrait appeler une hagiographie humaniste ou humanistique[2]. Entre 1485 et 1489, Battista Spagnoli (1447-1516), dit le Mantouan[3], carme observant,

1 Serena Spanò Martinelli, « Canonisation et identité citadine. Une ville œuvrant pour la reconnaissance de ses saints : Bologne au XVIIe siècle », dans Philippe Castagnetti et Christian Renoux (dir.), *Culture et société au miroir des procès de canonisation (XVIe-XXe siècle)*, Saint-Étienne, Publications de l'Université de Saint-Étienne, 2016, p. 151-166.

2 Sur ce sujet, *cf.* Serena Spanò Martinelli, « "Bien qu'il n'existe pas une hagiographie humanistique". Spunti diversi da Boccaccio a Erasmo », dans Concetta Bianca et Anna Scattigno (dir.), *Scritture, carismi, istituzioni : percorsi di vita religiosa in età moderna. Studi per Gabriella Zarri*, Rome, Edizioni di Storia e Letteratura, 2018, p. 123-137.

3 *Cf.* Ludovico Saggi, « Jean-Baptiste Spagnoli », dans *Dictionnaire de spiritualité*, t. 8, Paris, Beauchesne, 1974, col. 822-826 et Serena Spanò Martinelli, « Gian Battista Spagnoli »,

compose une biographie, de presque cinq cents vers, de Lodovico Morbioli (1433-ca 1485), en espérant ainsi forcer la main du pape Innocent VIII et obtenir sa canonisation immédiate. L. Morbioli, bourgeois aisé devenu pénitent et prêcheur de rue, dont l'habit de guenilles pouvait rappeler celui des tertiaires carmes, s'était gagné une réputation de sainteté parmi la population de Bologne[4].

Battista Spagnoli est un bon représentant de l'humanisme religieux italien. Engagé dans la réforme de son ordre, il manie la plume avec une extrême facilité. Ses écrits sont pour la plupart en vers latins. Ils mettent en parallèle les exemples classiques et les modèles chrétiens, ou revisitent des modes anciens (*eclogae*, *silvae*) pour les dédier à ses mécènes. Très prolifique (il a laissé plus de cinquante-cinq mille vers), il est un dévot de la Vierge comme des vierges chrétiennes auxquelles il dédie ses divers *Parthenices*. Pendant son séjour d'une dizaine d'années à Bologne, il a connu personnellement L. Morbioli. Dans sa biographie, il se fait le porte-parole de la dévotion populaire. Entrevoyant la possibilité d'enrichir le palmarès carmélitain en matière de sainteté, il s'adresse directement au pape, mélangeant naïveté et réalisme politique. Il laisse courir sa plume dans des digressions sans aucune originalité et exalte son héros de manière classique. Dans les derniers distiques, il lie sa demande de canonisation à celle de la concession d'une église romaine pour sa famille religieuse. Cet ouvrage de B. Spagnoli, poète à succès (Érasme le qualifie de « christianus Maro »), connait un grand nombre d'impressions (cent quatre-vingts incunables) avant d'être oublié quelques décennies plus tard. Cet exercice littéraire sera néanmoins apprécié par les bollandistes qui lui attribueront un caractère de témoignage « direct[5] ».

Dans les mêmes années, un premier corpus d'écrits commence à mettre en valeur la figure de la clarisse observante Catherine Vigri (1413-1463), qui deviendra, deux siècles et demi après sa mort, la *Santa*

---

dans Claudio Leonardi, Andrea Riccardi et Gabriella Zarri (dir.), *Il Grande libro dei Santi. Dizionario enciclopedico*, Cinisello Balsamo (Mi), Edizioni San Paolo, 1998, p. 257-259.

4 Gian Domenico Gordini, *Bibliotheca Sanctorum*, 9, Rome, Città Nuova editrice, 1967, col. 588-589 ; Paolo Golinelli, « Santi e culti bolognesi nel Medioevo », *Storia della Chiesa di Bologna*, 2, Bologne, Edizioni Bolis, 1997, p. 11-43, en part. p. 35.

5 *Acta Sanctorum novembris*, IV, 1925, p. 288-297. Le dossier des bollandistes est, comme d'habitude, très précis. Il rappelle les origines du culte de L. Morbioli et son insertion parmi les *Beati* grâce à G. Paleotti (voir après) et il donne le texte intégral de sa *Vie* en vers par B. Spagnoli (p. 293-297). Nous avons aussi consulté le procès diocésain où nous trouvons les noms des témoins et leur âge, ainsi que les *Positiones* de 1842 et 1843.

de la ville sous le nom de Catherine de Bologne[6]. Première abbesse du monastère du *Corpus Domini*, elle est objet d'un culte qui va grandissant du fait de l'« incorruption » de son corps. Ce corpus comprend avant tout son autobiographie spirituelle[7], *Le sette armi spirituali*, qui présente un chemin de foi équilibré, ancré dans l'ordinaire de la vie monastique et ponctué de quelques grâces exceptionnelles. Cet ouvrage est imprimé à partir de 1470 mais ses consœurs continuent également à le diffuser de façon manuscrite pendant plus d'un siècle. Ces mêmes consœurs ont donné une première biographie la concernant dans la lettre circulaire annonçant sa mort[8]. Derrière ces premiers écrits se trouve le témoignage fervent de sa consœur la plus proche, Illuminata Bembo qui signe en 1469, le texte qui conclut cette première phase hagiographique, le *Specchio di illuminazione*, qui complète les connaissances sur la spiritualité de Catherine[9]. Cette moniale est un témoin bien plus proche de Catherine Vigri que Battista Spagnoli ne l'est de Lodovico Morbioli. Elle a vécu à ses côtés pendant des années, la suivant de Ferrare à Bologne. Elle écrit avant tout pour ses sœurs et son *Specchio* est diffusé principalement dans les couvents de clarisses[10]. Il est utilisé et affadi quelques après, en 1472, par la présentation simplifiée de la vie de Catherine par Giovanni Sabadino degli Arienti, un humaniste de second rang, auteur entre autres d'une *Gynevera de le clare donne*, dédiée à Ginevra Bentivogli, la femme du puissant seigneur[11]. Son chapitre *De Catherina beata da Bologna* est à

6 Gabriella Zarri, « Il libro e la voce. Santi e culti a Bologna da Caterina de' Vigri a Clelia Barbieri », dans Paolo Prodi (dir.), *Storia della chiesa di Bologna*, t. 2, Bergame, Edizioni Bolis, 1997, p. 45-78, en part. p. 47-50. Pour une mise au point générale, Serena Spanò Martinelli, « Caterina Vigri (1413-1463). Nascita e sviluppo di un culto cittadino », *Revue Mabillon*, n. s. 17, vol. 78, 2006, p. 127-143.

7 Caterina Vigri, *Le Sette armi spirituali*, edizione critica a cura di Antonella Degl'Innocenti, Florence, Sismel, Edizioni del Galluzzo, 2000. Premier volume de la série bolognaise. « Caterina Vigri. La Santa e la città ».

8 Dans un article précédent, j'avais signalé trois lettres. *Cf.* Serena Spanò, « Per uno studio su Caterina da Bologna », *Studi medievali*, s. 3, 12, 1971, p. 713-759, p. 746, n. 169. Le premier essai de biographie a été édité par les bollandistes : François Van Ortroy et Robert Lechat, « Une Vie italienne de sainte Catherine de Bologne », *Analecta Bollandiana*, 41, 1923, p. 386-416.

9 Illuminata Bembo, *Specchio di illuminazione*, Edizione critica a cura di Silvia Mostaccio, Florence, Sismel, Edizioni del Galluzzo, « Caterina Vigri. La Santa e la città » 3, 2001.

10 Les témoins ne sont pas nombreux. *Cf.* Silvia Mostaccio, *op. cit.*, p. XXXVII-XXXVIII.

11 Ghino Ghinassi, *Dizionario Biografico degli Italiani* [dorénavant *DBI*], t. 4, Rome, Istituto della Enciclopedia Italiana, 1962, p. 154-156. Joanne Sabadino de li Arienti, *Gynevera de le clare donne.* Le seul portrait d'une femme de foi est celui de *Catherina Beata da Bologna*,

dessein stéréotypé. Cet écrit connait peu de succès lors de sa publication mais il est ensuite traité comme un document de référence dans les procès qui suivent. Quelques années après, en 1502, le *Specchio* est repris, sans indication d'auteur, divisé en petits chapitres et complété par le récit de nombreux miracles. Attribué couramment au confesseur *pro tempore* du couvent, Dionisio Paleotti, il a souvent été imprimé avec les *Sette armi* à partir de 1511[12]. Les retraitements successifs de ces deux textes vont banaliser le personnage en l'insérant dans le contexte politique de la ville et en insistant sur l'aspect thaumaturgique de sa vie tandis qu'en parallèle, circulent sous forme de manuscrits ou d'imprimés des recueils toujours plus nombreux de miracles qui lui sont attribués.

Tant pour Battista Spagnoli que pour Illuminata Bembo et leurs suiveurs immédiats, la sainteté n'est pas à prouver mais simplement à constater. La présence spéciale de Dieu dans ces vies est considérée comme une évidence. Ils s'appuient sur leur connaissance directe des personnages dont ils parlent, sans se préoccuper de preuves historiques. Ce seront des démarches postérieures qui conduiront à la recherche de preuves en vue de valider ces parcours de sainteté.

À la même époque, un recueil hagiographique réunissant une quarantaine de *Vies* est rédigé par Giovanni Garzoni (ca 1428-1506)[13], un noble bolognais, disciple de Guarino et de Valla, dont les domaines d'intérêt très variés, de la médecine à la rhétorique. Son horizon culturel semble être le même que celui de Battista Spagnoli : un certain humanisme centré sur l'expression classique. Il est habitué à un usage généreux de la plume et ses élégantes paraphrases sont construites de façon didactique.

daté par l'auteur 1472. L'œuvre intégrale a été éditée pour la première fois par Corrado Ricci et Alberto Bacchi della Lega, Bologne, Romagnoli dall'Acqua, 1888. Le manuscrit, conservé aux archives publiques de Bologne, a été utilisé deux siècles après la mort de son auteur, au moment du procès de canonisation de Catherine Vigri.

12 Pour le *status quaestionis, cf.* Alberto Serra-Zanetti, *L'Arte della stampa in Bologna nel primo ventennio del Cinquecento*, Bologne, Biblioteca de « L'Archiginnasio », n. s., 1, 1959, p. 86 et 181-182. C'est le seul qui attribue explicitement à Arienti la *Vie* de Catherine dont l'*editio princeps* est du 4 mai 1502. Il est rappelé que Dionisio Paleotti est l'auteur du Prologue et qu'il a transcrit le texte d'Arienti « apponendovi alcune varianti e aggiunte ». A. Serra-Zanetti ne met pas en valeur, parmi les ajouts, dans la dernière partie du livret, la liste de miracles qui a pourtant un poids important dans cette édition. Il nous donne aussi les références des éditions successives, souvent publiées à la suite des *Sette armi.*

13 Guglielmo Manfré, « La biblioteca dell'umanista bolognese Giovanni Garzoni (1419-1505) », *Accademie e biblioteche*, 27, 1959, p. 249-278 et 28, 1960, p. 17-72. Roberta Ridolfi, *DBI*, t. 52, Rome, 1999, p. 438-440. Cet ouvrage est très général et ne donne pas de place particulière aux écrits hagiographiques.

Alison Frazier a signalé sa pratique paradoxale : il n'hésite pas à critiquer la *Légende dorée* mais il en exploite largement le contenu, en revisitant les *Vies* des martyrs des premiers siècles, des saints protecteurs ou des religieux mendiants les plus célèbres[14]. Il faut aussi rappeler que, dès le XVIIIe siècle, Fantuzzi soulignera l'absence de toute « *luce di critica* » dans son œuvre[15]. Cet ouvrage de G. Garzoni est le plus important recueil de *Vies* dues à un seul auteur et publiés à Bologne[16]. Ces biographies restent d'ailleurs inédites de son vivant, à deux exceptions près[17]. Au début du XVIe siècle, le dominicain Leandro Alberti[18] (1479-1522), un de ses élèves, reprend quelques-uns de ces textes dans sa présentation des dominicains illustres à l'occasion du troisième centenaire de l'approbation de la règle de son ordre[19].

---

14 Alison K. Frazier, *Possible Lives. Authors and Saints in Renaissance Italy*, New York, Columbia University Press, 2004. Le chapitre 4, « The Teacher's Saints », p. 169-219 est consacré à Garzoni, en particulier à propos de la *Legenda aurea* (p. 193-194 et n. 117).

15 Giovanni Fantuzzi, *Notizie degli scrittori bolognesi*, t. IV, Bologne, Stamperia di San Tommaso d'Aquino, 1784, p. 78-100. Quand il traite de la vie et surtout des œuvres de Garzoni, Fantuzzi a un avis très tranché sur la valeur critique des écrits d'érudition (p. 78), qu'il juge moins favorablement que les œuvres d'éloquence ; une position reprise en substance par Alison Frazier. Parmi les références de Frazier, Levi Robert Lind, *The letters of Giovanni Garzoni Bolognese Humanist and Physician (1419-1505)*, Atlanta, Georgia, Scholars Press, 1992 ; L. Lind avait copié ces documents à Bologne au début des années soixante. Le volume a paru trente ans après et il permettrait sans doute de dresser un portrait argumenté de cet homme qui exprime, dans un latin rigoureux, la centralité de l'élégance et de l'harmonie du style. Cicéron est l'auteur le plus cité.

16 *Cf.* Albertus Poncelet, « Catalogus codicum hagiographicorum latinorum bibliothecae Universitatis bononiensis », *Analecta bollandiana*, 42, 1924, p. 320-370. Les œuvres de Garzoni sont présentées aux numéros 732, 736, 737, 738, 739, 740, 741, 742, 744 et 746 de ce catalogue. Dans ce *census*, nous rencontrons aussi une *Vie* du saint protecteur de Bologne, Petronio, du fait d'une sorte de dette professionnelle de Zaccaria Enrichetti (ca 1423-1509), notaire, envers son patron.

17 *Vita gloriosissimi martyris Christophori cananei*, Bononiae, Benedictus Hectoris, 1503 ; *Vita divi Antonii abbatis*, Bononiae, Benedictus Hectoris, 1503. Ces deux textes sont dédiés à John Blancheld, son élève.

18 *Cf.* Abele L. Redigonda, *DBI*, t. 1, Rome, 1960, p. 699-702. Leandro Alberti, camarade d'études de Savonarole, est aussi géographe et historien de Bologne.

19 Leandro Alberti, *De viris illustribus Ordinis Praedicatorum libri sex in unum congesti*, Bononiae, in aedibus Hieronymi Platonis, 1517 (édition très soignée, réalisée pour le troisième centenaire de l'ordre). Les noms des collaborateurs figurent au frontispice. Garzoni ouvre le premier livre avec Dominique (f. 7r-22v), le deuxième avec Pierre Martyr (f. 52r-55v) et le quatrième avec Thomas d'Aquin (f. 130r-135r).

L'EFFERVESCENCE DU XVIe SIÈCLE

Au début du XVIe siècle, marqué par les critiques d'Érasme et surtout par les attaques de Luther et des protestants contre le culte des saints, Bologne voit apparaître et se développer un culte exceptionnel en faveur d'Elena Duglioli Dall'Olio (1476-1520), pieuse laïque[20]. L'on parle à son sujet d'origines royales et orientales, d'échange d'enfants au berceau, etc. Les excès de ce culte sont bien illustrés par Pietro Aretino (1492-1556)[21]. Pendant un certain temps, Elena Duglioli réussit à éclipser Catherine Vigri, même si, dans la même période, en 1522, Jean Antoine Flamini, père du plus fameux Marc Antoine, publie une traduction latine des *Sette armi* et une nouvelle biographie de Catherine Vigri[22]. Cet ouvrage est d'ailleurs à mettre en rapport avec les liens qu'entretient J. A. Flamini avec la famille noble des Fantuzzi, qui lui a confié l'éducation du jeune Gaspard et qui est liée, comme la majorité des familles nobles bolognaises, au monastère fondé par Catherine Vigri, dans lequel se trouvent plusieurs de leurs filles.

Au milieu du XVIe siècle, le sanctoral de la ville peut compter sur un certain nombre de cultes solides et bien établis, comme le montre le bilan de treize siècles d'histoire chrétienne que dresse un pasteur d'exception. En effet, au lendemain du concile de Trente, l'archevêque de Bologne, Gabriele Paleotti (1522-1597), auteur entre autres d'un *Discorso sopra le imagini sacre et profane*[23], veut que son Église soit en première

20 Gabriella Zarri, *op. cit.*, p. 50-53.

21 Pietro Aretino, *Ragionamenti*, p. I giornata seconda. J'ai consulté à la bibliothèque Vaticane l'édition « Di Bengodi ne la già felice Italia », 1584. Prospero Lambertini (Benedicti XIV olim Prosperi cardinalis de Lambertinis), *De servorum Dei Beatificatione et Beatorum Canonizatione*, Prati, typographia Aldina, 1839-1842, l. 2, p. 116) cite une édition différente ; il utilise en tout cas le témoignage d'un contemporain. Dans un texte sur les vertus des femmes, certes sans visée religieuse, nous lisons, à propos d'un puits qui réveille les espoirs dévots des mariées ou en recherche d'un mari : « in un anno vi si attaccò più ceri, più veste, più camisciuole, e più tavolette, che non sono intorno a la sepoltura di santa beata Lena da l'Olio a Bologna » (p. 139-140).

22 Valeria De Matteis, *DBI*, t. 48, 1997, p. 278-281. *Divinum Beatae Catharinae Bononiensis opusculum in latinum a Io. Ant. Flaminio Forocorneliensi ex vernaculo sermone conversum, cum eiusdem sanctae virginis vita ab eodem Flaminio contexta*, Bononiae, per Hieronymum de Benedictis, 1522. La version latine de la biographie la rend accessible à la communauté savante. Elle est aussi utilisée un siècle plus tard par les bollandistes (*Acta Sanctorum martii*, II, p. 36-45).

23 Paolo Prodi, *Il cardinale Gabriele Paleotti (1522-1597)*, 2 vol., Rome, Edizioni di Storia e Letteratura, 1959-1967. P. Prodi a travaillé à plusieurs reprises cet aspect particulier,

ligne dans l'application des décrets conciliaires. À cette même époque (1578-1586), il réalise de nombreuses translations de reliques dans le but évident de renforcer la mémoire des premiers martyrs et évêques de la ville[24]. L'*Archiepiscopale bononiense*, publié en 1594 à son instigation, dresse le portrait de cette parfaite Église tridentine[25]. Cet ouvrage se conclut par le *Catalogus episcoporum bononiensium*, dont G. Paleotti avait confié l'établissement à son historien, Carlo Sigonio, et par le *Catalogus martyrum, confessorum, beatorum et beatarum bononiensium*, qui tient sur une seule page, la 595, divisée en quatre carrés. On y trouve en premier les six martyrs de la persécution de Maximien : Aggée, Hermès, Caius, Vital, Agricole et Procule[26]. Puis viennent les treize confesseurs qui correspondent à la série des premiers évêques, en commençant par Zama en 270 et dont fait partie Petronius, le saint protecteur de la ville, auxquels il faut ajouter la veuve Giuliana[27], un abbé, un chanoine régulier et un moine. Ensuite, les quatorze bienheureux, de 1260 à 1494, comprennent aussi des évêques comme Nicolas Albergati († 1443), des religieux, dont des convers, et Lodovico Morbioli, dont nous avons parlé. Les sept bienheureuses vont de « Diana de Andalois o.p. prima abbatissa S. Agnetis », en 1223, à « Helena de Oleo in ecclesia canonicorum regularium s. Ioannis in monte », en 1520, et à « Apollonia soror tertij ord. s. Francisci, in ecclesia fratrum Annuntiatae », en 1533. Catherine Vigri y figure également, avec deux de ses consœurs[28].

---

jusque dans ces dernières publications : Paolo Prodi, *Arte e pietà nella chiesa tridentina*, Bologne, il Mulino, 2014.

24 Gabriella Zarri, *op. cit.*, p. 53.

25 *Archiepiscopale bononiense sive de bononiensis ecclesiae administratione auctore Gabriele Palaeoto s. r. e. cardinali Continet hic liber non solum praecipuas, ac necessarias Episcopalis officij functiones, sed etiam continuatam quandam praxim Bononiensis Ecclesiae gubernandae, ex Sacri Tridentini Concilij decretis. Opus septem partibus distributum ad usum cleri, populique bononiensis*, Romae, excudebat Aloisius Zannettus, 1594.

26 L'on a récemment célébré l'anniversaire des saints Vital et Agricole, en s'appuyant sur de nouvelles découvertes archéologiques, à la suite de recherches fortement encouragées par le P. Giulio Malaguti. Parmi le nombreuses publications Giulio Malaguti (dir.), *Vitale e Agricola testimoni della fede*, édition revue et corrigée, Bologne, EDB, 2013.

27 *Cf.* Paolo Golinelli, *op. cit.*, p. 19 sur la faible consistance historique du personnage.

28 Voici le texte intégral du *Catalogus martyrum, confessorum, beatorum et beatarum bononiensium* : « MARTYRES, 301 S. Agaeus S. Hermes S. Caius martyres sub Maximiano imperatore, 301 S. Vitalis S. Agricola sub Maximiano, 301 S. Proculus sub Maximiano [...]. CONFESSORES : 270 Zama episcopus, 313 Faustinianus episcopus, 350 Basilius ep, 400 Felix ep, 430 Petronius episcopus protector, 433 Iuliana vidua in ecclesia s. Stephani, 451 S. Paternianus episcopus, 470 S. Tertullianus episcopus, 485 S. Iocundus

Édité séparément en 1582 mais mieux connu à travers l'*Archiepiscopale*, le catalogue est en deçà de la littérature tout en représentant un premier jalon, un effort évident de synthèse (de compromis ?) entre les attentes de l'institution ecclésiale et la sensibilité populaire[29]. Les racines spirituelles de la ville que sont les martyrs des persécutions antiques et la succession des premiers évêques y côtoient les fondateurs ou les membres importants des groupes réguliers (chanoines, ordres mendiants etc.). Les voix « d'en bas » y trouvent leur place à travers L. Morbioli et quelques autres convers. Quant à la présence des femmes, Gabriella Zarri a analysé longuement le poids, l'importance et l'épaisseur différents de figures comme Imelda Lambertini et Elena Duglioli[30], qui y sont citées de manière ponctuelle. Notons que les bienheureuses y sont toutes rattachées à un lieu sacré, à un monastère ou au moins à une église, en donnant ainsi un enracinement spatial à la mémoire, même en présence de données historiques fragiles. L'Église de G. Paleotti propose avant tout l'exemple d'une sainteté institutionnelle mais souligne aussi l'importance du territoire, à travers la présence familière des quartiers et des lieux de culte de la ville, où les Bolognais vont chercher aide, protection ou au moins consolation face aux difficultés quotidiennes.

episcopus, 530 S. Theodorus episcopus, 1026 S. Bononius abbas Leocedi apud Vercellas, 1159 S. Guarinus cardinalis can reg, 1267 S. Parisius mon camaldul. BEATI : 1260 Iacobus Boncambius episcopus bononiensis o.p., 1335 Bartholemaeus o.p. archiepiscopus Armeniae, 1340 Guido de Spathis o. s. Fr., 1398 Fr. Io. De Lana o.e.s.a., 1443 Nicolaus Albergatus cardinalis & episcopus bononiensis, 1444 Stephanus instaurator religionis canon. S. *Salvatoris*, 1445 Bartholomaeus Beroaldus ord. Iesuatorum, 1469 Coradinus Areostus o.p., 1471 Marcus Elephantutius franc. oss. Sepultus Placentiae, 1474 Eganus de Biancis ordo Iesuatorum, 1480 Ludovicus Morbiolus, 1494 Ioannes conversus o.p., … Gregorius conversus o.p., Antonius a cruce o.p. BEATAE 1223 Diana de Andalois o.p. prima abbatissa S. Agnetis, 1333 Ymelda de Lambertinis ex martirologio monialium s. Mariae Magdalenae, 1463 Catherina de Nigris o. s. Cl. prima abbatissa monast. Corp. Christi, 1476 Ioanna de Lambertinis o.s.Cl. in monast. Corp. Christi, 1482 Paula de Mezzavacchis idem, 1520 Helena de Oleo in ecclesia canon. regul. s. Ioannis in monte, 1533 Apollonia soror tertij ord. S. Fr, in ecclesia fratrum Annuntiatae. » (*op. cit.*, p. 595).

29 En témoigne Giovambattista Melloni, qui sera repris par les bollandistes. Dans son volume III (Bologne, 1780), G. Melloni souligne, à propos de Lodovico Morbioli, la dévotion du cardinal Paleotti qui voulut l'insérer dans son *Catalogue des saints et bienheureux bolognais*, « prima stampato a parte in Bologna nell'anno 1582, e dappoi inserito nel suo *Archiepiscopale Bononiense*, stampato in Roma nel 1594 ».

30 *Cf.* Gabriella Zarri, *op. cit.*, Elena, p. 50-52. Comme nous l'avons vu, Elena, avec sa vie de pénitence, connaît un succès très rapide mais de courte durée. La petite Imelda (*ibid.*, p. 55-56) n'a aucune consistance historique mais elle est objet d'une dévotion assez solide pour susciter une tentative de canonisation au XXe siècle (v. avant).

LES CANONISATIONS DE L'ÂGE BAROQUE

Le cardinal Gabriele Paleotti († 1597), membre de la nouvelle Congrégation des Rites, qui est en charge des canonisations, ne semble pas avoir besoin ou intérêt à accroître ou à faire évoluer le sanctoral de son diocèse. C'est seulement pour Catherine Vigri que l'on commence à se préoccuper à Bologne de réunir les éléments nécessaires à une reconnaissance de sainteté par Rome. L'effort, en termes de recherche documentaire et de rédaction de vie, vient d'en bas, ou du moins du niveau intermédiaire, celui des couvents où s'activent des religieux, comme Paolo Casanova, vicaire du *Corpus Domini*. Ce mouvement, avec l'aide pourtant peu enthousiaste de G. Paleotti, obtient l'insertion d'une notice dans le Martyrologe romain[31]. Néanmoins, le souvenir vivant de Catherine, la présence de son corps, la diffusion de ses écrits et de sa biographie, ainsi que les divers témoignages recueillis sur des grâces reçues par son intercession offrent des conditions favorables au lancement d'une cause. Le chemin va se révéler bien long car la sensibilité juridique et la conscience « publique » sont encore insuffisantes. Cependant Paolo Casanova construit patiemment le dossier qui comprend, entre autres, une ample biographie restée inédite et une *Vie* de la religieuse en images. Pour aboutir, il faudra que l'affaire passe du couvent à l'archevêché et à la ville. Ce transfert exige des moniales une forme de renoncement et d'abandon. Ce passage de relais se marque, en 1620, par la publication d'une biographie, d'une *vita*, sortie de la plume du jésuite Giacomo Grassetti, qui reconnaît explicitement sa dette envers P. Casanova, auteur[32]. L'existence de cette solide base narrative a beaucoup compté dans la conclusion heureuse qu'a connu, à la différence d'autres, ce procès de canonisation dont les étapes principales se déroulent entre 1645 et 1674 pour aboutir à la cérémonie de canonisation en 1712 et à la publication de la bulle en 1724[33].

31 Répondant à la demande insistante de P. Casanova, il obtient le *placet* du pape, *vivae vocis*. L'insertion dans le texte imprimé est une opération plus compliquée car elle doit répondre aux conditions du cardinal Baronio et entraîne des frais d'impression qui seront payés par les moniales.

32 Giacomo Grassetti, *Vita della beata Caterina di Bologna*, Bologne, Bartolomeo Cochi, 1620. D'autres éditions suivront, en général publiées à la suite des *Sette armi spirituali*.

33 Benoît XIII, le 4 juin 1724. Au début de son pontificat, il semble vouloir faire aboutir une série de causes en cours. Ce sera le cas pour huit d'entre elles, dont celles d'Andrea Corsini et de Jean de Capistran.

Au XVIIe siècle, l'activité éditoriale est strictement contrôlée par la censure ecclésiastique. Les essais hagiographiques doivent maintenant respecter les décrets d'Urbain VIII. Au début du siècle, deux figurent se détachent à Bologne. Pudenziana Zagnoni (1583-1608), tertiaire à la vie courte mais intense, suscite dans la ville une vive dévotion, soutenue à la fois par les franciscains et par les théatins qui s'en disputent le contrôle. Mais c'est surtout la prédication du jésuite Giorgio Giustiniani (1569-1644), fondateur de nombreuses congrégations, qui marque les laïcs de la ville en les appelant à s'engager dans des pratiques pieuses comme dans les œuvres de charité. Pour ces deux causes, la fabrique des saints bolognaise va s'organiser. La première préoccupation de ses acteurs est que la mémoire des témoins oculaires ne se perde pas. On le voit déjà dans le procès de Pudenziana. Celui de G. Giustiniani commence quatre ans à peine après sa mort. Et, de fait, les dépositions de ses « congregati » vont fournir les sources les plus importantes pour connaître sa vie. La littérature, qui lui est consacrée, est soit d'une qualité médiocre, comme le livret de Michele Giustiniani (1650) qui se limite à un effort de glorification d'un parent[34], soit totalement dépendante des dépositions du procès, comme la synthèse de Francesco Marazzani (1685)[35].

L'intérêt pour les canonisations s'accroît aussi du côté des archevêques. Ainsi, durant l'épiscopat de Niccolò Albergati Ludovisi, de 1645 à 1651, l'on voit s'ouvrir non seulement le procès de Giorgio Giustiniani (1648) mais aussi ceux de Nicolas Albergati (1650), célèbre parent de l'archevêque, de Catherine Vigri (1645) et de Lodovico Morbioli (1645). Son successeur Girolamo Boncompagni, secrétaire de la Congrégation des Rites, en continue une partie, de 1651 à 1684, tandis que son neveu Giacomo Boncompagni, de 1690 à 1731, ouvre en 1696 celui de Cesare Bianchetti (1585-1655), sénateur et fondateur de la Congrégation Saint-Gabriel, et il voit les célébrations de la canonisation de Catherine Vigri

34 *Operette spirituali Del Venerabile P. Giorgio Giustiniani della Compagnia di Giesù, Cioè Giornata, Passatempo, e ricordi Spirituali, con la di lui Vita scritta dall'Abbate Michele Giustiniani, Patritio Genovese de' Signori di Scio*, Avellino, Camillo Cavallo, 1656. C'est la deuxième et mince partie d'un livret consacré avant tout à *La Gloriosa morte de' diciotto fanciulli Giustiniani…*. Les pages 9 à 46 rassemblent les connaissances générales sur la vie du jésuite, en puisant dans une histoire manuscrite du Séminaire romain et chez Gaspare Bombaci. Un deuxième fascicule (p. 1-48) concerne les écrits spirituels de G. Giustiniani.

35 Francesco Marazzani, *Vita del servo di Dio il P. Giorgio Giustianiani*, Bologne, per l'herede di Vittorio Benacci, 1685.

(1712). Désormais, le chemin de la canonisation, avec ses différentes étapes formelles, aboutit positivement quand la cause dispose d'une base documentaire solide. C'est le cas pour la cause de Catherine Vigri, qui, comme on l'a vu, a fait l'objet de nombreux récits, écrits et en images. Son corps continue à offrir une présence exceptionnelle au cœur de la ville et son couvent conserve d'autres reliques, comme ses autographes et sa première biographie. Un véritable travail d'archiviste va permettre de réunir les autres sources disponibles. Il n'est plus question, comme aux siècles précédents, de participer ou de nourrir une émotion collective, ou de produire de beaux ouvrages de rhétorique mais il s'agit maintenant de collecter des faits, de les attester et de les mettre en valeur.

Pour L. Morbioli, le seul élément disponible est sa *Vie* en vers rédigée par B. Spagnoli, qui est reprise un siècle après par G. P. Chizzola, un autre carme[36]. Dans ces conditions, son procès n'est même pas envoyé à Rome. Cependant, la ténacité de ses dévots obtient, deux siècles plus tard, la reconnaissance de son *cultus ab immemorabili* et la concession d'un office et messe propres[37].

LA CAUSE DE NICOLAS ALBERGATI

La cause de Nicolas Albergati (1375-1443) a une influence plus importante. Appartenant à une vieille famille noble, l'illustre Bolognais fut chartreux, premier archevêque de la ville, cardinal et diplomate au service du pape[38]. À sa mort, il est célébré pour ses vertus par des hommes de lettres comme Poggio Bracciolini et Vespasiano da Bisticci[39], tandis

36 Gio. Pietro Chizzola, *Vita del beato Lodovico de Morbioli*, Bologne, per Alessandro Benacci, 1586.

37 Les *Positiones* témoignent de ce travail de préparation. Dans la première, publiée en 1842, pour sur la validité du statut de *casus exceptus* de la cause de L. Morbioli. La deuxième, publiée en 1843, concerne la concession d'un office et messe propres dont elle contient les textes.

38 *Cf.* Edith Pázstor, *DBI*, t. 1, Rome, 1960, p. 619-621. Il est significatif que cette notice, bien que sensible à la dimension spirituelle du personnage, soit centrée sur son activité diplomatique.

39 On ne dispose pas d'une biographie critique pour Nicolas Albergati. Dans la première moitié du XXe siècle, un effort important a été fait pour présenter de façon analytique ce

que son collègue Jacopo Zeno, évêque de Padoue, rédige sa biographie, un texte très sobre qui reste alors manuscrit[40]. Si ce personnage et la littérature qui lui est consacrée dépassent la seule dimension locale (il est mort et enterré à Sienne), il jouit cependant d'un culte à Bologne, en particulier comme patron de plusieurs confréries[41]. Ouvert deux cents ans après sa mort, son procès s'efforce de remettre en lumière sa famille, le couvent qu'il avait choisi pour sa vie religieuse, la ville dont il a été évêque. Les témoignages de ses contemporains avaient été de qualité, de Poggio Bracciolini à Francesco Filelfo ou Jacobo Zeno, fortement soutenus par son ancien secrétaire Tommaso da Sarzana, le futur pape Nicolas V[42]. Parallèlement au procès, Luigi Manzini et Buonaventura Cavallo publient de nouvelles biographies de Nicolas Albertagi[43]. L. Manzini est celui qui met le plus en valeur la dimension bolognaise du personnage.

Le procès et ces nouvelles biographies s'appuient sur les travaux de Georges Garnefelt, chartreux de Cologne et continuateur de Surius, qui, dans sa *Vie* de Nicolas Albergati, parue en 1618, utilise une méthode qui lie étroitement le recours aux sources et la littérature hagiographique[44]. Après avoir transcrit les textes fondamentaux (oraison funèbre, première biographie, etc.), G. Garnefelt dresse en effet la liste de tous les textes qui ont été consacrés à Nicolas Albergati, même ceux qui ne font que

personnage, tout en mettant à disposition des chercheurs la majorité des sources : Paolo De Töth, *Il beato cardinale Nicolò Albergati e i suoi tempi, 1375-1444*, 2 vol., Acquapendente, tip. « La commerciale », 1934. Sa publication a été soutenue par le dédicataire, l'archevêque *pro tempore* de Bologne, le cardinal Nasalli Rocca. Voir aussi Riccardo Parmeggiani, « Visite pastorali e riforma a Bologna durante l'episcopato di Niccolò Albergati (1417-1443) », *Rivista di storia della chiesa in Italia*, 69, 2015, p. 21-47.

40 On peut la lire dans *Acta Sanctorum maii*, II, 1866, p. 465-488. Le dossier part d'Ughelli et du culte bolognais, avec de nombreuses références. L'on donne ensuite les *Vies* de Zeno (*De vita et moribus Nicolai cardinalis Sanctae Crucis*, 467-475) et de Sigonio (475-488).

41 Il meurt à Sienne, où il se trouve à la suite du pape Eugène IV, et dispose d'être enseveli à la chartreuse de Florence.

42 Paolo De Töth, *op. cit.* Les documents justificatifs contiennent tous ces textes, sans trop que les éditeurs ne se préoccupent de méthode critique.

43 Luigi Manzini, *Il Principe ecclesiastico. Istoria e osservazioni di Luigi Manzini cavate dalla vita del beato cardinale Niccolò Albergati*, Bologne, Gio. Battista Ferroni, 1645. Buonaventura Cavallo, *Vita del beato Niccolò Albergati card. di Santa Croce*, Rome, Mascardi, 1654.

44 *Vita B. Mem. Nicolai Albergati Carthusiani, episcopi bononiensis, S.R.E. tit. S. Crucis Cardinalis, et summi poenitentiarii, conscripta olim a tribus celeberrimis viris Jacobo Zeno, Poggio Florentino, & Carolo Sigonio ; nunc autem additis septendecim celebrium scriptorum, qui eiusdem cum sanctitatis laude meminerunt, testimoijs, in lucem edita* per F. Georgium Garnefelt Carthusianum Coloniensem, ..., Coloniae Agrippinae, apud Ioannem Kinchium, sub Monocerote, 1618.

quelques lignes. Par la suite, la réunion du plus grand nombre possible de citations d'auteurs qui ont fait mémoire du serviteur ou de la servante de Dieu, même s'il s'agit de textes exprimant des doutes, va devenir un passage obligé des procès de canonisation. Ces listes interminables d'ouvrages généraux, religieux ou profanes, insérées dans les actes des procès de canonisation comme dans les biographies de l'âge baroque, vont avoir pour mission de prouver la solidité tant des faits et des récits[45]. Un siècle plus tard, l'expert par excellence, Prospero Lambertini, pape Benoît XIV, avant de promulguer le bref de concession de culte de Nicolas Albergati en 1744, conduira personnellement l'examen de toutes les pièces dont on dispose à l'époque. Le travail de G. Garnefelt sera le point de départ de son travail[46].

Dès lors, calendriers liturgiques, martyrologes et mémoires historiques, qui ont un statut et un intérêt très différents, sont cités de la même façon dans ces ouvrages que Ludovico Antonio Muratori qualifie d'« opere di schiena » (« travaux de force »), fruits d'« ingegni fachineschi » (« esprits bruts[47] »). Cependant cette production occupe une place que l'on ne peut ignorer.

À l'extrême fin du XVIIe siècle, en 1696, au moment où le procès pour Catherine Vigri est sur le point d'aboutir, est ouvert un procès pour Cesare Bianchetti, sénateur de Bologne et fondateur de la Congrégation de Saint-Gabriel. Ce laïc cultivé, à la vie religieuse très intense, a soutenu l'avancement du procès de Catherine Vigri, et a connu la prédication de Giorgio Giustiniani, avant de témoigner à son procès de canonisation[48]. Sa cause aurait donc pu venir conclure en beauté une période

45 *Cf.* Serena Spanò Martinelli (éd.), *Il processo di canonizzazione di Caterina Vigri (1586-1712)*, Florence, Sismel. Edizioni del galluzzo, 2003, « Caterina Vigri. La Santa e la città » 4). La *fama sanctitatis* est prouvée par les témoignages et par les écrits. Dans le procès de 1650-1651, sont produits 26 ouvrages qui sont contrôlées et dont la transcription occupe plusieurs séances du procès (p. 276-284). Un nouvel contrôle de ces ouvrages a lieu une vingtaine d'années plus tard (p. 817).

46 *Romanorum pontificum regum atque illustrium virorum testimonia de beato Nicolao Albergato cardinali S. Crucis & episcopo Bononiensi jussu, et auspiciis Benedicti XIV pontificis maximi nunc primum collecta, & in sex classes distribuita… a studio et labore Constantini Ruggerii*, Romae, Ex Typographia Francisci de Comitibus Impressoris Cameralis, 1744. De fait, c'est Lambertini qui a conduit directement la recherche.

47 Ludovico Antonio Muratori, *Opere*, 8, *Primi disegni della Repubblica letteraria d'Italia*, Arezzo, per Michele Bellotti, 1768, p. 8. *Id.*, *Delle riflessioni sopra il buon gusto nelle scienze e nelle arti*, Cologne, a spese di Francesco Ricciardo, 1721, p. 33.

48 Renzo Negri, *DBI*, t. 10, Rome, 1968, p. 44-45.

faste pour la sainteté bolognaise mais son procès va s'arrêter rapidement et il restera un bienheureux au culte local, patron des congrégations qu'il a fondées. Cependant, ce procès représente une sorte de synthèse et une nouvelle ouverture dans les relations entre procès de canonisation et biographies. En effet, la biographie de C. Bianchetti, publiée au début du XVIIIe siècle, s'appuie sur des archives de la Congrégation de Saint-Gabriel mais elle est surtout étroitement dépendante du procès de canonisation[49].

L'ÂGE DE LA CRITIQUE

On peut voir dans la publication, à partir de 1773, des *Atti e memorie degli uomini illustri in santità nati o morti in Bologna* le *terminus ad quem* de notre parcours[50]. L'oratorien Giovambattista Melloni (1713-1781), né à Pieve di Cento, se présente fièrement comme un citoyen de Bologne[51]. Son projet qui consiste à réunir dans un unique *corpus* tous les éléments concernant les cultes de la ville est trop ambitieux pour un seul homme. Au lieu de commencer par traiter des saints officiels, dont le culte public a été reconnu par l'Église, il s'attache en premier à l'étude des cultes *ab immemorabili*, qui occupent à eux seuls trois volumes. Son but est de mettre solidement en valeur un patrimoine, en employant les outils de la critique historique, dans le sillage de l'érudition sacrée. Il n'ajoute guère que quelques figures au cortège des vingt-et-un bienheureux et bienheureuses de *l'Archiepiscopale* de G. Paleotti. Pour chaque personnage, il opère une reconstruction biographique, à partir des données disponibles, sans cacher les doutes et les problèmes, s'appuyant souvent sur l'autorité des Bollandistes et sur celle de P. Lambertini. Chaque volume comprend en deuxième partie un appendice, qui rassemble

49 Carl'Antonio Del Frate, *Vita del venerabile servo di Dio Cesare Bianchetti senatore di Bologna e fondatore della congregazione di S. Gabriele*, Bologne, 1704.

50 Giovambattista Melloni, *Atti o memorie degli uomini illustri in santità, nati o morti in Bologna*, 6 vol., Bologne, Lelio dalla Volpe, 1773-1818.

51 Andrea Daltri, *DBI*, t. 73, 2009, p. 356-357. Aldo Berselli et Antonio Samaritani (dir.), *Giovambattista Melloni agiografo (1713-1781) nel suo tempo e nel suo ambiente. Giornate di studio nel secondo centenario della morte*, Pieve di Cento, 1984.

minutieusement toutes les sources connues. Giovambattista Melloni meurt en ayant préparé les biographies des vingt-quatre saints officiels, mais sans avoir rédigé les appendices. Cependant, ses collaborateurs se chargent d'achever le travail, à partir des notes qu'il a laissées, et publient les deux derniers des six volumes.

Seul un souhait de Giovambattista Melloni ne s'est pas réalisé : celui de voir son œuvre servir à l'ouverture de nouveaux procès. Au cours du XIXe siècle et dans le premier XXe, Bologne a connu un certain regain d'intérêt pour les procès de canonisation, sans qu'aucune nouvelle cause n'aboutisse[52]. Dans sa synthèse, déjà citée plusieurs fois, Gabriella Zarri a signalé l'existence de nombreux prêtres et de religieuses exemplaires pour lesquels des procédures ont été ouvertes. Mais il a fallu attendre 1989 pour que l'une de ces causes, celle de Clelia Barbieri (1847-1870), aboutisse à une canonisation et elle est restée un cas unique. D'autres causes sont toujours en cours pour des personnes ayant vécu au XXe siècle, que l'on a essayé de lier aux premiers martyrs. Mais il s'agit là d'une autre histoire[53].

Serena Spanò Martinelli
AISSCA (Rome)

52 Au XIXe siècle, plusieurs cultes *ab immemorabili* sont confirmés. On s'est intéressé en particulier à la cause de L. Morbioli. À la fin siècle, une tentative plus importante a lieu en faveur de Diana degli Andalò († 1236), la première dominicaine de la ville, mentionnée dans l'*Archiepiscopale*. Deux volumes de positions recueillent plusieurs témoignages et rappellent l'histoire des différentes translations de son corps. Mais l'opération n'aboutit pas et elle reste pour l'instant une bienheureuse bénéficiant d'un culte local. Un autre procès est instruit entre 1921 et 1942 pour Imelda Lambertini († 1333) mais il échoue par manque de consistance historique du personnage.

53 Giulio Malaguti (dir.), *Martirio di pace. Memoria e storia del martirio nel* XVII *centenario di Vitale e Agricola*, Bologne, il Mulino, 2004.

QUATRIÈME PARTIE

CANONISATION ET HAGIOGRAPHIE

DE LA CONFESSIONNALISATION À LA SÉCULARISATION

LA NAISSANCE ILLÉGITIME DE LOUISE DE MARILLAC ENTRE BIOGRAPHIES ET PROCÈS DE CANONISATION (XVIe-XXe S.)

Louise de Marillac, cofondatrice des Filles de la Charité, meurt en odeur de sainteté, à Paris, le 15 mars 1660, quelques mois avant Vincent de Paul, qui décède le 27 septembre suivant[1]. Elle est enterrée dans l'église Saint-Laurent, sa paroisse. Alors que le procès de canonisation du fondateur de la Congrégation de la Mission est ouvert dès 1705 et qu'il aboutit rapidement à sa béatification en 1729 puis à sa canonisation en 1737[2], les pères de la Mission et les Filles de la Charité décident d'instruire celui de Louise de Marillac en mars 1886, soit plus de deux siècles après son décès. Il aboutit, en 1920, à la béatification de cette femme laïque puis à sa canonisation en 1934[3]. Interroger la façon dont les conditions de la naissance de Louise de Marillac ont été traitées pendant ce procès, qui se déroule à une époque où la question de l'illégitimité est encore très délicate voire plus infamante qu'elle ne l'était de son vivant, permettra d'évaluer son influence sur le cours des événements et d'étudier, à partir de cet élément particulier, la place et le poids des biographies de l'époque moderne dans la gestion d'un procès de canonisation instruit à l'époque contemporaine[4].

---

1 *Cf.* Matthieu Brejon de Lavergnée, « Louise de Marillac, une dévote du Grand Siècle », *Histoire des Filles de la Charité,* XVIIe-XVIIIe *siècle. La rue pour cloître*, Paris, Fayard, 2011, p. 63-103.

2 *Cf.* Fernand Combaluzier, « Le procès de béatification de Vincent de Paul », *Divus Thomas*, 63, 1960, p. 523-553 ; Pierre Coste, *Le grand saint du Grand Siècle, Monsieur Vincent*, Paris, Desclée de Brouwer, 1932, t. 3, chap. 66, « Béatification et canonisation », p. 459-494.

3 *Cf.* J. Parrang, « Historique de la cause de la bienheureuse Louise de Marillac », *Annales de la Congrégation de la Mission* [*ACM* ensuite], t. 85 (1920), p. 774-787, et Betty Ann McNeil, « Spes Unica. Path to Glory : The Canonization of Louise de Marillac », in *Vincentian Heritage Journal*, 13-2, 1992, p. 113-126.

4 L'Église catholique a ajouté au cours du XIXe siècle des signes supplémentaires d'infamie à ces naissances en interdisant, par exemple, de faire sonner les cloches lors du baptême des enfants naturels (*cf.* Vincent Gourdon et Isabelle Robin, art. cité en note 7 infra).

LE MYSTÈRE D'UNE NAISSANCE

La naissance illégitime de Louise de Marillac, fille de Louis de Marillac et d'une femme dont elle ne prononça jamais le nom – le connaissait-elle ? – était de notoriété publique et jeta une ombre sur toute sa vie, même quand elle fut devenue Mademoiselle Le Gras par son mariage[5]. Elle mentionne elle-même que sa naissance fut source de souffrances psychologiques permanentes : « Dieu m'a fait la grâce de me faire connaître que sa sainte volonté était que j'allasse à Lui par la croix. Sa bonté a voulu que j'en fusse marquée dès ma naissance même[6] ». L'illégitimité, encore qualifiée de bâtardise au XVIIe siècle, était, comme elle le sous-entend, une « marque », une tache morale aux conséquences sociales lourdes. En effet, même si le baptême n'était pas refusé, sauf exception, aux enfants nés dans ces conditions et que l'on disait « naturels », les théologiens s'interrogeaient tout de même pour savoir si le vice qui avait présidé à leur conception ne leur était pas transmis et ne circulait pas encore dans leur sang[7]. C'est de cette même marque dont parle Henri Basnage de Beauval dans l'article « bâtard » du *Dictionnaire universel* de Furetière qu'il réédite et complète en 1710 : pour lui, les enfants illégitimes, en tant qu'« effets [...] proches de la débauche et de la pudeur violée, [...] portent sur le front les marques du vice dont ils sont la production [...], quelques traces de l'infamie et de l'indignité de leur naissance », que les lois les excluant leur infligent, dans un but dissuasif et moralisateur, « pour retrancher la licence de mal faire[8] ».

5 Pour la présentation des grandes lignes de cette histoire, voir Matthieu Brejon de Lavergnée, *op. cit.*, p. 65-66 et Robert Descimon, « Louise de Marillac (15 août 1591 à Ferrières plutôt qu'à Paris-15 mars 1660) parmi les siens », dans Matthieu Brejon de Lavergnée (dir.), *Des Filles de la Charité aux Sœurs de Saint-Vincent-de-Paul, Quatre siècles de cornettes (XVIIe-XXe siècle)*, Paris, H. Champion, 2016, p. 45.

6 Louise de Marillac, *Ses écrits*, Paris, Imp. Kremer, 1961, p. 895.

7 *Cf.* Sylvie Steinberg, *Une tache au front. La bâtardise aux XVIe et XVIIe siècles*, Paris, Albin Michel, 2016 ; « La tache de bâtardise en France sous l'Ancien Régime », dans Carole Avignon (dir.), *Bâtards et bâtardises dans l'Europe médiévale et moderne*, Rennes, Presses universitaires de Rennes, 2018, p. 439-454, et Vincent Gourdon et Isabelle Robin, « Le baptême des illégitimes, XVIe-XXIe siècle », dans *Ibid.*, p. 225-241.

8 Article « Bastard », *Dictionnaire universel [...] recueilli et compilé par feu Messire Antoine Furetière [...] seconde édition [...] par Mr Basnage de Bauval*, La Haye-Rotterdam, Arnoud et Reinier Leers, 1701, f. Oov-Oo2r.

Il ajoute cependant qu'ils sont « les fruits innocents du crime de leurs pères », indiquant une certaine ambivalence du regard porté sur eux. De son côté, le droit canon imposait aux hommes nés dans ces conditions et qui voulaient être ordonnés prêtre de demander une dispense du fait de l'irrégularité liée à leur « défaut » de naissance[9].

Dans ces conditions, la sainteté d'une personne née sous le statut d'enfant « naturel » et surtout la reconnaissance de cette sainteté par l'Église catholique relevaient de la même ambiguïté. Rien ne s'y opposait formellement – Benoît XIV n'évoque pas, dans son célèbre traité, l'illégitimité comme un obstacle à la canonisation[10] – mais chacun sentait bien que les traces d'infamie étaient difficilement compatibles avec la dignité requise pour un culte public. Lors des procès de canonisation, les témoins mentionnaient d'ailleurs souvent le fait que les candidats ou candidates à la sainteté dont ils évoquaient la vie étaient nés d'un mariage légitime[11]. Inversement, l'on voit bien que les postulateurs de la cause de l'archevêque Juan de Ribera, à la suite de ses biographes, omirent sciemment, lors de son procès de canonisation, de citer sa naissance illégitime et la dispense qu'il avait dû demander de ce fait pour devenir prêtre[12].

De la même façon, la naissance illégitime de Louise de Marillac embarrasse son premier biographe, Nicolas Gobillon (1626-1706), docteur de la Sorbonne et curé de Saint-Laurent, paroisse qui abrite alors les maisons mères des Filles de la Charité et des pères de la Mission[13].

---

9 Voir Sylvie Steinberg, art. cité.

10 Voir Benoît XIV, *De Servorum Dei beatificatione et Beatorum canonizatione (La Beatificazione dei servi di Dio e la canonizzazione dei Beati)*, Cité du Vatican, Libreria Editrice Vaticana, t. II/2, 2013, chap. XLI, De his, quae famae sanctitatis obstare possunt (Le cose che possono essere di ostacolo alla fama di santità), p. 154-175.

11 Par exemple, l'article premier de l'interrogatoire du procès en faveur de Giovanna Bonomo († 1670) est ainsi rédigé : « la verità fù et è che la venerabile Serva di Dio [...] fù figlia legitima e naturale di Giovanni Bonomo [...] e di Virginia Ceschi coniugi » (« La vérité fut et est que la vénérable Servante de Dieu était la fille légitime et naturelle de Giovanni Bonomo [...] et de Virginia Ceschi mariés »). AAV, *Cong. Riti*, *Processus*, vol. 3627, 1699, f. 10v-11r. Chiara Maria della Passione Colonna († 1676) est, elle, présentée, dans les articles de son procès, comme la « fille légitime » (« figlia legitima ») de Don Philippe Colonna, connétable du royaume de Naples et Donna Lucretia Tomarelli (AAV, *Cong. Riti*, *Processus*, vol. 2462, 1676, f. 17v).

12 Voir supra Giovanna Fiume p. 177.

13 Sur Nicolas Gobillon et sa carrière ecclésiastique, voir Ségolène de Dainville-Barbiche, *Devenir curé à Paris. Institutions et carrières ecclésiastiques (1695-1789)*, Paris, PUF, 2005, p. 390, 416 et surtout 469.

L'ecclésiastique n'a guère jusque-là rédigé qu'un bref écrit sur le martyre du saint patron de sa paroisse et n'en donnera plus d'autres[14]. Il publie cette *Vie* en 1676[15]. Pour la rédiger, il a travaillé à partir d'informations fournies par les Lazaristes et à la demande du successeur de Vincent de Paul, René Alméras, quelques années seulement après la mort de la fondatrice et du vivant de son fils Michel-Antoine Le Gras († 1696)[16]. Dans cet ouvrage, il multiplie les expressions de regrets concernant la rareté et la mauvaise qualité des sources dont il dispose, comme pour se dédouaner vis-à-vis de son lecteur[17]. Ces regrets visent-ils le récit des origines de Louise de Marillac ? Il tait en effet l'illégitimité de sa naissance, vraisemblablement à la demande de ses commanditaires. Et, tout aussi certainement sur les indications des mêmes, il affirme que sa mère s'appelle Marguerite Le Camus, mais n'en dit rien de plus, si ce n'est qu'elle meurt peu de temps après la naissance de sa fille. Cette femme semble sortie de nulle part tant on ne retrouve aucune information à son sujet. Est-ce un pieux mensonge de la part de Nicolas Gobillon ? Peut-être mais on ne peut pas totalement écarter l'idée que

14 Nicolas Gobillon, *Le martyre de saint Laurent, tiré des vers de Prudence*, Paris, C. Savreux, 1662, 25 p.

15 Nicolas Gobillon, *La Vie de Mademoiselle Le Gras, Fondatrice et première supérieure de la Compagnie des Filles de la Charité, Servantes des Pauvres Malades*, Paris, André Pralart, 1676, [20] 333 p.

16 « Il seroit à souhaiter d'ailleurs que son histoire digne des auteurs les plus celebres, fût l'ouvrage d'une main plus habile. Je n'ay pu neantmoins refuser de l'entreprendre aux prieres de Monsieur Almeras, qui a succedé à Monsieur Vincent, avec tant de merite dans la charge de Superieur general » (Nicolas Gobillon, *La Vie de Mademoiselle Le Gras*, *op. cit.*, Livre 1er, p. 5). Voir Robert Descimon, « La *Vie* et la vie de Louise de Marillac », *Les Dossiers du Gribl* [En ligne], Nicolas Lefevre de Lezeau et l'écriture, mis en ligne le 24 novembre 2011 (consulté le 20 mars 2021).

17 Il note une première fois, dans l'Avertissement, que la documentation qu'on lui a fournie ne lui permet que d'être très général : « le détail d'une vie si sainte n'a pas été remarqué avec le soin et l'exactitude qu'il meritoit, et je n'ay pu prendre qu'une idée generale de ses vertus sur les memoires qui m'ont esté communiquez » (Nicolas Gobillon, *La Vie de Mademoiselle Le Gras*, *op. cit.*, « Avertissement », p. [IX]). Il revient quelques lignes plus loin sur la faiblesse des sources disponibles : « Sur cela j'ay forgé le plan de cette histoire, qui auroit été plus considerable, si j'avois pu découvrir toute la matiere qui en pouvoit faire la composition. On ne laissera pas neant-moins de tirer quelque avantage de ce peu de fonds qui est resté. » (*Ibid.*, p. [X]). Il revient encore sur ces difficultés dans le chapitre premier : « Il ne m'a pas été possible de découvrir tout le détail d'une vie si chretienne, après les recherches les plus exactes. Il faut que je me contente de communiquer au public ce que j'ay pu apprendre par ses écrits, qui m'ont été mis entre les mains, et par le raport de quelques personnes qui ont été les témoins de ses vertus, et qui ont eu part à ses emplois. » (*Ibid.*, p. 5).

l'auteur dise la vérité au milieu d'une série de silences volontaires[18]. En effet, il ne dit pas que ce couple est légitimement marié : « Louise de Marillac nâquit à Paris, de Louis de Marillac sieur de Ferrières, et de Marguerite Le Camus, le douzieme jour du mois d'Août de l'année mil cinq cens quatre-vingt-onze. Elle perdit sa mere dans son bas âge[19]. » Le titre même choisi pour l'ouvrage, *La vie de Mademoiselle Le Gras*, n'attire pas l'attention sur les origines de la fondatrice et met à distance son illégitimité.

Il faut aussi remarquer que le projet hagiographique est assez discret dans cette biographie. Dans l'avertissement, on ne trouve guère sous la plume de Nicolas Gobillon qu'une formule assez vague concernant la « vie sainte » ou « la vie si chrétienne » de Louise de Marillac pour justement regretter qu'elle n'ait pas été vraiment prise au sérieux au point de ne pas en garder la mémoire[20]. Dans le corps de l'ouvrage, l'auteur ne s'attarde pas non plus sur les vertus de la fondatrice. Alors que ces dernières fournissent en général le corps des biographies tant des religieuses que des femmes laïques[21], elles ne donnent ici la matière qu'à

18 Matthieu Brejon de Lavergnée avance les hypothèses « d'une liaison inavouable, femme mariée, servante, hasard d'une rencontre » (*Histoire des Filles de la Charité*, p. 66). Robert Descimon pense que la mère de Louise aurait pu être une fille de Jean Alméras, qui constitue une rente pour Louise de Marillac en 1602. (*Cf.* Robert Descimon, « La *Vie* et la vie de Louise de Marillac », *Les Dossiers du Grihl*, Nicolas Lefevre de Lezeau et l'écriture, mis en ligne le 24 novembre 2011 (http://journals.openedition.org/dossiersgrihl/4712 [Consulté le 1-12-2018]). Il précise, en 2016, qu'il déduit cette hypothèse de la note de Pierre Coste qui était, selon lui, une « façon de suggérer que la mère de Louise était une Alméras » (Robert Descimon, « Louise de Marillac (15 août 1591 à Ferrières plutôt qu'à Paris-15 mars 1660) parmi les siens », dans Matthieu Brejon de Lavergnée (dir.), *Des Filles de la Charité aux Sœurs de Saint-Vincent-de-Paul*, *op. cit.*, p. 45). Cela semble une surinterprétation du texte de P. Coste qui s'appuie sur ce document pour pointer l'illégitimité de Louise de Marillac. Autre hypothèse : Louise aurait été la fille adultérine de Michel de Marillac (*Cf.* Benito Martinez, « Santa Luisa de Marillac. Prima etapa de su vida (12 août 1591 – 29 novembre 1633) », *Vincentiana*, 4-6, 1984, p. 487-514). Il faudrait supposer dans ce cas que Nicolas Gobillon a doublement menti ou a été doublement trompé.

19 Nicolas Gobillon, *La Vie de Mademoiselle Le Gras*, *op. cit.*, Livre Ier, chap. Ier, « Naissance de Mademoiselle le Gras. Son éducation. Ses exercices dans sa jeunesse », p. 6. N. Gobillon ne mentionne pas non plus le mariage de Louis de Marillac avec Antoinette Camus en 1595, ni Innocente de Marillac, l'enfant née de cette union en 1601.

20 « Le détail d'une vie si sainte n'a pas été remarqué avec le soin et l'exactitude qu'il meritoit » (Nicolas Gobillon, *op. cit.*, « Avertissement », p. [IX]).

21 Voir ce que dit Michel de Certeau sur la place du « discours de "vertus" » dans l'hagiographie (« Une variante : l'édification hagio-graphique », dans *L'Écriture de l'histoire*, Paris, Gallimard, 1975, p. 282-284). Voir également Jacques Le Brun, *Sœur et amante. Les biographies spirituelles féminines du XVIIe siècle*, Genève, Droz, 2013, et Christian Renoux,

deux pages du premier livre, dans le chapitre concernant sa vie de femme mariée, suivies par cinq pages sur sa vie spirituelle, ses tentations et ses retraites[22]. Les livres second, troisième et quatrième sont eux consacrés à l'histoire de la fondation et du développement de la Compagnie des Filles de la Charité, qui semble être le véritable objet du projet éditorial, au-delà même de la biographie de la fondatrice[23]. Nicolas Gobillon le dit d'ailleurs assez directement à la reine Marie-Thérèse d'Autriche dans les premiers mots de sa dédicace :

> Ce n'est pas icy seulement l'Histoire d'une personne particulière dont Vôtre Majesté me veut bien permettre de luy representer les vertus. Le sujet que j'ay pris m'engage par luy-même dans une étendue qui est plus digne de la grandeur de vôtre zèle, et je ne puis écrire la Vie d'un celebre Fondatrice de nos jours sans parler en même temps de l'origine d'une sainte communauté de Filles dont elle a fait l'établissement[24].

C'est donc aussi et peut-être surtout la sainteté de la Compagnie qu'il s'agit de faire connaître. Et, d'ailleurs, ce n'est qu'une fois celle-ci est mise en avant que celle de la fondatrice est évoquée, toujours avec prudence. En effet, dans le dernier chapitre du livre IV qui rapporte la dernière maladie, la mort et la sépulture de Louise de Marillac et qui clôt la partie proprement biographique de l'ouvrage, respectant ainsi le canevas habituel des *Vies* pieuses, Nicolas Gobillon note :

> il ne restait plus pour la gloire de sa Fondatrice, que de recevoir du Ciel la récompense d'une institution si sainte, et de tant de travaux, et d'œuvres de piété qui avait fait l'occupation de sa vie[25].

Ce récit des derniers moments de Louise de Marillac sont l'occasion pour son biographe de revenir sur la vertu théologale, dont l'exercice

---

« "La lampe sous le muid mise au jour" ou les biographies des femmes laïques en France au XVIIe siècle », *MEFRIM*, 113/1, 2001, p. 279.

22 « Il n'y a point de vertu dont cet état soit capable, qu'elle ne pratiquât avec edification » (Nicolas Gobillon, *La Vie de Mademoiselle Le Gras*, *op. cit.*, Livre Ier, Chap. II, « Mariage de Mademoiselle le Gras. Ses vertus dans cet état. Ses retraites sous la conduite de Monsieur l'Évêque de Belley »). L'évocation de ses vertus occupe les pages 10 à 12.

23 Nicolas Gobillon revient sur cet aspect dans son Avertissement sans reprendre le thème de la sainteté de la Compagnie : « On y verra l'origine et la fondation de la Compagnie des Filles de la Charité, avec la diversité des emplois qu'elles ont embrassé [*sic*] pour le service des Pauvres en toutes sortes d'états. » (*Ibid.*, « Avertissement », p. [X]).

24 *Ibid.*, « À la Reine », p. [I-II].

25 *Ibid.*, p. 169.

a marqué sa vie : la charité. Il voit dans cette pratique un gage de félicité éternelle :

> On ne peut pas souhaiter une marque plus grande de son bon heur que la charité dont elle a fait profession toute sa vie, et dans laquelle elle a persévéré jusqu'à sa mort. C'est cette vertu qui fait les Saints[26].

Après avoir rapporté que sort de temps en temps du tombeau de Louise de Marillac « une douce vapeur qui répand une odeur semblable à celle de la violette et de l'iris[27] », qu'il a lui même senti et dans laquelle il veut voir les « preuves sensibles » du jugement de Dieu et des « effets extraordinaires » de ce dernier pour faire découvrir la gloire de la défunte, il préfère insister en conclusion sur le fait que « sort une [odeur] toute spirituelle des exemples de sa vie, plus précieuse que tous les parfums, qui est un ouvrage miraculeux de la grâce, et la marque la plus glorieuse de sa sainteté[28] ».

Mais, comme nous l'avons vu, ces mentions hagiographiques restent discrètes, comme en retrait par rapport à la sainteté de la Compagnie. De même, les « pensées » de Louise de Marillac, que l'auteur trouve « si solides, si élevées et si touchantes » et auxquelles il donne une place considérable dans son ouvrage[29], ne sont envisagées qu'à destination de la Compagnie :

> Les pensées que j'y ay trouvé répandues, m'ont paru si solides, si élevées et si touchantes, que je les ay jugées dignes d'être recueillies pour l'instruction de ses Filles ; rien n'étant plus capable de leur inspirer l'amour et la fidelité pour leur vocation, que les paroles de leur Mere, animées et remplies de son Esprit[30].

Le projet hagiographique est porté plus explicitement par l'approbation donnée à l'impression de l'ouvrage par cinq évêques[31] qui présentent Louise de Marillac comme un exemple pour le « commun des Chrétiens »,

26 *Ibid.*, p. 185.

27 *Ibid.*, p. 185.

28 *Ibid.*, p. 186. Sainteté que, selon N. Gobillon, Louise de Marillac se refuse sans surprise à envisager pour elle : « une Dame luy demandant si elle ne se réjouissait pas d'aller posséder la gloire du Ciel, elle luy fit cette réponse : Ah, c'est une chose qui ne peut s'exprimer ! Mais je n'en suis pas digne » (*Ibid.*, p. 177).

29 Ces « pensées » occupent le cinquième et dernier livre de l'ouvrage et 145 des 333 pages de l'ouvrage, soit près de la moitié de celui-ci.

30 *Ibid.*, « Avertissement », p. [x].

31 Ces prélats sont François Rouxel de Médavy, archevêque de Rouen, Jean-Louis de Fromentières, évêque d'Aire, Jean de Forcoal, évêque de Sées, Hardouin Fortin de La Hoguette, évêque de Saint-Brieuc, et Jean-Baptiste d'Étampes, évêque de Perpignan.

car elle fait partie des personnes qui « pour *se sanctifier* ont été obligées par un mouvement particulier de l'esprit de Dieu de conserver quelque commerce avec le monde » :

> Tel a été l'exemple que Mademoiselle le Gras, cette Mere tendre et universelle des Pauvres, a donné à nôtre siecle dans lequel il semble que Dieu l'ait suscitée pour le convaincre que ni la foiblesse du sexe ni la délicatesse du temperament, ni les engagemens meme de la societé, ne sont pas des obstacles invincibles au salut, la charité luy aiant découvert dans le monde autant de moyens de *se sanctifier*, qu'elle y a connu de miseres differentes à soulager[32].

Mais cette sanctification des femmes laïques n'est pas au XVIIe siècle une voie vers la canonisation. Le modèle de sainteté féminine reconnu par Rome est quasi exclusivement celui de la religieuse cloîtrée, en général mystique et souvent fondatrice d'ordre[33]. Et, de fait, aucun procès de canonisation n'est ouvert pour Louise de Marillac, ni XVIIe ni au XVIIIe siècle. Cependant, dans les années 1760, au moment où se prépare la réédition de la *Vie* de Gobillon par le P. Pierre Collet, biographe de saint Vincent de Paul, la Compagnie et/ou les Lazaristes manifestent le désir de qualifier la fondatrice de vénérable. Ils vérifient auprès de leurs confrères de Rome que cela n'aurait pas de conséquence négative pour une canonisation future, preuve que l'idée n'est pas totalement absente de leurs pensées[34]. La réponse est plutôt positive et l'ouvrage qui paraît en 1769 s'intitule *La Vie de la vénérable Louise de Marillac, veuve Le Gras*, sans véritablement respecter les normes de la Congrégation des Rites qui voulaient que le titre de vénérable ne soit accordé qu'après la signature de l'introduction de la cause dans le cadre d'un procès de canonisation[35].

32 *Ibid.*, « Approbation des évêques », p. [XI]. C'est nous qui soulignons.

33 Voir Christian Renoux, *Sainteté et mystique féminines à l'âge baroque. Naissance et évolution d'un modèle en France et en Italie*, thèse de doctorat inédite, Université Paris I-Sorbonne, 1995, première partie, chapitre « Typologie de la sainteté canonisée », p. 145-200.

34 AFCP, 1216, Lettre de Jacques Lemêtre, visiteur de la province de Rome, à Jean Testori, assistant général, Rome, 17 décembre 1766.

35 Nicolas Gobillon, *La Vie de la vénérable Louise de Marillac, veuve de M. Le Gras, Fondatrice et première supérieure de la Compagnie des Filles de la Charité, Servantes des Pauvres Malades,* [...] *revue, corrigée et augmentée par M. Collet, prêtre de la Mission, Docteur en théologie*, Paris, Hansy le jeune, 1769, [19] 372 [12] [34] p. Le P. Collet a ajouté au texte de Gobillon des Pensées de Louise de Marillac (p. 353-372). Ce dernier ouvrage est réimprimé à nouveau chez Hansy le jeune en 1787. Les éditions Mame à Tours le réimpriment à leur tour en 1842 sans nom d'auteur et sans l'avertissement. Ce volume est ensuite réédité à l'identique et sous le même titre en 1862 à Paris chez la veuve Poussielgue-Russand. Sur la réédition

Il faut aussi noter que la formule démodée de « Mademoiselle Le Gras » fait place à un nom plus conforme aux usages de l'époque, qui remet en avant par la même occasion les origines familiales de la fondatrice.

C'est d'ailleurs cette nouvelle dénomination qui est utilisée tout au long de son procès de canonisation qui est finalement ouvert à la fin du XIXe siècle. À cette époque, les modèles féminins de sainteté ont commencé à évoluer et à légèrement se diversifier. À côté des religieuses dont les causes restent les plus nombreuses, quelques figures de saintes femmes laïques ont été mises en avant, en particulier en France : la bergère Germaine Cousin († 1601), dite de Pibrac, est béatifiée en 1854 et canonisée en 1867[36] ; en 1864, un procès de canonisation a été ouvert à Gap pour Benoîte Rencurel († 1718), elle aussi bergère ; un autre l'est à Orléans en 1867 pour Jeanne d'Arc († 1431). Le culte immémorial de Jeanne-Marie de Maillé († 1414), veuve, est confirmée en 1871 et celui de la recluse Alpais de Cudot († 1211) en 1874.

LE LANCEMENT D'UNE CAUSE

Le P. Louis Planson (1854-1927)[37], assistant du supérieur général de la Congrégation de la Mission, raconte, dans une conférence qu'il donne à sa communauté à Paris, le jour même de la béatification de Louise de Marillac à Rome, le 25 mai 1920, le début des démarches qui lancèrent la cause de la cofondatrice des Filles de la Charité[38]. Il rapporte que le

de 1769, voir Éric Suire, *Sainteté et Lumières. Hagiographie, Spiritualité et propagande religieuse dans la France du XVIIIe siècle*, Paris, Honoré Champion, 2011, p. 162-163.

36 Philippe Boutry, « Le procès *super non cultu*, source de l'histoire des pèlerinages : Germaine Cousin et le sanctuaire de Pibrac au lendemain de la Révolution française », *Bibliothèque de l'École des chartes*, 1996, 154-2, p. 565-590.

37 Le rédacteur de sa notice nécrologique précise qu'il « adressait aussi des conférences aux petites sœurs du Séminaire et à toute la communauté. Une des plus goûtées, m'a-t-on dit, a été celle dans laquelle il a fait l'historique de la béatification de Louise de Marillac » (« M. Planson », *ACM*, t. 92 (1927), p. 799 et p. 950-977). En novembre 1920, le P. Planson devint le directeur des Filles de la Charité.

38 Archives de la maison mère de la Congrégation de la Mission (Paris) [ACMP], non coté, Louis Planson, « Quelques notes rétrospectives sur les divers procès entamés à Paris pour la Béatification de Louise de Marillac. Au jour de la Béatification de Louise de Marillac. Conférence à la communauté le jour de la Béatification à Rome », ms, 13 p. Le P. Planson

projet d'ouvrir un procès de canonisation en faveur de cette dernière vit le jour lors du passage à la maison mère des Filles de la Charité à Paris d'un prélat italien, Mgr Raffaele Virili (1849-1925)[39], postulateur de la cause de Benoît Labre († 1783) et de plusieurs autres[40]. Se rendant aux fêtes célébrées à Arras en l'honneur de la canonisation de ce nouveau saint, il visita les sœurs le 2 juin 1882 dans leur maison de la rue du Bac[41]. Il y fut reçu par Mère Marie-Agnès Derieux († 1905), supérieure générale[42]. À cette occasion, il « s'informa si on songeait solliciter de la Sainte Église la Béatification de Louise de Marillac et quand il sut que jusqu'alors aucune démarche n'avait été tentée dans ce but, il insista vivement et déclara qu'il fallait montrer plus d'activité et de confiance. Du reste, Mgr Virili s'offrit lui-même à étudier la question et ne voulut point se retirer sans emporter la promesse de recevoir bientôt sa vie et quelques écrits de la Vénérable Mère, documents devant servir à se faire une opinion sur les chances de réussite de la cause[43]. »

Le P. Planson poursuit en rapportant qu'informé de cette visite, le P. Antoine Fiat, supérieur général des prêtres de la Mission, vit dans ces propos une confirmation d'un appel intérieur à travailler à cette œuvre[44].

---

indique, comme source de ce passage, « un très intéressant journal rédigé et conservé au Secrétariat de la Maison Mère » (note 1, p. 1), qui n'a pas pu être identifié. Je remercie le P. Claude Lautissier de m'avoir guidé dans les fonds des archives des Lazaristes.

39 Il est abréviateur surnuméraire du Parc majeur de la Chambre apostolique depuis 1901 et archevêque titulaire de Ptolémaïs en Thébaïde depuis 1915.

40 Le P. Planson le présente comme « Prélat Romain », sans préciser qu'il est le postulateur de la cause de Benoît Labre. Il fut postulateur de nombreuses autres causes, dont celles de Madeleine-Sophie Barat († 1865) et Marie-Madeleine Postel († 1846), béatifiées en 1908 et canonisées en 1925, de Joseph Cafasso († 1860), béatifié en 1925 et canonisé en 1947, et de Paola Frassinetti († 1882), béatifiée en 1930 et canonisée en 1984.

41 La canonisation de Benoît Labre (1743-1783) eut lieu le 8 décembre 1881. Un triduum fut célébré à la cathédrale d'Arras du 4 au 7 juin 1882 (« Les fêtes en l'honneur de saint Benoît-Joseph Labre dans le diocèse d'Arras », *La semaine religieuse, revue diocésaine de Sens et Auxerre*, n° 21, 27 mai 1882, p. 333).

42 Mère Derieux est supérieure générale de novembre 1880 à mai 1887 (*Cf.* Matthieu Brejon de Lavergnée, *Le temps des cornettes. Histoire des Filles de la Charité* XIXe-XXe *siècle*, Paris, Fayard, 2018, p. 459). Sa notice nécrologique est publiée dans la circulaire des supérieures du 1er janvier 1907 (*Ibid.*, p. 537). Elle témoigne au procès informatif en mars 1887 (AFCP, 1282, *Proc. ord. Paris. s. fama*, session 31, 15 mars 1887 – session 33, 29 mars 1887, t. 1, p. 374-381 et t. 2, p. 382-400).

43 ACMP, Louis Planson, « Quelques notes… », p. 1.

44 Le P. Antoine Fiat (1832-1915) est supérieur général des Pères de la Mission et des Filles de la Charité de 1878 à 1914. *Cf.* Hubert Meuffels, « Le T. H. P. Antoine Fiat (1832-1915) supérieur général de la Congrégation de la Mission et de la Compagnie des Filles de la Charité de Saint Vincent de Paul. Esquisse biographique », dans *Annales de la Congrégation*

Lorsque ce dernier est interrogé comme témoin lors du procès ordinaire, en 1889, il donne une version différente de ces commencements : « Lorsque j'ai été élu supérieur, je n'y songeais pas mais je dois avouer que différentes circonstances intimes ont contribué à me faire penser que la Providence m'avait destiné à entreprendre ce procès. Entre autres, la recommandation qui me fut faite il y a un certain nombre d'années de la part d'une âme pieuse, de prier pour les Filles de la Charité et la parole qui me fut dite par une Fille de la Charité que j'estime être morte en odeur de sainteté : "que le bon Dieu me destinait pour quelque grande chose[45]" ». Il est probable que cette « Fille de la Charité morte en odeur de sainteté » ait été Catherine Labouré, décédée le 31 décembre 1876 à Paris, célèbre depuis 1830 pour ses visions et ses révélations sur la Médaille miraculeuse. C'est d'ailleurs sûrement parce qu'il est venu se recueillir à la Chapelle de la Médaille miraculeuse, rue du Bac, que Mgr Virili a posé la question de la béatification de Louise de Marillac, la fondatrice de la Compagnie dont on voit une des filles être à l'origine d'un tel mouvement spirituel en cette fin du XIXe siècle[46]. À l'époque, les Lazaristes et les Filles de la Charité ne comptaient aucun saint ou bienheureux dans leurs rangs en dehors de Vincent de Paul. Cependant, malgré les réticences anciennes de la Congrégation de la Mission, liées à sa volonté de conserver son humilité[47], deux procédures avaient été engagées au début du siècle pour

de la Mission (Lazaristes) et de la Compagnie des Filles de la Charité, t. 114-115, année 1949-1950, n° 453-455, p. 3-56. Voir aussi John E. Rybolt, *The Vincentians : A General History of the Congregation of the Mission*, t. IV, *An Era of Expansion, 1878-1919*, Hyde Park (NY), New City Press, 2014, chap. I, Antoine Fiat, 1878-1914.

45 Archives de la maison mère des Filles de la Charité (Paris) [AFCP], 1282, Processus ordinarius super fama sanctitatis vitæ, virtutibus et miraculis praefatæ servæ Dei Ludovicæ de Marillac viduæ le Gras confundatricis Puellarum Charitatis in civitate Parisiorum contruendi [*Proc. ord. Paris. s. fama*], session 83, 8 janvier 1889, témoignage du P. Antoine Fiat, t. 3, p. 1066. Je remercie sœur Jeanne-Marie et sœur Ana Maria pour leur accueil aux archives des Filles de la Charité.

46 La procédure en vue de l'ouverture d'un procès de canonisation en faveur de Catherine Labouré n'est engagée que quelques années plus tard, en 1894, à la demande expresse du cardinal Masella (*Cf.* René Laurentin, *Catherine Labouré et la Médaille miraculeuse. Le procès de Catherine (1877-1900)*, Paris, 1979 et Stafford Poole, « Pierre Coste and Catherine Laboure : The Conflict of Historical Criticism and Popular Devotion », *Vincentian Heritage Journal*, 20, 2, 1999, p. 291). Et Mgr Virili accepta d'être le postulateur de la cause (AFCP, 140, Béatification – canonisation Louise de Marillac, Lettre de Mgr Virili au P. Fiat, 4 octobre 1894). Voir également Matthieu Brejon de Lavergnée, *Le temps des cornettes*, *op. cit.*, p. 401-437.

47 Lors de la 18e Assemblée générale de la Congrégation de la Mission, en 1835, les fils de saint Vincent de Paul refusèrent unanimement d'envisager l'ouverture d'un procès de canonisation pour le P. Francesco Folchi (1794-1823), lazariste de la province de Rome,

deux prêtres lazaristes, morts martyrs en Chine, le P. François-Régis Clet († 1820) et le P. Jean-Gabriel Perboyre († 1840), qui avaient été déclarés vénérables, le 9 juillet 1843, par Grégoire XVI[48]. La procédure en vue de la béatification du P. Perboyre se poursuivait à la Congrégation des Rites[49]. Mais aucune cause n'avait encore été ouverte en faveur d'une Fille de la Charité, fondatrice incluse. Ce qui étonnait jusqu'à Rome tant pour Catherine Labouré que pour Louise de Marillac.

En décembre 1882, quelques mois après le passage de Mgr Virili à la maison mère, sœur Marie Lequette, Fille de la Charité, responsable de la maison de Santa Maria della Cappella à Rome, écrivit au P. Fiat pour lui rapporter les propos du cardinal Parocchi qui illustraient parfaitement cet état d'esprit : « Il me parla de la sorte, il me dit, dites à votre Père général qu'il laisse de côté pour le moment l'humilité de St Vincent pour faire glorifier les saints qu'il a dans sa Compagnie. Vous avez le vénérable Clet et Perboyre, j'ai lu aussi la relation de Sr Catherine Labouré qui était une bien belle âme et très favorisée des dons du Ciel pourquoi donc la laisser ignorée et votre fondatrice également. Écrivez cela, me répéta-t-il, à votre communauté afin qu'elle agisse[50]. » Sœur Marie Antoinette de Montesquiou-Fezensac croit même savoir que Léon XIII partageait cet avis à la même époque : « dans le moment où on s'occupait de la cause du bienheureux Perboyre, à l'instigation de l'Eglise, d'un pape [...] notre vénérable mère est sortie de son obscurité. C'est Léon XIII – je crois – qui [...] exprima son étonnement que la fondatrice d'une compagnie si

---

« *quia humilitati instituti nostri minus consentanea videtur...* » (ACMP, Registre des assemblées générales, 1835, session 8).

48 Roberto D'Amico, « The History of the Canonization of St. Francis Regis Clet », *Vincentiana*, 45, 1, 2001, p. 1-8. Le P. Clet est béatifié en 1900 et canonisé en 2000.

49 Le procès apostolique est clos en Chine en 1870 et sa validité reconnue par un décret du 2 juin 1881. La Congrégation était donc en attente du décret sur le martyre qui sera pris le 25 novembre 1888, suivi du décret *de tuto* le 30 mai 1889 et du bref de béatification le 9 novembre 1889. Le P. Perboyre sera béatifié le 10 novembre 1889 et canonisé le 2 juin 1996 (*Cf. Annales de la Mission* (44) 1889, p. 5-6, et Giuseppe Guerra, « Histoire de la cause de béatification et de canonisation de Saint Jean-Gabriel Perboyre », *Vincentiana*, 46, 6, 2002, p. 1-8).

50 Dans la même lettre, la sœur précise au P. Fiat que, un peu dubitative, « le lendemain je m'empressait de demander ce qu'était ce cardinal pour juger si je devais donner foi ; il me fut répondu que sa Grandeur était un peu jésuite alors je crus m'abstenir de vous en faire part, restant pourtant très impressionnée de cette conversation, mais aujourd'hui je me crois obliger (*sic*) de vous le dire. » (AFCP, 140, Béatification – canonisation Louise de Marillac, Lettre de Sr Marie Lequette au P. Antoine Fiat, 13 décembre 1882, f. 2v).

importante des Filles de la Charité fut restée dans l'oubli et qu'on n'eût point introduit sa cause de béatification. C'est donc sur l'initiative du Pape Léon XIII que la mémoire de Mlle Le Gras a été remise en lumière[51]. »

Dix jours après le passage de Mgr Virili, le vendredi 12 juin 1882, en la fête du Sacré-Cœur de Jésus, qui figure sur la médaille miraculeuse, le P. Fiat, comme il le précisera dans son témoignage au procès, proposa au conseil de la Compagnie des Filles de la Charité, qui s'était réuni en séance extraordinaire[52], « de demander à Rome la béatification de la servante de Dieu [Louise de Marillac][53] ». Et continua-t-il, « ma proposition fut acceptée ». Le procès-verbal de cette réunion précisait qu'elle avait pour but « d'examiner s'il y avait lieu de donner suite à l'idée précédemment émise d'entreprendre la cause de béatification de Mlle Le Gras co-fondatrice des Filles de la Charité », faisant ainsi allusion aux propos de Mgr Virili, relayés par Mère Derieux, dont le rôle dans l'affaire est totalement passé sous silence dans le procès-verbal, malgré sa présence attestée au conseil. Ce dernier commence par la présentation par le P. Antoine Fiat de son analyse des chances de cette cause par rapport aux règles en vigueur en matière de canonisation depuis Urbain VIII. Il relève trois points qui montrent qu'il a une bonne connaissance de la procédure et de ses enjeux :

> 1° Rien ne s'oppose à cette entreprise ; les pratiques de la communauté relatives à leur fondatrice ne constituent pas un acte de culte public, ni une infraction aux Règles posées par les souverains pontifes ; 2° La haute idée qu'on a toujours eue dans les deux familles de St Vincent de la vertu héroïque de Mlle Le Gras semble suffire pour établir la réputation de sainteté requise pour l'introduction d'une cause. 3° la part exceptionnelle que Mademoiselle Le Gras a prise aux grandes œuvres de saint Vincent de Paul, son humilité profonde, l'estime qu'avait pour elle saint Vincent ; et les éloges qu'il a faits de ses vertus serviront à établir leur héroïcité[54].

La proposition fut adoptée à l'unanimité[55].

---

51 AFCP, 1294, Proc. ap. s. virt. in specie, session 60, 12 novembre 1903, t. 2, p. 754. Ce témoignage tardif n'est pas confirmé par d'autres sources.

52 ACMP, Louis Planson, « Quelques notes… », p. 3.

53 AFCP, 1282, *Proc. ord. Paris. s. fama*, t. 3, p. 1066.

54 AFCP, 977, vol. 30, registre des délibérations du conseil [10 août 1881 – 30 août 1882], conseil du 12 juin 1882.

55 « Après cet exposé, le supérieur général invita chacun des membres du conseil à faire connaître et à motiver son avis sur la question posée. À l'unanimité, manifestant une grande joie et une douce espérance, tous les membres du conseil demandent qu'il soit donné suite à une pensée si heureuse » (AFCP, 977, conseil du 12 juin 1882).

L'année suivante, en juin, Mgr Virili, après étude et consultation d'un avocat expert en canonisation, confirma au P. Fiat qu'il jugeait, à partir des documents qu'il avait emportés de Paris, que « la cause pourrait se présenter avec une probabilité de succès » si la permanence de la *fama sanctitatis* pouvait être établie. Il rapporta que l'avocat « assure aussi que la cause très-belle en soi-même pourrait se souhaiter le plus grand succès si le défaut de tradition ne vient jeter quelques obstacles à ses démarches[56]. » Avec une pointe d'humour ecclésiastique, il donnait plus de détails oralement à sœur Lequette qui les transmit au P. Fiat :

> Monseigneur est persuadé de la faire nommer au moins vénérable. Pour cela Monseigneur dit qu'on peut risquer à peu près deux mille francs. Il a ajouté que nous avions plusieurs cardinaux qui appuieraient cette affaire et qu'il faudrait une dizaine d'années pour arriver à un premier résultat. Ensuite, me dit-il, si Mlle Legras veut être canonisée il faut qu'elle fasse des miracles alors il n'y aurait plus de difficultés[57] !

Notons que, d'après nos sources, la question de sa naissance illégitime ne fut pas évoquée à ce moment-là.

Fort de ces confirmations, le supérieur général lança une grande enquête auprès de toutes les communautés des sœurs pour rassembler des témoignages sur la permanence de la réputation de sainteté de la fondatrice parmi ses filles, les documents de ou sur Louise de Marillac conservés dans les maisons ou les archives publiques, mais aussi pour savoir – question un peu étonnante – si elles connaissaient « quelques livres, autre que ceux de la Communauté, qui parlent de Mademoiselle Le Gras[58] ? » Finalement, en mars 1886, le procès s'ouvrit, conformément à la règle, dans l'archidiocèse de Paris, lieu du décès de Louise de Marillac, sous l'autorité de Mgr

56 AFCP, 140, Béatification – canonisation Louise de Marillac, Lettre de Mgr Virili au P. Fiat, 15 juin 1883. Mgr Virili rappelle sa promesse faite l'année précédente de travailler à la cause « après les fêtes du Centenaire de St Benoît Labre ».

57 *Ibid.*, Lettre de sœur Marie Lequette au P. Fiat, 2 juin 1883. Et, de fait, Mgr Virili voyait juste puisque la signature de l'introduction de la cause, qui donna le titre de vénérable à Louise de Marillac, eut lieu le 10 juin 1895 à Rome, soit dans la 10e année suivant l'ouverture du procès informatif à Paris.

58 AFCP, 4254, Circulaire du 30 août 1883 citée dans Matthieu Brejon de Lavergnée, « Du mythe des origines. Les Filles de la Charité et leurs fondateurs, XVIIe-XXe siècle », dans *Id.* (dir.), *Des Filles de la Charité aux Sœurs de Saint-Vincent-de-Paul*, *op. cit.*, p. 27. Les réponses constituent 19 liasses de lettres (AFCP, 152 et 1237). Matthieu Brejon de Lavergnée en a analysé une partie (*cf.* « L'"invention" de Louise de Marillac au XIXe siècle », *Des Filles de la Charité aux Sœurs de Saint-Vincent-de-Paul*, *op. cit.*, p. 27-35).

François Richard, archevêque *in partibus* de Larissa et coadjuteur du cardinal Guibert († 1886), archevêque de Paris[59]. Il se termina en décembre 1890. Le postulateur de la cause était le P. Léon Forestier (1828-1918), prêtre de la Mission et assistant de la Congrégation[60].

ATTESTATION D'UNE *FAMA SANCTITATIS* ANCIENNE

Lors de ce procès, plusieurs témoins insistent sur l'ancienneté des témoignages concernant la sainteté de Louise de Marillac. En fait, le plus ancien et le principal d'entre eux à leurs yeux est celui donné par Vincent de Paul à la mort de la cofondatrice lors de deux conférences avec les Filles de la Charité les 6 et 24 juillet 1660. Ainsi Sœur Ernestine Ernault, religieuse à Rio de Janeiro, déclare dans sa déposition :

> Lorsqu'il s'agit d'élire une Supérieure à sa place, S. Vincent dit : « Que ferons-nous ? mes filles, il faut bien élire une supérieure mais c'est une Fille en place d'une sainte[61] ».

Sœur Sophie Laroully, sa consœur au Brésil, cite à son tour cette formule de Vincent de Paul en des termes à peine différents :

> Au moment de la mort de Mlle Le Gras, on la considéra comme sainte. Lorsqu'il s'agit de la remplacer comme supérieure, S. Vincent répéta par deux fois[62] : « Qui mettrons-nous à la place d'une sainte[63] ? »

59 AFCP, 1282, *Proc. ord. Paris. s. fama*, 1886-1890, 3 t. Une copie de ce procès est conservée aux Archives Apostoliques Vaticanes dans le fonds des archives de la Congrégation des Rites (AAV, *Cong. Riti, processus*, vol. 4889-4890).

60 *Ibid.*, t. 1, p. 1.

61 AFCP, 1282, *Proc. ord. Paris. s. fama*, session 4, 21 avril 1886, t. 1, p. 35.

62 Dans la conférence du 24 juillet 1660, Vincent de Paul avait dit : « Il faut procéder à faire élection d'une supérieure à la place de Mademoiselle Le Gras. Où la prendrons-nous parmi vous, mes sœurs ? Il faut bien prier Dieu et vous détacher de toutes vos satisfactions Ah ! mon Dieu ! où prendrons-nous une fille pour la mettre à la place d'une sainte ? [...] Ne dites donc rien, mes sœurs, à personne, mais bien au bon Dieu. "Ah ! mon Dieu, vous voulez choisir de notre petite compagnie, quoique boue et cendres, une personne pour tenir la place d'une sainte" » (Saint Vincent de Paul, *Correspondance, entretiens, documents*, éd. Pierre Coste, Paris, J. Gabalda, 1923, t. X, p. 734-735).

63 AFCP, 1282, *Proc. ord. Paris. s. fama*, session 5, 30 avril 1886, t. 1, p. 45.

Sœur Claudine Champay, Fille de la Charité à Sète, s'appuie sur une citation inexacte de la conférence de Vincent de Paul du 6 juillet 1660 en évoquant « ce mot de S. Vincent qui n'avait pas l'habitude de nous flatter : "Mlle a été sainte, dans sa jeunesse, sainte dans son mariage, sainte dans son veuvage, et dans sa vie toute entière[64]". » En fait, Vincent de Paul avait été moins précis ce jour-là en parlant de pureté et non de sainteté[65].

De plus, sœur Sophie Laroully évoque la série de témoignages recueillis eux aussi à la mort de Louise de Marillac. Plusieurs femmes, proches de la fondatrice, avaient alors mis par écrit ce qu'elles savaient des vertus de cette dernière, dans ce qui ressemble à des dépositions en vue de la préparation d'un procès de canonisation[66]. Sœur Laroully en retient les pratiques de dévotion privée envers la défunte :

> On a conservé à la Communauté, les écrits des premières compagnes de Mlle Le Gras, j'en ai lu le texte autographié, et j'y ai vu que les premières sœurs, autorisés en cela par S. Vincent, invoquaient en leur particulier notre vénérable Mère, qu'elles conservaient avec respect les objets, qui lui avaient appartenus, en donnaient des parcelles comme de précieux souvenirs, n'ayant qu'une crainte, celle d'aller trop loin et de faire des choses qui pourraient nuire un jour à sa cause car la pensée des procès de béatification était déjà dans leur esprit[67].

Plusieurs témoins rappellent deux rares épisodes du XVIIIe siècle, liés à l'idée d'une reconnaissance de cette réputation de sainteté par une canonisation. L'un concerne un courrier adressé par Mr de Saint-Fonds à sœur Madeleine Lemaistre, supérieure des Filles de la Charité depuis 1738, à l'occasion de la béatification de Jeanne de Chantal en 1741. À ce courrier était jointe la relation de cette cérémonie à Rome[68]. Son dessein, écrivait-il à la supérieure, était, par cet envoi

64 AFCP, 1282, *Proc. ord. Paris. s. fama*, session 17, 16 novembre 1886, t. 1, p. 200.

65 Vincent de Paul avait dit : « C'était une âme pure en toute chose, pure en sa jeunesse, en son mariage, en son veuvage. » (Saint Vincent de Paul, *Ibid.*, p. 716).

66 *Cf.* les témoignages ou remarques de Barbe Bailly († 1699), de Mme de La Cour ou de Mathurine Guérin († 1704), (AFCP, 921, 930 et 947).

67 AFCP, 1282, *Proc. ord. Paris. s. fama*, session 5, 30 avril 1886, t. 1, p. 67.

68 Il s'agit certainement de la *Relation de la Solemnité de la Béatification de la Vénérable Servante de Dieu, Jeanne-Françoise Frémiot de Chantal, Fondatrice de l'Ordre de la Visitation de Sainte Marie. Célébrée à Rome, dans la Basilique du Vatican, le 21 novembre 1751*, que les visitandines de Paris ont faite imprimer pour leurs monastères (*Cf.* Sonia Rouez, « Les cérémonies en l'honneur de la béatification et de la canonisation de Jeanne de Chantal entre dévotion privée des visitandines et dévotion publique », *Revue Mabillon*, n. s., t. 13 (= t. 74), 2002, p. 271, note 41).

> de vous exciter à faire rendre les mêmes honneurs à Mlle Louise de Marillac. J'ai lu la vie de ces deux illustres veuves. Dieu seul en connaît le fonds par le degré d'exercice qu'il leur a donné en leur correspondance à sa grâce, mais à juger des œuvres par l'expansion et les grands biens qui s'en sont suivis… je n'hésite pas à donner la préférence à Mlle de Marillac, mère de tous les misérables. Ainsi elle mérite d'être déclarée bienheureuse par le Saint-Siège. Comme nous avons un très digne pape[69], qui a encore la mémoire toute récente de cette dernière béatifiée et celle de S. Vincent, la chose ne serait pas difficile si le St. Père avait seulement l'histoire de sa vie par Mr Gobillon, munie de l'approbation de tant de Prêtres et de tant de docteurs, il se porterait à y faire travailler. Pour les recommandations auprès du pape, vous avez toute la cour à vous et tous les évêques où vous êtes établies… Si vous n'y avez pas pensé ; je crois que vous pourriez adresser vos prières à S. Vincent qui, dans sa maladie, lui avait promis d'aller la voir dans le ciel. Il est sûr qu'il y est, et il l'y a trouvé puisqu'elle est morte avant lui[70].

Ce courrier enthousiaste et chaleureux, qui mettait déjà nettement en avant la biographie de N. Gobillon, ne suffit cependant pas à décider les religieuses.

Le second épisode raconté eut lieu en 1775 quand les Filles de la Charité décidèrent de transférer le corps de leur fondatrice de l'église Saint-Laurent, où il reposait depuis sa mort, vers la chapelle de leur maison mère. Le curé de la paroisse parisienne n'accepta ce transfert qu'à la condition pour les sœurs de signer avec lui un accord qui stipulait qu'en cas de béatification, les cérémonies auraient lieu dans son église, où serait aussi déposée une relique de la sainte[71]. Mais cet accord n'encouragea pas davantage les sœurs à engager une procédure de canonisation.

---

69 Benoît XIV, pape de 1740 à 1751, est en effet intervenu dans les causes de Vincent de Paul et de Jeanne de Chantal comme promoteur de la Foi de la Congrégation des Rites entre 1712 et 1728.

70 AFCP, 1282, *Proc. ord. Paris. s. fama*, session 70, 19 juin 1888, témoignage de sœur Geoffre, t. 3, p. 852-853. Sœur Geoffre cite ici le courrier conservé dans les archives des Filles de la Charité.

71 « En 1775, le corps fut ramené à la maison mère. Mais, le curé de Saint-Laurent ne se rendit au désir des sœurs qu'en faisant avec elles un contrat, dans lequel, entre autres clauses, il est formellement stipulé que si Dieu manifeste ses desseins sur sa Servante, et si elle est l'objet d'une canonisation, une portion insigne de son corps sera donnée à l'église Saint-Laurent. » (AFCP, 1282, *Proc. ord. Paris. s. fama*, session 27, 1er février 1887, témoignage de sœur Joséphine Lyszczynska, t. 1, p. 318).

UNE CAUSE OUVERTE TARDIVEMENT

De ce fait, en cette fin de XIXe siècle, la question du retard de l'ouverture de cette cause, plus de deux siècles après la mort de cette femme, est posée dans le procès ordinaire et les témoins proposent plusieurs explications, plus ou moins crédibles pour justifier ce long délai. L'explication par la Providence revient dans la bouche de plusieurs. Sœur Marie de Geoffre de Chabrignac, Fille de la Charité, le dit simplement : « Si le procès de béatification ne fut pas commencé plus tôt, je l'attribue d'abord, sans doute, aux desseins impénétrables de la Providence qui avait ses raisons d'agir ainsi[72]. » Le P. Fiat, tout aussi providentialiste, développe une analyse plus complexe. Il rappelle que la cause de Vincent de Paul a abouti assez rapidement. Partant de ce constat, il se lance dans une comparaison étonnante avec Marie et Joseph, dont les cultes se développèrent à des époques différentes. Il s'appuie en effet sur l'autorité de Benoît XIV qui, pour expliquer le « délai » apporté par « la Providence à l'exaltation de saint Joseph », avançait que

> Dieu voulut auparavant asseoir dans l'Eglise d'une façon inébranlable l'idée de la virginité de Marie, mais par cela même il faisait un piédestal à la gloire de saint Joseph. On peut dire, de même, que la Providence a voulu d'abord faire reluire sans contestation la grandeur de saint Vincent de Paul, apôtre de la Charité, mais à présent que rien n'y manque après que Léon XIII l'a donné pour patron à toutes les œuvres charitables, il est temps de faire sortir de l'ombre la vertu de mademoiselle Le Gras[73].

En effet, quelques années auparavant, le P. Fiat a obtenu du pape Léon XIII que Vincent de Paul soit proclamé successivement patron de toutes les œuvres charitables en France (1883) puis dans le monde entier (1885)[74]. Le P. Honoré Halle, aumônier de l'hôpital de Sète, donne, lui, une lecture plus simple de cette différence de développement entre le culte des deux fondateurs : « Il me semble toutefois que ce retard est facilement explicable : on peut penser que la gloire de Mlle Le Gras s'est un peu perdue dans celle de S. Vincent de Paul[75]. »

72 AFCP, 1282, *Proc. ord. Paris. s. fama*, session 42, 27 septembre 1887, t. 2, p. 512.

73 AFCP, 1282, *Proc. ord. Paris. s. fama*, t. 3, p. 1067.

74 *Cf.* Pierre Coste, *Monsieur Vincent*, *op. cit.*, t. 3, p. 532-533.

75 AFCP, 1282, *Proc. ord. Paris. s. fama*, session 26, 25 janvier 1887, t. 1, p. 298.

Des explications historiques sont également données par divers témoins pour justifier ce long désintérêt pour la cause de Louise de Marillac. Sœur Geoffre pointe les « difficultés des temps que l'on traversa ». « On était alors, précise-t-elle, en plein jansénisme, en plein philosophisme[76]. » Sœur Eugénie Desclaux de la Tanée reprend cet argument :

> Parmi les causes qui ont pu retarder son procès de Béatification, je signalerai l'esprit janséniste qui régnait au siècle dernier et qui portait à rabaisser les mérites des saints. Ce même esprit relâchait les liens de la France avec le Saint-Siège et l'on comprend que c'était de mauvaises conditions pour entamer un pareil procès[77].

Sœur Geoffre prolonge cette réflexion en analysant la situation de la France en matière de canonisation à l'époque : « il est à marquer, dit-elle, que dans tout le XVIIe siècle, il n'y ait pas, si je ne me trompe, plus de quatre ou cinq Français canonisés ou béatifiés[78]. » Ce chiffre est assez exact si on considère les frontières de la France en 1886 mais, si on considère les frontières du Royaume de France au Grand Siècle, elle aurait pu dire qu'aucune cause française n'aboutit alors. En effet, François de Sales est béatifié en 1661 et canonisé en 1665 mais son procès est porté par le diocèse d'Annecy qui est en Savoie, qui ne fait pas partie du Royaume de France. Jean de Matha († 1213) et de Félix de Valois († 1212), nés l'un en Provence et l'autre en Valois, bénéficient d'une reconnaissance de culte en 1666 et d'une canonisation équipollente en 1694 mais leur procès est porté par les Trinitaires et se déroule à Rome et en Espagne[79]. Elle aurait également pu ajouter que peu de procès de canonisation sont ouverts en France dans cette même période[80].

De son côté, sœur Sophie Laroully nous rappelle qu'à ce contexte général s'ajoute une histoire particulière à la famille vincentienne. Elle évoque en

---

76 AFCP, 1282, *Proc. ord. Paris. s. fama*, session 42, 27 septembre 1887, t. 2, p. 512.

77 AFCP, 1282, *Proc. ord. Paris. s. fama*, session 35, 19 avril 1887, t. 2, p. 419.

78 AFCP, 1282, *Proc. ord. Paris. s. fama*, session 42, 27 septembre 1887, t. 2, p. 512.

79 Voir Fabijan Veraja, *La beatificazione. Storia. Problemi. Prospettive*, Rome, S. Cong. per le Cause dei Santi, 1983, p. 176.

80 Sont ouverts des procès pour César de Bus (1607) en 1615, Jeanne de Valois († 1505) en 1617, Marie de l'Incarnation Acarie († 1618) en 1622, Pierre Favre († 1546) en 1626, Jean-Baptiste Gault († 1643) en 1643, Madeleine de Saint-Joseph († 1637) en 1647, Pierre Fourier († 1643) en 1673, Jean-François Régis († 1640) en 1676, Pierre Quintin († 1629) en 1683, Yves Mahyeuc († 1541) en 1684 et Agnès de Langeac († 1634) en 1697. Celui de Vincent de Paul († 1660) n'est ouvert qu'en 1705.

effet une tradition transmise dans la compagnie qui repose sur une parole attribuée à « S. Vincent [qui] aurait dit qu'aucune fille de la Charité ne serait jamais canonisée » pour aussi vite la rejeter : « je tiens cette parole pour fausse, n'ayant jamais trouvé dans aucun écrit de S. Vincent et ayant vainement demandé qu'on me la montra[81] ». Elle avance aussi que le respect des sœurs pour la modestie de leur fondatrice les avait retenues d'entamer un procès[82]. Sœur Joséphine Marcel, de Saint-Malo, rapporte comment au noviciat, que les sœurs appellent le Séminaire,

> plus d'une fois, je fis cette remarque qu'une personne si sainte aurait mérité d'être placée sur les autels. Là il régnait alors une opinion d'après laquelle aucune fille de la Charité ne serait jamais canonisée, car, ajoutait-on, la Communauté devait garder jusqu'à ce point le cachet de sa vie cachée que Mlle Le Gras avait imprimé[83].

Le P. Halle confirme cet état d'esprit en le liant à la vocation caritative des Filles de la Charité : « on peut ajouter que la vie des Sœurs de la Charité toute tournée à l'action, leur caractère tout pénétré d'humilité, ne devaient pas les disposer facilement à réclamer la canonisation de leur Fondatrice[84]. » Sœur Jeanne Jacquin, religieuse de la paroisse Saint-Roch à Paris, propose une synthèse de ces arguments :

> Je sais, pour l'avoir entendu dire par nos sœurs anciennes, que les premières compagnes de Mlle Le Gras auraient voulu qu'elle fut canonisée aussitôt après sa mort, tant elles l'avaient en haute estime. Sans doute, les conditions des temps ne permissent pas la réalisation de ce pieux désir. Et c'est probablement pour calmer les impatiences que l'on répandit, dans la communauté l'opinion que la canonisation de notre fondatrice serait contraire à l'humilité qu'elle avait pratiquée et dans laquelle elle voulait nous maintenir[85].

Cette tradition est encore tellement ancrée dans l'esprit des sœurs en cette fin de XIXe siècle que sœur Joséphine Marcel reconnaît avoir eu des réticences au début de la procédure de canonisation[86]. « Mais, ajoute-t-

81 AFCP, 1282, *Proc. ord. Paris. s. fama*, t. 1, p. 67.

82 « Quelques sœurs disant que Mlle Le Gras était trop humble pour souffrir jamais d'être canonisée » (*Ibid.*, p. 67).

83 AFCP, 1282, *Proc. ord. Paris. s. fama*, session 29, 21 mars 1887, t. 1, p. 331.

84 AFCP, 1282, *Proc. ord. Paris. s. fama*, session 26, 25 janvier 1887, t. 1, p. 298.

85 AFCP, 1282, *Proc. ord. Paris. s. fama*, session 34, 5 avril 1887, t. 2, p. 400.

86 « Je demeurai moi-même tellement imprégnée de cette idée que lorsqu'en ces dernières années, il fut question de l'Introduction de la Cause, j'aurais plutôt été portée à m'opposer

elle, voyant les désirs persévérants de nos Supérieurs, j'ai bien compris que mon idée était fausse et j'ai changé de manière de voir. »

Plusieurs témoins insistent sur le fait que ce procès arrive finalement en son temps. Sœur Geoffre relève que, « à beaucoup d'égard, les circonstances sont plus favorables aujourd'hui [en 1887] » qu'au lendemain de la mort de Louise Marillac[87]. Le Père Halle pense « qu'il n'est pas hors de vraisemblance que Dieu ait voulu réserver l'exaltation de la servante pour l'époque où la Congrégation fondée par elle serait en butte à la persécution des impies[88]. » Il vise ici la politique des républicains qui ont pour objectif la laïcisation des écoles et des hôpitaux, lieux privilégiés de l'action des Filles de la Charité[89]. Sœur Sophie Laroully laisse entendre que la Compagnie est également traversée par des tensions autour de la figure de la fondatrice. De façon paradoxale en apparence, elle insiste sur le fait qu'elle a entendu dire par des sœurs âgées « que la dévotion à Mlle Le Gras était plus grande de leur temps que nos jours et qu'elles ont remarqué que cette dévotion diminue dans quelques-unes de leurs compagnes, dans la mesure où diminue l'esprit primitif de la Compagnie » tout en soulignant que « cette dévotion se réveille en raison des faits extraordinaires qui arrivent. » On peut penser que la religieuse fait ici allusion à l'intérêt pour la compagnie et sa fondatrice qu'a suscité le succès spectaculaire de la Médaille miraculeuse de Catherine Labouré, dont le nom n'est cependant jamais mentionné dans le procès, comme si on voulait éviter que la fille fasse à son tour de l'ombre à la mère.

à cette démarche, comme contraire à nos anciennes Traditions. » (AFCP, 1282, *Proc. ord. Paris. s. fama*, t. 1, p. 332).

87 AFCP, 1282, *Proc. ord. Paris. s. fama*, session 42, 27 septembre 1887, t. 2, p. 512.

88 AFCP, 1282, *Proc. ord. Paris. s. fama*, session 26, 25 janvier 1887, t. 1, p. 298.

89 *Cf.* Matthieu Brejon de Lavergnée, « Du mythe des origines. Les Filles de la Charité et leurs fondateurs, XVIIe-XXe siècle », dans Matthieu Brejon de Lavergnée (dir.), *Des Filles de la Charité aux Sœurs de Saint-Vincent-de-Paul. Quatre siècles de cornettes (XVIIe-XXe siècle)*, Paris, H. Champion, 2016, p. 33-34, et *Le temps des cornettes*, *op. cit.*, chap. IX, L'offensive scolaire 1880-1900, p. 237-262.

LES INTERROGATOIRES ET LA BIOGRAPHIE N. GOBILLON

Le procès informatif ou ordinaire *per via non cultus* est conduit selon les règles habituelles qui consistent à interroger des témoins sur la vie, la réputation de sainteté et les miracles de Louise de Marillac. Cependant, dans ce procès, ouvert plus de 200 ans après la mort de la candidate à la canonisation, il n'est pas question d'interroger des témoins *de visu* mais simplement des témoins *de auditu* qui sont tous *ex audientibus*. On sait que la Congrégation des Rites, confrontée en 1719 à une situation comparable lors du procès de Jeanne de Chantal († 1641), ouvert plus de 70 ans après son décès, avait, d'une part, choisi de l'instruire *per via cultus* et non *per via non cultus* et, d'autre part, avait décidé que ces témoignages *de auditu* étaient recevables dans la mesure où ils pouvaient être adminiculés par des témoignages contemporains[90]. De plus, le pape Benoît XIV décida le 23 avril 1741 qu'en cas d'absence de témoins *de visu*, quand les vertus ont pu être reconnues héroïques, la poursuite de la cause était possible mais que le nombre de miracles nécessaires devait être de quatre et non de deux pour obtenir la béatification afin « que ce qui manque du témoignage humain soit compensé par le témoignage divin[91] ».

Dans ces conditions, les témoins du procès qui nous occupe ne peuvent que reprendre à leur compte les faits et les récits transmis soit par la tradition interne à la Compagnie des Filles de la Charité, soit par des biographies ou des récits historiques. C'est dans ce cadre qu'en octobre 1886, quelques mois seulement après l'ouverture du procès, est imprimé en Belgique, certainement aux dépens de la Congrégation de la Mission, un ouvrage en quatre volumes intitulé *Louise de Marillac, sa vie, ses vertus, son esprit*. Il s'agit d'une édition hors commerce, préfacée par le P. Fiat et à destination des seules Filles de la Charité. La *Vie* de la fondatrice par Nicolas Gobillon ouvre le

---

90 *Cf.* Christian Renoux, « Les causes de béatification et de canonisation de Jeanne de Chantal († 1641) » dans *Pour Annecy et pour le monde. L'ordre de la Visitation (1610-2010). Actes du colloque international d'Annecy (1er-3 juin 2010) réunis par Marie-Élisabeth Henneau, Paola Vismara, Bernard Barbiche, Julien Coppier, Yves Kinossian et Claude Langlois*, Annecy, Archives départementales, 2011, p. 221-223.

91 « *Quod ex humano testimonio deerit, Divino compensatur* » (Benoît XIV, *De Servorum Dei Beatificatione et Beatorum Canonizatione*, Cité du Vatican, Librairie Editrice Vaticane, 2015, Livre III, chap. III, nº 25, p. 79).

tome premier et, de fait, elle est présentée par le P. Fiat à ses lectrices en lien direct avec le procès de canonisation de leur fondatrice :

> C'est la vie de votre vénérable Mère, telle qu'elle fut écrite en 1676 par Monsieur Gobillon, curé de Saint-Laurent, sa paroisse. Nous lui donnons la préférence sur toutes les autres parce qu'elle présente, au point de vue de la cause de béatification qui se poursuit en ce moment, des garanties tout à fait exceptionnelles. L'auteur, en effet, ayant attesté sur la foi du serment, au cours du procès informatif pour la cause de béatification de notre bienheureux Père, la véracité des faits rapportés par lui dans la vie de mademoiselle Le Gras, son témoignage ne saurait être révoqué en doute ; il est d'un grand poids[92].

En rééditant la première biographie de Louise de Marillac dont les exemplaires de la dernière réédition de 1862 sont devenues rares et certainement pas assez nombreux pour toutes les maisons de la Compagnie[93], le P. Fiat entend donc offrir aux Filles de la Charité, appelées à déposer, mais aussi à tous les autres témoins du procès et, plus largement, à toutes les autres sœurs, les informations nécessaires et « sûres » pour (re) découvrir et présenter la vie de la fondatrice et, à l'occasion, répondre aux interrogatoires des juges du tribunal ecclésiastique en charge du procès de canonisation[94]. C'est un choix qui est justifié, aux yeux du P. Fiat, par les « garanties exceptionnelles » que représente le serment du P. Gobillon lors du procès de canonisation de Vincent de Paul, qui canonise d'une certaine façon cet ouvrage dans son esprit. Il faut aussi

92 « Lettre de monsieur Fiat, supérieur général de la Congrégation de la Mission et des Filles de la Charité », dans *Louise de Marillac, sa vie, ses vertus, son esprit*, Paris-Bruges, Imprimerie Saint-Augustin, 1886, t. 1, p. III. La lettre est datée du 15 octobre 1886. La réédition de la biographie de Nicolas Gobillon occupe les pages 1 à 166 du premier volume qui contient aussi les deux conférences de saint Vincent de Paul données aux Filles de la Charité au lendemain de la mort de Louise de Marillac. Le tome second est consacré à l'édition de divers écrits de la fondatrice, le troisième à l'édition de lettres et le quatrième à « un vrai portrait » de Louise de Marillac à partir de textes autobiographiques et de témoignages des premières sœurs. On peut supposer derrière cette édition la main des sœurs Geoffre et Vignancour.

93 Nicolas Gobillon, *La vie de la vénérable Louise de Marillac, veuve de M. Le Gras… revue… par M. Collet*, Paris, Ve Poussielgue-Rusand, 1862. Il eut auparavant plusieurs rééditions de l'ouvrage à Montpellier (1822) et chez Mame à Tours (1839, 1842, 1844).

94 Comme nous l'avons vu les qualités du texte de Nicolas Gobillon et son utilité dans une éventuelle procédure de canonisation en faveur de Louise de Marillac étaient déjà attestées au XVIIIe siècle par Mr de Saint-Fonds dans sa lettre à sœur Madeleine Le Maistre, supérieure des Filles de la Charité : « La chose ne serait pas difficile si le St. Père avait seulement l'histoire de sa vie par Mr Gobillon […], il se porterait à y faire travailler » (voir *supra*).

souligner que ce choix est imposé par le fait qu'il n'existe pas d'autre biographie de Louise de Marillac, jusque dans les années 1840, et que les trois publiées ensuite dépendent très largement du texte de Gobillon[95].

En vue de l'interrogatoire des témoins, le postulateur, Léon Forestier, a soumis aux juges du tribunal 183 articles. Le premier nous concerne plus particulièrement puisqu'il porte sur les origines et la naissance de Louise de Marillac. Sa rédaction est reprise, quasi mot pour mot, du texte de Nicolas Gobillon : « Comme quoi la vérité fut et est que la servante de Dieu Louise de Marillac, veuve Le Gras, naquit à Paris le 12 août 1591. Son père était Louis de Marillac, seigneur de Ferrières et sa mère Marguerite Le Camus. Elle reçut le saint baptême et plus tard la confirmation. Dans son âge tendre elle perdit sa mère ». À partir de ces informations, le procureur fiscal du tribunal, l'abbé Albert Delaage, compose à son tour une série plus courte de 35 articles, formulés de façon plus générale et plus ouverte et sur lesquels sont interrogés les témoins[96]. C'est l'article 9 qui, après huit autres qui portent sur l'identité des témoins et leur dévotion à Louise de Marillac, commence véritablement l'interrogatoire sur la vie de Louise de Marillac en demandant ce que les déposants savent de son lieu et de sa date de naissance ainsi que de ses parents[97]. C'est à cette occasion que chaque témoin précise les sources de leurs connaissances sur la vie de la fondatrice. Quelques témoins sont plutôt évasifs : « Je ne connais rien en dehors de ce que nous apprend l'histoire et la Tradition », répond sœur Marie-Agnès Derieux, supérieure générale pour quelques mois encore[98]. L'historien Arthur Loth, biographe de Vincent de Paul, fait une réponse tout aussi vague : « Je n'ai pas eu l'occasion de m'occuper spécialement de ces questions

95 *Cf.* l'abbé Guy Carron de la Carrière, « Vie de Louise de Marillac, dame le Gras », dans *Vies des dames françaises qui ont été les plus célèbres dans le* XVII*e* *siècle par leur piété et leur dévouement pour les pauvres*, Lyon, Rusand, 1817, p. 172-206 ; [Marie-Bénigne-Esther Letissier], *Notice sur Mademoiselle Legras*, Paris, Devarenne, 1846, 36 p. ; [Alexandre de Lambel], *Mademoiselle Le Gras*, Lille-Paris, J. Lefort, 1868, VIII-192 p. ; [Comtesse de Richemont], *Histoire de Mademoiselle Le Gras (Louise de Marillac)*, Paris, Poussielgue, 1883, XXII-384 p.

96 *Interrogatoria producta a D. Promotor Fiscali pro examine testium* (*Ibid.*, t. 3, p. 1233ss).

97 L'article IX commence ainsi : *Interrogatur an sciat vel dici audiverit ubi nam Ludovica a Marillac ortum duxerit, quando, a quibus parentibus. Quomodò a teneris annis educata, quomodò in adolescentiâ, a quibus et quo in loco, an ad sacramenta Baptismi, Eucharistiæ, confirmationis accesserit* (AFCP, *Proc. ord. Paris. s. fama*, Interrogatoria producta a D. Promotor Fiscali pro examine testium, art. IX, session 93, 2 avril 1890, t. 3, p. 1237).

98 AFCP, 1282, *Proc. ord. Paris. s. fama*, Session 31, 15 mars 1887, t. 1, p. 374.

et je ne sais rien à cet égard que ce qui se trouve couramment dans les auteurs[99]. » Le P. Halle est un peu plus précis : « Je ne sais d'autres détails sur la vie de Mlle Le Gras que ceux que j'ai puisés dans la lecture de ses biographies[100]. » Angélique Caracciolo, marquise di Rende, apporte une réponse assez semblable : « Je ne sais rien de particulier. J'ai lu plusieurs vies de Mlle Le Gras mais, en dehors de ce qui est consigné, je ne puis fournir aucun détail[101]. » Mais tous les autres témoins sont unanimes à considérer que l'ouvrage de référence est la *Vie de Mademoiselle Le Gras*, du Père Nicolas Gobillon, comme l'indique, par exemple, sobrement sœur Geoffre : « J'ai en particulier une grande estime pour la biographie écrite par Gobillon[102]. » La très grande majorité des témoins présente cet ouvrage comme la source principale voire unique de leur témoignage. Ainsi, sœur Ernestine Ernault affirme : « Je sais ce qui est dans la vie écrite par Gobillon[103]. » Sœur Joséphine Marcel confirme : « C'est surtout par la vie qui a pour auteur M. Gobillon que je connais les actions de Mlle Le Gras[104] ». Pour justifier les raisons de leur confiance dans ce texte, les Filles de la Charité mettent en avant sa conformité avec les traditions de leur Compagnie, qu'elles ne citent généralement pas. Ainsi sœur Marie-Thérèse Denis, religieuse à l'hôpital militaire de Milan, déclare : « Tous ces détails, ainsi que tous ceux qui concernent les faits historiques de la vie de Mlle Le Gras, je les ai lus dans sa vie par Gobillon, en laquelle j'ai une très grande confiance car [...] je n'y ai rien trouvé qui ne fut parfaitement conforme aux traditions qui sont conservées dans notre communauté[105]. » Sœur Louise Giocelli, supérieure de l'hôpital Caselle Torinese, confirme cette opinion : « Je connais peu la vie de Mlle Le Gras. J'ai lu une seule fois sa vie par Gobillon. Elle me paraît très véridique et j'ai confiance aux faits qui y sont rapportés car ils sont conformes à la tradition que j'ai eu l'occasion de recueillir dans la communauté[106]. » Sœur Émilie Pineau est du même avis : « Ce

99 AFCP, 1282, *Proc. ord. Paris. s. fama*, session 90, 22 janvier 1890, t. 3, p. 1166. Arthur Loth, né à Lille en 1842, se présente comme « archiviste paléographe, ancien élève de l'École des Chartes, homme de lettres ».

100 AFCP, 1282, *Proc. ord. Paris. s. fama*, session 25, 18 janvier 1887, t. 1, p. 290.

101 AFCP, 1282, *Proc. ord. Paris. s. fama*, session 8, 20 mai 1886, t. 1, p. 95.

102 AFCP, 1282, *Proc. ord. Paris. s. fama*, session 42, 27 septembre 1887, t. 2, p. 513.

103 AFCP, 1282, *Proc. ord. Paris. s. fama*, session 4, 21 avril 1886, t. 1, p. 36.

104 AFCP, 1282, *Proc. ord. Paris. s. fama*, session 29, 21 mars 1887, t. 1, p. 334.

105 AFCP, 1282, *Proc. ord. Paris. s. fama*, session 9, 25 mai 1886, t. 1, p. 109.

106 AFCP, 1282, *Proc. ord. Paris. s. fama*, session 11, 17 juin 1886, t. 1, p. 129.

qui y est raconté, est entièrement d'accord [...] avec les traditions de notre communauté[107] ». La conformité de cet ouvrage avec le témoignage de saint Vincent de Paul est aussi mise en avant par sœur Pineau qui relève que « ce qui y est raconté, est entièrement d'accord [...] avec ce que S. Vincent lui-même nous en fait connaître[108] ». De son côté, sœur Eugénie Desclaux de la Tanée mentionne sa « pleine confiance dans la sincérité de cet auteur », qu'elle attribue pour sa part au fait « que ce qu'il raconte est en parfait accord avec les écrits qui nous sont restés de la Servante de Dieu[109]. »

Certains témoins précisent que leur confiance dans la *Vie* rédigée par le P. Gobillon vient également de la qualité de son travail qu'ils assimilent à celui d'un historien. Le P. Honoré Halle déclare que l'œuvre lui « a semblé respirer un parfum d'antiquité pieuse » et que « du reste, M. Gobillon écrivait 15 ans après la mort de Mlle Le Gras ». Et il ajoute : « Il était curé de la paroisse sur laquelle elle mourut, il était donc à même d'être très bien renseigné[110]. » Il est également sensible au fait que dans cet ouvrage « on [ne] trouve rien d'exalté, rien qui sente la préoccupation d'exalter les mérites du personnage[111]. » Sœur Louise Michelin va dans le même sens : « Cette vie, écrite par M. Gobillon, me semble réunir les conditions d'une histoire véridique, soit à cause de la simplicité qui y règne, soit parce que l'auteur, contemporain de Mlle Le Gras, pouvait témoigner de ce qu'il avait vu et des récits que lui faisaient les témoins oculaires[112]. » Interrogée par les juges « sur la valeur attachée à la vie écrite par Gobillon », Mme de Richemont, auteure d'une biographie récente de Louise de Marillac, répond que « l'exactitude historique de cet écrit me paraît inattaquable. Gobillon l'a composé comme il le dit lui-même, ayant en main les récits des premières Filles de la Charité[113] ».

107 AFCP, 1282, *Proc. ord. Paris. s. fama*, session 12, 22 juin 1886, t. 1, p. 141.
108 *Ibid.*, p. 141.
109 AFCP, 1282, *Proc. ord. Paris. s. fama*, session 25, 19 avril 1887, t. 2, p. 415.
110 AFCP, 1282, *Proc. ord. Paris. s. fama*, session 25, 18 janvier 1887, t. 1, p. 290.
111 *Ibid.*, p. 290.
112 AFCP, 1282, *Proc. ord. Paris. s. fama*, session 15, 26 octobre 1886, t. 1, p. 179.
113 AFCP, 1282, *Proc. ord. Paris. s. fama*, t. 2, 24 mai 1887, p. 472. L'ouvrage de Marie Charlotte de Merona, comtesse de Richemont, *Histoire de Mlle Le Gras, fondatrice des Filles de la Charité*, parut en 1883 sans nom d'auteur, « sous le voile de l'anonymat » pour reprendre ses termes. Elle évoquait déjà dans son ouvrage « un historien grave, Gobillon, curé de Saint-Laurent, qui écrivait quinze ans après [la] mort [de Louise de Marillac], sur les lieux où elle vécut et au milieu de ceux qui l'avaient connue » (*Ibid.*, note 1, p. 4).

Sœur Émilie Pineau, s'appuyant sur le texte même de Nicolas Gobillon, rappelle que « la Vie de la vénérable Mère a été écrite par Gobillon, très peu de temps après sa mort, et sous les yeux de M. Alméras, qui avait succédé à St Vincent de Paul, qui fournit tous les matériaux[114]. » Et elle en conclut qu'« on peut donc attacher la plus entière confiance aux détails historiques, donnés dans cette vie », et qu'elle s'y référera « pour les événements de l'histoire de notre fondatrice[115]. » L'historien du droit médiéval, Adolphe Tardif (1824-1890), professeur à l'École des chartes et conseiller d'État honoraire, apporte sa caution scientifique au procès et met en avant la carrière ecclésiastique et la réputation d'érudit de l'auteur. « Gobillon, dit-il, est connu pour avoir été un prêtre estimable et savant. Il était docteur en Sorbonne curé de Saint-Laurent [...] et plus tard vicaire général de Paris[116]. » Enfin, le P. Jules Pémartin, ancien secrétaire général des Lazaristes, qui a fourni beaucoup de documents à Mme de Richemont pour rédiger son ouvrage, confirme cette affirmation dans sa déposition : « J'ai une entière confiance dans l'exactitude de ses renseignements. C'était un contemporain, quinze ou vingt ans au plus se sont écoulés entre la mort de Mlle Le Gras et le moment où il écrit son livre. Les documents lui ont été fournis par les premières Filles de la Charité » et il reprend l'argument avancé par le P. Fiat dans la préface de la réédition de 1886 : « Dans le procès de canonisation de S. Vincent [le P. Gobillon] a attesté par serment l'exactitude de tout ce qu'il avait écrit[117] ».

À la suite du P. Fiat et pour garantir leur témoignage sur la sainteté de Louise de Marillac, les témoins du procès ordinaire réalisent en quelque sorte une canonisation de l'ouvrage de Nicolas Gobillon – dans le sens du terme utilisé par les exégètes à propos des Écritures saintes –, créant ainsi une circularité des textes et de la sainteté entre la première biographie de la fondatrice, le procès de canonisation de Vincent de Paul et celui de Louise de Marillac.

114 AFCP, 1282, *Proc. ord. Paris. s. fama*, session 12, 22 juin 1886, t. 1, p. 141.

115 *Ibid.*, p. 141.

116 AFCP, 1282, *Proc. ord. Paris. s. fama*, session 92, 11 février 1890, t. 3, p. 1197.

117 AFCP, 1282, *Proc. ord. Paris. s. fama*, session 37, 10 mai 1887, t. 2, p. 439-440. Cette déposition de N. Gobillon au procès de Vincent de Paul (Témoin CXXXVIII, p. 988) figure sur un feuillet inséré dans le témoignage du P. Antoine Fiat, supérieur général de la Mission (AFCP, 1282, Proc. ord., session 83, 8 janvier 1889, t. 3, p. 1073).

LA NAISSANCE DE LOUISE DE MARILLAC

C'est d'abord et principalement à partir des informations données par Nicolas Gobillon que les témoins répondent à la question du postulateur concernant les origines et la naissance de Louise de Marillac. Ainsi sœur Marie-Thérèse Denis dépose, sur cet article 9 : « Mlle Le Gras est née à Paris ; elle perdit ses parents de bonne heure, son éducation fut plutôt une éducation brillante. Tous ces détails ainsi que tous ceux qui concernent les faits historiques de la vie de Mlle Le Gras, je les ai lus dans sa vie par Gobillon[118]. » Sœur Geoffre, qui a supervisé la recherche documentaire pour le procès, est plus précise : « Louise de Marillac naquit le 12 Août 1591, nous ne savons point sur quelle paroisse et n'avons aucun document concernant son baptême[119] ». Il s'agit donc bien ici de la fidèle reprise des informations succinctes données par Nicolas Gobillon, qu'aucune archive ne peut confirmer. Pour expliquer cette absence de source, sœur Geoffre évoque à la fois la destruction des registres paroissiaux parisiens en 1871 et les difficultés des temps de la Ligue, puisqu'il n'existe aucune trace d'une copie ancienne de l'acte de baptême. Sœur Claire Vignancour, Fille de la Charité et secrétaire de la supérieure générale, « envoyée aux Archives nationales, et à la Bibliothèque Mazarine, dans le but d'y rechercher dans les actes l'état civil de notre Mère », confirme que les recherches conduites, tant par elle que par d'autres, « pour reconstituer l'état-civil de la Servante de Dieu n'ont abouti à aucun résultat. » Elle pense cependant que Louise de Marillac est née sur la paroisse Saint-Paul dans laquelle les Marillac avaient diverses attaches mais pour laquelle les registres présentent une lacune complète de 1590 à 1595 dans les extraits conservés à la Bibliothèque nationale[120]. Sœur Geoffre relève que, si Louise de Marillac ne doutait pas avoir été baptisée, elle semblait elle aussi ignorer la date de son baptême, puisqu'elle ne l'a jamais citée et que n'a pas été conservé de « baptistère » pour elle, alors qu'elle a développé dans sa communauté une dévotion envers cet acte[121]. Cependant sœur Vignancour note que

118 AFCP, 1282, *Proc. ord. Paris. s. fama*, session 9, 25 mai 1886, t. 1, p. 103.
119 AFCP, 1282, *Proc. ord. Paris. s. fama*, session 42, 27 septembre 1887, t. 2, p. 513.
120 AFCP, 1282, *Proc. ord. Paris. s. fama*, session 53, 24 janvier 1888, t. 2, p. 638.
121 AFCP, 1282, *Proc. ord. Paris. s. fama*, session 42, 27 septembre 1887, p. 513-514.

la fondatrice rappelle explicitement son baptême dans son Acte de protestation[122].

Comme le baptême est une condition *sine qua non* à la canonisation d'une personne, l'absence de preuves documentaires sur le lieu et la date du baptême de Louise de Marillac est considérée comme suffisamment problématique par le postulateur et les juges pour qu'ils demandent, en avril 1890, à la fin de procès ordinaire, au P. Antoine Fiat de rédiger sur un feuillet séparé, une déclaration particulière « touchant l'acte de baptême de Louise de Marillac, veuve de Le Gras », dans laquelle le supérieur général précise que « les recherches les plus actives » ont été faites sur ses ordres et explique pourquoi elles sont restées infructueuses en reprenant les arguments que nous venons de voir[123].

122 AFCP, 1282, *Proc. ord. Paris. s. fama*, session 53, 24 janvier 1888, t. 2, p. 639-640). Louise de Marillac y écrit : « Je, soussignée, en la présence de Dieu éternel ; ayant considéré que, au jour de mon sacré baptême, je fus vouée et dédiée à mon Dieu pour être sa fille, [...] je renouvelle la sacrée profession, faite à mon Dieu, pour moi en mon baptême » (publié dans Louise de Marillac, *Ses écrits*, Paris, 1961, p. 876).

123 « Déclaration de m. Antoine Fiat, supérieur général de la Congrégation de la Mission et des Filles de la Charité [...] touchant l'acte de baptême de Louise de Marillac, veuve de Le Gras. Les recherches les plus actives ont été faites, par nos ordres, pour trouver l'acte de baptême de la servante de Dieu Louise de Marillac, veuve Le Gras, et toutes nos démarches ont été infructueuses. Il est cependant certain qu'elle est née à Paris le 12 août 1591 : tous les historiens l'affirment. Il est aussi hors de doute qu'elle a été baptisée. [...] son mariage contracté à l'église et sa vie toute entière suffiraient à la prouver [...] nous avons fait consulter une collection des extraits des registres paroissiaux, conservés à la Bibliothèque nationale (cabinet des titres) ; on a constaté des lacunes générales pour les années 1590 et 1591, ce qui vient très probablement de l'état de guerre civile dans lequel se trouvait alors la ville de Paris, comme l'histoire en fait foi. De là il suit que l'acte de baptême de Louise de Marillac, née en 1591, n'était peut-être pas à l'Hôtel de Ville avant l'incendie de 1871. S'il en est ainsi, on comprend aisément pourquoi nous n'avons pas pu trouver, même, une copie de cet acte de baptême. » (AFCP, 1282, *Proc. ord. Paris. s. fama*, session 93, 2 avril 1890, t. 3, feuillet inséré p. 1225). L'extrait de l'Acte de protestation de Louise de Marillac est aussi donné (*Ibid.*, p. 1227).

L'IDENTITÉ ET LE STATUT MARITAL DE SA MÈRE

Après avoir tenté d'établir le lieu et la date de naissance de Louise de Marillac, les témoins abordent la question de l'identité de ses parents dans leur réponse au même article 9 de l'interrogatoire, en s'appuyant à nouveau sur N. Gobillon qui affirmait, comme nous l'avons vu, que sa mère s'appelait Marguerite Le Camus. Ainsi, dans un texte qui figure en note de son témoignage, sœur Émilie Pineau, sans identifier sa source, dépose : « J'ai entendu dire que le père de Mlle Le Gras se maria plusieurs fois. Mlle Le Gras était issue de son mariage avec Marguerite Le Camus[124]. » Ce que reprend aussi sœur Geoffre qui précise que « Mr de Marillac contracta successivement trois mariages : la première femme fut Marthe de la Rosière, qui mourut sans lui donner d'enfants. La seconde fut Marguerite Le Camus, mère de la Servante de Dieu, Elle dût mourir bien peu de temps après la naissance de cette dernière puisqu'un troisième mariage fut contracté le 12 janvier 1595, avec Antoinette Camus, Veuve Thiboust, déjà mère de trois enfants[125]. » Il faut souligner qu'en qualifiant de mariage l'union de Louis de Marillac et de Marguerite Le Camus les religieuses dépassent, peut-être sans s'en rendre compte, les propos de Nicolas Gobillon qui affirmait simplement que Louise de Marillac était issue de cette union, sans plus de précision. Pour elles, il semble aller de soi que les parents de leur fondatrice étaient mariés.

Cependant, sœur Joséphine Lyszczynska, Fille de la Charité et secrétaire des provinces polonaises, évoque la difficulté qu'ont eue les sœurs à trouver les preuves des informations données par le biographe. Elles se sont, dit-elle, « procuré [...] une copie de la généalogie de la famille de Mgr Camus. Il en résulte qu'Antoinette Camus [que Louis de Marillac épouse en 1595] était sa cousine germaine mais nous n'y trouvons nulle place pour Marguerite Le Camus. Outre la différence de nom, les personnes qui portent le même prénom ne correspondent pas pour la date[126]. » Elle note également qu'elles n'ont pas retrouvé le contrat de mariage[127].

124 AFCP, 1282, *Proc. ord. Paris. s. fama*, session 12, 22 juin 1886, t. 1, p. 141.

125 *Ibid.*, t. 2, p. 514-515.

126 AFCP, 1282, *Proc. ord. Paris. s. fama*, session 27, 1er février 1887, t. 1, p. 313.

127 Alors que sœur Geoffre déclare : « Nous n'avons ni le testament de son père, ni les actes de mariage de celui-ci, ni même la mention de son décès » (*Ibid.*, p. 513), sœur Joséphine

LES DOUTES SUR L'ILLÉGITIMITÉ TENUS SECRETS

Malgré ces incertitudes, la question de la légitimité de sa naissance n'est pas abordée dans les trois volumes (1234 p.) qui renferment les procès-verbaux des 109 sessions du procès informatif, ni par les juges, ni par les témoins. Mais un lecteur scrupuleux ou un historien chanceux peut découvrir, glissée entre deux pages du second volume de l'original de ce procès, conservé aux archives de la maison mère des Filles de la Charité, une petite enveloppe anodine, qui contient, selon la mention latine qu'elle porte, la partie secrète du procès informatif qui ne doit pas être ouverte sans l'autorisation du promoteur de la Foi de la Congrégation des Rites[128]. Cette enveloppe, autrefois scellée à la cire rouge par un notaire apostolique et aujourd'hui ouverte, contient plusieurs feuillets eux-mêmes signés et autrefois scellés par le notaire actuaire, qui précise que ces documents, à destination du promoteur de la Foi, doivent rester secrets. Il s'agit de parties de six dépositions qui, à la demande des juges, n'ont pas été enregistrées dans les trois volumes des procès-verbaux mais notées à part sur des feuilles volantes au fur et à mesure du procès. Les six témoins en question, dont nous avons déjà cité les dépositions, ont en commun d'avoir étudié de première main les documents d'archive sur le sujet. Il s'agit, dans l'ordre de leurs interrogatoires, du P. Pémartin, de la comtesse de Richemont, de sœur Geoffre, du P. Fiat, de sœur Vignancour et de l'historien Adolphe Tardif. Ces six dépositions secrètes sont toutes des réponses à une question supplémentaire dans le cadre de l'article 9 de l'interrogatoire et qui porte sur la « légitimité de la naissance » de Louise de Marillac[129].

Lyszczynska précise : « Nous avons une copie du contrat de ce second mariage [avec Antoinette Camus, Veuve Thibout] », ce qui laisse entendre qu'elles n'ont pas trouvé celui du supposé mariage précédent avec Marguerite Le Camus (AFCP, 1282, *Proc. ord. Paris. s. fama*, session 27, 1er février 1887, t. 1, p. 313).

128 *Processus informativi de Sanctitate Vitæ et Virtutibus Servæ Dei Ludovicæ de Marillac viduæ Le Gras. Pars Secreta non aperienda nisi de mandato R. P. Promotoris Fidei Urbis.* L'enveloppe est insérée au début de la session 37 du 10 mai 1887 qui correspond à l'interrogatoire du P. Pémartin, le premier témoin concerné par les documents contenus dans l'enveloppe (AFCP, 1282, *Proc. ord. Paris. s. fama*, t. 2, p. 435).

129 Ainsi, à titre d'exemple, le témoignage secret de Mme de Richemont est introduit par la formule : « spécialement interrogé, au sujet de la légitimité de la naissance de Mlle Le Gras »

Si rien ne semble empêcher les juges de la poser, on peut se demander de quelles informations ils disposent pour la soulever, d'où ils les tiennent et, enfin, pourquoi ils ne la posent qu'à quelques témoins seulement. Autant d'interrogations qui n'ont pas de réponse dans les documents dont nous disposons mais qu'éclairent en partie les réponses des témoins interrogés. Ainsi, Sœur Vignancour répond avoir « craint que l'on pût abuser de ce silence des registres paroissiaux, pour contester la légitimité de la naissance de notre vénérable Mère, mais en vérité, ce silence, si explicable d'ailleurs, serait le seul argument qu'on pût nous opposer[130]. » Et, à ses yeux, il ne tiendrait pas face aux autres documents connus et aux relations que Louise de Marillac eut tout au long de sa vie avec les Marillac. Sans mentionner avoir entendu parler de tels doutes, elle conclut qu'il « faut donc s'en tenir au témoignage de Gobillon, auteur contemporain, qui ne saurait être suspecté de mauvaise foi », d'autant que « la famille de Marillac était du reste trop en vue pour que l'on put se tromper ou essayer de tromper le public à son sujet »[131]. Adolphe Tardif est plus précis en affirmant avoir « entendu dire qu'un auteur avait soulevé quelques doutes sur la légitimité de la naissance de la Servante de Dieu » mais ne croit pas non plus à la thèse de l'illégitimité car « tout concorde, affirme-t-il, pour présenter Louise de Marillac comme la fille légitime de Louis de Marillac. Elle porte le prénom de son père. Elle porte aussi son nom de Marillac. Une fille illégitime eût gardé le nom de la mère » et n'eût pas porté le titre de demoiselle qui lui est donné dans son acte de mariage, qu'il cite de seconde main[132]. Autant d'arguments qui n'étaient pas en fait déterminants.

De son côté, le P. Fiat, dans un premier temps, lorsqu'il est interrogé en janvier 1889, sur ce point dans le cadre de l'article 9, répond d'une façon catégorique qui se veut assurée :

---

130 AFCP, 1282, *Proc. ord. Paris. s. fama*, déposition secrète de sœur Vignancour, supplément à la session 53, 24 janvier 1888, t. 2, p. 1.

131 AFCP, 1282, *Proc. ord. Paris. s. fama*, déposition secrète de sœur Vignancour, supplément à la session 53, 24 janvier 1888, t. 2, p. 1.

132 Il s'appuie sur l'article « Le Gras (Louise de Marillac, mad.) » du *Dictionnaire critique des biographies et d'histoire* d'Augustin Jal publié en 1867 (p. 760) : « Elle est traitée de Damoiselle, notamment dans son acte de mariage, au sujet duquel nous lisons dans Jal : "j'ai lu un registre de st Gervais (p. 760). La mention du mariage de Mr Antoine Le Gras et Damoiselle Louise de Marillac célébré le 5 février 1615." Or ce titre de Damoiselle, étant expressément réservée aux filles nobles ; d'après son usage constant qui paraît confirmé dans l'ordonnance de mars 1600 article 26, il n'aurait pas été donné à une fille illégitime » (AFCP, 1282, *Proc. ord. Paris. s. fama*, déposition secrète d'Adolphe Tardif, session 92, p. 2).

> 1° – Cette question n'intéresse en rien la sainteté de la servante de Dieu
> 2° – On ne voit aucune raison sérieuse de parler d'illégitimité
> 3° – On a les meilleures raisons d'établir la légitimité
> 4° – Un des derniers historiens de saint Vincent est le seul qui ait jamais soulevé une difficulté sur ce point[133].

Mais sa réponse demeure imprécise puisqu'il n'identifie pas l'historien en question et ne précise pas la nature de la difficulté qu'il a soulevée. Sœur Geoffre, elle, ne cherche pas à cacher le trouble que fait naître en son esprit cette question : « Je connais les doutes, qui ont été élevés sur la légitimité de la naissance de Louise de Marillac. J'en ai été moi-même très émue, la première fois que j'en ai eu connaissance[134] ». Et elle nomme l'auteur des doutes : « M. le Chanoine Maynard est le seul qui est émis (*sic*), et verbalement, cette supposition, lorsqu'il se préparait à écrire une vie Mlle Le Gras[135]. » La comtesse de Richemont et le P. Pémartin confirment cette identité mais soulignent qu'ils ne connaissent ces doutes qu'indirectement[136].

Finalement, c'est au P. Fiat qu'il revient de donner les éléments d'explication. En effet, à la fin de son interrogatoire, dans le cadre de sa réponse à l'article 35, le supérieur général choisit de revenir de lui-même sur cette question à laquelle il semblait pourtant avoir répondu de façon définitive : « En terminant ma déposition je dois à ma conscience de revenir sur un point que je n'ai fait qu'effleurer en répondant à la neuvième question ». Et il affirme alors au tribunal avoir été « douloureusement ému de penser que l'on puisse soulever même l'apparence d'un doute sur les origines d'une personne d'aussi grande vertu et aussi respectable que celle de Louise de Marillac », exprimant ainsi sans ambages la honte sociale que constitue toujours, à la fin du XIXe siècle, l'illégitimité d'une

---

133 AFCP, 1282, *Proc. ord. Paris. s. fama*, déposition secrète du P. Antoine Fiat, supplément à la session 83, 8 janvier 1889, t. 3, p. 1.

134 AFCP, 1282, *Proc. ord. Paris. s. fama*, déposition secrète de sœur Geoffre, supplément à la session 42, 27 septembre 1887, t. 2, p. 1.

135 *Ibid.*, p. 1.

136 Le P. Pémartin déclare : « J'ai entendu dire qu'un doute aurait été soulevé par Mr l'abbé Maynard, historien de S. Vincent de Paule, relativement à la légitimité de la naissance de la servante de Dieu » (AFCP, 1282, *Proc. ord. Paris. s. fama*, déposition secrète du P. Pémartin, supplément à la session 37, 10 mai 1887, t. 2, p. 1). Mme de Richemont dépose de son côté : « J'ai entendu dire que M. l'abbé Maynard a élevé des doutes à ce sujet. Le bruit m'est revenu par des intermédiaires, en sorte que j'en puis constater la réalité. » (AFCP, 1282, *Proc. ord. Paris. s. fama*, déposition secrète de Mme de Richemont, supplément à la session 39, 24 mai 1887, t. 2, p. 1).

naissance. Et il demande alors du temps au tribunal pour expliquer en détail cette question qu'il a considérée, dit-il, « comme étant de [son] devoir d'étudier de près ». Il se lance alors dans une longue explication qui commence par rappeler l'origine de ces doutes en désignant une nouvelle fois leur auteur sans le nommer. « Vers 1860, raconte-t-il, après la publication d'une grande vie de saint Vincent de Paul, le biographe voulant aussi écrire la vie de Louise de Marillac, conçut le premier des soupçons sur la légitimité de sa naissance et il en vint jusqu'à affirmer qu'il avait la certitude qu'elle n'était pas légitime. » Il explique ensuite que l'auteur en question eut l'honnêteté et la franchise de s'ouvrir de ses réflexions aux Lazaristes. Mais « cette prétendue découverte communiquée au supérieur général[137] et à quelques missionnaires trouva de leur part la plus grande opposition, et le biographe renonça à écrire la vie de Louise de Marillac, ne voulant pas faire le sacrifice de sa découverte comme on le lui demandait dans l'intérêt de l'édification commune, en supposant qu'il ne lui fût pas imposé par les droits de la vérité[138]. »

Le P. Fiat continue à taire le nom de l'auteur aux juges, de façon méprisante et un peu ridicule, ne sachant pas alors que les autres témoins l'ont identifié. Le P. Michel-Ulysse Maynard, chanoine de la cathédrale de Poitiers, a bien en effet publié en 1860 une biographie de saint Vincent de Paul en quatre volumes[139]. Dans le volume trois de cet ouvrage, il avait laissé entendre qu'il travaillait à la rédaction d'une histoire de Louise de Marillac : « de plus longs détails sur les Filles de la Charité appartiendraient à une Vie de mademoiselle Le Gras plus qu'à une Vie de saint Vincent de Paul. Nous nous déterminerons, sans doute, à écrire et à publier ce nouvel ouvrage pendant, en quelque sorte, obligé de celui-ci[140]. » Mais il n'a jamais publié le fruit de son travail dont nous

137 Il s'agit du P. Jean-Baptiste Étienne, supérieur général des Lazaristes de 1843 à 1874. Voir Edward R. Udovic, *Jean-Baptiste Etienne and the Vincentian Revival*, Chicago, Vincentian Studies Institute, 2001 et « Jean-Baptiste Étienne, refondateur des Filles de la Charité au XIXe siècle », dans Matthieu Brejon de Lavergnée (dir.), *Des Filles de la Charité aux Sœurs de Saint-Vincent-de-Paul*, *op. cit.*, p. 53-64.

138 AFCP, 1282, *Proc. ord. Paris. s. fama*, déposition secrète du P. Antoine Fiat, supplément à la session 83, 8 janvier 1889, t. 3, p. 5.

139 Michel-Ulysse Maynard, *Saint Vincent de Paul. Sa vie, son temps, ses œuvres et son influence*, Paris, A. Bray, 1860, 4 t. Cette biographie a connu plusieurs rééditions en 1861, 1873-1874 et 1886. Une *Vie de Saint Vincent de Paul*, extraite de ce premier ouvrage, est publiée en 1861, 1873 et 1885. Le chanoine Maynard a aussi publié un ouvrage intitulé *Vertus et doctrine chrétienne de Saint Vincent de Paul* qui connut plusieurs éditions (1864, 1870, 1878).

140 Michel-Ulysse Maynard, *Saint Vincent de Paul*, *op. cit.*, vol. 3, p. 297, note 1.

n'avons pas de trace par ailleurs[141]. La présentation des faits par le P. Fiat se veut balancée mais elle est de fait contradictoire puisqu'il qualifie les propos du P. Maynard de « prétendue découverte » tout en assurant que les Lazaristes lui ont demandé de « faire le sacrifice de sa découverte [...] dans l'intérêt de l'édification commune » ; ce qui dit bien que les Lazaristes reconnaissaient que le P. Maynard avait découvert une vérité mais qu'ils voulaient la garder secrète parce qu'ils la trouvaient gênante pour l'image de Louise de Marillac et de la Compagnie, contraire à « l'édification commune », c'est-à-dire celle des sœurs et des catholiques en général. Et, de fait, sous la pression des Lazaristes, le chanoine préféra se taire plutôt que de mentir par omission.

Cette contradiction fait planer une ombre d'hypocrisie sur la suite de sa déposition puisqu'il poursuit son propos en présentant en détail les arguments du chanoine dans une formule à nouveau ambiguë où alternent les suppositions et les certitudes :

> Les *soupçons* lui vinrent de l'étude réfléchie de sa vie, de ses lettres et surtout de son testament. Il fut confirmé dans ses doutes par le silence de tous les généalogistes ; et enfin l'illégitimité lui fut *démontrée* par le testament de Louis de Marillac instituant légataire universel Innocente de Marillac, sa fille unique et unique héritière[142].

Mais, aussitôt, le P. Fiat démontre que ces soupçons ne reposent sur rien et il repousse un à un les arguments du P. Maynard, sans être très convaincant. Ainsi, il souligne que ce testament de Louis de Marillac en faveur de sa fille Innocente – dont le nom n'est prononcé par aucun autre témoin dans le procès[143] – n'a pas été retrouvé et que, si ce testament existe, ce Louis est certainement un autre membre de la famille Marillac que le père de la fondatrice[144]. Il y ajoute une certaine dose de

141 D'après Frédéric Debiais, archiviste du diocèse de Poitiers, que je remercie, les papiers du P. Maynard ne semblent pas avoir été conservés.

142 AFCP, 1282, *Proc. ord. Paris. s. fama*, déposition secrète du P. Fiat, supplément à la session 83, 8 janvier 1889, p. 5. C'est nous qui soulignons.

143 Dans une note ajoutée à son témoignage, sœur Émilie Pineau a bien mentionné que Louis de Marillac « eut une fille d'un autre mariage. Le fait n'est pas rapporté chez Gobillon, et ne se trouve, je crois, ajoute-t-elle, dans aucune histoire imprimée. Je le tiens de ma sœur Geoffre qui s'occupe des archives et des documents relatifs à la canonisation de notre vénérable mère » mais elle ne prononce pas son prénom qu'elle ignore peut-être (AFCP, 1282, *Proc. ord. Paris. s. fama*, session 12, 22 juin 1886, t. 1, p. 141).

144 « Enfin l'illégitimité de la naissance de Louise fut démontrée à notre biographe par le testament de son père qui constitue son unique héritière sa fille unique Innocente de

mauvaise foi, quelque peu ridicule, quand il affirme que les généalogistes des Marillac ont pu ne pas mentionner l'existence de Louise pour ne pas faire honte à sa famille du fait de ses activités charitables peu reluisantes !

Mais le reproche le plus virulent que le P. Fiat adresse au P. Maynard est de mettre en cause la version du P. Gobillon, jugeant que « cet esprit s'annonce comme bien hardi et bien téméraire ». « Comment lui, poursuit-il, après deux siècles écoulés, après les ravages faits par les diverses révolutions dans les archives publiques et privées, peut-il être mieux renseigné que monsieur Gobillon écrivant à la source même de tous les documents, et sous la dictée, pour ainsi dire, des témoins oculaires ? Comment peut-il qualifier de menteur le récit du premier historien, vénérable curé de saint Laurent, grand vicaire de l'Archevêque de Paris, ayant affirmé, sous la foi du serment, devant un tribunal ecclésiastique, la vérité des faits rapportés dans la Vie de Louise de Marillac ? » C'est d'un véritable crime de « lèse-Gobillon » dont le P. Maynard se voit accusé par le P. Fiat qui annonce au début de cette dernière déposition, que « pendant deux siècles ce récit fut admis sans la moindre contradiction que nous sachions du moins, et le respect le plus absolu entourait l'origine de celle qui fut la fondatrice des Filles de la Charité, et la grande coopératrice de saint Vincent de Paul[145]. » Et il conclut, avec son autorité de supérieur général des Lazaristes, qu'il « n'y a donc aucun motif sérieux de douter de la légitimité de Louise de Marillac. » La rudesse de cette charge confirme, si cela était nécessaire, le rôle-clé joué par le témoignage du P. Gobillon dans ce procès du point de vue du P. Fiat et des témoins qu'il a choisis et informés.

Et, de fait, la comtesse de Richemont est du même avis que lui et attaque tout aussi frontalement le P. Maynard, qu'elle affirme avoir « plusieurs fois surpris [...] en flagrant délit d'erreur dans sa vie de S. Vincent de Paul, et spécialement vis-à-vis de Mlle Le Gras. » Et elle répète, qu'à partir des documents qu'elle a étudiés, elle n'a « rien vu qui permette de mettre en doute la légitimité de la naissance de la Servante

---

Marillac ! Malgré toutes nos recherches nous n'avons pu découvrir ce testament, et nous avons des raisons solides de penser que ce n'est pas le testament du père de la fondatrice des Filles de la Charité, mais d'un autre Louis de Marillac car la famille était nombreuse et comprenant plusieurs branches » (AFCP, 1282, *Proc. ord. Paris. s. fama*, déposition secrète du P. Fiat, supplément à la session 83, 8 janvier 1889, p. 12). On peut noter que la comtesse de Richemont affirme dans sa biographie récente de Louise de Marillac qu'Innocente est sa cousine (*op. cit.*, p. 380, note 1).

145 AFCP, 1282, *Proc. ord. Paris. s. fama*, déposition secrète du P. Fiat, p. 4.

de Dieu[146]. » Sœur Geoffre revient, elle aussi, sur ses recherches archivistiques qu'elle a conduites dans le but d'éclaircir ces doutes et conclut également à leur inanité (« Je dois dire qu'il ne m'en reste aujourd'hui aucune hésitation[147] »).

Il faut souligner que le P. Ulysse-Michel Maynard (1814-1893) ne fut pas entendu par le tribunal. Dans une courte note, qui accompagne les dépositions secrètes, le promoteur fiscal du tribunal parisien fait part au promoteur de la Foi de la Congrégation des Rites qu'il a tenté de faire témoigner le P. Ulysse Maynard, mais que celui-ci s'est excusé en rappelant son grand âge et le fait qu'il habite loin de Paris[148]. Âgé de 72 ans à l'ouverture du procès, le P. Maynard, collaborateur de *L'Univers* de Louis Veuillot, vit en effet à Poitiers, où il est chanoine théologal depuis 1872, après avoir dirigé le collège Saint-Vincent-de-Paul[149]. On peut s'interroger sur la bonne foi de ses excuses et avancer qu'il a souhaité rester fidèle à sa position sur ce dossier conflictuel dans des circonstances où les pressions de la part des Lazaristes ont ou auraient certainement été redoublées. On note que, face à ce refus, le tribunal n'a pas choisi d'ouvrir un procès dans le diocèse de Poitiers pour l'entendre, ce qui aurait été envisageable juridiquement.

Dans le même courrier envoyé au promoteur de la Foi, le promoteur fiscal explique que le secret sur les dépositions relatives à la légitimité de Louise de Marillac a été demandé par le P. Fiat lui-même pour éviter que, si le procès était rendu public, la lecture de ces passages puisse scandaliser les Filles de la Charité, alors que les doutes débattus ne reposent que sur un témoignage unique, dont le contenu n'a pas de lien avec la sainteté de Louise de Marillac, comme il l'avait déjà affirmé en répondant à l'article 9[150]. Le cardinal Richard, archevêque de Paris, accède à cette demande du supérieur général et fait envoyer

146 AFCP, 1282, *Proc. ord. Paris. s. fama*, déposition secrète de Mme de Richemont, p. 9.

147 AFCP, 1282, *Proc. ord. Paris. s. fama*, déposition secrète de sœur Geoffre, second feuillet, session 42, p. 9, f. 515.

148 « *Qui propter grandem suam ætatem et distantiam domicilii sui se excusavit* » (AFCP, 1282, *Proc. ord. Paris. s. fama*, Note du promoteur fiscal, 10 décembre 1890, enveloppe insérée, session 37, t. 2, p. 435).

149 Le P. Maynard est décédé le 20 janvier 1893. Voir sa nécrologie dans la *Semaine religieuse du diocèse de Poitiers* (1893, p. 70-71).

150 « *Extimuere superiores Congregationis Missionis se per publicationem processus, divulgata tac questione, grave inde scandalum creatur iter Puellas Charitatis, et inutiliter quidem, quum agitur de singulari et privata opinione unius auctoris, argumentis tantum negativis innixa, et quas*

un exemplaire de ces témoignages secrets à Rome au promoteur de la Foi de la Congrégation des Rites tandis qu'un autre exemplaire est conservé à Paris dans une enveloppe scellée à l'intérieur du deuxième volume du procès original.

LA SUITE DE LA PROCÉDURE

La dernière session du tribunal diocésain se tient le 18 décembre 1890 et une copie du procès et des témoignages secrets est ensuite envoyée à la Congrégation des Rites pour sa révision et sa validation en vue de l'introduction de la cause et de l'ouverture des procès apostoliques. En absence de document explicite, nous ne savons pas comment la Congrégation des Rites a reçu les dépositions concernant les doutes sur la légitimité de la naissance de Louise de Marillac.

La suite du procès permet cependant de voir la position adoptée par les postulateurs de la cause et les membres de la Congrégation sur ce point. Ainsi, tout d'abord, en 1895, est publiée par la Congrégation la *Positio super introductione causae* : on n'y trouve aucune allusion à la question de l'illégitimité mais, dans l'*informatio*, rédigée par l'avocat romain de la cause, Louis de Marillac et Marguerite Le Camus sont présentés comme « les parents » de la fondatrice, par ailleurs « pieux et honnêtes », sans mentionner qu'ils soient mariés et cette formulation neutre n'entraîne aucun *animadversio* de la part de Mgr Agostino Caprara, promoteur de la Foi[151].

Les doutes du P. Maynard n'ont donc pas été pris en compte et seule la présentation des origines familiales de Louise de Marillac par le P. Gobillon a été retenue.

---

de cætero ad sanctitatem Serva Dei nihil pertinet » (A. Delage, Lettre du promoteur fiscal, 17 décembre 1890, p. 1).

151 « *Ludovica De Marillac nobile ex Ludovico et Margarita Le Camus piis honestisque parentibus ortum habuit Parisiis die 12 mensis Augusti anno 1591. A teneris annis, postquam matre sua jam a prima infantia orbata fuisset, Monasterium pergit Monialium oppidi Poissy, ibique Christiane pietatis et religionis elementa edidicit.* » (Sacrée Congrégation des Rites, *Parisien. Beatificationis et canonizationis Servæ Dei Ludovicae de Marillac vidua Le Gras cunfundatricis Puellarum Charitatis. Positio super introductione Causæ*, Rome, Guerra et Miri, 1895, *Informatio super Dubio*, p. 2, § 3).

Lors du procès apostolique *in genere*, autorisée par l'introduction de la cause et qui se tient à Paris de janvier 1898 à juin 1899, les témoins sont à nouveau interrogés, comme il se doit, sur les origines familiales de Louise de Marillac. Le P. Raphaël Virili, devenu le postulateur de la cause, a adressé au tribunal ses articles et le premier est ainsi rédigé : « Comme quoi, la vérité fut et est que la vénérable Servante de Dieu nacquit (*sic*) à Paris des époux Louis de Marillac et Marguerite Le Camus, le 12 du mois d'Août de l'année 1591, ainsi qu'en déposeront les témoins bien informés qui déclareront la cause et la source de leurs renseignements[152]. » Il considère donc que les parents de Louise de Marillac étaient mariés et balaie ainsi les doutes à ce sujet. Mais, dans l'article 9 de son interrogatoire auquel seront soumis les témoins, le nouveau promoteur de la Foi, Giovanni Battista Lugari, ne reprend pas le terme d'époux et se contente de celui de parents sans poser de question sur leur mariage[153]. La plupart des dépositions, surtout celles des nouveaux témoins, sont particulièrement brèves et évasives sur ce point[154]. Certains, comme sœur Vignancour, optent pour l'union matrimoniale des parents[155]. D'autres s'en tiennent à la formulation ambiguë de Nicolas Gobillon. La seule nouveauté est l'identification par sœur Vignancour d'Innocente de Marillac, dont le nom avait été occulté lors du procès informatif, comme la demi-sœur de Louise[156].

152 AFCP, 1282, *Processus apostolicus super fama sanctitatis, virtutum et miraculorum in genere Ven. Ludovicæ de Marillac viduæ Le Gras confundatricis Puellarum Charitatis* [*Proc. ap. Paris. s. fama in genere*], *Positiones et articulos infrascritos dat, facit, exhibet atque producit Ill.mus et Rev. mus D. Raphael Maria Virili Antistes Urbanus et Postulator in causa constitutus, ad docendum de fama Sanctitatis vitae, virtutum et miraculorum praefactae Ven. Servae Dei in genere tantum et non in specie*, art. 1, 1898, p. 48.

153 [Art.] 9. « *Interrogetur : an, et quae fama sit de die, mense et anno, et loco urbi Ven. Dei Famula lucem aspexerit, an, et quae fama sit de eius parentibus, de eorum nomine, cognomine, patria, conditione, ac fortuna, nec non de fide et moribus.* » (*Ibid.*, p. 449).

154 Ainsi, par exemple, le P. Milon déclare : « sur ces détails biographiques, je n'ai aucune connaissance autre que les détails donnés par les auteurs qui ont écrit sa vie » (AFCP, 1282, *Proc. ap. Paris. s. fama in genere*, session 8, 21 mars 1898, p. 153) tandis que sœur Adélaïde Delaage répond : « je n'ai sur ce sujet à fournir que les témoignages contenus dans la *Vie* de M. Gobillon » (AFCP, 1282, *Proc. ap. Paris. s. fama in genere*, session 14, 23 juin 1898, p. 233).

155 « Nous savons qu'elle est née à Paris le 12 août 1591. [...]. Elle était fille de Louis de Marillac seigneur de Ferrières et de sa seconde femme Marguerite Le Camus » (AFCP, 1282, *Proc. ap. Paris. s. fama in genere*, session 18, 2 novembre 1898, p. 271).

156 « Il y a eu une sœur d'un troisième mariage. Son nom était Innocente de Marillac, devenue Mlle de Vandy par son mariage » (AFCP, 1282, *Proc. ap. Paris. s. fama in genere*, session 18, 2 novembre 1898, p. 270).

Lors du second procès apostolique, celui *in specie*, qui se déroule à Paris du 12 décembre 1901 au 12 avril 1905[157], le P. Virili, toujours postulateur de la cause, maintient sa position et va cette fois jusqu'à détailler les trois mariages supposés de Louis de Marillac[158]. Mgr Lugari, demeure lui aussi fidèle à sa position prudente, en se contentant d'interroger les témoins dans l'article 9 sur les « parents » de la fondatrice, tout en ajoutant un point sur l'existence éventuelle d'autres enfants[159]. Les nombreux témoins, dont plusieurs étaient présents aux deux procès précédents, donnent des réponses étonnamment sans grand intérêt : soit ils déclarent ne rien savoir, comme sœur Justine[160], soit ils renvoient de façon vague aux historiens, comme Alexis Chevalier, haut fonctionnaire en retraite[161], ou le P. Joseph-Marie Angeli, Lazariste[162]. Sœur Joséphine Lyszczynska en reste, elle, aux données de Nicolas Gobillon, parlant du père et de la mère de la fondatrice[163].

157 AFCP, 1293-1294, *Processus apostolicus super virtutibus et miraculis in specie ven. Ludovicæ de Marillac viduæ Le Gras confundatricis Puellarum Charitatis* [*Proc. ap. Paris. s. fama in specie*], 1901-1905, 2 vol. Une copie de ce procès est conservée aux Archives Apostoliques Vaticanes dans le fonds des archives de la Congrégation des Rites (AAV, *Cong. Riti*, *Processus*, vol. 4877-4878-4879).

158 « Comme quoi, la vérité fut et est que la vénérable Servante de Dieu, Louise de Marillac, veuve Le Gras, naquit à Paris le 12 août 1591. Son père était Louis de Marillac, seigneur de Ferrières, et sa mère Marguerite Le Camus. Monsieur de Marillac contracta successivement trois mariages. Sa première femme fut Marthe de la Rosière qui mourut sans lui donner d'enfants ; le seconde fut Marguerite Le Camus, mère de la vénérable Servante de Dieu, qui mourut peu de temps après la naissance de sa fille ; la troisième fut Antoinette Le Camus veuve Thiboust déjà mère de trois enfants, comme diront les témoins bien informés par la tradition, en alléguant la cause de ce qu'ils savent. » (AFCP, 1293, *Proc. ap. Paris. s. fama in specie*, art. 1er de l'interrogatoire, session 1, 12 décembre 1901, t. 1, p. 52-53).

159 « [Art.] 9. *Interrogetur : num sciat vel dici audiverit ; quo die, mense et anno, et quo in loco Ven. Dei Serva ortum duxerit ; quinam fuerint parentes ejus ; quae eorum patria, quod eorum nomen et cognomen, quae conditio et fortuna, quae fides, qui mores [...] an parentes ejus alios filios vel filias genuerint* » (*Ibid.*, p. 1532).

160 Lors de l'interrogatoire de sœur Justine sur les articles 9 à 18, le notaire inscrit : « *respondit de nihil scire* » (AFCP, 1293, *Proc. ap. Paris. s. fama in specie*, session 34, 26 février 1903, t. 1, p. 450).

161 « Sur toutes ces questions je ne sais que ce qui a été écrit par les historiens connus. » (AFCP, 1293, *Proc. ap. Paris. s. fama in specie*, session 26, 30 décembre 1902, t. 1, p. 360).

162 « Je ne puis répondre à cette question car je ne pourrais que dicter ce que j'ai lu dans Gobillon et il ne s'agit pas ici de faire œuvre de copiste » (AFCP, 1293, *Proc. ap. Paris. s. fama in specie*, session 29, 22 janvier 1903, t. 1, p. 394).

163 « La vénérable Servante de Dieu est née le 12 août 1591 à Paris, sur la paroisse Saint-Paul. Son père était Louis de Marillac, seigneur de Ferrières. Sa mère était Marguerite Le Camus. » La précision sur la paroisse Saint-Paul qu'elle présente comme une certitude

Si l'on s'en tient aux procès-verbaux, la question de la légitimité de la naissance de Louise de Marillac n'apparaît donc à aucun moment dans les procès apostoliques et, comme nous n'avons pas retrouvé de dépositions secrètes pour ces procès, nous pouvons penser que la question ne fut pas soulevée et, donc, que les réfutations des doutes sur la légitimité par le P. Fiat lors du procès informatif avaient été admises par la Congrégation. Et, de fait, cette légitimité ne fait pas non plus l'objet de débat lors de la rédaction des trois positions et lors des trois congrégations cardinalices, qui examinent à partir 1908, les vertus de Louise de Marillac à partir de l'ensemble des procès[164]. Une fois l'héroïcité de ces vertus reconnue en 1911, est rédigée la même année la *Positio super tuto* en vue de la béatification. Le *Vitæ synopsis*, qu'elle contient et qui vient parachever la procédure, présente les origines familiales de la fondatrice selon la position tenue par les différents promoteurs de la Foi au cours du procès, en reprenant la formulation de Nicolas Gobillon : il désigne Louis de Marillac, seigneur des Ferrières, comme son père, et Marguerite Le Camus, comme sa mère, sans que soit précisé leur statut matrimonial[165]. Cette version de l'origine de la future bienheureuse se trouve ainsi canonisée une seconde fois, et la suite du procès, qui ne concerne désormais que les miracles, et qui ne revient plus sur ces éléments biographiques, ne pourra plus la remettre en cause dans le cadre des procédures qui suivront[166].

Notons que la procédure de canonisation relance la production hagiographique. Deux nouvelles biographies de Louise de Marillac paraissent pendant l'instruction des procès apostoliques, l'une sortie de la plume de Mgr Louis Baunard (1898), qui travaille à partir des documents réunis par sœur Geoffre, qui a une connaissance exhaustive du dossier[167], et

---

n'est qu'une hypothèse dont N. Gobillon n'avait pas parlé. Elle ajoute : « Toute la famille était éminemment chrétienne » (AFCP, 1293, *Proc. ap. Paris s. fama in specie*, session 4, 8 février 1902, t. 1, 153).

164 La *Positio super virtutibus* est de 1908, la *Nova Positio super virtutibus* de 1910 et la *Novissima Positio super virtutibus* de 1911.

165 « *Anno 1591 die mensis Augusti duodecima Parisiis orta est Ludovica de Marillac patre Ludovico dynasta oppidi Les Ferrières et matre Margarita Le Camus* » (Congrégation des Rites, *Parisien. Beatificationis et canonizationis Servæ Dei Ludovicae de Marillac vidua Le Gras cunfundatricis Puellarum Charitatis. Positio super tuto*, Rome, Guerra et Miri, 1911, Vitæ synopsis, p. 5).

166 Le décret sur l'héroïcité des vertus est du 19 juillet 1911.

167 Dans sa préface, le P. Fiat explique que sœur Geoffre († 1893) choisit Mgr Baunard pour rédiger une *Vie* de la fondatrice à partir de la documentation qu'elle avait réunie (« Lettre de monsieur le supérieur général de la Congrégation de la Mission et des Filles

l'autre due au prince Emmanuel de Broglie (1911). Ces deux historiens sont d'ailleurs appelés à témoigner lors des procès apostoliques. Sur la question des origines familiales de la fondatrice, l'un comme l'autre abandonnent la formule prudente de Nicolas Gobillon pour situer la naissance de la fondatrice dans le cadre d'un supposé second mariage de Louis de Marillac avec Marguerite Le Camus[168]. Ils rejoignent en cela la position de Mgr Virili, postulateur de la cause.

QUAND LA MÉMOIRE REVIENT À UN VIEILLARD

Quelques années plus tard, alors que la Congrégation des Rites étudie les miracles proposés par la postulation en vue de la béatification de Louise de Marillac, le P. Pierre Coste (1873-1935), prêtre de la Mission et archiviste de sa Congrégation, travaille à la publication de la correspondance de Vincent de Paul et à la rédaction de nouvelles *Vies* du saint et de la fondatrice des Filles de la Charité[169]. Il décide, en juin 1914, d'interroger le P. Antoine Fiat pour savoir « s'il était au courant des soupçons élevés sur la légitimité de la naissance de Mademoiselle Le Gras[170] ». Ce qui suppose qu'il a lui-même entendu parler de ces soupçons sans qu'on sache dans quelles conditions, certainement à l'intérieur de la Congrégation de la Mission ou de la Compagnie des Filles de la Charité. La formulation

---

de la Charité à l'auteur », p. VII). Mgr Baunard lui rend d'ailleurs hommage dans la présentation des sources de son ouvrage (« Collection et recension des documents par sœur Marie de Geoffre », *ibid.*, p. XVII-XX).

168 Pour Mgr Baunard, Louis de Marillac « épousa en secondes noces Marguerite Le Camus dont on ne connaît que le nom. [...] Ce fut, entre toutes, une alliance bénie puisque c'est de ce mariage entre Marguerite Le Camus et Louis de Marillac que naquit, à Paris, le 15 (*sic*) du mois d'août 1591, la vénérable servante de Dieu Louise de Marillac » (Mgr Louis Baunard, *La vénérable Louise de Marillac, Mademoiselle Le Gras, fondatrice des Filles de la Charité de saint Vincent de Paul*, Paris, 1898, p. 3). Pour le prince de Broglie, « Louise de Marillac naquit à Paris le 15 août 1591. Elle était fille de Louis de Marillac, seigneur de Ferrières, conseiller au parlement, et de Marguerite Le Camus sa seconde femme. » (Emmanuel de Broglie, *La Vénérable Louise de Marillac. Mademoiselle Le Gras (1591-1660)*, Paris, V. Lecoffre, Coll. Les Saints, 1911, p. 1).

169 Sur Pierre Coste, voir Fernand Combaluzier, « Monsieur Pierre Coste. Notes biographiques. Ses derniers jours (1873-1935) », dans *ACM*, t. 101 (1936), p. 227-262.

170 ACMP, C. 186, tapuscrit, p. 5. Le document dactylographié porte la signature manuscrite de Pierre Coste.

de sa question montre qu'il n'a pas connaissance du témoignage secret du P. Fiat lors du procès ordinaire dans lequel ce dernier avait déclaré explicitement connaître ces soupçons. Nous pouvons aussi penser qu'il n'a pas découvert à ce moment-là les sources qui lui permettraient d'établir cette illégitimité, sinon il formulerait certainement sa question différemment. Or, le vieux Lazariste, qui est sur le point de démissionner de son supériorat à près de 82 ans, lui répond sans détour : « Oui [...]. J'ai eu en main un document découvert par la chanoine Maynard, qui prouve cette illégitimité [...] avant que s'ouvrit le procès ordinaire[171] ». Le P. Coste est tellement surpris par cette réponse qu'il ajoute aussitôt dans sa note cette attestation : « Je pris de suite copie de ces paroles du P. Fiat, que je certifie authentiques. »

Le P. Fiat savait donc au moment du procès ordinaire que l'illégitimité était prouvée alors qu'il n'avait concédé dans sa déposition secrète que l'existence de doutes non fondés. Et il en avait une preuve écrite (« un document ») et pas seulement la connaissance orale, contrairement à ce qu'avait laissé entendre sœur Geoffre[172]. On peut avancer que le document que le P. Fiat avait eu entre les mains est une copie de l'acte de donation de Jean Alméras à Louise de Marillac du 6 avril 1602 dont une transcription manuscrite intégrale, effectuée à la fin du XIXe siècle, comme l'indique le style de l'écriture, se trouve aujourd'hui conservée dans les archives de la Maison mère des Filles de la Charité dans des conditions qui renvoient aux circonstances de notre affaire. Nous avons en effet retrouvé dans ces archives, au milieu de papiers divers rangés dans le carton consacré à la canonisation de Louise de Marillac, cette transcription insérée dans une enveloppe, un temps cachetée, qui porte la mention « Archives secrètes. Copie d'une pièce trouvée aux Archives Nationales concernant notre Sainte Mère[173] ». La transcription elle-même

171 *Ibid.*, p. 6. Un second document dactylographié, postérieur et anonyme qui traite de la même question donne une formule à peine différente : « Oui [...] j'ai vu un document découvert par le chanoine Maynard, qui ne laisse aucun doute sur l'illégitimité. » (ACMP, C 187, « Louise de Marillac est-elle enfant légitime ? », s. d., p. 6.

172 Sœur Geoffre déclare en effet « M. le Chanoine Maynard est le seul qui est (*sic*) émis, et verbalement, cette supposition, lorsqu'il se préparait à écrire une vie Mlle Le Gras, et il n'a pas, à l'appui de son hypothèse, que l'absence de documents positifs, ou l'irrégularité de certains d'entre eux » (AFCP, 1282, *Proc. ord. Paris. s. fama*, déposition secrète de Sœur Geoffre, session 53, p. 9, f° 515r.).

173 AFCP, 140, Boîte Béatification – Canonisation Louise de Marillac, Dossier Notes Famille Marillac, sous-dossier Généalogie, enveloppe, s. d. [fin du XIXe siècle]. Cette donation de 1602 est le seul document d'archive concernant l'illégitimité de Louise de Marillac

porte pour titre la cote du document dans lequel l'original a été trouvé (« Archives nationales. Y 140 fol. 491 v°[174] »). Or cet acte de donation de 1602 désigne « Loyse de Marillac » comme étant la « fille naturelle de messire Loys de Marillac, chevalier, seigneur de Farainvilliers ».

Une nouvelle fois la culture du secret avait été mise en œuvre par les responsables de la Compagnie pour empêcher que ce document ne tombe entre les mains de l'ensemble des sœurs. D'autre part, ces responsables et le P. Fiat étaient allés au-delà d'une simple restriction mentale dans la présentation des connaissances sur l'illégitimité de la fondatrice lors leurs dépositions, pourtant destinées à rester secrètes, lors du procès ordinaire. Le P. Fiat avait ainsi prétendu que, pour prouver l'illégitimité de Louise de Marillac, le chanoine Maynard s'appuyait sur le testament du père de cette dernière, qui n'était pas en fait explicite sur le sujet, mais il s'était bien gardé d'évoquer cet acte de donation de 1602 qui était lui irréfutable.

Mais l'affaire ne s'arrête pas là car la suite de la conversation entre le P. Fiat et le P. Coste réserve une surprise supplémentaire qui éclaire d'un jour encore différent la déposition du supérieur général. Ce dernier déclare en effet à son jeune confrère : « Aussi, avant que s'ouvrit le Procès de l'Ordinaire sur la vie et les vertus de Louise de Marillac, j'écrivis à Rome pour savoir si cette tache ne s'opposerait pas à l'issue du procès. On me répondit que non[175]. » L'analyse et l'interprétation de ces propos sont délicates car nous ne disposons d'aucun autre document qui permettrait de les éclairer, étant dans la même situation que le P. Coste qui posait déjà la question suivante : « Que sont devenus [...] la copie de la lettre du P. Fiat à Rome et la réponse de Rome ? On ne les retrouve nulle part[176] » dans les archives des Lazaristes, dans lesquelles elles ne sont pas réapparues depuis. Et, si Rome désigne la Congrégation des Rites qui aurait donné un tel *nihil obstat* aux Lazaristes, nous n'avons pas non plus trouvé trace, dans les archives de cette Congrégation, de cet échange épistolaire[177].

---

dont la transcription se trouve dans ce dossier. Sa transcription est certainement due à sœur Vignancour, qui avait fait, comme nous l'avons vu, la recherche documentaire aux Archives nationales en vue du procès de canonisation, sous la direction de sœur Geoffre, qui bénéficiait des indications du P. Maynard.

174 Cet acte de donation figure dans les registres de l'insinuation du Châtelet de Paris (AN, Y 140, f. 491).

175 *Ibid.*, p. 5-6.

176 *Ibid.*, p. 6.

177 Mme Simona Durante, archiviste de la Congrégation pour les Causes des Saints, que je remercie pour son accueil, m'a assuré qu'ils ne figurent pas dans le dossier concernant le

Dans quelle mesure peut-on cette fois faire confiance au P. Fiat ? Si on le suit, malgré l'absence de preuves, le scénario aurait donc été que les Lazaristes et les Filles de la Charité, disposant de la preuve de l'illégitimité de Louise de Marillac dès les années 1870, auraient interrogé la Congrégation des Rites sur l'aspect dirimant ou non d'une telle situation – peut-être en se contentant d'évoquer des rumeurs ou des soupçons concernant la naissance de Louise de Marillac. Rassurés sur ce point, ils auraient tout de même décidé de n'évoquer que des soupçons lors du procès ordinaire et dans la suite de la procédure en s'appuyant sur une lecture biaisée du texte du P. Gobillon, dont la formulation n'était pas décisive pour trancher la question comme nous l'avons vu. Et encore ont-ils choisi de n'évoquer ces soupçons qu'au travers de dépositions secrètes et en portant de graves accusations qu'ils savaient injustifiées contre le P. Maynard. La raison de ce stratagème complexe résidait dans le souci de tenir les Filles de la Charité et le grand public dans l'ignorance de ces faits considérés comme infamants dans les milieux catholiques de l'époque.

LE SILENCE MAINTENU

Lors de leur conversation, le P. Fiat ne semble pas avoir indiqué au P. Coste la nature exacte du document prouvant l'illégitimité de Louise de Marillac qu'il avait eu entre les mains car sinon ce dernier l'aurait mentionné dans son témoignage. Après la mort de l'ancien supérieur général, survenue en 1915, quelques mois après cette discussion et sa démission, le secret sur cette illégitimité est maintenu. La béatification de la fondatrice des Filles de la Charité est obtenue et célébrée le 9 mai 1920. Mgr R. Virili († 1925), toujours postulateur de la cause, a « le singulier bonheur de chanter la messe pontificale à Saint-Pierre pour la cérémonie[178] », voyant

procès de Louise de Marillac conservé dans les archives de cette Congrégation sous la cote Q II 296. Le P. Giuseppe Guerra, postulateur des pères de la Mission, nous a également assuré ne pas avoir non plus retrouvé trace de telles lettres dans les archives de la postulation. Nous n'avons pas non plus trouvé de documents à ce sujet dans le dossier conservé aux Archives du diocèse de Paris pour la cause de Louise de Marillac (Fonds 6 G 1).

178 J. Parrang, « Historique de la cause de la bienheureuse Louise de Marillac », *ACM*, t. 85 (1920), p. 783.

ainsi confirmé de manière éclatante son jugement de 1883. De son côté, le P. Coste poursuit ses travaux sur Vincent de Paul et Louise de Marillac. Il édite d'abord de main de maître la correspondance, les entretiens et divers documents relatifs à Vincent de Paul, en quatorze volumes, qui paraissent entre 1920 et 1925[179]. Dans le premier de ces volumes, il présente, dans une note, Louise de Marillac, principale correspondante de Vincent de Paul. Ce texte, auquel le genre de publication impose la brièveté, ne comporte cependant que la date de naissance de la fondatrice et le nom de son père, de ses oncles et de son mari, évitant soigneusement d'évoquer sa mère[180]. Pierre Coste publie ensuite, en 1924, une édition de quelques textes de Louise de Marillac destinée au grand public, contrairement à la publication de 1886[181]. Ces « Glanes spirituelles » selon la jolie formule du titre, extraites pour certaines de sa *Vie* par Nicolas Gobillon, sont précédées par une présentation de leur auteure. Le P. Coste pourrait trouver là l'occasion de faire part de la vérité ou du moins de ses doutes sur les conditions de la naissance de la fondatrice. Il n'en fait rien et, au contraire, ne mentionne même pas cette fois le nom de ses parents[182]. On peut voir dans ces silences successifs sa volonté de respecter l'interdit maintenu sur la question par les supérieurs généraux, tout en évitant de cautionner le discours traditionnel qu'il savait être faux.

Son ouvrage suivant est publié en 1930 : c'est une nouvelle biographie, en trois volumes, de Vincent de Paul, qui devint immédiatement une référence en la matière[183]. Cette fois, lorsqu'il évoque Louise de Marillac et ses origines, il nomme ses parents mais il utilise un discours

---

179 Saint Vincent de Paul, *Correspondance, entretiens, documents*, édition publiée et annotée par Pierre Coste, Paris, J. Gabalda, 14 t., 1920-1925. Ce travail lui valut en 1921 le prix Jean-Jacques Berger décerné par l'Académie française.

180 « Louise de Marillac, née à Paris, le 12 août 1591, de Louis de Marillac, frère du pieux Michel de Marillac, garde des sceaux (1626-1630), et du maréchal de Marillac, célèbre par ses disgrâces et sa mort tragique, était veuve d'Antoine Le Gras » (Saint Vincent de Paul, *Correspondance*, t. 1, 1920, p. 25, lettre 12, note 1).

181 Pierre Coste, *La Bienheureuse Louise de Marillac. Glanes spirituelles*, Paris, Mignard, coll. L'Esprit des saints, 1924, 118 p. Le permis d'imprimer est donné par le P. F. Verdier, supérieur général de la Congrégation de la Mission.

182 « Louise de Marillac, née le 12 août 1591, était de haute lignée. Sa famille avait donné à l'Eglise des évêques, à la France des ambassadeurs, au parlement des conseillers et des avocats. Michel de Marillac, garde des sceaux, et Louis, maréchal de France, tous deux victimes du cardinal de Richelieu, étaient ses oncles. » (P. Coste, *op. cit.*, p. 9).

183 Pierre Coste, *Le Grand Saint du Grand Siècle, Monsieur Vincent*, Paris, DDB, 1932, 3 vol. L'ouvrage est précédé d'une longue « Lettre de M. François Verdier, supérieur général de la Congrégation de la Mission à l'auteur » (p. 7-14). Il est couronné par le Grand Prix Gobert de l'Académie française en 1933.

voilé qui, sans parler ouvertement d'illégitimité, peut mettre la puce à l'oreille à un lecteur attentif :

> Louise naquit à Paris le 12 août 1591. Son premier biographe, Gobillon, lui donne comme mère Marguerite Camus ; on n'ose guère le répéter après lui quand on voit ce nom absent des généalogies de la famille, même de celles qui furent dressées à la demande de ses deux oncles, contrôlées par les généalogistes officiels ou préparées à l'usage des magistrats du Conseil et du Parlement de Paris. Ce qu'on peut affirmer avec certitude, c'est que, le 12 janvier 1595, Louise alors âgée de trois ou quatre ans, eut une belle-mère en la personne d'Antoinette le Camus[184].

Et il poursuit un peu plus explicitement en note : « une certaine obscurité enveloppe la naissance de Louise de Marillac. Si l'on désire étudier à fond cette question, il ne faut pas négliger les éléments de solution qu'apportent les Archive nationales[185] ». Et il donne alors une série d'une dizaine de cotes de documents conservés au Minutier central des Archives nationales ou à la Bibliothèque nationale, sans en dire davantage[186]. En fait, ces cotes renvoient, sans le dire explicitement, à une série de documents réunis par le P. Coste et qui prouvent l'illégitimité. Il a d'ailleurs rédigé, à une date inconnue, deux courts documents inédits pour analyser en détail cette fois le contenu de ces différentes pièces d'archive, qui comptent la constitution de rente de Louis de Louis de Marillac en faveur de sa fille en 1695 (AN, Y 134, f° 190v), un courrier de Michel de Marillac de 1595 évoquant seulement les deux mariages de Louis de Marillac (Dossiers bleus, 428, f° 53-54), la donation de Jean Alméras de 1602 (AN, Y 140, f° 491v), le contrat de mariage de Michel Le Gras fils de Louise de Marillac en 1650 (AN, Y 187, f° 234), le contrat de mariage de Louis de Marillac et d'Antoinette Camus en 1595 (BnF, d'Hozier 76, Camus, f° 13), une requête contre Innocente de Marillac (BnF, Cabinet des titres, Pièces originales, Marillac, pièce 136) et des généalogies des familles Camus et Marillac. Son discours laisse planer un doute sur la véracité des affirmations de N. Gobillon concernant l'identité de la mère de Louise de Marillac (« On n'ose guère le répéter après lui »)

184 Pierre Coste, *op. cit.*, vol. 1, 1932, p. 210. Il intervertit les noms des deux femmes de Louis de Marillac qui sont Marguerite Le Camus, selon N. Gobillon, et Antoinette Camus.

185 *Ibid.*, note 4, p. 210.

186 Les cotes sont les suivantes : Y 134, f° 190 v° ; Y 140, f° 491 v° ; Y 187, f° 234 ; la Bibl. nat., Doss. Bleus, 428, 11427, f° 8 v°, et f° 53-54 ; fr. 22.445, f° 226 ; d'Hozier 76, Camus, f° 13 ; p. o., Marillac, 316 ; et les généalogies du cabinet des titres.

sans évoquer pour autant l'illégitimité de sa naissance. Comme il faut être un bon connaisseur des fonds d'archives pour comprendre ce qu'il veut dire, on peut penser qu'il s'agit pour lui de prendre date sachant que, se retrouvant de fait dans la même situation que le P. Maynard, il n'aurait peut-être pas la liberté de faire connaître ouvertement ses découvertes, au moins avant l'aboutissement encore incertain du procès de canonisation et peut-être même avant sa mort[187].

Cependant, on peut se demander s'il n'essaie pas parallèlement d'alerter discrètement la Congrégation des Rites. On sait que, dans les mêmes années, il prépare un dossier important pour cette Congrégation dans le but de dénoncer les apparitions de Catherine Labouré et de bloquer son procès de canonisation en cours[188]. Dans le cas de Louise de Marillac, un élément peut nous laisser penser qu'il tente d'influencer Rome. En effet, nous avons découvert qu'il a dans la Ville éternelle un lecteur attentif de sa *Vie* de Vincent de Paul en la personne du cardinal français Alexis Lépicier, préfet de la Congrégation des Religieux depuis 1928. En effet, dans une lettre non datée, ce dernier écrit, en italien, à son confrère le cardinal Camillo Laurenti, préfet de la Congrégation des Rites, auquel il a d'ailleurs succédé à la tête de la Congrégation des Religieux, pour lui faire part de sa réflexion à la suite de sa lecture du décret *de tuto* en vue de la canonisation pris par la Congrégation des Rites dans la cause de Louise de Marillac et qu'il a lu dans *L'Osservatore Romano* des 13 et 14 novembre 1933[189]. Il l'informe qu'il a remarqué une « divergence » (*divergenza*) entre le texte du décret de la Congrégation et celui de la biographie de saint Vincent de Paul par le P. Pierre Coste. Cette divergence porte sur la question des origines de Louise de Marillac. Ce décret a été pris à la suite de la reconnaissance des miracles survenus depuis la béatification, clôt la longue procédure curiale et ouvre la voie à la décision pontificale de la canonisation, en sécurité (*de tuto*). Comme cela a été le cas tout au long du procès, il reprend en effet les informations de Nicolas Gobillon et présente Louise de Marillac comme étant

187 Fernand Combaluzier affirme, 30 ans plus tard, dans le compte-rendu qu'il donne du livre de Jean Calvet sur Louise de Marillac paru en 1958 : « Sur l'origine de Mademoiselle, déjà en 1932, dans son *Monsieur Vincent*, t. I, p. 210, Pierre Coste, pour qui prend la peine de le lire, avait dit le fait, appuyé par nombre de références, entassées dans la note 4 (*Revue d'Histoire de l'Église de France*, 46, 143, 1960, p. 141-142). Ce qui laisse penser que le secret était connu parmi les Lazaristes.

188 ACMP, 222, P. Coste, « Les Apparitions de la Médaille Miraculeuse », v. 1930.

189 Le décret *de tuto* est pris le 12 novembre 1933.

la fille de Louis de Marillac, seigneur de Farinvilliers, et de Marguerite Le Camus[190]. Or, fait remarquer le cardinal Lépicier, c'est contraire à ce qu'a affirmé le P. Coste dans sa biographie de Vincent de Paul, en citant en entier le passage que nous avons vu, texte et note[191]. Même s'il se contente de citer le P. Coste sans autre commentaire, et surtout sans mentionner un soupçon d'illégitimité, on peut se demander si le cardinal Lépicier est vraiment en mesure de comprendre la portée de ces passages sans avoir été alerté par l'auteur lui-même de leur signification véritable. Un indice supplémentaire est donné lorsque le cardinal français précise à son correspondant qu'il a « cru bon de [lui] signaler [...] cette divergence qui, en tout état de cause, ne porte pas atteinte à la sainteté de la servante de Dieu, afin d'éviter, le cas échéant, les critiques qui pourraient éventuellement naître[192]. »

La formule prudente et balancée du cardinal résume bien les enjeux de ce débat. L'illégitimité de la naissance ne peut guère remettre en cause la sainteté mais vouloir la cacher pouvait nuire au sérieux de la procédure de canonisation. Il rejoint ici le sentiment exprimé par le P. Coste dans son document inédit : pensant que la correspondance du P. Fiat avec Rome et le document du P. Maynard avaient été volontairement détruits par ses confrères – ce qui ne semble pas avoir été le cas au moins pour le document en question, comme nous l'avons vu –, le Lazariste écrivait :

> Il est regrettable qu'on fasse disparaître des pièces importantes, pour le seul motif qu'elles déplaisent ? De telles destructions ne s'inspirent guère de

190 Le cardinal cite le texte du décret en italien : « *Nel decreto che cito dall'Osservatore Romano del 13-14 Nov., si dice "Nacque a Parigi, ai primi di agosto dell'anno 1591, da Luigi di Marillac, signore di Farinvilliers, e da Margherita Le Camus, nobili e per avita pietà illustri. Perduta la madre fin dai primi anni, il padre per educarla," ecc.* » (Archives de la Congrégation pour les Causes des Saints, Q II 296, Lettre du cardinal Lépicier, sd (1933), p. 1).

191 « *Invece nella citata biografia (Vol. I, pag. 20) si legge* : "Louise naquit le 12 août 1591. Son premier biographe, Gobillon, lui donne comme mère Marguerité (*sic*) Camus ; on n'ose guère le répéter après lui quand on voit ce nom absent de toutes les généalogies de la famille, même de celles qui furent dressées à la demande de ses deux oncles, contrôlées par les généalogistes officiels ou préparées pour l'usage des magistrats du Conseil et du Parlement de Paris. Ce qu'on peut affirmer avec certitude, c'est que, le 12 janvier 1595, Louise, alors âgée de trois à quattre ans (*sic*), eut une belle-mère en la personne d'Antoniette (*sic*) Le Camus." *Più, in nota, si legge* : "Une certaine obscurité enveloppe la naissance de Louise de Marillac. Si l'on désire étudier à fond cette question, il ne faut pas négliger les éléments de solution qu'apportent les Archives nationales". » (*Ibid.*, p. 1-2).

192 « *Ho creduto bene far notare a Vostra Eminenza questa divergenza, che del resto non tocca menomamente la santità della Serva di Dio, onde, se fosse il caso, evitare critiche che potrebbero forse nascere* » (*Ibid.*, p. 2).

> l'amour de la vérité et sont loin de favoriser ceux qui ont a cœur de faire de l'histoire vraie.

Et, poursuivant sur le point particulier de l'illégitimité, il appelle à ne pas faire d'anachronisme :

> Bien qu'enfant illégitime, Louise de Marillac porta le nom de son père, était reçue chez lui et fréquentait la maison de ses oncles. Il ne faut pas s'en étonner. À l'exemple du roi, les seigneurs hauts placés ne rougissaient pas à cette époque qu'on leur connût des bâtards ; c'était reçu ; personne n'y voyait mal. Ce n'est point par le XXᵉ siècle qu'il faut juger du XVIIᵉ siècle[193].

En développant une vision un peu idyllique de la bâtardise au XVIIᵉ siècle, il cherche à dédramatiser les conséquences des conditions de la naissance de Louise de Marillac et à défendre la place de la vérité historique dans le cadre des procès de canonisation. Et c'est ce dernier point que le cardinal Lépicier essaie à son tour de faire entendre au cardinal Laurenti.

Nous n'avons pas trouvé de réponse de ce dernier à cette lettre, et, de fait, les efforts du cardinal français et du P. Coste n'ont pas empêché la procédure de suivre son cours jusqu'à la cérémonie de canonisation qui se déroule le 11 mars 1934, présidée par Pie XI, sans que la question de l'illégitimité n'ait officiellement fait surface, laissant ainsi au texte de Nicolas Gobillon son statut référentiel en la matière. Le P. Pierre Coste mourut prématurément l'année suivante, le 29 décembre 1935, à 62 ans, sans avoir davantage dévoilé le secret des circonstances de la naissance de Louise de Marillac.

UN CAS D'ÉCOLE

La place donnée dans le procès de canonisation de Louise de Marillac († 1660) à la biographie rédigée par Nicolas Gobillon en 1676 est exceptionnelle car cette *Vie* rédigée par le curé de la paroisse Saint-Laurent à la demande des Lazaristes est la seule qui fut publiée aux XVIIᵉ et

193 ACMP, C 186, Pierre Coste, sd, p. 6.

XVIIIe siècles et la source quasi unique pour connaître l'existence de la fondatrice en dehors de son abondante correspondance et de quelques textes de sa main. Et ses filles ne s'y sont pas trompées, elles qui, pendant des siècles, ont lu et relu chaque année ce récit fondateur dans leurs maisons[194]. Quand le procès de canonisation est ouvert plus de deux siècles après sa mort, selon la forme d'un procès *per viam cultus*, les témoins ne peuvent, à leur tour, que s'appuyer sur ce texte pour répondre aux questions des interrogatoires qui structurent le procès. Cette dépendance à cette source quasi unique comporte le risque majeur pour le procès de voir sa crédibilité s'effondrer si le récit venait à être pris en défaut sur un point aussi délicat que les conditions de la naissance de la fondatrice. Les promoteurs de la cause ont pleinement conscience de ce risque et, pour y parer, ils cherchent à « canoniser » cette biographie à travers, en particulier, le rappel que son auteur avait juré, lors du procès de canonisation de Vincent de Paul, que tout ce qu'il avait écrit était vrai.

Mais un grain de sable menace d'enrayer la machine. Alors que, pendant des siècles, le récit de Nicolas Gobillon sur les origines familiales de la collaboratrice de Vincent de Paul n'avait, semble-t-il, pas posé de problème, les recherches historiques du chanoine Maynard, qui l'avait conduit dans les années 1860 à s'intéresser aux documents d'archives qui mentionnaient clairement son illégitimité, semblent l'affaiblir tant le texte du biographe avait été lu comme une garantie d'une naissance dans le cadre d'un mariage légitime, ce qu'il ne disait pourtant pas. Les promoteurs ont alors peur de voir s'ouvrir un gouffre sous leurs pieds tant l'illégitimité, quoique non dirimante pour une canonisation du point de vue Rome, est vue comme une « tache » sociale – pour reprendre le mot du P. Fiat lorsqu'il s'adresse au P. Coste – en cette fin de XIXe siècle dans les milieux catholiques.

Face à cette difficulté, ils choisissent la double voie du mensonge et du secret affirmant, d'un côté, que seuls des doutes d'illégitimité existent,

194 Louise Michelin, née en 1807, Fille de la Charité au service de la paroisse Saint-Roch, mentionne cette lecture annuelle : « Les détails de l'enfance de Mlle Le Gras me sont connus par sa vie que j'entends lire chaque année » (AFCP, 1282, *Proc. ord. Paris. s. fama*, session 15, 26 octobre 1886, t. 1, p. 179). Ce que confirme sœur Eugénie Desclaux de la Tanée, de la maison de Pau : « Nous lisons dans la communauté chaque année la vie de Mlle Le Gras par Gobillon, c'est dire que je la sais à peu près par cœur » (AFCP, 1282, *Proc. ord. Paris. s. fama*, session 25, 19 avril 1887, t. 2, p. 415).

alors qu'ils ont la preuve documentaire du contraire, et choisissant ensuite de les repousser dans des dépositions secrètes, convaincus que dévoiler cette « tache » ou simplement ce soupçon de « tache » risque de scandaliser, en premier lieu les Filles de Charité elles-mêmes. L'archevêque de Paris accepte de rentrer dans ce jeu tout comme le promoteur de la Foi de la Congrégation des Rites qui ne rend pas publiques les témoignages secrets et ne fait aucune allusion à l'illégitimité de Louise de Marillac dans ses reproches adressés à la cause[195]. Il refuse cependant de mentionner une union légitime, comme l'aurait souhaité le P. Virili, initiateur puis promoteur de la cause, et il s'en tient à la formule ambiguë de Nicolas Gobillon, qui nomme un père et une mère mais n'évoque pas de mariage.

Mais, si le procès de Louise de Marillac traverse sans encombre ces obstacles potentiels, il fait tout de même apparaître les limites d'un procès mené *per viam cultum* pour une cause ancienne que le Code de droit canon de 1917 qualifie « de tradition[196] ». La garantie des quatre miracles exigés depuis 1741 pour un procès construit sans dépositions de témoins oculaires ne suffit plus à répondre aux questions fondamentales que pose l'inadéquation de la procédure juridique avec les nouvelles attentes en matière de vérité historique. Plusieurs autres procès, dont ceux pour Jeanne d'Arc et Marguerite-Marie Alacoque, conduits dans les mêmes années, le montrent également[197]. Ce constat conduit en 1930 la Congrégation des Rites a créé en son sein une section historique qui est spécialement chargée de l'instruction de ces « causes historiques[198] », tandis que les normes pour les construire sont publiées en 1939[199]. Dans ces causes historiques, où n'existent plus

195 Il faut noter que le préfet de la Congrégation des Rites est depuis 1878 le cardinal Domenico Bartolini († 1887), qui est lui-même un enfant illégitime (*cf.* Christoph Weber, *Kardinäle und Prälaten in den letzten Jahrzehnten des Kirchenstaates*, Stuttgart, Hiersemann, t. II, 1978, p. 756).

196 Code de Droit Canonique (1917), canon n° 2117.

197 Le procès de canonisation de Jeanne d'Arc, ouvert en 1869, aboutit à sa béatification en 1909 et canonisation en 1920. Marguerite-Marie Alacoque est béatifiée en 1864 et canonisée en 1920 tandis que Jean Eudes est béatifié en 1909 et canonisé en 1925.

198 Le Motu proprio *Già da qualche tempo* du 6 février 1930 dans *Acta Apostolicæ Sedis* (*AAS*), Cité du Vatican, 22, 1930, p. 87-88.

199 *Normæ servandæ in construendis processibus ordinariis super causis historicis*, dans *AAS*, Cité du Vatican, 61, 1939, p. 174-175. Sur l'histoire de la section historique de la Congrégation des Rites, voir P. Frutaz, *La sezione storica della sacra Congregazione dei Riti ; origini e metodo di lavoro*, Cité du Vatican, 1963.

ni témoins oculaires, ni dépositions faites auparavant par des témoins oculaires, la procédure abandonne la succession de procès basés sur l'interrogatoire de témoins (un ordinaire et deux apostoliques) pour les remplacer par un unique procès ordinaire qui réunit tous les documents historiques disponibles et qui est ensuite soumis à l'examen de la Congrégation des Rites.

Dans la famille vincentienne, la canonisation de Louise de Marillac en 1934, la première après celle de Vincent de Paul en 1737, est suivie de peu, en 1947, par celle de Catherine Labouré dont la réputation de sainteté a réveillé le souvenir de celle de Louise de Marillac. L'ordre des choses est respecté : la Mère a été élevée sur les autels avant la fille. Quant à l'illégitimité de la naissance de la fondatrice, il fallut, comme on le sait, encore attendre plus de 25 ans avant qu'elle ne soit rendue publique. Cette révélation n'est pas l'œuvre d'un Lazariste[200] ou d'une Fille de la Charité, mais celle de Mgr Jean Calvet (1875-1965), ancien professeur de littérature, ancien recteur de l'Institut catholique de Paris et auteur prolifique, qui a publié, dès 1913, des *Textes choisis et commentés* de Vincent de Paul, auquel il a également consacré une biographie publiée en 1948, ce qui a pu lui donner l'occasion de rencontrer le P. Pierre Coste ou au moins ses notes[201]. Il fait donc paraître en 1958 un ouvrage intitulé *Louise de Marillac par elle-même. Portrait*, dans lequel il la dépeint « à travers le brouillard de sa jeunesse » comme « écrasée par le mystère de sa naissance », pour reprendre les titres de ses chapitres[202]. Il rappelle qu'on ne dispose pas de son acte de baptême. Il avance que « pour combler cette lacune, les historiens ont

200 En 1960, comme pour dédouaner sa Congrégation de son silence, Fernand Combaluzier rappelle que les Lazaristes ont publié *in extenso* dans les *Annales de la Congrégation de la Mission* (t. 106-107) en 1940-1941 le contrat de mariage de Louise de Marillac du 4 août 1613 dans lequel « cette origine se trouve noir sur blanc » (*Revue d'Histoire de l'Église de France*, 46, 143, 1960, p. 141, note 5). Il cite également une note d'un autre article (t. 119-120, p. 694, note 1). Mais ces publications n'abordaient pas explicitement et pour elle-même la question des origines familiales de Louise de Marillac et cette défense paraît bien fragile.

201 Saint Vincent de Paul, *Textes choisis et commentés par J. Calvet*, Paris, Plon-Nourrit, 1913, et *Saint Vincent de Paul*, Paris, A. Michel, 1948. Voir Fernand Combaluzier (prêtre de la Mission), « Monseigneur Jean Calvet et saint Vincent de Paul », dans *Mission et charité*, 17, 1965, p. 89-98.

202 Dans le compte-rendu qu'il donne de cet ouvrage, Fernand Combaluzier indique qu'il a été « longtemps attendu, maintes fois demandé, entrepris il y a dix ans et enfin paru en 1958 » (*Revue d'Histoire de l'Église de France*, 46, 143, 1960, p. 140). M. Berjon de

imaginé un second mariage de Louis en 1590 » mais que « nulle part il n'est question de ce mariage ni de cette Marguerite ». Il en conclut que « jusqu'à preuve du contraire, Louise est née de Louis de Marillac et de mère inconnue ». La citation en détail de l'acte de constitution de rente passé par Louis de Marillac en 1595 en faveur de Louise, dans lequel elle est qualifiée de « fille, sa naturelle », achève sa démonstration qu'il synthétise dans cette formule : « Il est donc évident, dans l'état actuel de nos connaissances sur la famille Marillac, que Louise est née hors mariage, légalement illégitime, reconnue par le père, et d'une mère que, d'après les usages de sa caste, Louis de Marillac ne peut ni épouser ni avouer, une servante vraisemblablement[203]. » S'il a raison de noter que le second mariage de Louis de Marillac dont serait issue Louise de Marillac est une invention d'historiens, Jean Calvet ne prend cependant pas en compte la subtilité de la formule de Nicolas Gobillon qu'il ne cite d'ailleurs pas et il rejette sans preuve l'identité de la mère de la fondatrice proposée par le biographe alors que son hypothèse sur le statut social de cette femme est plausible. Jean Calvet met ainsi fin à un silence qui a duré près de trois siècles[204]. La mère supérieure des

Lavergnée indique que sa « publication fut retardée de dix ans, pour les raisons qu'on devine » (*Histoire des Filles de la Charité*, *op. cit.*, p. 65), sans citer sa source.

203 Jean Calvet, *Louise de Marillac par elle-même. Portrait*, Paris, Aubier, 1958, p. 20. D'autres auteurs ont avancé d'autres hypothèses sur l'identité de la mère de Louise de Marillac. Mgr Baunard pensait que Marguerite Le Camus aurait pu être la fille de Geoffroy Le Camus, seigneur de Pontcarré et de Vaux, possessionné à Ferrières (Mgr Baunard, *op. cit.*, p. 3), ce qui validerait les éléments donnés par Nicolas Gobillon. Robert Descimon, à partir de la constitution de rente de 1602, pense que la mère de Louise aurait pu être une fille de Jean Alméras (*Cf.* Robert Descimon, « La *Vie* et la vie de Louise de Marillac », *Les Dossiers du Grihl*, Nicolas Lefevre de Lezeau et l'écriture, mis en ligne le 24 novembre 2011, http://journals.openedition.org/dossiersgrihl/4712 [Consulté le 1-12-2018]). Il précise, en 2016, qu'il déduit cette hypothèse de la note de Pierre Coste qui était, selon lui, une « façon de suggérer que la mère de Louise était une Alméras » (Robert Descimon, « Louise de Marillac (15 août 1591 à Ferrières plutôt qu'à Paris-15 mars 1660) parmi les siens », dans Matthieu Brejon de Lavergnée (dir.), *Des Filles de la Charité aux Sœurs de Saint-Vincent-de-Paul*, *op. cit.*, p. 45). Cela semble une surinterprétation du texte de P. Coste qui voulait seulement pointer l'illégitimité de Louise de Marillac et n'évoque pas cette hypothèse. Autre hypothèse : Louise aurait été la fille adultérine de Michel de Marillac (*Cf.* Benito Martinez, « Santa Luisa de Marillac. Prima etapa de su vida (12 août 1591 – 29 novembre 1633) », *Vincentiana*, 4-6, 1984, p. 487-514). Il faudrait supposer dans ce cas que Nicolas Gobillon a doublement menti ou a été doublement trompé.

204 En cette même année 1958, sœur Marie-Dominique Poinsenet, dominicaine, intègre et relit ses données d'une façon positive pour Louise de Marillac (*De l'anxiété à la sainteté. Louise de Marillac*, Paris, Fayard, 1958).

Filles de la Charité est très mécontente de ces révélations et interdit la lecture de l'ouvrage à ses filles. Signe, s'il en fallait, que l'illégitimité reste bien dans ces années une « tache » aux yeux des religieuses, comme le pensait le P. Fiat à la fin du XIXe siècle. Il faut attendre 1991 pour que les Filles de la Charité parviennent, par la plume de sœur Élisabeth Charpy, à assumer pleinement les origines familiales de Louise de Marillac à l'occasion de la publication d'une nouvelle biographie de la sainte[205].

Christian Renoux
Université d'Orléans
POLEN – CLARESS

205 Sœur Élisabeth Charpy, *Petite vie de Louise de Marillac*, Paris, Desclée de Brouwer, 1991. M. Bréjon de Lavergnée note, à ce propos, que les sœurs ont ainsi fait « le deuil de cette idée ancienne selon laquelle une fille non légitime ne pouvait, sans dispense, entrer en religion » (*Histoire des Filles de la Charité*, *op. cit.*, p. 65-66) alors que cet élément n'apparaît pas, dans les dépositions du procès ordinaire, parmi les arguments avancés contre les affirmations du P. Maynard.

« RYTHMES » DE L'HAGIOGRAPHIE ET DÉSYNCHRONISATION DES TEMPS RELIGIEUX (XVIIe-XXe S.)

Les jeunes saints de la Compagnie de Jésus et Rome, entre rhétorique performative et censure institutionnelle

Notre intention dans cette présentation est de mettre en débat un chantier en cours, portant sur l'histoire des béatifications et canonisations d'un nombre important de membres de la Compagnie de Jésus, causes engagées dans la longue durée de l'histoire moderne et contemporaine, mais plus spécifiquement abouties au XIXe siècle. Ce chantier a été ouvert en 2014 par une enquête, publiée au Mexique, sur les procès successifs de Pedro Claver (1580-1654), jésuite néo-granadin canonisé par Léon XIII à la toute fin du XIXe[1]. Nous ouvrons ici un second dossier, que Gérard Neveu avait déjà travaillé dans des recherches antérieures[2] et que nous versons aujourd'hui à cette enquête, pour laquelle nous nous intéresserons

1 Voir Gérard Neveu et Pierre-Antoine Fabre, « La extension continental del restablecimiento : la vuelta de las causas de los santos jesuitas. Continuidad y rupturas de las narraciones hagiograficas », dans Elisa Cardenas, Pierre-Antoine Fabre et Jaime H. Borja (dir.), *La Compania de Jesus en America latina despues de la Restauracion : los simbolos restaurados*, Bogota-Mexico, Pontificia Universidad Javeriana-Universidad Iberoamericana, vol. 5, 2014, p. 35-123 ; Gérard Neveu, « La fabrique d'un saint missionnaire jésuite dans la longue durée : Pedro Claver (1580-1654) entre rhétorique, théologie et histoire », communication à la journée d'études organisée par Sophie Houdard, Marion de Lencquesaing, Didier Philippot : *Lire et écrire des Vies de saints : regards croisés XVIIe-XIX/XXe siècles*, Université Sorbonne Nouvelle–Paris III, 12 juin 2014, consultable en ligne dans les Dossiers du Grihl, Université Paris III, 2015 ; *Id.*, « *Aggiornamenti* hagiographiques : continuités et discontinuités dans la sainteté jésuite à l'âge moderne », dans Pierre-Antoine Fabre, Patrick Goujon et Martin M. Morales (dir.), *La Compagnie de Jésus des anciens régimes au monde contemporain (XVIIIe-XXe siècles)*, Rome, Bibliotheca Instituti Historici Societatis Iesu, vol. 81, coédition EFR/IHSI, 2020, p. 555-569.

2 La recherche sur le dossier hagiographique du jeune jésuite Jean Berchmans constitue une partie inédite d'une thèse de doctorat d'histoire soutenue le 5 juillet 2011 sous la direction de Pierre-Antoine Fabre à l'EHESS sous le titre *Le Discours hagiographique dans l'Europe catholique du Moyen Age à l'époque contemporaine (XIIIe-XXe siècle) : Théologie, rhétorique, histoire.*

également dans l'avenir aux dits trente-neuf martyrs du Brésil, massacrés par des huguenots au large des îles Canaries, dont le dernier procès est toujours en attente, et à quelques autres.

Nous commencerons par rappeler les hypothèses générales de cette recherche, puis nous exposerons un cas spécifique, sur lequel une discussion précise pourra s'engager à la lecture de ce volume.

ENTRE SILENCE HISTORIOGRAPHIQUE ET RELANCE HAGIOGRAPHIQUE AU XIXe SIÈCLE

Le point de départ de notre enquête est donc le constat de la grande quantité de causes de sainteté dans la Compagnie de Jésus abouties au XIXe siècle et seulement au XIXe siècle. Ce constat trouve lui-même son origine sur une autre scène, celle de la suppression et de la restauration de la Compagnie. Rappelons les deux dates : 1773, 1814. Or l'une de nos découvertes récentes sur cette autre scène, qui a donné lieu à de nombreux travaux à la faveur du bicentenaire de 1814, a été celle du grand silence historiographique de la Compagnie de Jésus au XIXe siècle[3].

On ne connaît aucun écrit publié sur l'histoire de son Ordre par un membre de la Compagnie avant les premières années du XXe siècle, si l'on excepte un petit groupe de réponses aux deux pamphlets d'Edgar Quinet et de Jules Michelet en 1844 ; nous reviendrons à ces réponses car elles nous renseignent par l'exception sur la règle du silence. Pourtant, le gouvernement de la Compagnie produit dès 1829 – c'est-à-dire, notons-le, quinze ans tout de même après la Restauration de 1814 – une série de décrets appelant à la reprise du travail historiographique. En 1829, donc, la XXIe Congrégation générale – la numérotation des Congrégations a enjambé la Suppression – « recommande aux PP. provinciaux de recueillir dans leurs provinces les documents et d'en assurer l'envoi à Rome (...), en

3 Voir Pierre-Antoine Fabre, « L'histoire de l'"ancienne compagnie" à l'époque de la "nouvelle compagnie" : perspectives de recherche », dans José Martínez Millán, Henar Pizarro Llorente et Esther Jiménez Pablo (dir.), *Los Jesuitas. Religión, política y educación (siglos XVI-XVIII)*, Madrid, Universidad Pontificia Comillas, t. III, 2012, p. 1795-1809 ; Pierre-Antoine Fabre et Patrick Goujon, *Suppression et rétablissement de la Compagnie de Jésus (1773-1814)*, Bruxelles, Lessius, 2014.

particulier pour la période après la restitution de la Compagnie (*præcipue restituta Societate*) ». Ce décret réaffirme Rome comme centre d'écriture, ce dont a témoigné jusqu'à ce jour l'Institut historique de la Compagnie de Jésus ; il postule également – sans toutefois le préciser – que seule l'histoire de la Compagnie « restituée » serait à écrire. Or toute la suite va nous montrer que l'histoire qui finalement s'écrira échappera pour une part au moins au centre romain, et que la formulation du décret recouvre une autre réalité : la paralysie ancienne de l'historiographie de la Compagnie de Jésus. Ces deux aspects sont étroitement liés : ils portent l'un et l'autre sur l'écriture d'une histoire universelle *comme effet et comme preuve* de la centralité romaine de l'institution.

En 1844, le provincial de Lyon relaie l'appel de 1829 et demande explicitement « de faire chercher dans les bibliothèques de toutes nos maisons les livres et manuscrits propres à jeter un jour sur l'histoire de la Compagnie depuis 1625, époque où cette histoire a été interrompue, jusqu'aux temps présents. » L'aveu de la date de 1625 permet, du même coup, de franchir la période de la Suppression : un « recul-pour-mieux-sauter » où s'entrevoit ce que sera finalement la tâche de l'historiographie, lorsque la « nouvelle Compagnie » pèsera le poids de temps, sinon de l'« ancienne » Compagnie, tout au moins de la période 1773-1814. La date de 1844 approche de ce seuil. Mais remarquons aussi que cet « aveu » d'une histoire interrompue n'est pas formulé à Rome, mais à Lyon, puissant pôle d'édition de l'ancienne Compagnie, dont le provincial Louis Maillard atteste peut-être le souvenir dans l'aveu d'un échec dont la responsabilité est renvoyée à Rome. Il se trouve d'ailleurs que c'est bien en France que cette même année 1844 voir paraître deux livres qui, comme nous l'avons noté, ne font qu'exception et confirment la règle parce qu'ils échouent à faire histoire : *De l'existence et de l'Institut des jésuites*, de Francois-Xavier de Ravignan et *Des jésuites* d'Arsène Cahour. La XXIIIe Congrégation générale, en 1883, relance l'appel de la XXIe : celui-ci n'a donc pas été entendu.

En 1892, la XXIVe Congrégation générale « recommande vivement à Notre Père Luis Martín la reprise et la continuation (*resumatur et continuatur*) de l'histoire de la Compagnie ». Luis Martín justifie l'entreprise dans la préface qu'il donne à l'*Atlas geograficus Societatis Jesu* en 1894 : la cause de la gloire de Dieu n'est pas seulement dans les actes (« *rebus gestis* ») mais dans la commémoration de ces actes (« *sed etiam earundem commemorationem* »). Discours de l'histoire comme apologétique : nous aurons à y revenir pour mieux comprendre les ambivalences du positivisme documentaire des *Monumenta Historica Societatis Iesu*, lancées cette même année 1894. L'*Atlas* de Louis Carrez est une œuvre importante : outil de travail encore usité aujourd'hui, il permet aussi, à la toute fin du XIXe siècle – il est publié à Paris en 1900 –, d'esquisser sous le couvert de la « géographie » une différenciation historique des deux Compagnies, ancienne et nouvelle. Luis Martin rappelle dans ses *Memorias* une indication donnée à Carrez : « *A las casas de la antigua Compagnia reservarles un signo de color negro, a las de la nueva Compagnia, indicarlas con otro color*[4] ».

De la très longue et insistante latence de l'historiographie de la Compagnie entre sa Restauration et la fin du siècle, dont nous venons de marquer quelques traits, Luis Martín témoigne aussi dans ses Memorias : « *Una de las cosas que mas me recomendo la ultima congregacion general fue la historia de la Compagnia, tantas vezes emprendida y impulsada sin fortuna por algunos de mis predecesores*[5] ».

Comment rendre raison de ce silence historiographique ? Une hypothèse serait que la Compagnie « restituée » telle qu'elle avait été « destituée », comme le revendique le bref de 1814, ne pouvait pas faire l'histoire de l'« ancienne Compagnie », délimitée comme telle dans un temps ouvert en 1540 et clos en 1773, alors même qu'elle se donnait comme sa continuation à l'identique. Comment qualifier ce passé ? Un passé *qui n'est pas passé*, dans le double sens de son passage au présent et aussi, dans ces premières années de la Restauration, d'un passé encore incompris, inconçu ; le passé proprement traumatique d'une Compagnie supprimée par celui-là même, le Souverain Pontife, qui l'avait fondée, dans une sorte d'acte infanticide, resté en travers de la mémoire et qui hante le présent de la nouvelle institution.

Or on peut considérer comme une exception à ce silence une réalité inversement bavarde, et qui place notre dossier, nous en faisons tout au moins la proposition, au cœur du problème qui nous réunit dans ce volume, celui des procès et hagiographies comme sources pour l'historien :

---

4 « Aux maisons de l'ancienne Compagnie, réservez un signe de couleur noire, celles de la nouvelle Compagnie, indiquez-les avec une autre couleur ».

5 « Une des choses que la dernière congrégation générale m'a le plus recommandé est l'histoire de la Compagnie, si souvent entreprise et promue sans succès par certains de mes prédécesseurs. »

cette réalité, c'est le grand nombre de causes abouties au XIXe siècle, mais – et le point crucial est là – amorcées dès le XVIIe et très souvent reprises au XVIIIe siècle, pour être à nouveau interrompues et renaître au siècle suivant. Ainsi le long cours de ces causes est-il le lieu presque apparemment immobile d'une continuité entre ancienne et nouvelle Compagnie, entre époque moderne et époque contemporaine, entre Réforme, Lumières et Restauration, une immobilité apparente entretenue par de subtiles quasi-répétitions éditoriales d'hagiographie discrètement réécrites, mais une immobilité seulement apparente puisque l'extrême plasticité des figures saintes, qui est sans doute leur vertu essentielle, leur singulière universalité, autorise en réalité de multiples reformulations, qui font de ces saints, dans chacun de leur surgissement, des hommes de leur temps. Mais une chose est certaine : la gestion romaine de la progression des causes assure une suprématie de Rome dans l'écriture de l'histoire de l'Ordre qui ne pouvait plus se trouver, comme nous venons de le voir, dans l'histoire de l'institution. Encore faudrait-il nuancer ce point selon les différentes phases des procès, informatif puis apostolique, le premier local, le second central. Or la production hagiographique épouse elle-même cette trajectoire et assure dans l'espace la continuité qu'elle garantit dans le temps.

Mais nous voudrions aussi attirer rapidement l'attention sur une autre dimension du problème. Que nous dit ce glissement massif des canonisations jésuites vers le XIXe siècle de la question de la sainteté elle-même telle que la Compagnie de Jésus peut en porter la signification, ou plus précisément, en faire apparaître les difficultés ? On ne soulignera ici que deux aspects.

D'une part, la Compagnie de Jésus connaît son premier développement dans une période, comme nous le savons bien, de grand désenchantement des figures de sainteté, qui ne s'accordent plus aux légendiers anciens et qui, tout au contraire, s'attache à en construire des anti-modèles : comme par exemple lorsque Pedro de Ribadeneyra, futur premier biographe d'Ignace de Loyola, quitte Rome pour l'Espagne au début des années 1570 en emportant avec lui une lettre autographe d'Ignace – la célèbre instruction sur l'obéissance – qui représente pour lui, comme il l'écrit, une relique d'écriture, relique d'un saint – d'un futur saint –moderne, comme le deviendra plus tard son *Journal des motions intérieures*, serti d'un écrin de pierres précieuses dans le milieu du XVIIe siècle. Mais l'on pourrait aussi faire l'exercice de mesurer la trajectoire d'Ignace à celle de ces saints dont Michel de Certeau retrace le parcours dans l'*Écriture de l'histoire* : les saints dont traite Certeau, antiques et médiévaux pour l'essentiel, font finalement cercle autour du lieu de leur naissance puis de l'accomplissement de leur destin ; à l'errance, succède ce lieu ultime, qui deviendra celui d'un pèlerinage, conversion de l'errance dans une marche orientée. Ignace, lui aussi, quitte son pays natal ; lui aussi vagabonde à la recherche de sa vocation, lui aussi revient au pays natal mais il n'y reste pas : au cercle succède une spirale, conclue à Rome. Le soldat navarrais devient un saint romain – dont l'héroïcité vertueuse, ou si l'on entend bien ce mot de vertu, la force, la puissance fondatrice, excèdera de très loin les capacités miraculeuses. Il est remarquable que ce soit dans le moment post-moderne du XIXe siècle, au-delà des Lumières, dans une période de retour ou de réapparition du fait miraculeux, en commençant par les apparitions mariales – il est remarquable que ce soit à ce moment qu'un très grand nombre de jésuites bascule dans la sainteté, en particulier de très nombreux martyrs – le sens du martyre lui-même ayant été fortement réactivé par le mouvement des révolutions.

D'autre part, la vague des saints jésuites du XIXe siècle est une vague mondiale, précisément parce qu'elle est parvient finalement à faire reconnaître comme martyrs toute une série de missionnaires dont la mort comme victimes d'une « haine de la foi » aura souvent été d'une démonstration difficile ; ou à faire reconnaître une sainteté à l'œuvre dans l'apostolat missionnaire, ce qui ne correspondra pendant longtemps ni aux modèles hérités de la tradition ancienne, ni aux ambitions des sociétés créoles, qui revendiquaient pour elles-mêmes ces modèles anciens. Le long cheminement des causes du XVIIe au XIXe siècle, c'est aussi l'histoire de la première globalisation et de ses fractures.

Mais nous resterons ici en Europe, et spécifiquement à Rome, pour nous intéresser à trois jeunes élèves du Collège romain, dont les courtes vies s'achèvent en 1568, 1591 et 1621. Présentons-les très rapidement avant de revenir sur l'un de ces trois collégiens, Jean Berchmans. Pourquoi nous intéressons-nous à ce petit groupe ? Parce que leur destin est à double fond et à triple détente. À double fond, parce que l'on pourrait croire, dans une vue rapide, que l'entretien de leur mémoire correspondait pour la Compagnie de Jésus au culte de sa propre jeunesse dans le moment même où, en particulier dans le long généralat de Claudio Acquaviva

(1581-1615), elle est entrée dans une maturité, voire une sclérose, grosse de dissensus à venir[6]. Cette lecture ne serait pas fausse, mais elle dissimule les étonnants décalages chronologiques qui distinguent ces trois cas, ce que nous appelions une triple détente.

Stanislas Kostka (1550-1568) et Louis de Gonzague (1568-1591) bénéficient l'un et l'autre d'une concession de culte en 1605 et sont canonisés ensemble en 1726. Jean Berchmans (1599-1621) n'est béatifié qu'en 1865, puis canonisé assez rapidement après, en 1888, en même temps que Pedro Claver (voir Document n° 1).

L'historiographie jésuite du XXe siècle recouvrira progressivement ces dysrythmies, en associant les trois figures dans une même révérence cultuelle et en les installant dans le même lieu, comme on y reviendra pour finir. Cette construction tardive intrigue. Pourquoi, en particulier, Berchmans n'est-il reconnu saint qu'un siècle après ses deux prédécesseurs ? C'est à la solution de cette énigme que l'enquête va maintenant s'attacher.

DÉSYNCHRONISATION HAGIOGRAPHIQUE ET RESYNCHRONISATION SPATIALE
Le cas Berchmans (1624-1922)

Si l'année 1625 coïncide bien avec une césure majeure de l'historiographie jésuite, qui débouche sur le « grand silence historiographique » du XIXe siècle, on peut émettre l'hypothèse que cette date-clé constitue aussi un point d'infléchissement décisif dans la dynamique hagiographique jésuite couvrant l'arc temporel du XVIIe au XXe siècle. En effet, le premier quart du XVIIe siècle constitue un point d'orgue dans la canonisation des jésuites avec la reconnaissance officielle en 1622 de deux représentants emblématiques de la Compagnie de Jésus, Ignace de Loyola et François Xavier[7]. Mais ces années 1620-1630 ne se

6 Pierre-Antoine Fabre et Flavio Rurale (dir.), *The Acquaviva Project : Claudio Acquaviva's Generalate (1581-1615) and the Emergence of Modern Catholicism*, Boston, Institute of Jesuit Sources, Boston College, 2017.

7 Massimo Leone, *Les Mutations du cœur. Histoire et sémiotique du changement spirituel après le concile de Trente (1563-1622). Mots et images*, thèse de l'EPHE – Sorbonne et de l'Université de Fribourg, 4 volumes dactylographiés, 2006.

limitent pas à la reconnaissance de la gloire de la première génération des saints jésuites par la Contre-Réforme catholique, elles portent en germe des engendrements de longue durée qui nous conduisent au seuil du monde contemporain, avec les nouvelles années fastes de la sainteté jésuite, sous les traits du jeune novice Jean Berchmans – voir la célébration du tricentenaire de la mort en 1921-1922, accompagnée par la réécriture de sa *Vie* par le bollandiste Hippolyte Delehaye dans la collection « Les saints » –, ou encore avec des théologiens modernes comme Canisius (1925) et Bellarmin (1930).

Parmi les inflexions majeures de la longue histoire du culte des saints jésuites il convient de mettre en évidence deux moments : le premier nous situe dans une durée courte, entre 1602 (création de la Congrégation des *Beati*) et les décrets d'Urbain VIII de 1625 et 1634, lorsque se pose la question des fonctions de l'hagiographe dans les procès de canonisation de l'âge moderne. Le rôle de promoteur des causes jésuites est assuré alors par Virgilio Cepari (1564-1630), en particulier dans les cas de Louis de Gonzague (1568-1591) et de Jean Berchmans (1599-1621). L'écriture de l'hagiographe comporte alors une dimension performative trop souvent négligée par les historiens, à l'exception notable des spécialistes de la littérature et du travail de Michel Foucault[8] et de Jacques Le Brun[9]. Le second moment nous place dans une durée longue, entre le pontificat d'Urbain VIII (1623-1644), la mise en forme législative du droit canon par Benoît XIV (1700-1758)[10], moment-clé de réaffirmation d'un pouvoir spirituel et théologico-politique, et, enfin, l'inscription de ces éléments dans l'espace sacral de l'église Sant'Ignazio de Rome entre le XVIIe et le XIXe siècle. Le pouvoir pontifical ne cesse en effet de s'approfondir et de s'étendre à partir des décisions d'Urbain VIII : le pape ne devient pas seulement le censeur des causes, il devient le maitre du temps et l'ultime décideur des cultes. Dorénavant, le pape fait le saint, sans contestation possible même si les négociations sont souvent longues et complexes. De ce point de vue, la désynchronisation temporelle des cultes rendus aux

8 En référence à la célèbre conférence de Michel Foucault, « Qu'est-ce qu'un auteur ? » (1969) (voir sur ce texte la remarquable édition critique récente de Dinah Ribard aux Éditions Honoré Champion, en 2017).

9 Jacques Le Brun, « La sainteté à l'époque classique et le problème de l'autorisation », dans *Ibid.*, *Sœur et amante*, Genève, Droz, 2013, p. 241-260.

10 Mario Rosa, *La Curia romana nell'età moderna. Istituzioni, cultura, carriere*, Rome, Viella, 2013, VI, « Il tribunale della santità », p. 135-152.

trois jeunes saints jésuites n'est pas séparable du contexte d'affirmation d'une Raison d'Église face à la Raison d'État[11], et plus encore d'une affirmation de l'« infaillibilité » papale[12].

L'hagiographe Virgilio Cepari (1564-1630), qui nous fournit la source principale des *Vies* de Jean Berchmans et de Louis de Gonzague, est un personnage peu connu qui joue pourtant un rôle essentiel dans les années qui précèdent et suivent les grandes réformes en matière de canonisation du pape Urbain VIII (1625-1631-1634). Il entre dans la Compagnie de Jésus en 1582 et poursuit des études de philosophie (1587-1590) avant d'enseigner au collège de Recanati, proche du sanctuaire de Lorette. Lors de son séjour au Collège Romain à partir de mai 1587, il se lie d'amitié avec Louis de Gonzague. Il débute en secret l'écriture de la *Vie* de son condisciple et se trouve officiellement choisi comme le promoteur de la cause de béatification du jeune saint en 1605. Il devient recteur du collège de Florence (1598-1601) et noue des contacts avec les carmélites et la mystique Marie-Madeleine de Pazzi, avant d'exercer la fonction de recteur du Collège romain (1620-1623), où il rencontre Jean Berchmans. Il est par ailleurs postulateur des causes des saints jésuites et l'auteur d'un *Directorium canonizationis sanctorum*. Ce qu'il importe de souligner ici, c'est la manière par laquelle l'hagiographe met en pratique une rhétorique qui constitue une forme de court-circuit de la procédure pontificale centralisée, avec l'appui et le soutien des réseaux aristocratiques et ecclésiastiques locaux : le « Prologue » joue, dans cette perspective, un rôle stratégique, en particulier dans la *Vie* de Jean Berchmans dans ses versions italienne (1627) et française (1630). En effet, le discours hagiographique moderne, dans son articulation entre

11 Consulter de ce point de vue Florence Buttay et Axelle Guillausseau (dir.), *Des saints d'État ? Politique et sainteté au temps du concile de Trente*, Paris, Presses de l'Université Paris-Sorbonne, 2012 ; Philippe Castagnetti et Christian Renoux (dir.), *Culture et sociétés au miroir des procès de canonisation (XVIe-XXe siècle)*, Saint-Étienne, Publications de l'Université de Saint-Étienne, 2016, et Marie-Élizabeth Ducreux (dir.), *Dévotion et légitimation. Patronages sacrés dans l'Europe des Habsbourg*, Liège, Université de Liège, 2016.

12 Pierluigi Giovannucci, *Canonizzazioni e infallibilità pontificia in età moderna*, Brescia, Morcelliana, 2008 ; Paolo Cozzo et Franco Motta, (dir.), *Regolare la politica. Norme, liturgie, rappresentazioni del potere fra tardoantico ed età contemporanea*, Rome, Viella, 2016, en particulier le texte introductif de Pierre-Antoine Fabre, « Introduction : une histoire pragmatique », p. 9-21 ; Paolo Cozzo, « Hagiographie et politique dans l'Italie du Nord au début de l'époque moderne : "saints d'État", tradition urbaine et prestige dynastique », dans Marie-Élizabeth Ducreux (dir.), *op. cit.*, p. 57-72, en particulier p. 66-67 sur Mantoue et les Gonzague.

rhétorique, théologie et histoire, présente un caractère performatif. La mobilisation d'une rhétorique maniée avec art, par un spécialiste de la promotion et de la défense des causes des saints, jésuites ou non, peut nous éclairer sur les possibles succès ou insuccès d'une cause, sur les raisons d'un échec ou d'un prolongement indéfini de l'attente. Ce phénomène peut alors s'expliquer par l'empressement, voire la précipitation, mis à vouloir obtenir la reconnaissance immédiate de la sainteté d'un représentant d'un ordre aussi emblématique de la Réforme catholique que la Compagnie de Jésus. L'hagiographe occupe alors une fonction stratégique dans cette tentative d'anticipation de la canonisation en recourant à un « jeu d'écriture » qui pouvait peut-être échapper au regard de quelques censeurs inattentifs mais certainement pas à la censure de la Congrégation des Rites ou de l'Inquisition Romaine. On ne retiendra du prologue de Cepari, rédigé en 1624, que ce moment conclusif décisif :

> D'où i' infere trois choses ; Premierement l'excellence de nôtre Institut, qui sans autre chose, & sans faire rien d'extraordinaire, est capable étant bien obserué, de faire des hommes saints & glorieux deuant Dieu. Secondement, quel bon-heur c'est pour nous, d'étre dans vne Religion, où gardans seulement nos Regles & la discipline commune sans plus, nous pouuons deuenir saints. Et en troisième lieu, que si le chemin pour arriuer à la sainteté n'est autre pour nous, que de viure vne vie commune, & d'obseruer parfaitement nos Regles, comme a fait nôtre bon Frere Berchmans, il est expedient que nous sçachions en particulier & par le menu, comme quoy il les a obseruées, afin de le pouuoir imiter en cela. Et voila les raisons pour lesquelles i'ay iugé qu'il étoit à propos pour la gloire de Dieu, pour l'honneur de ce saint ieune homme, & pour le bien commun de toute nôtre Compagnie, de remarquer en cette // Histoire toutes ses plus petites actions. Et comme ie l'ay fait pour ce dessein purement, aussi espere-ie que Dieu l'approuuera, & qu'il m'en fera voir les heureux succés, & les fruits en cette vie, me reseruant la recompense en l'autre. Au reste ie supplie vos Reuerences de vouloir accepter ce mien petit trauail, comme vn gage asseuré de mon affection & de mon respec (*sic*) en leur endroit, & de ne me point oublier en leurs Oraisons, & en leurs saints Sacrifices. De Rome le 13 d'Aoust 1624[13].

L'hagiographe opère ici, comme de façon plus extensive dans le cours du récit, une véritable transformation, ce qu'on pourrait qualifier de « canonisation par l'écriture ». Les déterminations de la sainteté ne sont

13 Virgilio Cepari, « Lettre de l'auteur aux Pères et Frères de la Compagnie de Iesus qui sont en Flandres », in *La Vie de Jean Berchmans, religieux de la Compagnie de Iésus*, Paris, S. Cramoisy, 1630, p. [XVIII-XIX].

pas à chercher hors de la Compagnie, dans une validation institutionnelle externe, mais en son sein, dans la fidélité et dans le respect des règles édictées par Ignace de Loyola. La démonstration fonctionne parfaitement en circuit fermé. L'appartenance au corps de la Compagnie constitue un élément nécessaire et suffisant (« l'excellence de notre Institut *sans autre chose* ») pour atteindre la perfection ultime, et cela dans une forme d'automaticité résultant du fonctionnement de la rhétorique elle-même comme art de la persuasion. Cette rhétorique se trouve alors investie par une théologie sous-jacente[14] : c'est la « conformité » aux règles et aux constitutions qui fait littéralement le saint, ce qui place hors circuit toute forme de reconnaissance extérieure. La sainteté est fondée prioritairement, si ce n'est exclusivement, sur ce respect des règles et sur l'obéissance qui en découle, cette dernière servant de garantie suffisante. L'automaticité de la conversion du jeune novice en saint se trouve garantie à la fois par la « lettre » des *Règles* transmise par les Pères et par « l'esprit » d'une mise en pratique à travers la soumission et l'obéissance. Notons encore qu'il s'agit d'une sainteté « sans extraordinaire », dénuée de miracles au sens médiéval du terme, sans manifestations merveilleuses, sans thaumaturgie (mais pas nécessairement sans dimension mystique ou ascétique). Or, cette sainteté non miraculeuse fait écho à celle déjà promue dans la première *Vie* d'Ignace de Loyola écrite Ribadeneyra, soulevant alors des polémiques non seulement internes mais aussi externes à la Compagnie[15].

Le récit qui nous est proposé marque déjà l'émergence d'une forme de dépersonnalisation, même si ce phénomène est contrebalancé par des manifestations de la spiritualité baroque, que l'on retrouve aussi dans le cas de Stanislas Kostka[16]. En effet, la dimension « autobiographique » du récit disparaît : le saint se trouve pris dans une sorte de moule préconstruit[17]. Ce processus se trouve à la fois confirmé et achevé

14 Michel de Certeau, *L'Écriture de l'histoire*, Paris, Gallimard, Folio Histoire, 2002² : « Une variante : L'édification hagio-graphique », p. 329 : « une théologie se trouve toujours investie dans le récit hagiographique ».

15 Lire à cet égard le dossier remarquable rassemblé par Miguel Gotor, « Hagiografia y censura libraria : El quinto capitulo sobre los milagros de la vida de Ignacio de Loyola de Pedro de Ribadeneira entre corte de reyes y obediencia romana », dans José Martínez Millán, Henar Pizarro Llorente et Esther Jiménez Pablo (dir.), *Los Jesuitas*, *op. cit.*, vol. 2, p. 1007-1027.

16 Marie-Élizabeth Ducreux, *op. cit.*, 2016, « Introduction », p. 36.

17 Ce phénomène est souligné par Adriano Prosperi dans *La Vocazione. Storie di gesuiti tra Cinquecento e Seicento*, Turin, Einaudi, 2016.

dans la réécriture postérieure réalisée par le bollandiste Hippolyte Delehaye au début du XXe siècle. C'est ainsi que l'exemplarité du saint se trouve mise en crise par une lente transformation qui passe par la « déshéroïsation des signes de la vie sainte », la « débaroquisation » et la « modélisation » du saint qui n'est plus un véritable intercesseur, ni un thaumaturge faiseur de miracles, et encore moins un mystique[18]. Le saint se définit en ce début du XXe siècle par la négative, une sainteté en creux, en quelque sorte, comme l'expression abstraite de catégories de vertus désincarnées détachées de tout excès ascétique ou mystique, reflet de plus en plus distancié des croyances baroques du XVIIe siècle, mais également des croyances ou de la piété populaire rejetée dans la catégorie de la crédulité et de l'ignorance au sens le plus péjoratif du terme. Il se produit ainsi un déplacement significatif sur trois siècles qui fait passer le récit hagiographique jésuite de la *conformitas Christi*, c'est-à-dire du saint imitateur du Christ sur le modèle franciscain par exemple, ou encore du modèle martyrial réactivé à l'âge moderne, à ce qu'on peut qualifier de modèle « bourgeois » fondé sur le conformisme social, un saint ordinaire, commun, de la masse, sans qualités (Musil). De ce point de vue la comparaison avec les *Vies* du saint missionnaire Pedro Claver dans ses réécritures successives entre le milieu du XVIIe et la fin du XIXe siècle confirme cette analyse[19].

Quelle est la réaction du pouvoir papal face à cette rhétorique performative[20] ? Les apports récents de l'historiographie ont montré que des tensions institutionnelles externes et internes générées par les acteurs multiples engagés dans les causes de canonisation ont laissé de multiples traces. Chaque canonisation constitue en réalité un enjeu de négociation

18 Philippe Castagnetti, « Introduction » à Philippe Castagnetti et Christian Renoux, (dir.), *Culture et Société*, *op. cit.*, p. 22.

19 Gérard Neveu, « La fabrique d'un saint missionnaire jésuite … », art. cité.

20 Sur la procédure de béatification et de canonisation moderne : Christian Renoux, « Une source de l'histoire de la mystique moderne revisitée : les procès de canonisation », *MEFRIM*, 105-1, 1993, p. 177-217 ; *id.*, *Sainteté et mystique féminines à l'âge baroque. Naissance et évolution d'un modèle en France et en Italie*, thèse de doctorat, Université Paris I-Sorbonne, 1995, deuxième partie, chapitre 6, « Les groupes de pression », p. 186-192 ; Miguel Gotor, *Santi Stravaganti*, Rome, Aracne, 2012 ; *id.*, « Le théâtre des saints modernes : la canonisation à l'âge baroque » dans Florence Buttay et Axelle Guillausseau (dir.), *op. cit.*, p. 23-33 ; Pierluigi Giovannucci, *op. cit.* ; Giovanna Fiume, « Canonisation et piété populaire. L'interaction entre développement de la dévotion populaire et déroulement de la procédure judiciaire à partir du procès de Benoit le More (Palerme) », dans Philippe Castagnetti et Christian Renoux (dir.), *op. cit.*, p. 65-86.

qui mêle inextricablement conception religieuse de la sainteté, dévotions locales ou nationales, pressions multiformes des ordres religieux plus ou moins téléguidés par les aristocraties gouvernantes, la question théologico-politique se trouvant impliquée par ces multiples voies dans ces procédures. On peut distinguer plusieurs lignes de fracture, qui s'ordonnent autour de trois types de tensions : en premier lieu des tensions externes entre État-nation et papauté : Espagne, France, royaume de Naples, etc. ; en second lieu, des tensions entre centre (Rome) et périphérie (diocèses italiens ou européens) au sujet de l'unification liturgique en particulier dans le choix des saints locaux figurant dans le bréviaire romain ou dans le martyrologe[21] ; enfin, des tensions au cœur même de l'administration romaine, comme le souligne en particulier le travail de Miguel Gotor. En effet, au sein de la commission des cardinaux on observe trois positions différentes : une position rigoriste, représentée par des théologiens et des membres du Saint-Office (Francisco Peña) qui demandent l'interdiction totale de nouvelles formes cultuelles, qu'elles soient publiques ou privées, ces arguments étant tirés des traités d'inquisition médiévaux (Zanchino di Ugolino, *De hæriticis tractatus*…, Rome, 1568) ; une position défendue par les congrégations et ordres religieux récents, jésuites et oratoriens, favorables à une complète libéralisation des dévotions nouvelles et à la défense des prérogatives de l'évêque en matière de sainteté, et qui font appel à la tradition ecclésiastique. Les églises de Rome sont alors pleines de portraits de saints pourvus d'auréoles et de rayons de lumière bien qu'ils ne soient pas ou pas encore canonisés. Enfin, une troisième position intermédiaire, soutenue par Baronius et Bellarmin, qui proposent une solution modérée autorisant la pratique en privée d'actes dévotionnels publiquement interdits[22].

Le rôle du théologien jésuite Robert Bellarmin, en tant que censeur et théologien à l'interface entre les Congrégations pontificales et les intérêts de la Compagnie, apparaît ici central. Non seulement il agit comme soutien des causes des saints jésuites[23], mais encore il défend une

21 Voir Simon Ditchfield, *Liturgy, sanctity and history in Tridentine Italy. Pietro Maria Campi and the preservation of the particular*, Cambridge, Cambridge University Press, 1995 ; Journée d'étude organisée par Antoine Mazurek : « Liturgie et identité nationale dans l'Europe moderne. Les Offices propres des saints nationaux (XVIe-XVIIIe siècle) », 29 juin 2018, Université Panthéon-Sorbonne, Paris I.

22 Voir Virgilio Cepari et le « prologue » à la *Vie* de Louis de Gonzague (Paris, 1608).

23 Voir Virgilio Cepari (*op. cit.*) sur la place stratégique de Bellarmin dans le soutien à la cause du jeune Louis de Gonzague. Il faut souligner également les réserves du même

conception de la béatification comme culte particulier rendu à un saint, restreint à un seul diocèse et de pertinence exclusivement épiscopale, qui témoigne de sa fidélité à l'esprit du concile de Trente[24].

Au XVIIe siècle, la Congrégation des Rites concentre donc son activité sur la gestion de la phase apostolique du procès de canonisation[25]. Seuls les cultes antiques sont exclus de ces règles. De même la création en 1631 du promoteur général de la foi (équivalent du ministère public), marque une évolution sensible, car ce promoteur devient le troisième personnage en ordre d'importance, après le cardinal préfet et le secrétaire, et il exerce une sévère censure sur les documents soumis à son jugement. La Congrégation des Rites voit le nombre des séances annuelles réduites de quinze à trois par le pape Urbain VIII, qui fixa à quatre le nombre des causes qui pouvaient être étudiées par une seule congrégation.

L'impact des décrets d'Urbain VIII de 1625 et de 1634[26] sur les causes de Kostka (*Vie* publiée en 1727), Louis de Gonzague (*Vie* publiée en italien et en français 1606-1608) et Berchmans (*Vie* publiée en italien et en français, en 1627 et 1630) est décisif à divers titres. L'allongement des procédures devient considérable : plus d'un siècle pour les deux premiers, et plus de deux siècles pour le dernier.

La « réserve pontificale », limitée jusqu'alors à la traditionnelle canonisation et à la béatification, fut étendue officiellement à tous les niveaux de l'expérience hagiographique[27] : aux simples défunts renommés pour leur sainteté, aux serviteurs de Dieu, aux vénérables et aux bienheureux[28]. Le peuple cessa d'être le créateur de saints authen-

Bellarmin, formulées dès 1608, à l'égard du projet de Rosweyde (1607) visant à éditer les sources des *Vies* des saints dans ce que seront les futurs *Acta Sanctorum.*

24 Bellarmin a pris ses distances avec la politique papale au sein de la Congrégation des Rites (Peter Godman, *The Saint as Censor. Robert Bellarmine between Inquisition and Index*, Leyde, Brill, 2000, p. 90-99).

25 Voir Miguel Gotor, « Le théâtre des saints modernes », art. cité, 2012, p. 23-33.

26 Le Bref *Caelestis hierusalem cives* (1634) élaboré par le Saint-Office avec l'avis de la Congrégation des Rites et du promoteur de la Foi confirma le contenu des deux décrets inquisitoriaux de 1625 et introduisait par ailleurs quatre nouveautés selon Miguel Gotor (art. cité, p. 30).

27 Paolo Cozzo et Franco Motta (dir.), *Regolare la política…*, *op. cit.* Voir en particulier Franco Motta, « Giudicare la fede giudicare la politica. Evoluzione del paradigma giudiziario della sovranità papale nell'età delle confessioni », p. 231-248.

28 Miguel Gotor, « Sempre apprestato d'ubbidire alli comandi della Santa Inquisizione : il gesuita Gregorio Ferrari e il culto milanese di Elisabetta Peragalli tra santità e Sant'Uffizio (1657-1658) », *Studia Borromaica*, 23, 2009, p. 269-282.

tiques (fin du principe « *vox populi, vox Dei* » : ce n'est plus le peuple qui « canonise », d'où l'ironie du « *santo subito* » lors des obsèques du pape Jean-Paul II). Ce rôle incombe dorénavant quasi intégralement à la hiérarchie ecclésiale, par l'effet d'une sorte de confiscation du pouvoir de canoniser par le pape devenu seul habilité à « faire » les saints. Ce n'est plus la société toute entière rassemblant les fidèles au sein de l'Église qui participe de ce processus de création[29].

Les modèles proposés en exemple aux fidèles changent : on assiste à une recléricalisation massive de la sainteté avec une diminution significative du nombre des femmes (en particulier des mystiques et des tertiaires) et une forte diminution du nombre des laïcs[30]. Ce processus de cléricalisation sera en réalité de longue durée, en dépit des apparences et des discours en faveur des laïcs dont les causes restent strictement subordonnées à des critères religieux d'ordre théologique calqués sur les idéaux cléricaux, même après le concile Vatican II.

Concrètement, les fêtes de béatification se sont déplacées des diocèses au centre, c'est-à-dire à Saint-Pierre de Rome[31]. Les béatifications et les canonisations constituèrent dès lors une sorte de double cérémonial, double occasion de transcrire de façon rituelle et symbolique l'idée de centralisation papale. La place déterminante occupée par le cérémonial pontifical atteste alors de la subordination des pouvoirs d'État au pouvoir d'Église, pouvoir qui combine

29 Observation confirmée et soulignée par Albrecht Burkardt, « Des mentalités immuables ? Les attitudes face au miracle au fil de l'avancement du procès de canonisation de Vincent de Paul : continuités et ruptures », dans Philippe Castagnetti et Christian Renoux (dir.), *op. cit.*, p. 115-140, particulièrement p. 115-118.

30 Voir André Vauchez, *La Sainteté en occident aux derniers siècles du Moyen Âge, d'après les procès de canonisation et les documents hagiographiques*, Rome, École française de Rome, 1988^{2} ; Po Chia Hsia, *El mundo de la renovacion catolica 1540-1770*, Madrid, Akal, 2010, p. 157-174 et p. 175-190 ; à compléter par Rosa Maria Alabrús et Ricardo García Cárcel, *Teresa de Jesús. La construcción de la santidad femenina*, Madrid, Cátedra, 2015, « La fabrica de santos », p. 19-50 ; A. Arias de Saavedra Alias, Esther Jimenez Pablo et Miguel Luis Lopez-Guadalupe Munoz (dir.), *Subir a los altares. Modelos de santidad en la Monarquia Hispanica (s. XVI-XVIII)*, Grenade, EUG, 2018 ; Victor Minguez et Immaculada Rodriguez (dir.), *La Piedad de la Casa de Austria. Arte, dinastia y devocion*, Madrid, 2018.

31 Bernard Dompnier (dir.), *Les Cérémonies extraordinaires du catholicisme baroque*, Clermont-Ferrand, Université Blaise Pascal, 2009. Ce fut le cas pour la première fois en 1662 pour François de Sales. À compléter par Pablo Gonzalez Tornel, *Roma hispánica. Cultura festival Española en la capital del Barroco*, Madrid, CEEH, 2017, IV, « La fiesta religiosa », p. 177-241.

aussi bien la dimension spirituelle, que la dimension juridique et politique : le Souverain Pontife apparaît d'autant plus « souverain » qu'il fait véritablement les saints et qu'il place dans une position de subordination les demandeurs des causes.

Le nouveau contexte créé par l'acte décisif d'Urbain VIII en 1625, par la réaffirmation contre tous les acteurs de son pouvoir suprême en matière de canonisation, permet de confirmer l'importance réelle, historique, juridique et théologique du pouvoir lié à la « réserve » pontificale en matière de canonisation qui s'impose clairement comme un jalon dans l'affirmation de l'« infaillibilité » du pape, et de ses effets jusqu'à nos jours. Le pape est bien en effet depuis Urbain VIII le maître du calendrier, du temps, et le législateur suprême et incontestable en matière de sainteté.

L'ÉGLISE SANT'IGNAZIO, ESPACE D'UNIFICATION LITURGIQUE ET DE RECOUVREMENT DES ALÉAS DU PASSÉ

Notre hypothèse de travail nécessite, pour conclure, de considérer la réinscription ou resynchronisation de la mémoire des vies des trois jeunes saints dans l'espace sacré de l'église Sant'Ignazio, tout à la fois dans sa configuration et son cadre topographique et liturgique, réinscription qui permet d'éclairer les rapports complexes entre microcosme – église, Collège romain – et macrocosme – insertion dans l'espace de la ville de Rome[32].

Le plan retenu montre en effet la contiguïté entre les trois lieux, avec l'absorption spatiale de l'église primitive, dite de l'*Annunziata*, dans l'église Sant'Ignazio, tout en maintenant une relation spatiale étroite

32 Dominique Iogna Prat, *La Maison Dieu. Une histoire monumentale de l'Église au Moyen Âge (v. 800 – v. 1200)*, Paris, Seuil, 2006 ; *id.*, *Cité de Dieu, cité des hommes. L'Église et l'architecture de la société*, Paris, PUF, 2016 ; Gérard Labrot, *L'Image de Rome. Une arme pour la Contre-réforme (1534-1677)*, Seyssel, Champ Vallon, 1987 (Préface de Louis Marin). Pour reprendre une formule de Bernadette Majorana, citée par Pierre-Antoine Fabre dans *Regolare la politica*, *op. cit.*, p. 18, « le rituel spatialise le temps linéaire dans un temps cyclique ».

avec le lieu de formation des jeunes novices de la Compagnie de Jésus au sein du Collège romain[33].

L'agencement interne de l'église consacrée à Ignace de Loyola, rebâtie et reconfigurée au long des XVIIe et XIXe siècles et la circulation ou la translation des reliques, des images, la construction des autels, viennent clore tout un parcours historique et un cycle proprement hagiographique entre sainteté vécue, sainteté questionnée et retardée, pour aboutir finalement à la sainteté reconnue au terme de plusieurs siècles de latence et de discordance (*cf.* Document n° 2). Ces discordances temporelles et historiques se trouvent alors effacées, en quelque sorte, par une forme d'unification qui combine trois éléments fondamentaux :

- L'unité d'un lieu qui rassemble par une tradition assumée l'église primitive dite de l'*Annunziata* / le Collège romain / l'église Sant'Ignazio, cette dernière animée par le mouvement interne et les déplacements incessants du culte des jeunes saints dans son espace sacral, exprimé à travers des objets et des configurations nouvelles dans lesquelles les images, les reliques, les projets d'autels en recomposition permanente suivent l'évolution des décisions émanant de l'institution canonisante (les papes) comme des décisions des généraux de la Compagnie ou des artistes mobilisés pour réaliser ces œuvres.
- L'unité d'un corps spirituel unissant, autour de la figure du père fondateur Ignace, considéré comme le « Père spirituel » rédacteur des *Exercices*, des *Constitutions* et des *Règles*, canonisé en 1622, les « fils » spirituels qui, au-delà de leur expérience de jeunes novices du Collège romain soudainement interrompue, forment la « Cour sainte » ou la Cour céleste, Cour céleste apparemment réduite à l'échelle d'une église mais en réalité propagée et étendue à l'univers tout entier.

33 Ce travail s'inscrit dans le prolongement des travaux du séminaire du Centre d'anthropologie religieuse européenne (aujourd'hui CéSor) sur les cultes reliquaires, qui a donné lieu à plusieurs publications : Philippe Boutry, Pierre-Antoine Fabre et Dominique Julia (dir.), *Reliques modernes*, Paris, EHESS, 2 vol., 2009 ; Stéphane Baciocchi et Christophe Duhamelle (dir.), *Reliques romaines. Inventions et circulation des corps saints des catacombes à l'époque moderne*, Rome, Collection de l'École Française de Rome, 2016 ; voir aussi Pierre-Antoine Fabre, « Le grand reliquaire de la chapelle du Crucifix. Recherches sur le culte des reliques dans l'église San Ignazio de Rome (XVIe-XIXe siècles) », dans Philippe Boutry, Pierre-Antoine Fabre et Dominique Julia (dir.), *op. cit.*, t. II, p. 669-696.

– L'unité, enfin, d'un temps retrouvé, restauré, temps cyclique de la liturgie comme moyen de ressouder la communauté autour d'une mémoire commune transcendant les aléas de l'histoire, ses contradictions, ses ruptures, et tout particulièrement l'épreuve de la Suppression, pour réinscrire les jeunes saints de la Compagnie dans une dynamique d'éternité et dans une communion céleste associant le Père (Ignace) et ses fils dans une commune vénération[34].

Pierre-Antoine Fabre
et Gérard Neveu
CéSor / École des Hautes Études
en Sciences Sociales, Paris

34 Olivier Marin et Cécile Vincent-Cassy (dir.), *La Cour céleste. La commémoration collective des saints au Moyen Âge et à l'époque moderne* Turnhout, Brepols, 2015, p. 11-21.

ANNEXE

Temps vécu des jeunes saints jésuites	Conjoncture hagiographique et temps de l'écriture (XVIe-XXe) et de l'imprimé	Conjoncture institutionnelle romaine et temps du pouvoir pontifical (1588-1888)
Stanislas Kostka (1550-1568)	Nicolas Lancicius (1604), *De cultu S. Stanislai Kostkae soc. Iesu Epistola, V. P. Nicolai Lancicii* (…), Lons-le-Saulnier, Damelet *Vie* écrite par P. J. d'Orléans (1727)	Interruption de la canonisation (1523-1588) Création de la Congrégation des Rites (1588) Canonisation de Diego d'Alcalá (1588) Introduction de la cause de Stanislas Kostka en 1604 (?), Concession de culte en 1605, et canonisation en 1726
Louis de Gonzague (1568-1591)	*Vie* écrite par Virgilio Cepari, promoteur des causes des saints jésuites (1606, 1608, 1616, etc.)	Concession de culte et introduction de la cause de Louis de Gonzague (1605) Approbation des vertus et miracles (1612-1618) Canonisation par Benoît XIII (1726)
Jean Berchmans (1599-1621)	*Vie* écrite par V. Cepari, (1627, trad. française1630). *Vie* écrite par le bollandiste Hippolyte Delehaye pour la collection « Les saints » (1922)	Béatification par Pie IX (1865) Canonisation par Léon XIII (1888)

FIG. 1 – Temps vécu, temps de l'écriture hagiographique et temps institutionnel : désynchronisation des temps.

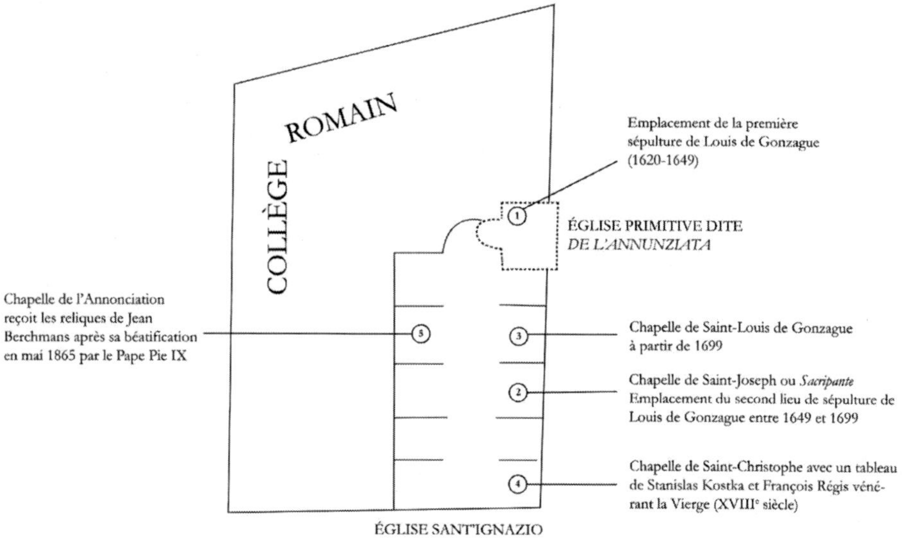

FIG. 2 – Spatialisation du culte et resynchronisation des temps religieux : culte rendu aux jeunes saints de la Compagnie de Jésus (© MSH Orléans-Tours).

SANTITÀ E REPUBBLICA NELLA ROMA DEL 1849

La figura del santo in una città in rivoluzione

LO STUDIO DELLA SECONDA REPUBBLICA ROMANA ATTRAVERSO LE FONTI AGIOGRAFICHE

La ricerca che si intende qui presentare si pone l'obiettivo di dimostrare in che modo sia possibile studiare la Repubblica romana del 1849[1] attraverso le fonti agiografiche, mettendo in risalto potenzialità e limiti del valore euristico di tale tipologia documentaria e provando, attraverso tali fonti, ad analizzare il ruolo svolto da alcuni personaggi vissuti in odore di santità proprio nel particolare frangente politico e sociale preso in considerazione.

Prima di analizzare i casi di studio posti al centro di questa ricerca (che si deve intendere ancora *in fieri* e non in grado di giungere a conclusioni definitive, ma solo di portare alla luce problematiche interpretative sulle quali riflettere), è importante dichiarare preliminarmente che un'indagine di questo tipo impone una premessa metodologica utile per inquadrare meglio la tipologia di fonti oggetto della ricerca, ma anche i contesti e le finalità con le quali tali fonti sono state prodotte. L'obiettivo comune delle agiografie è quello di dimostrare la santità di personaggi per i quali era in corso un processo di canonizzazione nel momento in cui la documentazione venne prodotta, facendo ciò si tese a restituire una lettura del frangente repubblicano del 1849 in cui venne messo in risalto l'elemento di ostilità nei confronti del ceto ecclesiastico (e della religione

1 Sulla Repubblica romana del 1849 esiste una vastissima bibliografia, per una sintesi generale ed interpretativa degli eventi che hanno caratterizzato questo episodio della storia risorgimentale si veda il più recente Giuseppe Monsagrati, *Roma senza il papa. La Repubblica romana del 1849*, Roma-Bari, Laterza, 2015.

in generale), un aspetto, talvolta, portato perfino al parossismo. È, invece, palese il tentativo di descrivere il contesto politico e sociale che fa da sfondo alla vicenda agiografica come un banco di prova per l'esercizio dei requisiti richiesti dal diritto canonico per il riconoscimento della santità, nonché l'occasione migliore per mettere in risalto il possesso di prerogative e doti straordinarie da parte dei candidati alla gloria degli altari. Non a caso, nel corso dei processi canonici istruiti per verificare la santità di personaggi presenti a Roma nel 1849, una delle *iuxtae*, ovvero delle domande che si ponevano ai testimoni chiamati a deporre, riguardava nello specifico informazioni relative alla condotta tenuta dal candidato alla santità « durante i rivolgimenti politici del 1849[2] ».

Non meno importante risulta lo studio del contesto, o dei contesti, nel quale tale tipologia di documentazione è stata prodotta. La variabile contestuale, infatti, non cambia semplicemente in relazione al personaggio del quale si intende dimostrare la santità, bensì anche in base al tempo trascorso dagli avvenimenti romani quarantotteschi e ai cambiamenti politici e storici intercorsi nel frattempo, ma anche a seconda dei protagonisti che si fecero promotori di una causa di canonizzazione, con importanti risvolti anche nella rielaborazione della memoria degli avvenimenti relativi al frangente repubblicano romano e dei protagonisti politici che lo caratterizzarono,

È possibile studiare la Repubblica romana del 1849 attraverso le fonti agiografiche? Quali prospettive interpretative può aprire la disamina di questo tipo di documentazione e di quali limiti metodologici ed euristici bisogna tener conto nell'utilizzarla? Analizzando i verbali dei processi di canonizzazione e la pubblicistica agiografica relativa a personaggi che vissero a Roma nei mesi della Repubblica, si possono ricostruire esperienze di vita consacrata che diventano emblematiche per le categorie istituzionali prese in esame in questa ricerca. Ovviamente non bisogna dimenticare il contesto e la finalità con il quale venne prodotta tale tipologia di fonti; quasi mai si tratta di documentazione coeva agli avvenimenti narrati, la fazione politica uscita vincitrice dall'esperienza repubblicana la produsse a distanza di anni e con il ben preciso intento di provare incontrovertibilmente la santità di questi personaggi, presentando il frangente repubblicano come un contesto favorevole all'esercizio delle virtù cristiane, in cui l'aspirazione alla santità assunse spesso le caratteristiche di una pietà politicamente connotata.

2 Archivio Apostolico Vaticano (d'ora in poi AAV), *Congr. Riti*, *Processus*, vol. 6450, *Proc. ap. Romae super virtutibus*, 1904, f. 32v.

VINCENZO PALLOTTI
« Contro il governo dei Settarj »

Il primo caso di studio porta ad indagare la reazione dimostrata dal clero secolare romano nei confronti del nuovo governo. Come dimostrato opportunamente in un'altra sede[3], soprattutto il clero in cura d'anime si attestò, infatti, su posizioni contrarie al nuovo regime politico, una reazione che raramente ha lasciato traccia nella documentazione, in quanto, una volta constatata l'inefficacia degli strumenti pastorali nel contrasto alla Repubblica, si preferì opporre una resistenza passiva e non esporsi troppo pubblicamente, per non incorrere in violenze e vessazioni generate da sentimenti anticlericali. Anche interrogando le fonti agiografiche si può trarre conferma di questa condizione, esemplificata dalla vicenda di Vincenzo Pallotti.

Il sacerdote romano venne alla luce nel 1795 nel rione Parione, da una famiglia di modeste origini; in gioventù strinse una sincera amicizia con Gaspare del Bufalo[4], fondatore della Congregazione dei Missionari del Preziosissimo Sangue[5]. Essendosi formato al Collegio romano, il Pallotti univa una pietà fatta di devozioni, culti e pratiche religiose tipiche di una religiosità ampiamente radicata nel ceto popolare romano, ad una coscienza teologico-politica che risentiva del più rigido intransigentismo

3 Per uno studio sistematico sulle istituzioni ecclesiastiche e la vita religiosa a Roma durante la Seconda Repubblica romana si veda Jacopo De Santis, *Tra altari e barricate. La vita religiosa a Roma durante le Repubblica romana del 1849*, Firenze, Firenze University Press, 2021.

4 Gaspare Del Bufalo nacque a Roma il 6 gennaio 1786 nel rione Monti da un ramo cadetto della famiglia nobiliare Del Bufalo. Frequentò le Scuole Pie e poi il Collegio Romano, e nel 1800 prese i voti minori. Venne nominato segretario dell'Opera di Santa Maria del Pianto al ghetto e nel 1801 esorcista in San Giovanni in Laterano. Nel 1808 venne ordinato sacerdote. Rifiutandosi di pronunciare il giuramento di fedeltà a Napoleone venne deportato a Piacenza, poi a Bologna, Imola e Lugo. Rientrato a Roma nel 1814, fondò l'istituto missionario della Congregazione dei Missionari del Preziosissimo Sangue di Gesù Cristo, le quali regole vennero approvate solo nel 1841, dopo la sua morte avvenuta nel 1837, si veda Stefania Nanni, *Gaspare Del Bufalo, santo*, in *Dizionario Biografico degli Italiani* (d'ora in poi *DBI*), t. 52, Roma, Istituto dell'Enciclopedia italiana Treccani, 1999, p. 460-462.

5 Sui Missionari del Preziosissimo Sangue si veda Pietro Mercurio, *Missionari del Preziosissimo Sangue*, in *Dizionario degli Istituti di perfezione*, t. V, Roma, Edizioni Paoline, 1978, coll. 1458-1459.

che aveva respirato nell'ambiente clericale romano post Restaurazione. Non stupisce, dunque, che tutta la sua attività pastorale fosse finalizzata alla realizzazione di un progetto di restaurazione cristiana della società. In questo senso era stata concepita la fondazione, nel 1835, della Società dell'Apostolato Cattolico e, alla luce dell'orizzonte culturale appena descritto, si deve interpretare l'atteggiamento che il Pallotti assunse nei confronti della Repubblica[6].

I verbali del processo canonico *super fama*, celebrato dalla Congregazione dei Riti nel decennio immediatamente successivo alla morte del Pallotti avvenuta nel 1850, descrivono un curato intento a contrastare il nuovo regime politico attraverso gli strumenti della pastorale e la pratica di uno stile di vita attivo, caratterizzato da numerose opere d'apostolato. Nel 1849, non avendo potuto celebrare l'ottavario dell'epifania, una pratica religiosa da lui inaugurata e molto incoraggiata dallo stesso Pio IX, con lo scopo di diffondere a Roma un certo tipo di pietà[7], il sacerdote non rinunciò a pregare, sia in privato che in pubblico, per un rapido ritorno all'ordine precostituito, cercando di coinvolgere il più possibile la popolazione romana in una sorta di uso propagandistico della pratica religiosa, che si servì anche della stampa per « impedire il guasto delle anime negli ultimi tempi calamitosi[8] ». La preghiera assunse dunque le sembianze di uno strumento di lotta politica, poiché la scelta delle orazioni da diffondere non fu mai casuale, ma faceva sempre riferimento a momenti e personaggi particolarmente significativi nella storia della chiesa[9]; poi, grazie anche al finanziamento ottenuto da alcuni esponenti

6 Luigi Huetter, « Vincenzo Pallotti e il "Tempus tribolationum" », *Strenna dei romanisti*, IX, 1948, p. 62-66; e *Id.*, « Il clero romano nel '49 », *Capitolium*, IX, 1949, p. 379-390.

7 Sulla pratica religiosa dell'Ottavario dell'Epifania si veda Giuseppe Ranocchini, *Vincenzo Pallotti e l'Ottavario dell'Epifania*, Roma, Società dell'Apostolato Cattolico, 1947. Per i rapporti tra Vincenzo Pallotti e Pio IX si veda Jan Kupka, « Vincenzo Pallotti e Papa Pio IX », *Apostolato universale*, III, 2001, p. 12-16; e Luigi Huetter, « Il Pallotti, Pio IX e i Gesuiti », *Fides*, XLVIII, 1948, p. 295-299. L'ottavario dell'Epifania si celebra tuttora con un significato ecumenico nella forma della preghiera per l'unità dei cristiani.

8 AAV, *Congr. Riti*, *Processus*, vol. 2426, *Proc. ord. super fama*, 1852-1860, f. 80v.

9 Una delle preghiere stampate dal Palotti nel 1849 fu quella del santo cinquecentesco Gaetano Thiene, fondatore dell'Ordine dei Chierici regolari Teatini, alla quale il Pallotti attribuì il titolo di *Preghiera da recitarsi in qualunque tempo, specialmente nelle comunità e nelle famiglie, in tempo delle tribolazioni e dei diversi meritati flagelli;* lo stesso avvenne per la lettera che san Bernardo di Chiaravalle aveva indirizzato al popolo romano quando quest'ultimo, spinto dalla predicazione di Arnaldo da Brescia, si era ribellato a papa Eugenio III, vedi gli Atti del processo ordinario *super fama* 1852-1860, in *Ivi*, f. 81r. si veda anche *Compendio della vita del Ven. Servo di Dio Vincenzo Pallotti sacerdote romano fondatore della Pia Società*

della nobiltà romana, il sacerdote riuscì a stampare ventimila copie delle preghiere, che diffuse poi ai vescovi italiani e francesi e ai capi degli Ordini Religiosi « affinché le distribuissero e facessero recitare in tempo della messa di comunità [...], raccomandando ai Religiosi e Religiose che a quelle vi aggiungessero le litanie de' Santi[10] ».

Il conte Alcide Plebani, addetto alle mansioni di Cancelliere pontificio, nel corso del processo romano *super virtutibus*, celebratosi nel 1888, testimoniò che: « Don Vincenzo Pallotti era un Santo, e che mentre infieriva la persecuzione contro il Clero, Egli era lasciato predicare pubblicamente, e col Crocifisso in mano senza molestie[11] ». In realtà anche il Pallotti cadde vittima della persecuzione anticlericale: a tale proposito, risulta del tutto inedita la lettura che le fonti agiografiche restituiscono dell'esperienza politica repubblicana, in cui l'anticlericalismo viene enfatizzato come una sorta di martirio e un banco di prova per l'esercizio di alcune virtù cardinali per gli aspiranti alla santità. In una deposizione resa da un testimone nel processo ordinario *super fama* si identifica il frangente politico romano del 1849 come l'occasione adatta per l'esercizio al grado eroico della virtù della fortezza:

> Passando a dire sulla virtù della Fortezza [...]. Per racconto fattomi dallo stesso Servo di Dio posso dire che nell'epoca delle vicende politiche accadute in Roma nel Milleottocentoquarantanove, alcuni soldati di quella Repubblica andettero [*sic*] nel locale di San Salvatore in Onda, ove trovassi il Servo di Dio con i Sacerdoti della Congregazione da lui fondata, per cercare tanto esso stesso, quanto una persona in dignità, ed arrestarli. Ma avendo quei facinorosi visitate tutte le camere, e i locali più reconditi di quello stabilimento, non poterono ritrovare i medesimi quantunque questi non avessero usato alcuna precauzione per sottrarsi alle loro ricerche, che invece erano lì presenti insieme agli altri di quella famiglia religiosa, e fu quasi per miracolo che non se ne avvedessero. Sortiti poi questi dal detto locale la persona in dignità cambiò d'asilo, e il Servo di Dio fu indotto dalle istanze dei suoi amici a cangiare anch'egli stanza per evitare, che si riproducessero quelle ricerche e quei timori[12].

---

delle Missioni sotto la speciale protezione di Maria vergine Immacolata Regina degli Apostoli per Monsignor Luigi Vaccari O. S. B. Vescovo titolare di Sinope e coadiutore di Nicotera e Tropea desunto dal processo ordinario fatto in Roma, Roma, Tipografia tiberina di Federico Seth, 1888. La lettera pubblicata si può leggere in Vincenzo Pallotti, *Le Preghiere*, Città del Vaticano, Libreria editrice vaticana, 1982, p. 269-170, e in latino in *Id.*, *Opere complete*, t. XI, a cura di Francesco Moccia, Roma, Società dell'Apostolato cattolico, 1980, p. 368-371.

10 AAV, *Congr. Riti*, *Processus*, vol. 2426, *Proc. ord. super fama*, 1852-1860, f. 80v.

11 *Ivi*, vol. 5349, *Proc. ap. Romae super virtutibus*, 1887-1908, f. 526r, 533r.

12 *Ivi*, vol. 2427, *Proc. ord. super fama*, 1852-1860, f. 814r-v.

Il fatto che il Pallotti sfuggì alla vista di coloro che perquisirono i locali presso la chiesa di San Salvatore in Onda era presentato dal testimone anche come un'allusione ad un presunto miracolo o, comunque, un evento prodigioso che avrebbe posto in salvo il sacerdote romano da atti di violenza. Proprio a questo punto, il Pallotti preferì abbandonare la propria attività di aperto contrasto alla Repubblica, rifugiandosi nelle sicure mura del Collegio irlandese[13], dove, come tramandano le fonti, pare sia stato anche protagonista di alcuni episodi di profetismo visionario, con i quali la figura del curato entrava a pieno titolo nel più diffuso modello di santità ottocentesca politicamente orientato: quello del santo profeta.

Il Pallotti aveva profetizzato il pontificato ad un giovanissimo Giovanni Maria Mastai Ferretti, nella particolare circostanza della Repubblica romana del 1849, conferma la propria identità di santo profeta, pronunciando vaticini in favore della causa papalina. Sempre nel processo ordinario *super fama*, un testimone affermò che « Nel Servo di Dio il dono di Profezia era quasi continuo accadendo infallibilmente quanto egli asseriva, e con circostanze tali che non lasciavano luogo a dubitare che conoscesse il futuro[14] ». Nonostante sia il Pallotti un santo confessore, la sua vicenda nel frangente della Roma repubblicana del 1849 venne veicolata dalle fonti agiografiche come una sorta di martirio incruento. In questo contesto vengono spesso narrati enfaticamente episodi di persecuzione che il sacerdote aveva vissuto in quella circostanza, come la perquisizione del Collegio irlandese, alla quale scampò il primo maggio. La narrazione delle persecuzioni subite comportava, nel caso specifico di Vincenzo Pallotti, anche la demonizzazione dei nemici, ovvero dei repubblicani, descritti come dei veri e propri carnefici che operavano in *odium Fidei*. Lo stesso sacerdote santo, in una lettera all'amico Raffaele

13 Episodi della permanenza del Pallotti nel Collegio irlandese si possono trovare in: Vincenzo Pallotti al cardinal Lambruschini, Roma 19 luglio 1849, in Vincenzo Pallotti, *Opere complete*, *op. cit.*, p. 77-80.

14 AAV, *Congr. Riti*, *Processus*, vol. 2426, *Proc. ord. super fama*, 1852-1860, f. 113r. Smentita risulta, invece, una profezia riportata nel compendio agiografico sulla vita del Pallotti, che si basava sulla frase verosimilmente pronunciata dal sacerdote romano: « Hanno cominciato con gridare morte ai Preti, e finirà col cercare i Preti, e non li potranno avere » la quale, secondo l'interpretazione della fonte, avrebbe dovuto predire lo scoppio a Roma di una pestilenza, chiaro segnale dell'ostilità di Dio nei confronti della causa repubblicana, cosa che notoriamente non avvenne, *Compendio della vita del Ven. Servo di Dio Vincenzo Pallotti*, *op. cit.*, p. 312.

Melia, descriveva il comportamento sanguinario tenuto dai repubblicani durante e dopo l'ingresso dell'esercito francese a Roma:

> La difesa, Barricate, armi, eccitamenti al Popolo, inganni e quanto altro sa inventare la malizia non dico dei Figli, ma del Padre del Diavolo, tutto è stato adoperato per impedire l'ingresso delle Truppe Francesi. [...] nei giorni avanti era stata veduta per Roma qualche donna col Fucile, mentre avevano fatto credere che venivano per saccheggiare, e ammazzare tutti meno i Preti, Frati, e Monache, pure nella detta notte dalla Porta Portese entrò un Generale Francese con trecento uomini [...] vi sono stati alcuni che hanno mostrato il loro cattivo animo, dando improvvisamente stilettate ai Preti, a Soldati Francesi, e Laici per diversi giorni; non in gran numero [...] non so se giunga al numero di 20. In una parola le cose erano così preparate, che nell'ingresso delle Truppe francesi si sarebbero dovute vedere le contrade di Roma colme di cadaveri e scorrere a rivi il sangue, e ciò per miracolo non è accaduto. [...] Noi pure siamo tutti salvi per miracolo. E sotto pretesto di vedere se vi era un fuggitivo, vennero a fare perquisizione di sommo impegno nel Luogo ove mi trovava, ma si capì che ciò facevano per vedere se in tale luogo vi fosse alcuno nascosto di quei, che si erano ritirati[15].

Ad una demonizzazione del nemico corrispondeva una descrizione delle truppe francesi come restauratrici dell'ordine, come dei crociati che avevano liberato la città dai persecutori della religione, permettendo al Pallotti di dedicarsi di nuovo alle opere di apostolato attivo. Ancora nel corso del processo ordinario *super fama*, un testimone, volendo dimostrare l'esercizio delle virtù cristiane da parte del sacerdote romano, depose affermando che « il Servo di Dio mostrò gran zelo dopo l'entrata dei francesi in Roma applicandosi alla cura dei feriti e malati della soldatesca francese. Siccome si richiedevano molti sacerdoti francesi, o che conoscessero la lingua francese, il Servo di Dio fu tutto sollecito per trovare detti sacerdoti e stimolare altri a trovarli e siccome riseppe che nell'Ospedale di Santo Spirito ne morivano alcuni senza Sagramenti fece subito le più calde istanze al Cardinal Vicario onde efficacemente si provvedesse al bisogno[16] ».

Come già detto in precedenza, non ci sono abbastanza fonti per tracciare il profilo del clero secolare che decise di opporsi energicamente alla Repubblica. La documentazione prodotta a posteriori riguarda

15 Vincenzo Pallotti a Raffaele Melia, in *Ivi*, p. 70-74.

16 AAV, *Congr. Riti*, *Processus*, vol. 2426, *Proc. ord. super fama*, 1852-1860, f. 81v; vedi anche Verbali del, in *Ivi*, vol. 2427, *Proc. ord. super fama*, 1852-1860, f. 975r-976v.

quasi del tutto i sacerdoti che, sinceramente o meno, aderirono al nuovo progetto politico. Proprio per questo, il caso di Vincenzo Pallotti può essere preso in esame come il modello medio di un sacerdote secolare romano che assunse una posizione intransigente di fronte alla Repubblica. Ovviamente il tutto viene ricostruito attraverso un discorso agiografico, in cui la narrazione degli eventi del 1849 romano viene utilizzata come cornice fattuale piegata all'intento di dimostrare la santità del personaggio. Nonostante ciò, la vicenda del sacerdote romano rimane un interessante caso di studio, in grado di dimostrare in che modo il tentativo di contrasto alla Repubblica si avvalse anche degli strumenti dell'attività pastorale fatta di una particolare pratica religiosa in grado di assumere un preciso significato politico.

ELISABETTA SANNA
La semplicità di una mistica di fronte alla Repubblica

La vita religiosa del popolo romano non subì grandi cambiamenti dopo la fuga del papa da Roma. La Repubblica si impegnò a garantire una continuità nella prassi religiosa e nella tutela del ceto ecclesiastico; pur tuttavia, alcune pratiche e liturgie vennero investite di nuovi significati politici, ideologici, forse anche teologici, che probabilmente non furono pienamente colti dal popolo minuto romano, il quale vide rispettate le proprie consuetudini religiose, seppur con alcune limitazioni dovute allo stato d'assedio in cui versava la città. Nonostante l'importante partecipazione di popolo che registrò l'esperienza repubblicana romana del 1849, si può certamente immaginare che una fetta di popolazione romana visse gli eventi senza nutrire troppo interesse per le vicende politiche in corso, probabilmente anche perché non aveva gli strumenti giusti per recepire il significato ideologico di ciò che stava accadendo, ma nemmeno i mezzi per contrastarlo. Le fonti agiografiche possono rappresentare, anche in questo caso, un'utile risorsa per analizzare questo punto di vista sulla vicenda repubblicana e sui suoi risvolti sulla prassi religiosa.

Mentre il caso di studio di Vincenzo Pallotti ha permesso di tracciare il profilo del sacerdote reazionario di fronte alla Repubblica, il secondo caso di studio riguarda, invece, la figura di una laica, una terziaria francescana e carmelitana, Elisabetta Sanna, anche lei legata all'ambiente della Società dell'Apostolato cattolico del Palotti, e può essere considerata come un esempio di come il popolo minuto romano continuasse a vivere e a praticare la religione anche durante i mesi della Repubblica, senza curarsi troppo delle vicende politiche.

Del tutto estranea all'ambiente politico e religioso romano, la Sanna giunse dalla Sardegna a Roma, quasi per caso, nel 1831. Madre di sette figli, una volta divenuta vedova, la beata si mise in testa di raggiungere la Terra Santa con il suo padre spirituale, ma alterne vicende la indussero a stabilirsi a Roma, dove prese dimora in via della Sagrestia, nei pressi della basilica di San Pietro e, quando la sua *fama sanctitatis* si diffuse in città, la sua stanza divenne meta di pellegrinaggi.

Secondo quanto si evince dalle fonti, il suo ruolo negli avvenimenti del 1849 romano non fu affatto rilevante. Il modello sociale e religioso poco innovativo incarnato dalla mistica attribuisce al personaggio le prerogative di una santità antirepubblicana, già riscontrate nella figura del Pallotti, ma con un atteggiamento molto più ingenuamente pragmatico nei confronti delle mutate circostanze politiche. Diversi testimoni ascoltati nel corso del processo canonico risposero addirittura di non essere a conoscenza del comportamento tenuto dalla mistica durante la Repubblica; altri, invece, fornirono tutti la stessa versione dei fatti, in un racconto quasi standardizzato: « Nel milleottocentoquarantanove la Ven. abitava in Roma nella casa che ho detto. [...] più volte che fosse insultata e minacciata di percosse dai Garibaldini, quei noti soldati rivoluzionari che la vollero costringere anche a gridare viva la repubblica, ed essa gridò "viva repubblica" al che coloro batterono le mani, e gridarono "viva la Monaca nostra!". Non ostante [*sic*] questo incontro non tralasciò durante quei tempi calamitosi di andare ogni giorno a S. Pietro[17] ». Sembra

17 AAV, *Congr. Riti*, *Processus*, vol. 6449, *Processus ap. Romae super virtutibus*, 1904, f. 222r. Dello stesso tenore sono le informazioni su questo periodo contenute nelle due opere agiografiche allegate agli atti del processo canonico: una di queste, datata 1865, è manoscritta e la si attribuisce al barnabita Giovanni Piantoni, Consultore della Congregazione dei Riti. La seconda opera agiografica, a stampa, è stata compilata nel 1887 dal sacerdote Carlo Maria Orlandi, vice-postulatore della causa stessa, nel 1887; *Ivi*, f. 99v; f. 335r-v, 336r; vol. 6450, f. 78r-v et documento 36, pp. non numerate, *Vita della Venerabile Serva di Dio Elisabetta Sanna morta in Roma in odore di santità scritta*

quasi che le fonti cerchino di determinare la santità della donna facendo passare la sua indifferenza nei confronti dell'esperienza politica, nonché la sua incapacità di contrastarla, per un esercizio al grado eroico delle virtù. Si tratta un discorso agiografico abbastanza debole, in cui appare difficile perfino restituire un'immagine negativa dei repubblicani: diversi testimoni descrissero, infatti, il modo bonario con il quale i garibaldini si relazionarono alla mistica:

> Nei tempi della calamitosa Repubblica la Serva di Dio benché minacciata da quelli soldati [*sic*], che anzi uno di questi arditamente spianò il fucile, e lo appuntò al petto della Serva di Dio per ucciderla credendola una monaca essa fu intrepida e rispose: « se io sono monaca voi siete frate, se volete uccidermi per la fede siete padroni », ma compassionandola gli altri fecero desistere da tanto attentato verso la Serva di Dio contentandosi che dicesse viva la Repubblica, ma essa facendo atto di non saper esprimersi rispondeva che non conosceva [...]; le domandavano chi avrebbe vinto rispondeva – chi vuole San Pietro – andrà via l'inimico? Prego Dio, diceva, che gli tocchi il cuore, e se ne vada, dicevan dessi quando sarà? Presto presto, rispondeva, volete bene a noi ripetevano, voglio bene a chi vuol bene a Dio, e così dicendole evviva zì monaca la lasciavano in pace, e così poteva ogni giorno liberamente far dimora secondo il solito nella Basilica Vaticana, e quivi pregava Iddio perché avesse fine il flagello, pregava per la conservazione, e sollecito ritorno del Sommo Pontefice, per i Cardinali, per i sacerdoti, e per ogni ceto di persone[18].

Il suo stile di vita dimesso e defilato, rivolto quotidianamente alla preghiera, l'avrebbe fatta passare del tutto inosservata, se non fosse stato per l'abito da terziaria francescana che continuò ad indossare anche nel 1849 e che la faceva sembrare, agli occhi dei repubblicani più radicali, una monaca a tutti gli effetti. Tuttavia, le fonti ripetono che i volontari appartenenti ai corpi di milizia civica finivano sempre per nutrire compassione nei suoi confronti, anche perché una malattia le aveva paralizzato entrambe le braccia, e alcuni, percependo l'aura di santità che la circondava, non mancarono nemmeno di interrogarla sulle sorti

---

dal Padre Don Giovanni Piantoni Barnabita Consultore alla Sacra Congregazione dei Riti, Roma, 1865; e l'inserto a stampa, M. Orlandi, *Compendio della vita della Venerabile Serva di Dio Elisabetta Sanna terziaria francescana ed aggregata della Pia Società delle missioni, compilato sulle testimonianze giuridiche del Processo Ordinario per la di lei Beatificazione e Canonizzazione dal sacerdote Carlo Maria Orlandi della detta Pia Società vice-postulatore della causa*, Roma, Tipografia Tiberina di Federico Setth, 1887, in AAV, *Congr. Riti, Processus*, vol. 6450. Vedi anche *Ivi*, vol. 6451, *Processus ap. Romae super fama in gen.*, 1880-1881, f. 48r e 57v.

18 *Ivi*, vol. 2414, f. 302v-303v. Vedi anche *Ivi*, f. 722v, f. 723r, f. 759r e f. 1125v.

della Repubblica e sulla fine dell'assedio di Roma. La sua condizione di analfabetismo, pare, infatti, che parlasse solo il sardo, e la sua infermità la resero immune da atti di violenza e prevaricazione. Durante il processo *super virtutibus*, celebrato a Roma nel 1904, un testimone dichiarò « di aver inteso dire che uno dei capi di milizia ordinasse ai suoi non molestarla perché gli sembrava di vedere in essa la sua propria madre[19] »; un altro testimone narrò che:

> I Garibaldini [...] la beffeggiavano continuamente ed una volta l'avevano circondata per impedirle di recarsi in S. Pietro, dicendole che vai a fare là? Rispose ella: vado a pregare – e per chi preghi? – prego per tutti. Uno allora di quelli soggiunse: preghi anche per la repubblica? A cui rispose: io non la conosco. Allora un' altro [*sic*] prese la parola, disse: non vedete che non capisce niente? Lasciatela andare. E così fu liberata[20].

Un impianto agiografico che intendeva presentare la Sanna come un modello di santità antirepubblicana, facendo leva solamente sulla indifferenza della mistica nei confronti degli eventi politici in corso, risultò evidentemente poco efficace. Per questo si cercò di attribuirle le prerogative di una santità visionaria, in linea con il fenomeno politicamente orientato del profetismo ottocentesco[21]. La Sanna entrava, così, nel novero di quelle sante mistiche che, attraverso sogni e apparizioni, profetizzavano una pronta restaurazione del potere temporale del papa, perseguitato dalle rivoluzioni liberali e dalle istanze patriottiche del Risorgimento italiano, con forti riferimenti anche a devozioni e culti che avevano acquisito significati antiliberali, come quella al Preziosissimo Sangue. In una pagina dell'opera agiografica dell'Orlandi si può leggere:

> Mentre nel 1849, con incessanti preghiere e altre pratiche divote, procurava di placare la divina giustizia, esortando tutti a mondar la coscienza e far ricorso

19 *Ivi*, vol. 6449, f. 60v.

20 *Ivi*, f. 436v.

21 Riguardo al profetismo ottocentesco si veda P. Stella, « Per una storia del profetismo apocalittico cattolico ottocentesco. Messaggi profetici di don Bosco a Pio IX e all'imperatore d'Austria (1870-1873) », *Rivista di storia e letteratura religiosa*, IV, 1968, p. 448-469, ripubblicato in *Id.*, *Il libro religioso in Italia. Studi e ricerche*, a cura di Maria Lupi, Roma, Viella, 2008, p. 199-222, si veda anche Roberto Rusconi, *Santo Padre. La santità del papa sa san Pietro a Giovanni Paolo II*, Roma, Viella 2010, in particolare le p. 365-384. Per il caso specifico del profetismo ottocentesco a Roma si veda Tommaso Caliò, « Corpi santi e santuari a Roma nella seconda Restaurazione », in Antonio Volpato (a cura di), *Monaci, ebrei, santi. Studi per Sofia Boesch Gajano*, Roma, Viella, 2008, p. 305-373.

a Dio, offrendo pur anco se stessa in vittima di espiazione, e recandosi quotidianamente, benché in mezzo ai pericoli, alla Basilica Vaticana, per implorare il sollecito ritorno del Sommo Pontefice, non che la di lui conservazione, e quella dei Cardinali, pregando ancora per tutti i Sacerdoti, e per ogni ceto di persone, e per la città santa, onde avesse fine quella calamità, Iddio si degnò consolarla coll'apparizione di S. Luigi e di Sant'Antonio, i quali le annunziarono il giorno 30 Giugno come fine di quel flagello [...]. Praticando in un anno il mese del Preziosissimo Sangue, nel penultimo giorno, le apparve il Divin Redentore, mostrandole le sue cinque piaghe tutte risplendenti, che gittavano una pioggia d'oro, ordinandole di propagare sì bella divozione [...]. Più volte le apparve la SS.ma Vergine col S. Bambino, dandoglielo a vagheggiare; altre volte le fece sentire la soavissima sua voce, il che fu principalmente allorquando, nelle dette vicende e pericoli del '49, la invocava assai spesso con grande amore e fiducia col titolo di *Virgo Potens*, e la Vergine le rispose – Chiamami pure così, mia figlia, che tale io sono. – Donde ebbe principio invocare quella sacra imagine col detto titolo, e col patrocinio della Vergine la Serva di Dio scampò da ogni pericolo[22].

Il profetismo è sostenuto in questo caso da un impianto cultuale e devozionale tutto improntato in chiave antiliberale: il Preziosissimo Sangue di Gesù Cristo e l'Immacolata Concezione erano sicuramente devozioni politicamente orientate che ricollocavano la narrazione agiografica della Sanna nel frangente politico controrivoluzionario. Anche alla luce del caso della Frassinetti, analizzato qui di seguito, si può affermare che la predilezione della mistica sarda per una vita contemplativa non fu un fatto di genere, ma si deve imputare alla sua condizione socioculturale e alla sua religiosità semplice e, in un certo modo, intimista.

Fortemente legato ad una dimensione pubblica della religione fu, invece, il processo di contaminazione tra religione tradizionale e religione civile.

22 Carlo Maria Orlandi, *Compendio della vita della Venerabile Serva di Dio Elisabetta Sanna*, *op. cit.*, p. 65-66, 73-74.

PAOLA FRASSINETTI
La Repubblica come occasione d'apostolato

La figura di Elisabetta Sanna si presenta come un esempio di santità femminile dal profilo abbastanza tradizionale e poco innovativo, ma l'Ottocento fu il secolo in cui le religiose iniziarono a rivendicare un ruolo nuovo e attivo all'interno della Chiesa e della società. Nel solco di tali cambiamenti nacquero anche nuove congregazioni religiose femminili che tendevano ad abbandonare uno stile di vita contemplativo per dedicarsi ad un apostolato attivo: una di queste fu quella fondata dalla genovese Paola Frassinetti[23], anche lei presente a Roma nei mesi della Repubblica. Anche nell'analisi di questo caso rimane valida la premessa metodologica sul valore euristico di tale tipologia di fonti, ma con alcune peculiarità che non riguardano solamente la condizione di religiosa dell'aspirante santa. Nel caso della genovese, le fonti agiografiche intendono tracciare un modello di santità diversa da quella del santo reazionario, incarnato dal Pallotti, legato alla tradizione e piuttosto ben incardinato nel tessuto socio-politico romano della Restaurazione[24], o

23 Paola Frassinetti nacque a Genova nel 1809 in una famiglia appartenente al ceto medio, unica femmina di cinque figli, tutti iniziati alla vita ecclesiastica. La santa fondatrice della Congregazione delle Dorotee ricevette una buona educazione (non solo religiosa) prima dal padre e poi dal fratello Giuseppe, anche lui fondatore di una congregazione religiosa. Nel 1841 giunse a Roma, inserendosi da subito nel tessuto sociale e istituzionale dell'Urbe e prendendo contatti con il Vicariato e con la Curia romana, che nel 1844 le affidarono la cura del rifugio di Sant'Onofrio sul Gianicolo, dove trascorse il resto della sua vita, con brevi intervalli in occasioni di viaggi compiuti per visitare le varie case della congregazione, man mano che venivano aperte. La Congregazione ricevette una prima approvazione solo nel 1863. Morì a Roma l'11 giugno 1882; venne proclamata beata da Pio XII l'11 marzo 1930 e santa da Giovanni Paolo II lo stesso giorno del 1984. Su Paola Frassinetti si veda la voce compilata da Maria Lupi, *Paola Frassinetti*, in *DBI*, t. 81, 2014, p. 55-57; si veda anche la voce in *Dizionario degli istituti di perfezione*, IV, 1977, col. 588-590; Matilde Neirotti, *Paola Frassinetti a Genova: una presenza dinamica nella sua città a servizio della Chiesa per l'educazione*, Genova, Erga, 1984; *Paola Frassinetti: profilo di una vocazione*, Genova, Sagep, 1984; Maria Luisa Trebiliani, « Dal Conservatorio della Divina Provvidenza all'educandato di S. Dorotea: tappe di una evoluzione », in *Dimensioni e problemi della ricerca storica*, II, 1991, p. 43-56.

24 Sui modelli santità femminile che l'ambiente romano aveva prodotto nell'età della Restaurazione, anche con risvolti nel profetismo, come Elisabetta Canori Mora e di Anna Maria Taigi, si veda Tommaso Caliò, « Corpi santi e santuari a Roma nella seconda Restaurazione », art. cit.

della santa mistica rappresentata dalla Sanna, per protendere verso una santità dal gusto innovatore, non solo estranea all'ambiente sociale e religioso romano ma perfino in grado di rinnovarlo. Il carattere progressista di tale esempio di sanità va, però, ben oltre l'ambiente esclusivamente romano e ha forti influenze sul nuovo ruolo e in merito ai nuovi spazi che le donne consacrate stavano conquistando all'interno del Cattolicesimo. Il frangente repubblicano costituisce solo la perfetta cornice all'interno della quale tracciare questo profilo agiografico, caratterizzato da una manifestazione della santità che si palesa mediante reazioni del tutto diverse di fronte agli eventi politici. Il contrasto al nuovo regime politico rimane una caratteristica peculiare dei raccomti agiografici ambientati nella Roma del 1849, ma, al tempo stesso, il frangente viene descritto come l'occasione perfetta, sul piano religioso e morale, per concepire l'esperienza repubblicana come un'occasione di apostolato. Bisogna, però, tenere presente che tutta la narrazione risente dell'ambiente postumo in cui la vicenda agiografica venne rielaborata, ovvero all'interno di un Cattolicesimo liberale e moderato, per nulla interessato a demonizzare la parte avversa. È ovvio, quindi, che l'innovazione è insita in gran parte anche nel racconto agiografico e non solo nella vicenda in cui l'aspirazione alla santità della Frassinetti si manifestò realmente. Gran parte della vicenda venne, infatti, ricostruita nel 1900 dalla penna del cardinale Alfonso Capecelatro[25], personalità notoriamente attestata su posizioni liberali, ma che, già in apertura della sua opera agiografica sulla santa genovese, non rinunciò a precisare l'avversione della Frassinetti nei confronti del nuovo sistema politico:

> Con una pietà infantile, ma non per questo meno nobile e bella, pose tutta la Comunità nelle braccia amorose di san Giuseppe, pensando che come egli aveva nei giorni della strage degli Innocenti salvato Maria e Gesù Bambino; così ora salverebbe tutte quelle suore e quelle fanciulle che in lui divotamente mettevano la loro speranza. Nella porteria fece collocare un bel quadro del Santo; e due immagini di lui che già aveva, le fece porre sulle due porte della casa. Volle che tutte, Suore e giovinette, invocassero il Santo Sposo di Maria Vergine come loro protettore. Onde alla presenza di tutte, un giorno, alzati gli occhi al Cielo, e con un ardore, o piuttosto con un impeto di fede viva, disse: « O san Giuseppe mio diletto, tu vedi che io non ho modo di custodire

25 Su Alfonso Capecelatro si veda la voce Francesco Malgeri, *Capecelatro, Alfonso*, in *DBI*, t. 18, 1975, p. 435-439. Si veda anche Remigio Ritzler, Perminio Sefrin, *Hierarchia Catholica medii et recentioris aevi*, Patavii, Ofm. Conv., 1913-2002, t. VIII, p. 31-32, 50-51, 57, 180, 267.

e difendere questa famiglia, che il Signore mi ha data; provvedila tu, chè io la metto nelle tue mani[26] ».

Il *topos* agiografico della tribolazione inflitta dalle circostanze politiche sopravvive anche in questo caso e la Repubblica rimane un frangente in cui attestare l'esercizio al grado eroico delle virtù[27]; narra il Capecelatro che « Tra i sacerdoti e i religiosi, che avrebbero potuto darle consiglio alcuni avevano lasciato Roma, altri si tenevano paurosamente celati, temendo che le ire contro il Pontefice si sfogassero contro di essi. Paola dunque era rimasta proprio sola a capo di una casa religiosa ed educativa, dove le difficoltà non erano mancate mai[28] ».

Elementi di novità si percepiscono invece nel tentativo di esaltare il ruolo della Frassinetti come madre fondatrice e come superiora della sua congregazione: non solo tutte le sue azioni erano finalizzate a garantire l'incolumità delle sue consorelle e delle educande alloggiate nell'ospizio, ma, spesso, la santa riceveva l'aiuto attivo delle sue stesse consorelle, anch'esse rappresentate come esempi di virtù. A riprova di questa tendenza, le fonti riportano più episodi finalizzati a dimostrare come la santa genovese preferisse la strada del dialogo e della mediazione con il nuovo ordine politico: per esempio, per evitare a sé e alle sue consorelle di essere sfrattate dalla loro casa sul Gianicolo, la Frassinetti si spinse fino a recapitare una lettera al triumviro Giuseppe Mazzini. Inoltre, avendo saputo che la consorella Angela Costa era stata amica d'infanzia del patriota genovese, la invitò a scrivere al Triumviro un'accorata lettera, in cui si raccomandava la protezione della Madre superiora, delle consorelle e dell'Ospizio di Sant'Onofrio. Nella missiva, probabilmente vergata dalla stessa Frassinetti, la Costa faceva leva sulla sensibilità di Mazzini, facendo riferimento alla madre, agli affetti familiari e ad un dolore, quello che avrebbe colpito le suore se fossero state costrette ad abbandonare il proprio convento, che avrebbe potuto comprendere solo un « cuore bennato e sensibile[29] », come era quello di Mazzini, il quale, per lungo tempo, aveva sperimentato le pene dell'esilio:

---

26 Alfonso Capecelatro, *Vita della Serva di Dio Paola Frassinetti fondatrice delle Suore di santa Dorotea*, Roma, Tipografia di San Giovanni Evangelista, 1900, p. 153-154. Vedi anche AAV, *Congr. Riti*, *Processus*, vol. 5526, *Proc. apud Romae super virtutibus*, 1909-1919, f. 312r-v.

27 I fatti del 1849 (narrati in modo sempre uguale) vengono portati dai testimoni come prova dell'esercizio al grado eroico della virtù della fortezza, per esempio in *Ivi*, f. 105r.

28 Alfonso Capecelatro, *Vita della Serva di Dio Paola Frassinetti*, *op. cit.*, p. 153.

29 La lettera si può leggere in Angela Costa a Giuseppe Mazzini, Roma 13 aprile 1849, in *Ivi*, p. 153-158.

> Io già conosco d'antico il cuore di lei, e prendo coraggio da quell'amicizia, [...] non ignoro di qual potere sia Ella investita, e quanto possa se vuole, in nostro favore. Io me le raccomando, quanto posso più caldamente, e più di me le raccomando la mia cara Madre (Superiora) e queste afflittissime mie consorelle, che per tante ragioni amo teneramente: assai più di loro sono sollecita che di me stessa. La prego di fare in modo che non sieno molestate! Esse non hanno fatto finalmente che adoperarsi per la coltura civile e morale della gioventù, e sono quasi tutte sue compatriotte[30].

La risposta del Triumviro non tardò ad arrivare e apparve piena di parole rassicuranti. Mazzini indicava, addirittura, come sue sorelle le Dorotee[31], che apostrofava come « cittadine », e chiedeva alla Costa di pregare per il Paese e per sé stesso, promettendo, in chiusura, una visita al convento, qualora le circostanze glielo avessero permesso:

> Cittadina, non tema di cosa alcuna, e rassicuri le di lei Sorelle. [...] Noi dobbiamo compire una missione, che crediamo buona, quella di evitare nuove convulsioni e guerre civili, sostenendo l'ordine nuovo di cose, che la nostra coscienza ci dice giusto [...] e le sono riconoscente dell'essersi Ella ricordata di me e d'aver posto fiducia nel mio cuore. Preghi Dio pel paese e per gli uomini di buone intenzioni, come mi pare d'essere; e dica lo stesso alle di lei e nostre sorelle [...]. S'io potrò un giorno rapire una mezz'ora a queste mie cure, verrò al monastero[32].

Questo diverso modo di rapportarsi ai « nemici » svolge anche la funzione di veicolare il profilo di una santità più pragmatica e conciliante con la controparte e tradisce l'intenzione dell'agiografo di proporre un modello di perfezione religiosa più umano, in cui i sentimenti, i moti dell'animo e gli affetti sembrino prevalere sulle rigide convinzioni politiche ed ideologiche che ispirano i comportamenti determinanti la santità. Questa tendenza passa anche attraverso una rivalutazione della parte avversa: il Capecealtro, infatti, afferma che la lettera di Mazzini alla Costa « può gettare un qualche sprazzo di luce, e farci meglio conoscere un uomo, che sebbene non cristiano, pure era per certi riflessi, tanto diverso dai miscredenti del nostro tempo, e forse tanto migliore

---

30 *Ibid.*

31 Sulla Congregazione delle Dorotee della Frassinetti si veda la voce Angelica Del Pezzo, *Santa Dorotea della Frassinetti*, in *Dizionario degli istituti di perfezione*, t. VIII, 1988, col. 679-681.

32 Giuseppe Mazzini ad Angela Costa, Roma 16 aprile 1849, cit. in Alfonso Capecelatro, *Vita della Serva di Dio Paola Frassinetti*, *op. cit.*, p. 153-158.

di essi[33] ». A quanto pare, la lettera a Mazzini sortì l'effetto: non solo le Dorotee rimasero nella loro sede, ma, come testimoniò la coadiutrice dell'istituto stesso, Marianna Danero, nel corso del processo *super fama*, qualche giorno dopo arrivarono a sorvegliare gli ingressi dell'Ospizio due guardie repubblicane[34]. Tuttavia, per veicolare l'immagine, sempre valida, di un martirio incruento vissuto dalla santa nel frangente del 1849, non possono mancare nella narrazione episodi di tribolazione: la dorotea Teresa Sommariva, nel corso del processo canonico *super virtutibus* celebratosi nel 1910, faceva comunque notare che « Mazzini non era solo al Governo; e la sua politica esigeva, che egli, come si suol dire, cercasse di barcamenare: quindi se le nostre Suore non furono espulse, dovettero però passare dei momenti assai brutti[35] ».

Effettivamente non mancò alla Frassinetti l'occasione di affrontare situazioni difficili o, per lo meno, insolite, che andarono a scuotere la tranquilla quotidianità delle suore, già fortemente provate a causa della loro posizione sul Gianicolo, che le poneva proprio al centro degli scontri armati. Le fonti descrivono tali circostanze avverse come una ulteriore occasione per esercitare attività di apostolato e per manifestare lo spirito caritatevole che caratterizzava l'aspirante santa, soprattutto nei confronti di personaggi che, in un primo momento, potevano avere un atteggiamento ostile verso le suore. Si pensi alle recluse dell'ospizio di San Michele a Ripa, le quali vennero trasferite dalle autorità repubblicane proprio nella casa delle Dorotee; come raccontava ancora la Danero: « Nella stessa circostanza dell'assedio, si stabilì dai difensori di radunare in questa nostra casa le condannate non so perché, tutta gente però che veniva con non buone disposizioni. Infatti i primi complimenti d'essere alle suore furono minacce, mostrando i pugni serrati e dicendo: ci penseremo noi a cavarvi l'anima, brutte scuffiaccie. La Serva di Dio, non ostante, le trattò con tanta buona maniera e carità che le mansuefece completamente sicché in appresso non sarebbero più partite da questa casa[36] ».

Ancora più significativo, in questo senso, risulta il rapporto che la Frassinetti stabilì con i garibaldini che si erano accampati nel monastero

33 *Ivi*, p. 153.

34 AAV, *Congr. Riti*, *Processus*, vol. 5531, *Proc. ord. Romae super fama*, 1898-1901, f. 118v.

35 *Ivi*, vol. 5526, f. 312v.

36 *Ivi*, vol. 5531, f. 382v.; si veda anche in *Ivi*, vol. 5526, *Proc. apud Romae super virtutibus*, 1909-1919, f. 314r-v; e Alfonso Capecelatro, *Vita della Serva di Dio Paola Frassinetti*, *op. cit.*, p. 162-163.

dei Girolamini sul Gianicolo, proprio di fronte al convento delle Dorotee. Quando i francesi tagliarono gli acquedotti che portavano l'acqua in città, i garibaldini bussarono alla porta dell'ospizio di Sant'Onofrio, per chiedere di attingere acqua dal pozzo delle suore. La santa genovese acconsentì, ma facendo notare al capitano che il pozzo si trovava nella cucina del convento, dove lavoravano le sorelle più giovani:

> « Non temete di nulla le Suore saranno rispettate » [...] ed è a notarsi che i militi [...] si tenevano tutti in silenzio con un contegno sì rispettoso e modesto che a vederlo si sarebbero detti tanti novizj cappuccini [...]. Intanto la presenza di alcuni Garibaldini nella casa religiosa delle Dorotee per varie ore al giorno, parve alla nostra cara Serva di Dio una buona occasione per fare un po' di bene alle anime di quei combattenti. Con la sua dolce e tenera carità, e con quell'arte, che le donne pie hanno di tirare al bene gli uomini, a poco a poco s'insinuò nei loro animi: disse ad essi parole sante di religione, donando a ciascuno una medaglia della Madonna. E i giovani sentivano con riverenza le nobili e consolatrici parole cristiane, che spesso ricordavano ed essi quelle già udite nella infanzia dalle madri loro; e accettavano con gratitudine il dono. Principalmente poi compresero presto che in Paola tutto procedeva da santa carità, e alla carità vera e santa chi resiste? Di uno di questi giovani poi si narra che, dovendo un dì andare a combattere in un punto del campo assai pericoloso, bussò prima alla porta del monastero e disse alla portinaia: « Vado alle barricate e non so se tornerò vivo. Voi tutte buone Suore raccomandatemi alla Madonna. » Ciò detto coraggiosamente andò. Ma il dì appresso si seppe che quel poverino arrivato appena sul luogo del combattimento, un terribile colpo di cannone gli fece saltare il capo in aria [...]. La carità della Frassinetti ispirava di giorno in giorno maggior fiducia a quei giovani[37].

Gli stessi avvenimenti riguardanti i garibaldini vengono narrati in modo pressoché identico anche nelle testimonianze che le suore deposero nel corso delle varie fasi del processo canonico. D'altra parte, lo stesso Capecelatro afferma di aver composto questa agiografia attingendo alle *Memorie storiche* compilate dalle Dorotee che avevano conosciuto Paola di persona[38]. Quello che connota, però, l'opera del cardinale, distinguendola dalle sterili deposizioni processuali, è lo stile narrativo

37 *Ivi*, p. 164-168.

38 Pertanto si veda anche in AAV, *Cong. Riti*, *Processus*, vol. 5531, *Proc. ord. Romae super fama*, 1898-1901, f. 64v, f. 65r, f. 382r-v, f. 460v, f. 461r; in *Ivi*, vol. 5526, *Proc. apud Romae super virtutibus*, 1909-1919, f. 321-326v. Fu proprio una dorotea, nel corso di una deposizione resa durante il processo *super fama* (istruito tra il 1912 e il 1915) ad affermare di aver letto l'agiografia del Capecelatro, e che quello che vi veniva narrato corrispondeva a verità, cfr. in *Ivi*, vol. 5525, *Proc. ap. Romae super fama in gen.*, 1912-1915, f. 255v.

che, talvolta, contiene anche riflessioni e giudizi personali dell'autore, i quali invitano il lettore a soffermarsi su alcuni punti, in particolare sulla tendenza a riformulare il giudizio comune che il cattolicesimo intransigente aveva riservato ai repubblicani, arrivando a descrivere i soldati « generosi e cristiani. [...] e ciò che sarà detto qui appresso [...] ci persuaderà meglio ad esser sempre cauti nel giudicare gli uomini », e anche definendo i garibaldini come « Buoni e animosi »; mentre il loro capitano viene descritto come « Buono e di buon cuore [...], devoto [...] credente e di animo buono », su di lui si dice inoltre che « Aveva avuto dalla madre a lui carissima un'educazione cristiana; e ora le virtù e la carità grande di Paola avevano efficacemente risvegliati e cresciuti in lui i buoni sentimenti della prima educazione[39] ». Fu proprio il suddetto capitano dei garibaldini ad avvertire la Frassinetti che, nella notte in cui entrarono a Roma i francesi, aveva ricevuto ordine di dare fuoco al convento e, non potendosi rifiutare di eseguirlo, nel caso non fosse riuscito a domare l'incendio, avrebbe avvertito la Madre, permettendole di evacuare l'edificio con le consorelle. I garibaldini appaiono addirittura come i difensori delle Dorotee, in particolare quando impedirono ad « alcuni giovanotti della Guardia civica mobilizzata, mossi da rei e infami propositi[40] » di penetrare nel convento di notte per saccheggiarlo e violentare le suore, giudizi sicuramente frutto di un clima politico abbastanza mutato.

È estremamente interessante, quindi, notare come il caso della Frassinetti assuma i tratti di una via mediana tra un contrasto di base alla Repubblica e una timida volontà di convivere con la realtà in cui il personaggio si trovò ad operare. Il contesto repubblicano non era certamente condivisibile dal punto di vista politico, ma si rivelò, per la religiosa in odore di santità, una preziosa occasione per rivendicare il proprio ruolo all'interno della società cristiana ed esercitare la propria missione d'apostolato. In questo frangente, non può non essere posto come fattore alquanto determinante il fatto che la suora era del tutto estranea all'ambiente religioso romano e, forse, meno intrisa, rispetto al Pallotti, di una cultura politica zelante e fortemente antiliberale. È da sottolineare anche il tipo di santità che le fonti agiografiche intendono propagandare in questo caso, ovvero un modello di perfezione religiosa

39 Alfonso Capecelatro, *Vita della Serva di Dio Paola Frassinetti*, *op. cit.*, p. 167-169.
40 *Ibid.*

femminile perfettamente in linea con le istanze delle donne cattoliche dell'epoca, sempre più immedesimate nell'immagine di religiose non più relegate all'ombra della clausura ma del tutto immerse nel secolo e dedite ad uno stile di vita attivo e non esclusivamente contemplativo. L'esempio agiografico della Frassinetti faceva spazio ad un nuovo profilo di donna cattolica, che sceglieva di condurre una vita sotto una regola, ma intendeva, al tempo stesso, coniugare tale scelta con un impegno attivo e in prima persona nel secolo. Il modello fornito dalla santa genovese, nel frangente della Roma repubblicana del 1849, aveva efficacemente dimostrato che, anche all'interno di una società indirizzata ad una completa secolarizzazione, era possibile per le donne cattoliche condurre una vita sotto una regola religiosa senza che questa condizione entrasse in contrasto con le leggi emanate dalle autorità civili, cercando invece di conciliare, nel migliore dei modi, vita regolare ed apostolato religioso, anche all'interno del mutato quadro sociale e politico.

In conclusione si può affermare che i verbali dei processi di canonizzazione e le agiografie, nel caso di studio preso in considerazione, rivelano un potenziale euristico limitato, se non vengono lette in una prospettiva comparata con altri tipi di fonti. Non solo non si rivela particolarmente attendibile il giudizio che queste fonti forniscono sui personaggi che animarono la scena politica della Repubblica romana del 1849, ma, quasi sempre, esse non appaiono particolarmente oggettive. Questi testi, infatti, sono stati prodotti proprio per confermare l'aura di santità della quale godettero questi religiosi e per promuoverne l'immagine in questo senso, pertanto tendono a calcare la mano proprio nel descrivere alcuni atteggiamenti e alcune peculiarità utili allo scopo che vogliono perseguire. Tuttavia, in alcuni casi, è interessante porre in risalto la differenza dei giudizi che queste fonti esprimono riguardo i cosiddetti « nemici », ovvero di tutti coloro che, nel concitato contesto politico e sociale romano del 1849, parteggiavano per un felice esito delle ostilità militari a favore della Repubblica. In questo senso il giudizio, soprattutto di natura morale, sui repubblicani si può dire essere direttamente proporzionale al grado di collaborazione che i santi *in pectore* dimostrarono nei confronti della Repubblica, ovvero quanto più ostilità veniva dimostrata dal santo, tanto più severo e denigratorio risulta il giudizio morale che le fonti, anche a distanza di anni dagli eventi, restituiscono sulla parte politica opposta, e viceversa.

Insomma, il valore euristico di queste fonti è sicuramente limitato nella misura in cui vengono lette senza la consapevolezza degli scopi per i quali vennero prodotte, dei contesti in cui videro la luce e nel caso in cui non le si faccia dialogare con altri tipi di fonti, soprattutto quelle generate dall'opposta fazione politica, ovvero quella liberale. Assodato questo aspetto, si può affermare che la documentazione presa in esame restituisca, allo studioso che vi si accosta per condurre uno studio sulla Repubblica romana del 1849, il profilo di tre personaggi in odore di santità perfettamente in linea con i tre tipi di cattolici qualsiasi che potevano trovarsi a Roma in quei mesi.

Il Pallotti potrebbe, infatti, essere benissimo allineato all'atteggiamento di qualsiasi sacerdote reazionario romano di fronte alla Repubblica, consistente, in un primo momento, nel cercare di contrastare il nuovo ordine politico attraverso l'esercizio della vita attiva, ovvero l'uso degli strumenti tipici della pastorale esercitata dal clero curato, per poi vedersi costretto a nascondersi e a rinunciare al proprio ruolo sociale a causa dell'anticlericalismo diffuso, seppur quest'ultimo non era promosso dalle autorità repubblicane.

Elisabetta Sanna appare invece come una rappresentante del popolo minuto, il quale si era dimostrato per lo più indifferente alla Repubblica e, mentre le bombe le passavano sopra la testa, non abbandonò le proprie abitudini quotidiane, anche quelle di natura religiosa, senza entrare nel merito delle questioni politiche.

Infine la Frassinetti, del tutto nuova nell'ambiente religioso romano, pur non essendo favorevole al nuovo assetto politico repubblicano, lo vide come una occasione per esercitare il proprio apostolato e non intese rinunciare ad uno stile di vita attivo che rappresentava una conquista per le intraprendenti donne cattoliche del XIX secolo[41]. Un'emancipazione che, però, incontrava ancora le paternalistiche gerarchie ecclesiastiche non del tutto pronte ad accettarla, come si evince dall'episodio narrato dal Capecelatro in cui Pio IX e il Cardinal Patrizi, nel loro esilio a Gaeta, si trovavano a ragionare sulla condizione Dorotee sul Gianicolo:

> Avvenne che Pio IX Stando in compagnia del suo Vicario Cardinale Patrizi, s'accorse che questi era mesto e turbato più del consueto. Gli chiese che cosa avesse. E il Cardinale a lui: « Beatissimo Padre penso con dolore e amarezza

41 Su questo aspetto si veda P. Gajotti de Biase, *Vissuto religioso e secolarizzazione. Le donne nella « rivoluzione più lunga »*, Roma, Studium, 2006.

grande alle povere Suore di Sant'Onofrio, che si trovano proprio nel mezzo del campo di battaglia. » Se non che il Papa tosto gli rispose « Ma volete che le suore siano ancora lassù? Assicuratevi che non ce ne è nemmeno più la polvere: è impossibile che non sieno tutte fuggite ». E pure le Suore erano lassù con la cara Serva di Dio. Il Signore le aveva salvate amorosamente da ogni pericolo, e forse lo aveva fatto anche per premiare la fede di Paola[42].

Jacopo De Santis
Università Roma Tor Vergata

42 Alfonso Capecelatro, *Vita della Serva di Dio Paola Frassinetti fondatrice delle Suore di santa Dorotea*, p. 173; ma narrato anche in AAV, *Congr. Riti*, *Processus*, vol. 5526, *Proc. super virtutibus*, 1909-1919, p. 326v.

INDEX

RÉSUMÉS

Philippe CASTAGNETTI, « Introduction »

Étudier les circulations textuelles qui mettent en relations les discours savants ou populaires sur un saint ou un possible saint et le continent archivistique des minutes des procès de canonisation permet d'approfondir la notion même d'hagiographie. Alors que les écrits hagiographiques alimentent le procès et le constituent en producteur d'hagiographie, ces échanges participent à l'émission, la diffusion, la réception et la transformation du discours sur la sainteté moderne et contemporaine.

Sara CAREDDA et Ramon DILLA MARTÌ, « Vescovi e santi prelati tra arte e agiografia. La cappella di San Oleguer nella cattedrale di Barcelona »

Textes hagiographiques et procès de canonisation offrent souvent des descriptions détaillées des tombes et des chapelles funéraires des candidats à la sainteté, qui ont parfois disparu depuis. Cet article se centre sur l'étude de la chapelle de saint Oleguer, évêque de Barcelone, canonisé en 1670, du Moyen Âge au XXe siècle en contextualisant les différents moments historiques de cet espace funéraire décoré par certains des sculpteurs les plus renommés de la scène artistique catalane.

Pierre-Anne FORCADET, « La sainteté de Louis IX au temps de la monarchie absolue de droit divin. Hagiographie et État souverain »

Une démarche diachronique est suivie pour analyser un phénomène étrange de circularité. L'hagiographie de saint Louis a en effet précédé et favorisé sa canonisation. Puis elle a ressurgi au XVIIe siècle pour servir la sanctification de la monarchie absolue même, à défaut de profiter au prince en personne. Comme on ne peut plus diviniser le roi, il a fallu diviniser la royauté. Et paradoxalement ainsi est apparu l'État souverain moderne, impersonnel et détaché de la morale et de la religion.

Philippe Castagnetti, « Le recours aux ouvrages historiques et biographiques dans le procès de canonisation de Marguerite de Cortone »

La canonisation en 1728 de Marguerite de Cortone († 1297) relève d'un *casus exceptus* au vu des normes d'Urbain VIII. La cause mobilise une documentation dont rend compte un *Memoriale* de 1665 exploité par la *Positio de virtutibus* de 1666. Il énonce les conditions d'intégration d'écrits dits historiques aux pièces d'un procès. Passant de la théorie à la pratique, la synthèse est suivie d'une bibliographie relative à Marguerite, sans préciser les modalités d'exploitation des références livresques.

Françoise Michaud-Fréjaville, « Hagiographie et canonisation. Quand Jeanne d'Arc dit "je" »

Au début des démarches pour la canonisation de Jeanne d'Arc, J. Fabre, républicain agnostique, et le chanoine Le Nordez ont offert un florilège des paroles de l'héroïne, égrenés en lectures journalières pour un public féminin. Chez Fabre, le mois de mai de Jeanne est transmis par Durant Laxart, issu du peuple français que Jeanne a libéré de l'étranger. Le Nordez se souciait davantage de la formation des dames de la bonne société pour en faire les mères parfaites de garçons croyants et patriotes.

Sylvène Édouard, « Un saint pour la cause. La canonisation de Diego de Alcalá, entre exigences procédurales et tradition hagiographique »

Le propos de cette contribution est de revenir sur les hagiographies et la canonisation (1588) du frère lai Diego de Alcalá (v. 1400-1463), à partir d'une documentation manuscrite et imprimée très importante, produite entre 1463 et 1663. Ces informations permettent d'établir les différents critères qui ont pu faire de Diego un saint, certes déjà ancien mais digne de la Réforme catholique, et de mesurer l'impact du concile de Trente sur l'écriture hagiographique.

Axelle Guillausseau, « Canonisation et hagiographie. Réflexions sur une relation circulaire à partir de la "légende hagiographique" d'Ignace de Loyola »

Malgré les interdits pontificaux, les imprimés consacrés à Ignace de Loyola se multiplient avant sa canonisation. Les scripteurs s'appuient sur les documents produits par les autorités ecclésiastiques, les considérant comme des sources et comme des références sur le plan méthodologique. La canonisation devient alors un passage obligé des *Vies* du saint et, dans une logique circulaire, les hagiographes se voient assigner une fonction d'illustration mais aussi de défense du centralisme romain.

Cécile VINCENT-CASSY, « La canonisation de l'archevêque de Valence Thomas de Villeneuve après les décrets d'Urbain VIII. Modèle et négociations »

Le procès de canonisation de Thomas de Villeneuve aboutit en 1658, sous le pontificat d'Alexandre VII. La figure du saint est celle d'un clerc exemplaire, associant l'ostentation de l'humilité et celle de la perfection vertueuse ainsi que l'orthodoxie de la pensée théologique et dogmatique. Nous examinons non seulement la fabrique du saint, notamment à travers l'enrichissement et l'impression de ses hagiographies, mais aussi le contexte militaire et diplomatique des années 1640-1650 expliquant ce triomphe.

Giovanna FIUME, « L'agiografia di Francisco Escrivá e la beatificazione di Juan de Ribera »

Juan de Ribera, archevêque de Valence et patriarche d'Antioche, est décédé le 6 janvier 1611 et le Collège du Corpus Christi qu'il a fondé lance aussitôt son procès de béatification. Sa biographie par le jésuite Francisco Escrivá, publiée en 1612, et les suivantes scandent les étapes du processus de béatification, contribuent à en surmonter les contradictions et interviennent dans la construction de la réputation de Ribera, qui finit par correspondre au modèle du saint évêque post-tridentin.

Laura GUINOT FERRI, « La béatification d'Inés de Benigànim († 1696). Sainteté féminine et guérison miraculeuse »

Inés de Benigànim, religieuse augustine déchaussée, ne fut béatifiée qu'en 1886. Le procès est influencé par une hagiographie de 1715, par les oratoriens valenciens et par la noblesse locale. La quête d'un miracle adéquat dans la période 1797-1798 se fait pressante. Le XIXe siècle est atone, jusqu'à une réactivation après 1875, associée à un miracle puis à la parution d'une biographie fondée sur les écrits du confesseur, en lien avec la modélisation d'un nouveau type de sainteté féminine.

Nicole LEMAITRE, « Pourquoi canoniser un pape ? L'exemple de Pie V (1672 et 1712) »

Dans quel contexte Pie V, le pape de la victoire sur les Turcs, a-t-il été béatifié puis canonisé ? Si sa réputation de sainteté est incontestable en 1572, l'appel à la croisade fait place à la promotion du pasteur ascétique. Le Grand Inquisiteur n'est pas mis en avant car les protestants sont toujours là. Lépante n'a jamais été oubliée, mais les dominicains ont préféré privilégier la figure du prophète et de l'ascète italien qui œuvrait à l'expansion du catholicisme dans les terres nouvelles.

Paula ALMEIDA MENDES, « Hagiographie et stratégie de canonisation. La cause du jésuite portugais João Cardim »

L'analyse des *Vies* du jésuite portugais João Cardim – *De vita, et moribus P. Ioannis Cardim Lusitani e Societate Iesu* (1645), de Filipe Alegambe, et *Vida e virtudes do admiravel Padre João Cardim* (1659), du P. Sebastião de Abreu – montre comment ces textes ont été conçus et utilisés dans le cadre de son procès de canonisation. Cependant, bien qu'il soit mort en odeur de sainteté et qu'on lui ait attribué des vertus héroïques et des miracles *post mortem*, le procès n'a pas eu le résultat attendu.

Éric SUIRE, « Les biographies spirituelles dans les *Animadversiones* du promoteur de la Foi (XVIIe-XXe siècle) »

Écrites par un témoin ou tirées d'autobiographies, les biographies spirituelles exaltaient l'héroïsme des figures majeures du catholicisme réformé, avant d'être examinées à leurs procès de canonisation. Elles suscitaient les critiques du promoteur de la Foi, auxquelles devaient répondre les avocats de la cause. Leur confrontation précise avec les témoignages oraux annonce la création de la Section historique, en 1930, qui transforma la procédure juridique en une étude scientifique des sources.

Serena SPANÒ MARTINELLI, « Hagiographie et construction d'une sainteté officielle à Bologne (XVe-XVIIIe siècles) »

L'article présente le culte des saints, la production hagiographique et les procès de canonisation lancés à Bologne à l'époque moderne. En l'absence d'une base textuelle solide, le culte ne dépasse pas le niveau local. Ce culte local reste l'essentiel, au XVIe siècle, pour le cardinal Paleotti et les fidèles tandis qu'au XVIIIe siècle, l'oratorien G. B. Melloni espère que son travail d'hagiographe favorisera l'ouverture de nouveaux procès et contribuera à l'heureuse conclusion de ceux déjà ouverts.

Christian RENOUX, « La naissance illégitime de Louise de Marillac entre biographies et procès de canonisation (XVIe-XXe s.) »

L'illégitimité de Louise de Marillac, connue de son vivant, avait été tue par N. Gobillon († 1706), son unique biographe. Lors de son procès de canonisation, quelques témoins déposent, en secret, pour réfuter cette illégitimité qu'un historien avait redécouverte quelques années auparavant. Pour cela, ils s'appuient principalement sur le texte de Gobillon, littéralement « canonisé ». Louise de Marillac sera proclamée sainte en 1934 sans que la vérité soit faite sur les conditions de sa naissance.

Pierre-Antoine FABRE et Gérard NEVEU, « "Rythmes" de l'hagiographie et désynchronisation des temps religieux (XVIIe-XXe s.). Les jeunes saints de la Compagnie de Jésus et Rome, entre rhétorique performative et censure institutionnelle »

Partant d'une situation paradoxale de la Compagnie de Jésus au XIXe siècle – contraste d'un certain silence historiographique et d'une prolifération hagiographique – notre démarche vise, à travers les figures des trois jeunes saints jésuites, à montrer les distorsions imposées aux carrières posthumes de ces figures au départ contemporaines par les réformes pontificales successives et leurs effets sur les transformations de l'espace-temps liturgique au sein de l'église romaine de Sant'Ignazio.

Jacopo DE SANTIS, « Santità e Repubblica nella Roma del 1849. La figura del santo in una città in rivoluzione »

À travers l'analyse des péripéties de trois personnages en odeur de sainteté, présents à Rome en 1849, l'article entend vérifier la valeur heuristique des sources hagiographiques pour l'étude des événements de la seconde République romaine. L'analyse de cette documentation a permis de restituer différentes lectures et interprétations des événements de 1848-1849 à Rome, révélant la façon différente dont les aspirants à la sainteté les ont vécus.

TABLE DES FIGURES

TABLE DES MATIÈRES

DEUXIÈME PARTIE

CANONISATION, HAGIOGRAPHIE ET APOLOGÉTIQUE TRIDENTINES

LA SAINTETÉ ESPAGNOLE DU SIÈCLE D'OR

TROISIÈME PARTIE

CANONISATION, HAGIOGRAPHIE ET IDENTITÉ CONFESSIONNELLE DANS L'EUROPE BAROQUE

QUATRIÈME PARTIE

CANONISATION ET HAGIOGRAPHIE

DE LA CONFESSIONNALISATION À LA SÉCULARISATION